Karl August Varnhagen von Ense

**Ausgewahlte Schriften von K. A. Varnhagen von Ense**

Karl August Varnhagen von Ense

**Ausgewahlte Schriften von K. A. Varnhagen von Ense**

ISBN/EAN: 9783741172045

Hergestellt in Europa, USA, Kanada, Australien, Japan

Cover: Foto ©Andreas Hilbeck / pixelio.de

Manufactured and distributed by brebook publishing software (www.brebook.com)

Karl August Varnhagen von Ense

**Ausgewahlte Schriften von K. A. Varnhagen von Ense**

# Ausgewählte Schriften

von

# K. A. Varnhagen von Ense.

---

Dritter Band.

---

Erste Abtheilung
Denkwürdigkeiten des eignen Lebens.

Dritter Theil.

Leipzig:
F. A. Brockhaus.
1871.

# Denkwürdigkeiten
des
# eignen Lebens.

Von

**K. A. Varnhagen von Ense.**

---

Dritte vermehrte Auflage.

---

Dritter Theil.

Leipzig:
F. A. Brockhaus.
1871.

# Inhalt.

| | Seite |
|---|---|
| Einundzwanzigster Abschnitt: Prag. Westphalen. Wien. 1810 | 1 |
| Zweiundzwanzigster Abschnitt: Das Fest des Fürsten von Schwarzenberg. Paris, 1810 | 45 |
| Dreiundzwanzigster Abschnitt: Am Hofe Napoleon's. Paris, 1810 | 71 |
| Vierundzwanzigster Abschnitt: Aufenthalt in Paris. 1810 | 82 |
| Fünfundzwanzigster Abschnitt: Steinfurt. 1810, 1811 | 144 |
| Sechsundzwanzigster Abschnitt: Harren und Streben. Prag. 1811 | 171 |
| Siebenundzwanzigster Abschnitt: Töplitz. 1811 | 188 |
| Achtundzwanzigster Abschnitt: Prag. 1812 | 231 |
| Neunundzwanzigster Abschnitt: Tettenborn. 1812, 1813 | 250 |
| Dreißigster Abschnitt: Hamburg. Frühjahr 1813 | 274 |

# Einundzwanzigster Abschnitt.
## Prag. Westphalen. Wien.
### 1810.

Im düstern Schneewetter nahm sich die Stadt nicht erfreulich aus, aber nur um so großartiger; auf beiden Ufern der Moldau Höhen und Thal überdeckend ragten die Massen der Gebäude nur unbestimmt aus den stöbernden Wolken hervor, und regten die Phantasie mächtig zur Ergänzung des Bildes an, und als dieses bald darauf, bei hellgewordenem Himmel, in aller Klarheit vorlag, mußte der Sinn über die kolossalen Umrisse staunen, die er nach allen Seiten zu verfolgen hatte. Die Eindrücke von Wien, von Dresden, jenes als Hauptstadt, dieses um seiner ähnlichen Flußlage willen sich hier zur Vergleichung drängend, mußten gegen die von Prag weit zurückstehen. Dem Anblick, der sich auf der Moldaubrücke darstellt, wüßt' ich keinen andern städtischen vorzuziehen; einerseits der Hradschin mit seinen Palästen, der Laurentiusberg mit seinen Klostergebäuden und Gärten, auf der andern Seite die aus der Niederung gedrängt emporsteigende Altstadt, in der Nähe das ungeheure Jesuitenkollegium, in der Ferne das Felsenschloß Wischerhad, gradaus der strömende Fluß mit seinen bepflanzten Inseln, dazu die Brückenthürme, die großen Heiligenbilder auf dem Brückengeländer, alles vereinigt sich zu einem mächtigen Eindruck; die ganze Oertlichkeit, an welcher die größten Geschichtsereignisse haften, hat zugleich etwas Wundervolles, Zauberhaftes, das in die früheste Mährchenwelt zurückführt, und von dieser selbst den neuesten Vorgängen einen Anhauch giebt. Wenn ich solche Eigenheiten und Vorzüge des neuen Schauplatzes, auf dem mein nächstes Leben nun angewiesen war, lebhaft fühlte, so erhöhte dies doch fürerst nur den Gegensatz, welchen das Gefühl meiner selbst mir auf die traurigste Weise hier aufnöthigte. Uns war Wohnung in einem gräflichen Pallaste gegenüber dem Jesuitenkollegium angewiesen, schöne große Zimmer, die aber leer standen, wie das ganze Haus, in welchem nur ein alter Dienstmann waltete, und weder Aushülfe noch Ansprache zu finden war; den Obersten überfiel gleich eine Masse der verdrießlichsten Geschäfte; Rechnungsführer, Auditeur und Adjutant belagerten ihn an einem kleinen Tische, der für die Papiere, die sich häuften, kaum Platz hatte; ich stand am Fenster und blickte in die schmutzige, menschenleere, von dem Riesenbau gegenüber beengte und verdüsterte Straße; das Denkmal früherer Macht und Größe, jetzt kleinen Zwecken anheimgefallen, konnte auch nur trübe Gedanken wecken. Ich kannte in der großen Stadt noch keinen Gang, keinen Menschen, die Offiziere ausgenommen, von denen diejenigen, welche ich zuerst zu sehen bekam, das Bild des Mißmuths und der Gedrücktheit waren! Doch sie Alle hatten ihren erwählten Zweck vor Augen, den meisten war die Stadt oder wenigstens der Dienst Heimath, aus den augenblicklichen Nachtheilen sahen sie mit Hoffnung in künftige Vortheile, jeder Tag half die ersehnte Förderung nähern, und irgend ein mäßiges Vergnügen half über den Tag hinweg. Das alles war nicht für mich; mein Sinn widersprach hier alles. Ich mußte nur immer die Betrachtung anstellen, was mit mir sei und was mit mir werden solle. Meine früheren Studien hatte ich aufgegeben, die neue Laufbahn war mit dem Frieden erloschen; für den Drang, gegen die Franzosen zu fechten, konnte ich nicht die Liebhaberei am österreichischen Wachtdienst eintauschen; ich trug andre Sehnsucht, andre Wünsche im Herzen. Heimath war mir, wo ich mit Rahel frei und würdig leben konnte; die Erringung dieses Zieles und die Sache des Vaterlandes lagen aber fest verknüpft. Mehr als je fehlte uns der Boden, alle deutschen Länder standen unter Herrschaft oder Einflüssen des Feindes, alle deutschen Verhältnisse waren zerrüttet, kraftlos. Hier im Binnenland in dürftiges Geschick eingeklemmt, das mir keinerlei Verheißung in sich trug, mußte ich mit Neid auf die meerentlegne Ferne blicken, wo noch Kampf und Hoffnung war, und wohin Andre gelangten, mir aber der Weg durchaus verschlossen lag. So lange ich noch den Sinn mit neuen Weltanschauungen, mit Aussicht auf Reisen, mit romantischen Genüssen nähren durfte, hatten meine Tage wenigstens einen Inhalt, der ihnen noch zum Ertrag werden konnte; aber dies war alles nun verschwunden, und ich mußte in Prag dem fruchtlosesten Abmühen in langweiligem Einerlei entgegensehen, ja in Kummer und Noth! Denn ich konnte mir nicht verhehlen, meine Geldmittel waren auf weithinaus erschöpft, die Offizierseinkünfte aber zeigten sich durch die noch stets zunehmende Verschlechterung des Papiergeldes so gering und armselig, daß man nicht begriff, wie mit ihnen auszukommen sei. Die Verhältnisse Bentheim's, wie glänzend sie auch erschienen, wußt' ich in ihrem Bestande höchst unsicher, und konnte es ihm auch glücken, sein Fahrzeug zwischen allen Klippen noch leidlich durchzuschiffen, so wäre es doch Thorheit gewesen, auch mein Geschick hier auf gleichen Glücksfall setzen zu wollen. Diese Betrachtungen ließen mir keine Ruhe, und mancherlei Pläne, doch leider nur kümmerliche und mißliche —, denn schon jeder Beginn einer Ausführung hatte die größten Schwierigkeiten —, durchwühlten mir Herz und Sinn. Die schlimmste Lage ist eine solche ja nur dadurch, daß sie keine Auswege hat, und diese sah ich der meinigen gänzlich fehlen.

Leider war auch meine Hoffnung, Briefe in Prag vorzufinden, getäuscht. Weder aus Berlin noch aus Hamburg hatte ich Nachrichten, und ohne diese blieben meine Gedanken ziel- und steuerlos. Rahel's Mutter war gestorben, und ich wußte noch nicht, welche Veränderung dies ihren Absichten und Verhältnissen bringen könnte. Meine Schwester sollte nach England abreisen. Chamisso mußte schon nach Frankreich heimgekehrt sein. Auf dem schwankenden Boden, wo alles sich bewegte, auch das Bedingende wieder bedingt wurde, war eine feste Verknüpfung schwer zu treffen. Ich hoffte, Gentz würde mir über die Freunde und Zustände von Berlin Auskunft geben können, aber auch er entging mir, und ehe ich ihn sprechen konnte, war er unerwartet nach Wien abgereist, wohin er berufen worden, um in den bedrängten Finanzsachen Rath zu geben.

In dieser Stimmung wurde ich am dritten oder vierten Tage von dem Obersten angesprochen, dessen Miene, wiewohl ungemein freundlich, doch eine verdrießliche Mittheilung verrieth. Er begann mit der allgemeinen Klage, wie wenig befriedigend er den Zustand des Regiments gefunden habe, wie Zucht und Dienst erschlafft, Mangel und Armuth überall fühlbar, und allerlei Gunst und Nachsicht eingeschlichen sei; aber diesen Verfall werde er sogleich hemmen und das Regiment wieder zu dem Glanz erheben, der seinem innern Werth entspreche; je niederschlagender die Zeitumstände seien, je stärker müsse Selbstgefühl und Ehre den Muth erheben, und auch nach einem unglücklichen Kriege, unter den Einschränkungen des Friedens, ja bei sichtlich drohender Verarmung, solle das Militair der Haltung und des Eifers nicht vergessen, die sein Stand und Beruf ihm vorzeichnen. Nun sei er heute durch einen der Stabsoffiziere, der sich durch schmeichlerische Geschäftigkeit auszeichne, lebhaft angegangen worden, er möchte doch mich, der ja sein Hausgenosse und Gesellschafter sei, von den Plackereien des Dienstes freisprechen, niemand würde dagegen etwas zu erinnern finden. „Ich aber", fuhr der Oberst fort, „wußte schon, daß Ihre Stellung bei mir vielfach vom Neide besprochen und getadelt worden, und wies daher den treulosen Rath unwillig zurück, wobei sich nun von selbst ergiebt, daß Sie gleich allen Andern der Reihe nach Ihren Dienst thun; ich hoffe, Sie werden darin nicht nachlässig sein; was Sie leisten, werden Sie nicht nur sich selber, sondern auch mir thun; späterhin wird sich schon wieder Gelegenheit finden, Sie von dem lästigen Zeuge zu befreien."

Ich hatte in diesem Betreff keine besondere Gunst erwartet, und fand die mir durch dieses Vertrauen gewährte sehr groß. Mit Vergnügen sah ich mich wieder an den Hauptmann von Marais gewiesen, besuchte mit demselben die Kaserne, wohnte der Wachtparade und den kleinen Vorübungen der Truppen bei, ließ mir die Exerzir- und Dienstvorschriften geben, und studirte sie theils allein, theils mit Hilfe eines Feldwebels, der sich meine Fortschritte zur Ehre rechnete. In den nächsten Tagen schon traf mich die Reihe, meinen ersten Wachtdienst zu thun, ich führte meine Mannschaft mit klingendem Spiel durch die Stadt, nahm auf dem Roßmarkt Besitz von meinem Wachthaus, empfing den Besuch mehrerer Kammeraden, wurde von ihnen abgehalten, die vorgeschriebenen Ronden zu machen, denn niemand, hieß es, mache dieselben bei so schlechtem Wetter, es sei genug, wenn sie als gemacht gemeldet würden, hatte eine ruhige Nacht, während der ich an Chamisso schrieb, und empfing am andern Tage nach meiner Ablösung die besten Glückwünsche. Die Sachen kamen mir so schwer nicht vor, und ich fühlte, wie die Gewohnheit sie noch mehr erleichtern müsse; doch wurde mir diese nicht, ich bezog im Ganzen nur dreimal die Wache, und bei der großen Menge überzähliger Offiziere wurde ich auch zu anderm Dienste nicht oft befehligt. Der gute Ruf, den meine Beflissenheit davontrug, war leicht erkauft, auch hatte ich die Freude, meine Kammeraden bald wieder voll Zutrauen zu sehen, besonders die älteren, welche gemeint hatten, ich müsse durch die Gunst des Obersten und durch den Aufenthalt in Wien dem Regimente fremd geworden sein, und nun mein ehrerbietiges und anschließendes Benehmen um so mehr zu loben fanden. Für mich war die kleine Spannung heilsam, ich hatte Aufgaben, die mich beschäftigten, und das traurige Sinnen und Brüten über Gegenständen, bei denen nichts zu thun war, beschränkte sich auf die wenigen Stunden, die ohnehin der trägen Muße zufielen.

Bentheim führte mich auf die sogenannten Sozietätsbälle, wo die Prager vornehme und schöne Welt zusammenkam; denn auch hier ging das herkömmliche Leben bald wieder seinen Gang, wie denn unter allen bürgerlichen Zuständen immer noch getanzt wird. Hier lernte ich nebst andern bedeutenden Personen auch den Fürsten Ferdinand Kinsky kennen, der sich im letzten Kriege sehr ausgezeichnet hatte. Bei Errichtung der böhmischen Landwehr hatte der Fürst ein Bataillon fast ganz auf eigne Kosten gestellt, und nachdem er kein Opfer gescheut und jeden Eifer aufgewendet, war er zuletzt auch selber in Dienst getreten und als Major an der Spitze seines Bataillons in das Feld gerückt. In der Schlacht bei Aspern kämpfte er so tapfer, hielt die Bataillonsmasse im Kartätschenhagel und gegen wiederholte Reiterangriffe so gut zusammen, daß der junge Anführer mit seinen Neulingen die Bewunderung der altgeprüften Soldaten erwarb, und der Erzherzog Generalissimus ihm auf dem Wahlplatze das Theresienkreuz verlieh. Aber auch noch in anderer Richtung zeigte der Fürst seinen edlen Muth. Nicht alle Landwehrbataillone hatten sich hervorgethan, manche der Gelegenheit dazu entbehrt, und die Eifersucht der Linientruppen, welche gleich anfangs zur Errichtung der Landwehr scheel gesehen, war nur allzu geneigt, ungünstige Schlüsse gegen dieselbe aus allen Zufälligkeiten hervorzurufen. Als nach dem Frieden ausgesprochen war, daß die Landwehr fortbestehen sollte, äußerte sich die Mißstimmung der Linientruppen nur lauter, und es schien eine völlige Spaltung zwischen den Offizieren beider Truppen unvermeidlich. Hiergegen setzte sich nun Fürst Kinsky aus allen Kräften, er bot dem Vorurtheil und Dünkel herausfordernd jeden Kampf, und wo, wie auf den Sozietätsbällen, ausnahmsweise Uniform getragen wurde, erschien er in der seines Landwehrbataillons. Ein so angesehener Kavalier und tapfrer Degen er war, hätte er allein seine Sache doch schwerlich durchgesetzt; aber sein Beispiel entzündete auch andre Gemüther, und eine so gut vertretene Sache fand bald auch in den Linientruppen selbst würdige Zustimmung. Das Uebel der Zwietracht konnte zwar nicht ganz erstickt werden, wurde jedoch merklich gedämpft, und mich dünkte das Benehmen des Fürsten hierbei eben so muthig und lobenswerth, als das von ihm auf dem Schlachtfeld bewiesene.

Durch die Sozietätsbälle wurde ich auch mit der Gräfin

von Schlick, einer angesehenen Dame von großem Verstand und feinem Sinn, mit den Grafen von Clam-Gallas und von Sternberg, sodann mit dem Baron von Buol bekannt, einem österreichischen Diplomaten, der zuletzt Geschäftsträger in Dresden und dort mit Adam Müller eng verbunden gewesen war; an diesem Bezuge spann sich leicht ein vertraulicher Umgang zwischen uns fort. Er führte mich zu dem Baron von Bildt, dem letzten schwedischen Gesandten am Reichstage zu Regensburg, der mit seiner Familie in Prag die Ereignisse abwartete. Hier fand ich den Nachhall vieler Gentzischen Reden, den heftigsten Haß gegen die Revolution, die unversöhnlichste Feindschaft gegen Napoleon; aber das rohe Aristokratenwesen, das hier ohne Scheu verfochten wurde, die Emigrantenverstocktheit, in der sich besonders die Weiber gefielen, und die Geschmacklosigkeit, mit der sich der schalste Witz auf Kosten der Bonaparte'schen Familie unausgesetzt gütlich thun durfte, langweilten und empörten mich, und nach ein paar Besuchen sagte ich den Leuten derb die Meinung und empfahl mich für immer.

Bessere Bekanntschaft vermittelte mir der General Graf von Weißenwolf, der mit uns in demselben Hause wohnte. Er hatte Einsicht in meine Lage und meine Bedürfnisse, und meinte, er werde mir einen Umgang zuweisen, der für mich geeignet sei, er glaube nicht sich zu täuschen, er werde Recht haben! Und so veranlaßte er, daß ich bei ihm den Hauptmann Meyern antraf, Wilhelm Friedrich Meyern, den Verfasser des berühmten Romans Dya-Na-Sore. Da ich von diesem merkwürdigen Manne schon anderwärts gesprochen, und sein Gedächtniß seitdem durch die treffliche Sorgfalt Ernst von Feuchtersleben's und durch des Fürsten von Pückler anziehende Erzählungen aus dem Munde des Freiherrn von Prokesch glücklich wieder aufgefrischt worden, so will ich hier nur einiges nachtragen, was sich näher auf mich bezieht. Meyern fand Gefallen an mir und machte mir gleich am nächsten Tage das schmeichelhafte Anerbieten, zu mir auf die Stube zu ziehen. Es geschah noch vor Abend, sein Gepäck war so leicht als das meine, und hatte auf einem Stuhle Platz. Indeß auch ein Stuhl war dafür

nicht übrig, denn wir hatten ihrer nur zwei, einen gebrech=
lichen Tisch, zwei schlechte Matratzen und gemeine Wollbecken,
das war unsre ganze Ausstattung in einem übrigens großen
und stillen Zimmer. Diese Aermlichkeit störte uns nicht, wir
scherzten nicht einmal darüber, wir nahmen sie als eine
gleichgültige Zugabe unsers Beisammenseins. Meyern führte
überhaupt ein Leben der Entbehrung und Abhärtung, und
dies mitten im Genusse des größten Wohllebens und der
üppigsten Bequemlichkeit, denn er lebte so viel er wollte das
Leben der österreichischen Großen mit, war in vielen der
ersten Häuser ein stets willkommener Tisch= und Wohngast,
und hätte leicht auch ein vollkommen behagliches Dasein auf
eignen Füßen haben können, wäre dergleichen nicht ganz
außerhalb seines Augenmerkes gewesen. Ich glaube, er zog
aus dem Hause des Fürsten Kinsky zu mir, dort hatte er
alle Annehmlichkeiten des reichsten Lebens mitgenossen —,
nicht verschmäht, das wäre schon zu viele Beachtung ge=
wesen —, bei mir entbehrte er alles, trank als Frühstück
gleich mir ein Glas Wasser, schlief allenfalls auch neben
seiner Matratze auf dem harten Boden, das war alles un=
erheblich für ihn. Bei seinen angesehenen Freunden standen
ihm die üppigsten Tafeln, Abends im Theater die bequemsten
Logen offen; ebenso hätte er ihre Reit= und Wagenpferde
benutzen können, allein wie leichtbefriedigter Kostgänger, war
er auch unerschrockener Fußwanderer, der nicht Wind noch
Wetter scheute, und bei den weitesten Strecken selten er=
müdete. Den größten Theil des Vormittags las und schrieb
er stehend vor einem Stuhle, den er auf den Tisch gestellt;
er las nie ohne Auszüge oder Bemerkungen dabei nieder=
zuschreiben. Buol hatte in Dresden Adam Müller's Vor=
lesungen über die Staatskunst gehört und eine Abschrift der
ursprünglichen Hefte Müller's bekommen, welche von dem
nachher gedruckten Werk in vielen Stücken abwichen; diese
Hefte studirte nun Meyern, und sie gaben ihm reichen Stoff
zu den fruchtbarsten Betrachtungen. Seine Gespräche hatten
die größte Anmuth bei der strengsten Gediegenheit; in den
Grundsätzen, von denen er ausging, ließ er sich durch nichts
irren, in der Vortragsweise hingegen war er duldsam und

nachgiebig; er verfolgte allgemeine Gedanken bis in die weiteste Ferne der Entwickelung, und ebenso reihte er Thatsachen an Thatsachen, bis der Gedanke von selbst aus ihnen hervorsprang; daß Gedanke und Erzählung unmerklich wechselten und sich gegenseitig unterstützten, war ein besonderer Reiz seines Gesprächs. Doch in diesem erzählte er eigentlich am liebsten, wie er schriftlich lieber den bloßen Gedanken festhielt; für den Leser seiner Schriften ist dies ein Verlust, denn das Lebendige, Anschauliche, das er mündlich in reichen Maßen gab, war gleichsam die Woge, welche den Gedanken trug, der in der Schrift nun öfters etwas trocken daliegt. So gern er übrigens erzählte, von seinen Kriegserlebnissen, seinen Land= und Seereisen, seinem Leben auf englischen Schiffen, seinem Aufenthalt in Schottland, in Venedig und Rom, auf Sicilien, in Konstantinopel und Kleinasien, in der Moldau und Walachei, in Polen und Ungarn, von seinen Fußwanderungen in Deutschland, und was sonst sich in freier Gegenständlichkeit darbot —, so ungern und selten ging er auf Selbstpersönliches ein. Von seinen nähern Lebensumständen und Verhältnissen erfuhr ich nur, was gelegentlich mit einfließen mußte; doch so viel blickte durch, daß auch Herz und Gemüth in ihm große Stürme erfahren hatten.

In Franken, in der Nähe von Ansbach, geboren und erzogen, hegte er eine kindliche Liebe zu dieser Heimath, deren Jugendeindrücke er innig festhielt. Die Sage vom hohlen Landsberge, in welchen Kaiser Karl der Große mit seinem ganzen Heer eingezogen sei, und dort nun ein unterirdisches Leben führe, hatte ihn als Knaben tief ergriffen; da es hieß, der Berg öffne sich alle sieben Jahre, und man könne frei hineingehen, müsse aber, um die Oeffnung zu finden, eine wunderbare Schlüsselblume haben, so war sein größter Wunsch, daß die ihm zu Theil werden möchte; er gelobte sich, das Abentheuer muthiger zu bestehen, als vor vielen Jahren ein junger Mensch, von dem man erzählte, es sei ihm gelungen, in den Berg einzugehen, wo er ein unendliches Volk angetroffen und am hohen Ende der Tafel den Kaiser Karl selbst in aller Herrlichkeit, aber er habe den

Anblick nicht ertragen, es sei ihm angst geworden, und als
er draußen wieder aufgeathmet, sei alle Spur der Oeffnung
verschwunden gewesen. Meyern sagte, er habe es als eine
tiefe Kränkung empfunden, daß ihm, dem naheberechtigten
Anwohner, der Zugang zu den Urkräften des Vaterlandes
nicht aufgeschlossen worden, und in dieser frühen Kränkung,
sehe er nun wohl, sei ihm sein ganzes nachheriges Lebens-
geschick vorgebildet gewesen. Solche Sagen hielt er unendlich
werth, und wiewohl ein vollkommener Freidenker und entschiedener Feind alles kirchlichen, von Pfaffen genährten Aber-
glaubens, sah er diesen vom Volksgeist erhaltenen nur mit
Bedauern schwächer werden.

Wie in seinem Karakter früh Zartheit und Stärke verbunden waren, beweist folgender Zug, den er mir auf meine
Bemerkung, daß er zum Kaffee noch keinen Zucker genommen,
mit ernster Traulichkeit erzählte. Er und sein jüngerer
Bruder lagen einst beide krank, doch der letztere viel minder
gefährlich und schmerzhaft; dies war laut ausgesprochen und
stand für Alle außer Zweifel. Dennoch bemühte sich die
Familie vorzugsweise um den jüngern, und eines Morgens,
nach einer für den ältern Bruder gefahrvollen und bedrängten,
für den jüngern aber leidlichen Nacht, versammelten sich Alle
voll Zärtlichkeit und Theilnahme um das Bette des jüngern,
während der ältere, bedürftig harrend, in der andern Ecke
des Zimmers verlassen lag. „Ohne Neid", sagte er, „blickte
ich nach dem begünstigten Bruder hin, ich auch hab' ihn ja
lieb, dacht' ich, und verhielt mich ganz still. Inzwischen
wurde das Frühstück gebracht, und aus lauter Sorgfalt für
den Bruder vergaß man mir Zucker in die Schale zu geben.
Da es nun dabei blieb, niemand auf mich Acht hatte, und
ich doch die Ungerechtigkeit tief empfand, so kam mir der
Gedanke, den Zucker, den man mir nicht bringe, wolle ich
auch nicht bedürfen, und trank von der Zeit an, ohne ein
Wort darüber zu sagen, immer den Kaffee unversüßt. Und
es hat es auch niemand gemerkt!"

Sein Hauptgegenstand, auf den er stets zurückkam, war
das Volks- und Staatsleben, Regierungsformen, Gesetze,
der Kampf des Menschen mit den Naturkräften, die großen

Erfindungen und Arbeiten, die sich hierauf beziehen. Ueber
diese Gegenstände war er unerschöpflich, seine Bekanntschaft
mit den alten Klassikern, seine Geschichtskunde und große
Lebenserfahrung, vereinigten sich hier auf's glücklichste mit
den Kenntnissen, die er als Artillerie- und Generalstabs-
offizier besaß, und die sich seinem Geiste zu den überraschendsten
Anwendungen fügten. Bei den Unfällen der österreichischen
Heere in Italien, als Bonaparte durch Kärnten und Steier-
mark gegen Wien heranbrang, hatte Meyern mit seinen
Freunden, dem Altgrafen Hugo von Salm und den Grafen
Wenzel und Franz von Paar, den ersten Anstoß zu einer
allgemeinen Bewaffnung gegeben, und diese vier Männer
waren, wie Hormayr sagt, die ersten Wiener Freiwilligen.
Seitdem lag ihm der Gedanke allgemeiner Volksbewaffnung
unaufhörlich im Sinn, und als die Rüstungen im Jahre
1809 zum erstenmal ernstlich diese Richtung einschlugen,
half er mit allem Eifer und aller Thätigkeit die Sache zur
Ausführung bringen. Aber seine Pläne und Angaben waren
freilich nur zum Theil befolgt worden. Er tröstete sich mit
der Zukunft, denn er gehörte zu den Unverzagten, die schon
jetzt wieder an Ernenung des Kampfes dachten. So hatte
er gleich nach dem Frieden, mit der Aufmunterung des Generals Grafen von Radetzky, seine Landwehrentwürfe nochmals sorgfältig überarbeitet und in einem kleinen Hefte, das
er mir zu lesen gab, ein wahrhaft gesetzgeberisches Werk geliefert, welches in enger Anschließung an das Bestehende
die klarsten und ausführlichsten Vorschläge enthielt, die aber
gleichwohl geeignet waren, auf die ganze Nation kräftigend
einzuwirken und dem kranken Staatswesen gründlich auf-
zuhelfen. Die Ausführung blieb unversucht, aber die Denk-
schrift Meyern's muß noch jetzt, nebst mancher andern von
ihm, in dem Militairarchive zu Wien verwahrt liegen.

Es begreift sich leicht, wie die Gesellschaft dieses Mannes
mich erquicken, stärken, in jeder Art beschäftigen mußte.
Mein ganzes Dasein gewann eine andere Gestalt, der Aufenthalt in Prag, die Tagesverhältnisse, alles erschien mir in
neuer Färbung. Zwischen uns war der größte Austausch,
die lebhafteste Erörterung, fast immer tief in die stille Nacht

hinein. Ueber Staat und Krieg konnten wir uns gewöhnlich leicht verständigen, nicht eben so über Philosophie und Litteratur, hier waren wir gar zu verschiedene Wege gegangen. Meyern ließ nach Kant nur einigermaßen Fichte noch gelten, und auch diesen nur wegen der kriegerischen Tapferkeit seiner zuletzt in Berlin gehaltenen Reden; Schelling mit dem ganzen naturphilosophischen Anhang, der katholisch gewordene Friedrich Schlegel, der mit Frau von Staël herumstreifende August Wilhelm Schlegel, Schleiermacher's geistreiche Theologie, Tieck's romantische Poesie, alle diese Richtungen widerstrebten ihm, er sah darin nur Abwege, auf denen die edlern Kräfte der Nation sich nutzlos abmühten, ja durch welche jedes gesunde, praktische Zusammenwirken recht eigentlich verhindert werde. Er gestand, daß er auch Schiller'n und Goethe'n leicht in den Kauf gebe, und daß er überhaupt eine Litteratur gar nicht für so nöthig halte, ein Volk möge auch ohne solche die höchste und würdigste Bestimmung irdischen Daseins erreichen; wenn man es recht überlege, so sehe man mit Erstaunen, mit wie wenigen Büchern man sich behelfen könne. Unser eigner Zustand widerlegte und bestätigte diesen letztern Satz; denn ein Sallustius und ein Julius Cäsar, die ich besaß, befriedigten mein Lesebedürfniß ausreichend, so wie Meyern ganz in Adam Müller und Burke vertieft war, welches aber nicht verhinderte, daß wir uns heftig bemühten, er, das neue Buch von Malthus über die Bevölkerung, ich, die neuesten Berliner Erzeugnisse zu erlangen, und so mit Stolz und Freude darin wetteiferten, unser leeres Zimmer durch einigen Büchervorrath auszuschmücken! So zog eines Abends Meyern mit größtem Behagen einen Band Shakespeare aus der Tasche, während ich aus dem Buchladen den Wiener Druck von Goethe's Pandora heimbrachte. Die letztere gab sogleich Anlaß zu einer lebhaften Streitigkeit. Meyern wollte die Bewegung, welche der mächtige Strom des Gedichts unwillkürlich in ihm erregte, gern dadurch einziehen und niederhalten, daß er den Tadel erhob, Gang und Ausdruck seien erkünstelt, die Natur darin verdunkelt. Schon oft hatten mich seine gegen Goethe gerichteten Ausstellungen verdrossen, diesmal erhob ich mich nachdrücklich wider die

Ungerechtigkeit. „Ihr Blick ist verdunkelt", rief ich ihm zu, „öffnen Sie die Augen und sehen Sie!" Und nun gelang es meinem Eifer, das Gedicht im Ganzen und in seinen Theilen zu begründen, zu rechtfertigen, den hohen dichterischen Ausdruck auf gemeine Natürlichkeit zurückzuführen, und Zug für Zug darzuthun, wie es nur die Natur selber sei, die hier im Kunstgebilde erhöht walte. Der Unmuth gab mir überzeugende Kraft, und Meyern gestand, es leuchte ihm das Gesagte ein, sein Tadel sei ungerecht, nur das bleibe ihm darin giltig, daß alle Poesie ihm ein Luxus der Prosa dünkte. — Dieser Widerstreit des Verstandes gegen die Poesie wird immer wiederkehren und der auf die greifliche Wirklichkeit gerichtete Sinn kann nur in seiner höchsten und also seltnen Steigerung wieder poetisch werden, wie dies in der That Meyern's Fall war; denn seine schaffenden Gedanken gingen entschieden von Dichtung aus und kehrten auch dahin zurück; in seiner Jugend war das romanhafte Buch „die Insel Felsenburg" ihm in die Hände gerathen und hatte sein Herz mit unaussprechlicher Gluth erfüllt, die endlich in Dya=Na=Sore mit erhöhtem Glanz ausbrach und die er sein ganzes Leben hindurch nährte. Er wollte dichten und bilden im lebendigen Stoffe, eine neue Wirklichkeit hervorbringen, wobei er denn freilich von der alten meist unsanft zurückgestoßen wurde, und seine Zuflucht in der Fiktion finden mußte, die zwar nicht schon die Poesie selbst, aber doch eine Dienerin derselben ist.

So wenig Meyern im Ganzen der redenden schönen Kunst huldigte, so groß war sein Sinn und Eifer für die bildenden Künste, für Mahlerei, Bildhauerei und Baukunst. Der lange Aufenthalt in Italien hatte ihm diese Gebiete eröffnet, die einzigen, die ihm schwelgerische Genüsse geben konnten. Seine Kenntnisse waren ausgebreitet, sein Geschmack geübt und sicher; die Anschauungen der Kunstwerke hielt er mit seltner Treue in der Einbildungskraft fest und konnte sie mit Leichtigkeit auch für Andre hervorrufen. Winckelmann war lange Zeit einer seiner liebsten Autoren, er kam bei ihm gleich nach Shakespeare. Nur Eine Kunst lag ihm völlig abseits, die Musik, welche ihm bloß als Sinnenreiz gall, tauglich für mancherlei Zwecke, doch zum Ausdruck des Schönen nur ein untergeordnetes Hilfsmittel. Er führte als Zeugniß, wie unselbstständig und gesinnungslos diese Kunst sei, das Beispiel Mozart's an, der von den gemeinsten und schändlichsten Worten sich zu der von Kennern gepriesensten Musik habe begeistern lassen!

Ich versuche hier kein vollständiges Bild des trefflichen Mannes, sondern gebe nur einzelne Züge, hauptsächlich sofern unser Umgang dadurch bezeichnet wird. Dieser war ungestört innig und herzlich, denn selbst bei entgegengesetzten Meinungen kam es zu keinem eigentlichen Streiten, und die heißeste Erörterung führte nie Bitterkeit mit sich; dies war ganz sein Verdienst, denn er selbst behielt immer den Ausdruck liebevoller Freundlichkeit, und wie hätte jemand, der in sein edles, ehrenhaftes Antlitz und in seine gutmüthigen Augen sah, ihn kränken mögen! Für mich aber gewann Meyern noch eine neue Liebenswürdigkeit, als ich unvermuthet entdeckte, daß er Rahel kannte, daß er ihr Andenken als das eines wunderbaren Wesens in der Seele trug. Er hatte im Herbst 1801, als er aus England mit dem Grafen Hugo von Salm heimkehrte, in Berlin Rahel besucht, und ein paar Abende mit ihr in Gesellschaft sehr angenehm zugebracht; noch jetzt erinnerte er sich lebhaft einiger Züge, die ihm damals aufgefallen waren, und aus denen sich ein ursprünglicher und rascher Geist wohl erkennen ließ. Weiter war seine Kenntniß nicht gediehen, doch wußte er durch seinen Reisegefährten, der schon früher in Töplitz Rahel's Bekanntschaft gemacht und sich ihr innig angeschlossen hatte, daß hier noch andre Eigenschaften als die der geistvollen Geselligkeit zu finden waren, und vernahm nun desto williger, was ich in vollem Herzensdrange ihm bestätigend erzählte.

Inzwischen war aus Wien, anfangs in leichten zitternden Funken, die man ungläubig mißachtete, unmittelbar darauf in hochauflodernder, unbestreitbarer Flamme, die ungeheure Nachricht in Prag eingelaufen, daß der Kaiser Napoleon sich mit der Tochter des Kaisers Franz vermählen werde. Der plötzliche Ausbruch eines ungeahndeten Vulkans hätte nicht wunderbarer überraschen können, aller Sinn war betäubt, alle bisherigen Vorstellungen lagen umgestürzt, die verwirrten Begriffe rangen nach neuer Fassung und Folge. Man fragte erstaunt, was dies Ereigniß bedeute, woher es stamme, wohin es ziele? ob neue Schlachten verloren worden, ob die äußerste Gefahr abgewendet, oder ob Deutschland und Italien als Gewinn versprochen sei? Daß alle Hoffnungen, in welchen die moralische Kraft und der Stolz und Trost der Edlen sich noch zusammenhielt, plötzlich gesprengt, und da, wo noch eben muthiges Harren und Mühen gewaltet, nur unabsehbares Aufgeben und Verläugnen übrig war, diese Vorstellung ergriff manche Gemüther mit Schrecken und Verzweiflung. Noch gab es Wunden von Wagram und Znahym, die nicht völlig geheilt waren, es schien jetzt ein Spott, dort geblutet zu haben! Die Kreise des höchsten Adels waren am meisten in Aufruhr; freilich waren hier Männer wie der Freiherr vom Stein und die beiden Grafen von Stadion, Friedrich und Philipp, schon immer scharfe Wortführer, aber diesmal hatten sie wenig voraus, der ganze Stand äußerte sich mit gleicher Heftigkeit, von allen Seiten wiederhallte Ein Schrei des Unmuths und der Zerknirschung. Nur noch Einmal in meinem Leben, in späterer Zeit und unter ganz andern Umständen, habe ich solch plötzliche und gewaltsame Aufwallung in der vornehmen Gesellschaft wiedergesehen!

Für mich war der Schlag eine harte Zugabe zu den Schwierigkeiten meiner Lage; der Boden, auf dem ich stand, wurde vollends unsicher, und jeder nächste Tag konnte mich zu einer raschen Entscheidung drängen, für welche nichts vorbereitet, nichts verabredet war. Nach Freiheit, nach dem Ziele der innersten Wünsche, mit schwacher Aussicht strebend, stand ich in Gefahr, jeden Augenblick in völlige Knechtschaft der Umstände zu verfallen. Denn mit der Nachricht von der Heirath verbreitete sich zugleich die eines mit Frankreich schon geschlossenen Bündnisses und eines sofort gemeinschaftlich gegen die Türken zu unternehmenden Feldzuges, ja man bezeichnete schon die Regimenter, welche zum Marsche nach Ungarn bestimmt seien. Die Sache klang wahrscheinlich genug und mochte für Manchen tröstlich sein; mir war sie nur düstres Unheil, ich mochte sie aus freiem allgemeinen oder aus engem persönlichen Gesichtspunkt betrachten. Von solchen Qualen der Ungewißheit, die Besorgnisse der Nöthigungen, wie uns damals täglich und stündlich bedrängten, haben die Späteren jetzt kaum einen Begriff. Wie dunkel sah uns die Welt aus, wie verschlossen! Wie sparsame nur und gefahrvolle Pfade zeigten sich für den Wanderer, wie seltne Stätten des sichern Verweilens, des Aushaltens, wenn man nicht mit dem Feinde Gemeinschaft haben, der Unterdrückung nicht sich beugen wollte!

Ich bekam in dieser Zeit Briefe von Justinus Kerner aus Wien. Er sprach in seiner humoristischen Weise nur schwermüthige Stimmung aus. Stoll versank immer mehr in Armuth und Narrheit. Friedrich Schlegel hatte Vorlesungen über neuere Geschichte begonnen, die wohl Theilnahme fanden, aber bei dem Tagesereigniß um so mehr zurücktraten, als sie unmöglich in der Richtung desselben sein konnten. Kerner schrieb: „Die Wiener sind toll wegen der Heirath; Napoleon ist nun ein Gott, man betet für ihn in den Kirchen; die Besiegung ist Gewinn; sie betrachten jetzt mit Entzücken die Ruinen von Wien; — die zerriebenen Steine der Festungswerke streuen die Kaufleute zum süßen Angedenken an den göttlichen Mann in ihre Zimmer als Bodensand, auch sandeln sie die Briefe damit und mischen ihn unter den Marocco." Der Bericht über die Stimmung in Wien war niederschlagend, aber bald konnten wir ähnliche Erscheinungen auch in unsrer Nähe wahrnehmen. Die Thatsache war zu gewaltig, ihre Uebermacht zu fortreißend, vor so großen Befugnissen und Weihen, welche durch zwei Kaisernamen hier ausgesprochen waren, beugte sich bald die wankelmüthige Menge; die neue Richtung war entschieden, es galt nun zu sehen, was in ihr für neue Glücksfälle und Vortheile lägen; die Dreistigkeit der Schwäche fehlte auch hier nicht, und mit unglaublicher Raschheit, von Stunde zu Stunde fast, ging die völligste Umstimmung vor sich. Der Oberstburggraf Graf von Walles war einer der ersten, die den neuen Bund laut zu preisen wagten, die mit Wohlgefallen im Rock vom neuesten Grün, das zu Napoleon's Ehren in

Wien sogleich Mode geworden, sich in den Straßen zeigten; wer heute noch tadelte, ahmte morgen schon nach; es war' die völlige Gegenbewegung der früheren. Allerdings blieben genug Männer übrig, die zu solcher Umkehr unfähig waren und die tief trauerten über den Gang, den jetzt die Dinge zu nehmen hatten; aber sie waren die Minderzahl, und hatten die Aufgabe, sich den Zeiten mit der würdigen Haltung zu fügen, die wohl trägt, aber deßhalb nicht einwilligt. Ich brauche wohl nicht erst anzumerken, daß Bentheim zu diesen Männern gehörte, so wie der ganze Kreis unsrer nähern Bekanntschaft; die höhern Militairpersonen insgesammt hielten an der alten Gesinnung fest, und an der Spitze derselben standen Krieger wie die Generale Hieronymus Graf von Collbredo, Graf von Klebelsberg, Graf von Murray, der Oberst Freiherr von Scheibeler, der Oberstlieutenant Graf von Leiningen, der Major Fürst von Reuß-Köstritz, der Graf von Paar, und noch viele Andre, die alle in dem späteren Kriege zu hohem Rang und Ruhm emporgestiegen sind. Meyern, durch Erfahrung schon gewitzigt, versicherte mich, der Anblick der menschlichen Wandelbarkeiten sei zwar widerlich und besonders in diesem gegenwärtigen Falle abscheulich, allein man dürfe die Sache nicht zu wichtig nehmen, die Leute wendeten sich auch eben so leicht wieder, und mit stärkerem Drange sogar, dem Rechten und Guten zu, und aus denen selbst, die jetzt den Franzosen zuliefen, würden sich auch die Reihen der Unsern wieder rekrutiren.

Mir aber ward bald ein andres Leid beschieden, das ich schmerzlich zu verwinden hatte. Meyern wurde durch den General Grafen von Radetzky nach Wien berufen, und verließ mich mit wehmuthsvollem Abschied. Er hatte nur einige Wochen bei mir gewohnt, aber diese waren so reich an innerem Leben und dauerndem Gehalt, daß mir in der Folge die Täuschung entstehen konnte, die Wochen seien Monate gewesen. Wir hofften einander wiederzusehen, und gaben uns die Hände darauf, es werde am guten Orte und zu rechter Stunde sein! Einstweilen aber trat völlige Trennung zwischen uns, denn auch an Briefwechsel war nicht zu denken, Meyern haßte seit einiger Zeit alles Briefschreiben, und die seltenen Briefe, die er empfing, ließ er oft lange uneröffnet liegen. Ich wollte seinen Umgang wenigstens meinen Freunden gönnen, und schrieb an Kerner, er solle ihn aufsuchen, deßgleichen später an Willisen, sobald ich diesen in Wien wußte. Eine Zeitlang nämlich hatte es geheißen, Willisen würde bei dem Regimente Vogelsang eingereiht werden, allein diese Nachricht, die mich mit begeisterter Freude erfüllte, erlosch bald wieder, und Willisen kam zu einem Regiment in Mähren, später zum Generalstab in Wien.

Nun begann wieder eine sehr traurige Zeit für mich; ich fühlte die Einsamkeit schmerzlich und konnte nur in geistigen Arbeiten einigen Trost finden. Neumann hatte mir von einer Zeitschrift geschrieben, die er mit einigen Freunden herausgeben wollte, und es war dabei auf meine Mitthätigkeit gerechnet; allein ich hatte wenig Lust, mich in allerlei kleinen Aufsätzen zu versplittern. Ein Buchhändler in Prag wollte ein Bändchen Gedichte von mir drucken, sie waren aber nicht zur Hand, und die meisten gingen mir in der einzigen Abschrift, in der sie vorhanden waren, bei dem Minister vom Stein verloren, den ich damals noch nicht näher kannte, der sie aber von Berlin für mich empfangen haben sollte. Von den Gelehrten in Prag kannt' ich niemand, und ich wollte dem Zufall überlassen, ob ich einem oder dem andern begegnen würde; der Name des Abt Dobrowsky stand mir in hohen Ehren, ich war einigermaßen angewiesen auf den Professor Meinert, doch am liebsten hätte ich den Exjesuiten Ignaz Cornova getroffen, der als Verfasser böhmischer Geschichtsbücher geschätzt, mir aber durch überkommene Kunde persönlicher Beziehungen merkwürdig war, denn der ansehnliche, wohlausgestattete Mann hatte düstre Leidenschaften und mancherlei Novellenstoff in sich verarbeitet. Die traurigen Aschenreste einer andern Gluth, die einst in edler Brust geflammt, kamen mir zufällig vor Augen in einer Jammergestalt, mit der ich im Buchladen zusammentraf. Ein schmächtiger abgezehrter Greis, mit ganz weißen Haaren, gramvollen Zügen, feurigen aber dabei schüchternen Augen, durchmusterte mit Hast die angekommenen Neuigkeiten, und warf dazwischen ängstliche Blicke umher, ob man auf

ihn merke, ob man wohl beachte, welcherlei Bücher ihn an=
zögen? Bei solchem Verdacht legte er wohl eines schnell
weg, als sei es ihm gleichgültig, das er eine Minute später,
wenn er sich unbemerkt glaubte, heimlich wieder aufnahm
und begierig durchblätterte. Man sagte mir, der Mann sei
ein böhmischer Abbé, der in seiner Jugend von den Ideen
der französischen Revolution ergriffen worden und als be=
geisterter Prediger der Menschenrechte aufgetreten, darüber
in Untersuchung gerathen und dann als Staatsverbrecher
auf eine Festung nach Ungarn gekommen sei. Lange Jahre
habe er dort in einsamem Kerker zugebracht und müsse die
größten Qualen des Körpers und der Seele ausgestanden
haben, denn als er endlich, man wisse nicht auf welche hohe
Fürsprache, in Freiheit gesetzt worden, sei er als ein ab=
gelebter und gebrochener Mann wieder erschienen, unkenntlich
für seine Freunde, mißtrauisch und verzagt, erschreckt von
jeder Anrede, und gleichsam noch jetzt in elender Gefangen=
schaft fortlebend; denn er habe schwören müssen, von allem,
was mit ihm vorgegangen, nicht das Geringste zu sagen;
dieses Versprechen aber quäle ihn immerfort, denn obwohl
er das Schweigen selbst sei, so fürchte er doch stets, er
möchte etwas gesagt haben, und zittere, man werde ihn
wieder in den Kerker sperren. Dabei versicherte man un=
zweifelhaft zu wissen, daß er vollkommen noch ebenso denke
wie vorher, daß er die frühsten Ueberzeugungen heilig be=
wahre, und allen Trost und alle Hoffnung in ihnen habe,
daß aber grade dies Bewußtsein ihm auch stets die Furcht
erneuere, in neue Strafe zu fallen. Ich wagte ihn an=
zureden, aber meine gleichgültige Frage wegen eines vor uns
liegenden Buches erschreckte ihn. Der Buchhändler wollte
ihn beruhigen und sagte lächelnd: „O, Herr Abbé, mit
diesem Herrn können Sie ohne Scheu alles reden!" Der
Unglückliche sah mich prüfend an, sagte aber nur: „Ja,
ja, das glaub' ich wohl!" nahm seinen Hut und Stock
und ging zur Thür hinaus, indem er unwillkürliche
Thränen aus den Augen wischte. Ein tragisches Wahr=
zeichen des dunkeln willkürlichen Gewaltverfahrens einer
Zeit, die wir weit hinter uns glaubten, und die uns

2*

noch so nahe stand, ja deren Wiederkehr noch stets möglich war!

Einige Hoffnung, daß Rahel im Sommer nach Töplitz kommen werde, erheiterte mir den Blick in die Zukunft, und meine Sorge war nun, alles so einzurichten, daß ich dort wenigstens auf einige Zeit mit ihr zusammenlebte. Diese Hoffnung verstärkte und minderte sich abwechselnd, alle Vorsätze waren noch von Bedingungen abhängig, und in die große Ungewißheit schossen immer neue Fäden ein, welche zu neuen Anknüpfungen dienen mußten. Marwitz war auf Urlaub in Berlin gewesen und sollte mir mitndliche Nachrichten bringen; doch bevor er noch ankam, erfuhr ich von dem Major Karl von Nostitz, dessen Bekanntschaft ich eben gemacht hatte, daß aus Berlin die Schauspielerin Friederike Bethmann in Prag eingetroffen sei und für mich einen Brief habe, ohne Zweifel von Rahel. Ich eilte sogleich in den Gasthof, und Brief und Erzählungen, dabei die Gegenwart von Nostitz und andern Preußen, gaben mir die Täuschung, ich sei in Berlin, und auch Rahel könnte jeden Augenblick ins Zimmer treten! Allein der Inhalt des Briefes war leider nicht ermuthigend, widrige Umstände hielten den Reiseplan noch ungewiß. Für mich hatten inzwischen neue Dinge sich aufgethan, denen ich mich nicht entziehen konnte; es galt nun, aus Hemmnissen und Strömungen geschickterweise den für die eignen Vorhaben möglichen Gewinn zu ziehen. Wo jedoch nirgends ein fester Punkt war, wo alles unsicher schwankte, und immer noch neue unvorhergesehene Momente hinzukamen, da konnte keine Folge sich bilden, da brachte jeder nächste Augenblick sein eignes Gesetz. Es war eine unselige Spannung, ein kummervolles Bemühen.

Die neuen Dinge, welche sich mir in Aussicht gestellt, bestanden in Folgendem. Die Verhältnisse des Hauses Bentheim lagen in einer langwierigen Krise; aus mancherlei Widersprüchen hatte sich ein sonderbares Einstweilen zusammengesetzt. Der regierende Graf lebte in Paris noch im Ansehn eines selbstständigen Herrn; das zum Großherzogthum Berg geschlagene Land verwaltete der Erbgraf, die jüngern Brüder dienten in Oesterreich und Dänemark. Mein Oberst

bedurfte wegen dringender Angelegenheiten einer vertraulichen
Vereinbarung mit dem Erbgrafen, aber aus vielen Gründen
schien es nicht angemessen, daß er persönlich die Heimath
besuchte, und den Widerspruch der gewählten Dienste mit
den aufgedrungenen Verhältnissen auffallend vor Augen
stellte. Er wünschte daher mich als Vertrauten und Bevoll-
mächtigten nach Steinfurt abzusenden, und der Vorschlag
mußte mir genehm, ja insofern erwünscht sein, als auch
andre wesentliche Zwecke sich mit der Reise von selbst verbanden. Aus dem nördlichen Deutschland über die dortigen
Zustände und Stimmungen durch einen Augenzeugen sichre
Kunde einzuziehen, war für allgemeine und persönliche Zwecke
von besonderem Werth. Der Kurfürst von Hessen betheiligte
sich dabei; der Kommandirende in Böhmen, General Graf
von Kolowrat, gab seine Genehmigung. Ich sollte mit
einem bürgerlichen Passe als Doktor reisen, möglichst geheim,
und auf eigne Gefahr. Uebrigens war doch keineswegs die
Meinung, mich ernstlichen Verlegenheiten bloßzustellen; ich
sollte meine Uniform mitnehmen, um nöthigenfalls aus dem
Inkognito frei hervortreten zu können. Das Mißliche schreckte
mich nicht, die Gefahr reizte mich, und nöthigenfalls stand
mir mehr als Ein sichrer Anhalt auf diesen Wegen zu
Gebot. Aber die Ausführung der Sache fand unwillkommne
Zögerungen, und ich verlebte eine Reihe peinlicher Tage voll
Ungeduld und Sorge.

Madame Bethmann gab inzwischen Gastrollen auf der
Prager Bühne und ärntete, wie zu erwarten stand, den
größten Beifall. Ein besondres Ereigniß nahm dabei die
Theilnahme der Prager auf's lebhafteste in Anspruch. Nahe
bei Prag wohnte zurückgezogen, aber allgemein gekannt, der
ehemalige Schauspieler Czechtitzky, der einst, durch Gestalt,
Talent, Geschicklichkeit im Billard und ungeheuern Erfolg
im Kartenspiel, sich zu einer berühmten und beneideten Persönlichkeit emporgeschwungen hatte. Seine blühendste Zeit
war in Berlin, dort hatte er mit Friederike Unzelmann, der
nunmehrigen Madame Bethmann, in jugendlichen Rollen
geglänzt, und die Leidenschaften, die er gespielt, auch in der
Wirklichkeit empfunden; er wollte das Andenken jener glück-

lichen Zeit erneuern, und jetzt in Prag um der alten Geliebten willen die Bühne nochmals betreten, der er seit vielen Jahren entsagt hatte; der kluge Schauspielunternehmer Liebich sah ein, welchen Vortheil seine Kasse davon ziehen müßte, und wußte von dem Oberstburggrafen die Erlaubniß zu dem Unerhörten auszuwirken, daß ein bürgerlicher Freiwilliger auf den Brettern erschiene. So sah ich Madame Bethmann die Gräfin Orsina meisterhaft und Czechtitzky neben ihr den Oboardo sehr wunderlich spielen, aber bei dem für ihn günstig gestimmten Publikum mit dem größten Erfolg. Die Zerstreuungen, welche mir durch die Anwesenheit des Berliner Gastes, durch den schnell vertraulich gewordenen Umgang mit Nostitz, und durch andre Anregungen zu Theil wurden, hörten indeß bald wieder auf; Madame Bethmann ließ eine Tochter beim Prager Theater, und reiste nach Wien, Nostitz wurde durch eine Stafette schleunigst nach Merseburg gerufen, wo sein Vater vom Schlage getroffen im Sterben lag.

Kerner schrieb mir aus Wien, daß er endlich Meyern's Bekanntschaft gemacht habe, und nur wünsche, ihn seinem Bruder und dessen Freunde, dem General von Theobald zuführen zu können, er sei ganz für sie geschaffen, sie seien ganz so wie er, sprächen fast Gleiches; ein merkwürdiges Zeugniß für damalige württembergische Oberoffiziere, das zu Ehren des deutschen Geistes aufbewahrt zu werden verdient! Von Friedrich Schlegel schrieb er, derselbe habe was recht Mattes auf die Hochzeit gedichtet, ein Karmen; dem Stoll hingegen habe der Hunger ein Lied auf Napoleon eingegeben, das er prächtig habe in Großfolio abschreiben lassen, und mit dem er nun wie mit einer Balancirstange die Straßen durchirre. Dieses Gedicht führte ihn späterhin nach Paris; Napoleon's Leibarzt Corvisart, der für den Namen Stoll die größte Verehrung hegte, gab das Blatt dem Kaiser, und erlangte für den Dichter ein Geschenk von dreitausend Franken. Aber weder dies Geld noch Corvisart's fortgesetztes Bemühen konnten hier gründlich helfen, Stoll verarmte und verfiel schnell wieder, und trat verzweifelt die Rückreise an. Mitten im Winter, in dünner zerrissener

Kleidung, halbverhungert, trat er eines Abends bei Kerner
ein, der inzwischen in Schwaben an einem kleinen Orte sich
als Arzt niedergelassen hatte; dieser half ihm nach Kräften,
und er gelangte wieder nach Wien, wohin er jedoch in Folge
der großen Entbehrungen und Leiden, die er auf der schrecklichen Winterreise erfahren, den Keim der Krankheit schon
mitbrachte, an der er bald nachher starb.

Die vielfachen Gemüthsbewegungen, das Frühjahr und
die geringe Achtsamkeit, die ich auf mich selbst hatte, brachten
auch mir einige Krankheitsanfälle, denen ich vergebens trotzen
wollte. Eben war jedes Hinderniß aus dem Wege geräumt
und für meine ersehnte Abreise alles bereit, da mußt' ich
mich niederlegen. Ich hatte von der Verzögerung wenigstens
die Annehmlichkeit, noch in Prag die Nachricht zu empfangen,
daß der Theresienorden durch Ausspruch des Ordenskapitels
dem Obersten zuerkannt worden, und dann unerwartet
noch am letzten Tage von Marwitz besucht zu werden, der
von Berlin Aufträge und Mittheilungen in Fülle für mich
hatte. Ich schöpfte manche Hoffnung aus seinen Berichten,
aber auch manche Unruhe. Zu meiner Reise wünschte er mir
Glück, er meinte, sie müsse die besten Ergebnisse haben.

---

Am 11. April verließ ich Prag und kam ohne Gefährde
nach Dresden, wo ich mich diesmal wenig aufhielt. Der
Major von Bose, auf den ich durch Nostitz angewiesen war,
befand sich nicht in der Stadt, mit dem Grafen Alexander
zur Lippe hatte ich nicht viel zu unterhandeln, er war ein
Mann des Gefühls, in diesem edel und zuverlässig, aber
ohne politischen Betrieb. Ganz andre Anknüpfungen fand
ich in Leipzig. Hier war ein Mittelpunkt, wo Nachrichten
und Menschen zusammenströmten, und hier bestand auch,
nicht ohne Gefahr vor der wachsamen, den Franzosen er-
gebenen sächsischen Polizei, ein kleiner Verein thätiger Deutschgesinnten, der in den Meßzeiten gewöhnlich zu bedeutender
Versammlung anschwoll. In Halle sah ich Steffens wieder,
den wackern Prediger Blanc und einige Andre.[1] Mir wurde
hier manches vertraut, ich konnte meinerseits vieles mit-

theilen; mir wurde klar, daß der Hauptort aller vaterländischen Gemeinschaft doch Berlin sei, und ich kämpfte lange mit mir, ob ich nicht einen Abstecher dorthin machen sollte, wohin schon das Herz mich zog. Ich unterließ es, nach schwerer Ueberlegung, weil es mich von meinem Wege zu weit abgeführt und meinen nächsten Zweck doch gefährdet hätte.

Da ich sehr langsam reiste, so kam ich erst am 24. April nach Kassel. Das üppige, schamlose Treiben am westphälischen Hofe war im vollen Schwange, theils vor Augen sichtbar, theils aus aller Leute Mund zu hören. Mit einigen ehrenvollen Ausnahmen, denen auch der Haß noch Gerechtigkeit widerfahren ließ, war hier das schlechteste französische Gesindel zusammengeflossen und suchte mit allen Mitteln sich geltend zu machen, sich emporzuarbeiten. An niedrigem deutschen Pack fehlte es eben so wenig, es erschien noch widriger und verächtlicher, weil es den Fremden sich unterordnete, in ihrer Sprache, in ihren Manieren sich bewegte. Ich sah und hörte Mittags an der Wirthstafel und Abends im Theater von Deutschen solche Gemeinheiten, daß auch die Franzosen ihren Widerwillen nicht verhehlten. Leute, die ich in Hamburg und Berlin als wüthende Franzosenhasser gekannt, fand ich in glänzender westphälischer Uniform oder in ergiebigen Hofgeschäften wieder, und Einer wagte sogar, den westphälischen Staat als einen zum Heil Deutschlands gedeihenden zu preisen, nach dessen Verfassung andre Länder sich billig sehnen müßten! Aber auch an treuen Hessen, Braunschweigern, Magdeburgern fehlte es nicht, die den aufgedrungenen König mit seiner ganzen Regierung nur als eine Einquartirung ansahen, die sie noch wieder loszuwerden hofften. Besonders unter den Offizieren erhielt sich, allen entgegengesetzten Einflüssen zum Trotz, ein ehrenhafter Geist, der bei künftigen Ereignissen für die deutsche Sache wichtig werden mußte. Viele wackre Männer, welche weder vom Lande sich trennen noch sonst ein Unterkommen finden konnten, hatten das Waffenhandwerk aus Zwang und Noth ergriffen und strebten, von der politischen Lage absehend, dasselbe wenigstens durch Zucht und Tüchtigkeit emporzuhalten. Der Dörnberg'sche Ausbruch vorigen Jahres, in seiner Unreife und Vereinzelung so schmählich mißglückt, hatte gleichwohl einen tiefen Eindruck hinterlassen, und nährte mancherlei Gedanken. Ich war veranlaßt, einen englischen Agenten Jones aufzusuchen, der für einen Kaufmann aus Boston galt, und hier viele Fäden in seiner Hand hielt. Auch Genossen des sogenannten Tugendbundes hatten abwechselnd in Kassel, in Braunschweig und in Hannover ihr Zelt aufgeschlagen; da ich jedoch diesem Bunde nicht angehörte, so waren der Annäherungen nur wenige. Ueberhaupt mußt' ich eine große Absonderung und oft Entgegensetzung der verschiedenen Elemente wahrnehmen, die doch im Hasse der Fremdherrschaft verbündet sein wollten; die Zersplitterung des Vaterlandes dauerte auch in den Gesinnungen derer fort, die dasselbe einigen wollten, in Hannover war der Zusammenhang mit England die Hauptsache, in Kassel und Braunschweig die Anhänglichkeit an die vertriebenen Landesfürsten; der Tugendbund hatte allgemeinere Ansichten, hielt aber dabei doch vorzugsweise die preußische Richtung; ein ideales Deutschthum, in welchem sich die besondern und örtlichen Interessen verlören, mußte allerdings stärker werden, je länger die Auflösung der letztern dauerte, doch diese war im Jahre 1810 noch viel zu neu, und sogar drei Jahre später hatte jenes Deutschthum nur eine noch schwache Vertretung, die gegen Macht und Ansehn der bestehenden oder sich wiederherstellenden Einzelstaaten nicht aufkam, und sich zuletzt in das Dunkel studentischer und andrer Geheimbünde zurückgedrängt sah. Damals aber galten die allgemeinsten Zwecke und Bestrebungen grade für die besten und wünschenswerthesten, und auch in Oesterreich wurde ein allgemeines deutsches Volksthum nicht ungünstig angesehen, dem man denn freilich den österreichischen Kaiser als natürliches Oberhaupt dachte.

Die einzige wirklich gute, mir Sinn und Geist erfrischende Bekanntschaft, die ich in Kassel machte, war die der beiden Brüder Jakob und Wilhelm Grimm, an welche mir Steffens einen Brief mitgegeben hatte. Ihre tiefen und umfassenden Sprachstudien kündigten schon die Ueber-

legenheit an, welche im Gebiete des Altdeutschen alle Vor-
und Mitstreber weit überflügelt hat; ihr redlicher und treuer
Sinn aber offenbarte sich in ihrem ganzen Wesen. Ich
fühlte mich zu ihnen hingezogen, wenn mich ihre Schärfe
auch einigermaßen verletzte. Sie waren erzürnt über Fouqué's
Sigurd, den ich als Dichtung bewunderte, sie aber verwarfen,
weil ihnen die großen alten Sagen darin entstellt dünkten.
Ich hielt ihnen das Ansehn Friedrich Schlegel's entgegen;
der gleich mir die Fouqué'sche Arbeit preisend anerkannte,
allein sie blieben bei ihrer Meinung. Auch in vielen andern
Beziehungen waren wir entgegengesetzter Meinung, und da
ich die meinige auch wohl heftig aussprach, so konnte es
leicht geschehen, daß die beiden Brüder, indem sie mir im
Ganzen den besten Eindruck machten, von mir keinen sonderlich guten erhielten, wie sie dies auch an Steffens schrieben.
Wilhelm Grimm erheiterte mir die peinlichen Wartetage, die
ich in Kassel zubringen mußte, noch durch Mittheilung des
alten schnurrigen Büchleins Schelmuffsky, welches damals
die größte Seltenheit war; mit diesem und einem kleinen
Sallustius, den ich bei mir hatte, füllte ich die nicht wenigen
Stunden aus, die mir nach allem äußeren Verkehr still im
Gasthof übrig blieben.

Ich würde noch manches Besondere und Eigenthümliche
hier mitzutheilen haben, wären meine Reiseblätter aus jener
Zeit noch vorhanden; doch könnten auch sie der Erinnerung
nur Anhaltepunkte liefern, denn ich hatte mir zum Gesetz
gemacht, nur in aller Kürze und für mich allein verständlich
das Nöthigste aufzuschreiben, besonders aber keinen Namen
noch überhaupt Bezeichnungen, durch welche jemand bloß-
gestellt oder verdächtig werden konnte; eine Vorsicht, welche
von Andern damals viel zu wenig beachtet wurde, und aus
deren Unterlassung viel Unheil entstanden ist! Im persönlichen Gespräch, in Angabe von Eindrücken und Gesinnungen,
wie auch in Briefen, die nur mich betrafen, war ich keineswegs zurückhaltend, sondern oft überdreist, und dies mit
seltnem Glück, denn niemals entstand mir oder Andern
eine Unannehmlichkeit. Ich hatte auf der Fahrt durch Thü-
ringen und Hessen der Schreibtafel ein Lied anvertraut, aber

bald der Sicherheit wegen wieder ausgelöscht und nur dem
Gedächtniß eingeprägt. Auf der Weiterreise von Kassel nach
Paderborn und Münster fand ich auf dem Postwagen gute
Gesellschaft, Leute, die ich zwar nicht näher kannte, bei denen
aber ein wackrer Sinn zu erkennen war. Ein junger Gefährte besonders fiel mir im besten Sinne auf, das Gespräch
mit ihm steigerte sich bald auf hohe Standpunkte vater-
ländischer Anschauungen. In der Freude, einen solchen Ge-
sinnungsgenossen zu finden, sagte ich ihm mein Gedicht her,
dem er und die andern Zuhörer vollen Beifall gaben. Der
junge Mann war, wie ich nachher erfuhr, der Sohn eines
westphälischen Präfekten, ich habe von ihm seitdem nichts
weiter gehört; vielleicht lebt er noch und liest diese Zeilen,
die ihm dann ein Gruß aus jener Zeit sein mögen! Das
Gedicht, das fast unwillkürliche Ergebniß lebendiger Eindrücke, drückt so ganz die Stimmung jener Reise aus, daß
ich die wenigen Strophen wohl hierher setzen darf.

### Im Königreich Westphalen. 1810.

Heil'ge Wälder hör' ich rauschen,
Alter Eichen Riesenbau
Trägt mit starken Aesten grüne
Zweige hoch im Himmelblau,
Busch und Gras in üpp'ger Fülle
Nähren treu das scheue Wild,
Aus dem schwankenden Gezweige
Munt'rer Vogelsang erquillt.

Dunkle Fluthen wogen leise
In dem hellen Wiesenbach,
Und die Sehnsuchtsblicke folgen
Ihrem Laufe brünstig nach;
Ach, sie fliehn von Bergeshöhen,
Wo die Freiheit nicht mehr weilt,
Bis im Meere freudig wieder
Freie Fluthen sie ereilt.

Gold'nes Feld dort steht im Glanze
Sommerlichen Morgenscheins,
Weit am Fuß der grünen Hügel,
Wo die Quelle rinnt des Weins;

Edler Fleiß und treue Pflege
Haben rings das Land bestellt,
Doch des Jahres bester Segen
Stets in Räuberhände fällt!

O geliebtes Land, umfassen
Möcht' ich mit den Armen dich!
An die heiße Brust dich drücken,
Küssen mit den Lippen dich!
Herz der Treue, Mund der Lieder,
Geistesauge, Arm der Kraft,
Hand der Kunst und Stirn des Denkens,
Mutterbrust der Wissenschaft!

Und in dieses Landes Mitte
Schallet stets ein fremder Ton,
Ruft der trauten Muttererde
Des geliebten Landes Hohn?
Darf, wo deutsche Wälder rauschen,
Unsre stolzen Fluthen gehn,
Unsres Fleißes Aehren wogen,
Fremdes Herrscherwort ergehn?

Schnöde Schaar nichtswürd'ger Fremden,
Uns gesandt von blut'ger Hand,
Flog, ein wildes Raubgevögel,
In das unbewachte Land,
Schlug mit scharfen Adlerklauen,
Mit den gier'gen Schnäbeln fest
In die heil'gen Waldeswipfel
Gift'ger Brut ein üppig Nest!

Doch, o frevelndes Gezüchte!
Schon bist du nicht sicher mehr;
Bald ersteht uns der Befreier
Sieggekröntes Heldenheer!
Und du wirst des Feldes Dünger,
Und du wirst der Wellen Spiel,
Und du wirst das Wild des Waldes,
Jedes Pfeils erwünschtes Ziel!

In Paderborn und Münster hielt ich mich nur wenig auf. Wegen des letztern Ortes war ich gewarnt worden, die französische Polizei sollte dort besonders eifrige Diener zählen. Doch bei den neuen Verhältnissen zwischen Frankreich und Oesterreich war ein Reisender aus Böhmen schon weniger ein Gegenstand des Mißtrauens. Die Westphalen, besonders die katholischen, dienten von alter Zeit her zahlreich im österreichischen Heere, und mehrere kamen jetzt, die günstigen Umstände benutzend, mit Urlaub in die Heimath ihre Verwandten zu besuchen. Sie erfuhren keinerlei Anfechtung, die Behörden schwiegen, und die Einwohner bezeigten ihnen die lebhafteste Anerkennung; ich sah in Münster österreichische Offiziere in Uniform über die Straße gehen mit großem Gefolge von Antheilvollen und Neugierigen, die Franzosen konnten schicklicherweise dawider nicht einschreiten, die Beeiferung für einen Krieger des Schwiegervaters des Kaisers mußte mit als Beeiferung für diesen gelten, ja wurde bei vielen französischen Angestellten sogleich ein Ziel der kriechendsten Augendienerei.

Aller Spannung aber zwischen Fremden und Deutschen fühlt' ich mich auf der Stelle frei, als ich in Steinfurt angekommen war. Hier war kein Franzose, keine französische Behörde; einer der reichsten und angesehensten Einwohner, Doktor Honth, war als Maire eingesetzt, aber der wohlmeinende Mann übte sein Amt sehr bescheiden, und weit entfernt, als Ortsobrigkeit sich über die gräfliche Familie zu erheben, unterwarf er sein Ansehn dem ihrigen und verehrte in ihr die rechtmäßige Landesherrschaft. Aehnlichen Sinnes waren mehr oder minder alle Einwohner, und bei dem stillen Leben und den wenigen Verbindungen dieser Gegend fand man sich in der kleinen Stadt fast außer dem Bereiche der politischen Einflüsse, man lebte in patriarchalischer Abgeschiedenheit, konnte hier viel thun und treiben, ehe davon eine Kunde nach außen drang. Nachdem ich auf dem Schlosse meine Briefschaften überreicht und mich noch sonst gehörig beglaubigt hatte, verschwand sogleich aller lästige Zwang; man ermunterte mich sogar, mein Inkognito zu verlassen und am Sonntage bei Tafel in meiner österreichischen Uniform zu erscheinen, zum großen Vergnügen der Familie und der Gäste aus der Stadt, denen der kaiserliche Doppeladler noch eine besondre Ehrerbietung einflößte.

Meine Aufträge gingen zunächst an den Erbgrafen Alexis. Einfach und verständig, die Weltbewegungen mit hellem Sinn und in dem Lichte der neuern Zeit betrachtend, führte er die Verwaltung mit bestem Erfolg, und stand durch biedre Rechtschaffenheit und leutselige Güte in allgemeiner Achtung; für die jüngern Geschwister sorgte er mit mehr als brüderlicher, mit väterlicher Liebe. Die Mutter, eine geborne Herzogin von Holstein-Glücksburg, vereinigte mit dem lebhaften Bewußtsein ihres Ranges ein menschenfreundliches Wohlwollen und eine muntre Regsamkeit, wodurch ihre Gegenwart auch den jüngern Personen lieb und werth wurde. Zwei Töchter, die Gräfinnen Charlotte und Sophie, ausgezeichnet durch Bildung, Herzensgüte, Schönheit und Talente, waren noch unverheirathet zu Hause. Eine edlere, liebenswürdigere, im schönsten Sinne deutschere Familie konnte man nicht sehen. Der Aufenthalt war reizend durch die herrlichen Gartenanlagen, Bagno genannt, die man im schönsten Frühlingswetter genoß. Leider durfte hier mein Verweilen nur kurz sein; die Geschäfte waren schnell erledigt, und nur mit geringem Erfolg. Der Erbgraf erläuterte mir ohne Rückhalt die ganze Lage der Dinge, und verwies die Hauptsache an die Entscheidung des Vaters, die aber schriftlich, meinte er, kaum zu erlangen sein würde. Indeß gab er zu erwägen, ob unter den jetzt so günstig erscheinenden Umständen, da der Vater selbst neue Hoffnungen auf die österreichische Verbindung setzte, es nicht thunlich sein möchte, daß der Oberst nach Paris reiste und dort sowohl seine eignen Anliegen als die des Hauses persönlich zu fördern suchte.

Ich trat am 4. Mai die Rückreise an. Ich mußte in Kassel abermals mehrere Tage verweilen. Der Engländer Jones wünschte mir Briefe und Nachrichten mitzugeben, die er täglich von Helgoland erwartete, und die für die Freunde in Böhmen sehr wichtig sein sollten. Ihr Ausbleiben machte mich ungeduldig, aber schmerzlich war es mir, kein Blatt von Rahel vorzufinden, da die persönlichen Entscheidungen, welchen ich nun entgegenreiste, wesentlich durch die Nachrichten bedingt werden sollten, die ich von ihr erwartete.

Da meine täglich wiederholte Nachfrage, sowohl bei Jones als auf der Post, immer vergeblich blieb, so durft' ich nicht längere Zeit aufwenden, sondern setzte meine Reise nach Halle fort.

Daß ich auch hier keine Briefe fand, beunruhigte mich auf's höchste; der nächste Gedanke war damals in solchem Falle nicht bloß Verzögerung oder Verschleppung, sondern auch Veruntreuung auf der Post, weil die polizeilichen Spürer hier überall eingriffen, und nicht selten solche Briefe, die ihnen nutzlos Mühe gemacht, ohne weiteres bei Seite warfen. Ich verweilte ein paar Tage, und diese waren erfüllt genug. Die Gesinnungen und Thätigkeiten, welche sich um Steffens hier vereinigten, und von welchen er in seinen Denkwürdigkeiten umständlich berichtet, belebten mir den verödeten Ort, den ich nicht ohne die tiefste Wehmuth in seinen Trümmern betrachten konnte, denn die jetzt westphälische Universität, wie sie kümmerlich fortbestand, erschien wie Trümmer gegen das blühendkräftige Leben, das sie als preußische gehabt. Steffens allein war hier von den Männern noch übrig, die uns Jüngeren einst hier Anziehung und Freude gewesen waren; an der Universität stand er ganz vereinzelt und gehörte nur wie ein Missionair hieher, der im fremden Land und in bedenklichen Verhältnissen zurückgelassen worden, nicht seines Wohles wegen, sondern um hoher Zwecke willen. Wie das feurigste Naturell, hatte er auch die ruhigste Besonnenheit, das klarste Urtheil, woran seine Gefährten es nicht selten fehlen ließen. Einer seiner Lieblinge, der Freiherr Werner von Harthausen, ein junger Mann von ernster Gesinnung und früher Gewandtheit, den ich hier kennen lernte, setzte im Anfall studentischer Laune oft mehr als das eigne Geschick auf's Spiel, und ein junger Norweger Ström und ich, während wir zusammen durch die Straßen wandelten, hatten oft Mühe, seinen nutzlosen Uebermuth zu bändigen. Als ein Muster entschlossener Tüchtigkeit stand Blanc da, mit Steffens in völliger Einigung. Unsre Gesellschaft mehrte sich unerwartet durch die Ankunft des Kammergerichtsraths Eichhorn, so wie des Regierungsraths Schede und seiner Schwester. Die alten Berliner Freunde wiederzusehen, mit ihnen so vieles Vorgefallene zu besprechen, war mir ein hoher Genuß; unglücklicherweise wußten sie von Rahel und deren Vorsätzen nichts, nicht einmal ob sie noch in Berlin weile. Die Geschwister Schede waren übrigens von eignen Anliegen ganz erfüllt, und hatten in diesem Augenblicke wenig Sinn für fremde; mir wurde vertraut, der Zweck der Reise sei für den Bruder eine Brautschau, der Name der Braut aber traf mich im Innersten, denn ich wußte das treffliche Mädchen schon von anderer Seite geliebt und zur Gattin gewünscht, und gedachte sogleich des Eindrucks, den in der Ferne die Nachricht ihrer Verlobung machen würde; zwar der Freund, für den ich fürchtete, hatte im Grunde wenig Anspruch und wußte sich zu fassen, ein andrer aber, wirklich getroffen in seiner tiefsten Neigung und Zuversicht, bestätigte durch sein frühes Hinscheiden den Ernst seiner Empfindungen. Die frische Gegenwart jedoch drängte die trüben Vorstellungen leicht zurück, und wir verlebten die paar Tage nach unsrer Weise recht vergnügt. Der Kapellmeister Reichardt hauste nun wieder in Giebichenstein, wohin er sich nach der kurzen Anstellung in Kassel zurückgezogen hatte, und war wie früher in seinen Gartenanlagen und Pflanzungen beschäftigt; vor drei Jahren noch gingen wir hier in so ganz andern Verhältnissen und Stimmungen umher; ich sah das alles nun wieder, als wenn ein klassischer Boden mich an uralte Vorzeit erinnerte!

Schede's wollten nach rasch entschiednem Erfolg ihrer Sache die Rückreise über Leipzig nehmen, und wir verabredeten die Fahrt dahin gemeinschaftlich. Schon war ein Kutscher bestellt, das Gepäck fertig, und wir nahmen Abschied, um des andern Morgens abzureisen, da drang Harthausen heftig in uns ein, das sei treulos, ein so frühes Scheiden habe er nicht ahnden können, er lasse uns nicht so fort, wir müßten noch den folgenden Tag bleiben und Abends auf dem Jägerberge seine Gäste sein. Wir ließen uns endlich bereden und gaben nach, beruhigten den Kutscher, packten das Nöthigste wieder aus und brachten den Tag in Spaziergängen hin. Wir besuchten auch den Konditor Schelling wieder, und hatten unsern Scherz mit dem Musterbilde aller

Philister; als er gefragt wurde, wie es denn beim Durchzuge der Truppen des Herzogs von Braunschweig-Oels gewesen, ob er nicht Furcht gehabt? antwortete er ganz unschuldig: „O das war der glücklichste Tag für Halle, den ganzen Tag ist mein Laden nicht leer geworden von Offizieren, die alle in baarem Gelde bezahlt haben!" Harthausen war unerschöpflich in Laune und Verwegenheit; wir tauschten die sprechendsten Züge der Zeit wetteifernd gegen einander aus, Geschichten aus dem Krieg, aus den Zuständen Berlins, Westphalens, Sachsens; Schleiermacher's tiefwitziger Spruch, der Pabst werde bald der einzige Protestant sein, wurde nicht vergessen; Steffens war eine reiche Quelle blitzender Bemerkungen und munterer Anregungen. So verging der Tag auf's beste. Am andern Morgen, als uns denn doch fast reute, die Abreise verschoben zu haben, kam der Kellner und meldete, Herr von Harthausen sei früh dagewesen, habe aber, da wir noch schliefen, uns nicht wecken wollen, er lasse sich entschuldigen, daß er die Einladung absagen müsse, er habe sich im Tage geirrt und vergessen, daß er schon früher eine Fahrt nach Leipzig verabredet, und wirklich sei er mit dem Präfekten vor ein paar Stunden schon abgereist. Wir waren nicht wenig aufgebracht, so geäfft zu sein; doch meinen Zorn entwaffnete plötzlich die Dialektik eines der Mitgeäfften, der mit freundlichem Lächeln einwandte: „Sie können daraus sehen, wie lieb und werth wir ihm müssen gewesen sein, daß er unsertwegen alle seine frühern Verabredungen vergessen konnte!" Diese Art, aus dem Schlimmen das Gute hervorzukehren, gefiel mir außerordentlich, und um dieses Ausspruchs willen schätzte ich den Mann seitdem nur desto höher, als darin wirklich eine ganze Richtung heitrer und gedeihlicher Lebensansichten angedeutet ist.

In Merseburg traf ich Nostitz, der seinen Vater verloren und eine Erbschaft angetreten hatte, deren Betrag er möglichst gering anzugeben und eiligst nach Böhmen zu schaffen wünschte. Als einer der unruhigsten, herzhaftesten und klügsten Betreiber jener Zeit, war er nicht wenig gespannt auf die

Nachrichten, die ich mitbrachte, schüttelte aber sehr den
Kopf, und meinte, es werde nun für lange Zeit nichts zu
thun sein, denn England habe den Blick von Deutschland
abgewendet und richte alle Kräfte, wie auch recht, nach
Spanien und Portugal, ohne fremden Beistand aber könne
Norddeutschland auch bei der größten Anstrengung nichts
unternehmen; auch wollte er in diesen Sachen nur mit Militairpersonen zu thun haben, als welche allein wüßten
worauf es ankomme, und auf die allein man im Handeln
sich verlassen könne, von Professoren, Kaufleuten und andern
Bürgern wollte er nichts hören, und sich noch weniger mit
ihnen einlassen. Ich sah hierin ein neues trauriges Beispiel der Trennung und Zersplitterung, in welcher die deutschen Kräfte von jeher einander nur lähmen oder doch fremd
bleiben!

Als wir in Leipzig mit Harthausen wieder zusammen-
trafen, stellte sich alsbald das frühere Behagen her, indem
er mit einer heftigen Anklage auftrat, behauptend er sei
Varnhagen, und mir, der ich Harthausen sein sollte, seine
Vertheidigung überwies; dieses Spiel, zu welchem auch noch
Ström sich gesellte, so daß jeden Augenblick die Rollen
wechselten, gab zu den beißendsten Ausfällen Gelegenheit
und wandelte alles noch übrige böse Blut in Humor um,
das in andrer Weise leicht neuen Verdruß und Schaden
hätte erzeugen können. Uebrigens dauerte die Messe noch;
und Leipzig war durch den Zusammenfluß vieler Fremden
sehr belebt. Ich erging mich mit Hamburger und Berliner
Fremden, besuchte den Doktor Adolph Wagner und Jean
Paul Richter's Schwägerin, die Hofräthin Spazier, traf
unvermuthet den Major von Welt, den ich von Nennhausen
her kannte, und wurde durch ihn dem Herzoge von Sachsen-
Weimar vorgestellt, der kaum vernahm, daß ich in österreichischen Diensten sei, als er gleich in vertraulicher Weise
die Kriegsereignisse zu besprechen begann. Auch er, obgleich
er die entgegengesetzten Wünsche gar nicht verläugnete, hielt
die Herrschaft der Franzosen nun auf geraume Zeit gesichert,
und meinte, so günstige Aussichten, wie die deutsche Sache
im letzten Kriege gehabt, dürften so bald nicht wiederkehren.

Sehr verbreitet war übrigens das Gerücht, daß Oesterreich sich zum Kriege gegen die Türken rüste, dort liege, hieß es, die Entschädigung, welche Napoleon ihm für den durch ihn erlittenen Verlust anweise! Diese Aussichten waren sehr niederschlagend; wer nicht auf jede Bedingung und gleichviel für welche Zwecke das Kriegshandwerk treiben wollte, mußte auf neue Stätten denken, wo nicht des Bleibens, doch des Abwartens. Der edle Herzog, als Rheinbundfürst genöthigt seine Truppenschaar mit den Franzosen gegen die Spanier ziehen zu lassen, hatte noch kürzlich, wie ich wußte, ehemaligen preußischen Offizieren die Mittel verschafft, zu den Engländern nach Spanien zu gelangen, und diese Zuflucht schien so zweckmäßig als ehrenvoll. Aber die Wege waren jetzt sorgfältig versperrt, und um das Abentheuer zu unternehmen, bedurfte es größerer Summen, als mir und allen Freunden verfügbar waren. Mit dem Buchhändler Besser aus Hamburg hatte ich lebhafte Unterredungen, sein Geschäftsverbündeter Friedrich Perthes hatte die neue Zeitschrift „Vaterländisches Museum" angekündigt, und das erste Heft war im Druck; ich sollte Beiträge dazu liefern, allein was ich hätte geben können, war zu stark, und für das was ich zu sagen hatte, verstand ich den litterarischen Schleier nicht zu weben, der hier Bedingung war. So von allen Seiten aufgeregt und abgestoßen, durch das Allgemeine verstimmt, für mich selbst den unsichersten Schwankungen überliefert, sagt' ich den Freunden ein trauriges Lebewohl, und zog meinen Weg fürder.

Mit dem Grafen zur Lippe und dem Mahler Meier aus Rathenau verbracht' ich die kurze Zeit, die ich wieder in Dresden aufgehalten wurde. Ich gelangte dann ohne Gefährde nach Böhmen, wo mir unterwegs noch die Gelegenheit wurde, einem ehemaligen preußischen Offizier förderlich zu sein, und war am 26. Mai glücklich wieder in Prag.

Ich fand keine Briefe, und meine Bestürzung und Unruhe deßhalb wurden um so peinlicher, als die zerrütteten und ängstlichen Verhältnisse durch meine mitgebrachten Nachrichten nicht gebessert waren, sondern zu neuen Entschlüssen drängten, für welche mir Richtung und Boden fehlte. Mein Oberst fühlte die Nothwendigkeit, nach Paris zu reisen, um seine Angelegenheiten seinem Vater mündlich vorzutragen, doch hatte dieses Unternehmen mannigfache Bedenklichkeiten. Während diese überlegt wurden, ergab sich mir der Anlaß eines Ausfluges auf das Land zu dem Fürsten Ferdinand von Kinsky, der in Budenitz ein schönes Schloß bewohnte. Der liebenswürdige Fürst hatte keine Vorstellung von Geschäftseile, er wollte vor allem den Gast durch ländliche Vergnügungen erfreuen, es gab allerlei zu besehen, zu genießen, eine Fahrt nach dem ihm gehörigen Badeort Mscheno wurde unternommen, noch andre Gäste fanden sich ein, die anmuthigste Damengesellschaft war um die schöne, feine Fürstin versammelt. Nur mit Mühe konnte ich diesem Aufenthalte mich wieder entwinden, ganz als Nebensache wurde noch im letzten Augenblicke der eigentliche Zweck meiner Sendung mit vollem Erfolg abgethan.

Doch hatte ich ein paar Tage hier, wie ich meines Sinnes die Zeit rechnete, so gut wie verloren, und als ich nach Prag zurückkam, hörte ich, Madame Bethmann habe auf der Durchreise von Wien nach Berlin sehr bedauert mich nicht zu finden. Ich war also wiederum einzig auf die Post verwiesen, die nur Unsicherheit und Verzögerung bot, für mich seit längerer Zeit gar nichts mehr brachte! Mittlerweile hatte sich Nostitz wieder in Prag eingestellt und wurde der Vertraute meiner Unruhe, meiner Verlegenheit; die Hauptfrage, ob ich den Obersten nach Paris begleiten solle, wurde weitläufig zwischen uns verhandelt, Nostitz verneinte sie mit vielen Gründen und bot mir wiederholt, und als er zu seinem Standort Pardubitz wieder zurückgekehrt war, auch schriftlich eine lockende Zufluchtsstätte bei sich an, falls ich durch Ungewißheit und Aufschub längere Zeiten des Abwartens bestehen müßte. Ich nahm das Anerbieten dankbar an, doch nur für den schlimmsten Fall, und theilte es in diesem Sinne auch nach Berlin mit. Endlich kam von dorther ein Brief, aber keiner, der ein schließliches Ergebniß fassen ließ; alles stand unsicher, von Bedingungen abhängig, die noch zweifelhaft blieben. Einige Briefe waren nicht angekommen, das war klar, ihr Inhalt ergänzte vielleicht das Lückenhafte der vorliegenden, aber ihn zu errathen war unmöglich. Wie im Fieber setzte ich mich hin und schrieb aufs neue, die drängende Lage der Dinge scharf darlegend, aber schon verzweifelnd an der Kürze der Zeit, die nicht mehr gestatten würde, eine Antwort abzuwarten. Absichtlich verzögerte ich den Obersten, der mir die Entscheidung großmüthig anheimgestellt hatte, ihn zu begleiten, wie er sehr wünschte, oder während des Sommers Urlaub zu nehmen und später mit ihm zugleich wieder beim Regiment einzutreffen. Welche bekommene Tage und brennende Nächte erlebte ich in solcher Unschlüssigkeit! Jedoch die Zeit drängte, und der Tag der Wahl erschien, ich faßte in heißer Seele nochmals die Widersprüche prüfend zusammen, und entschied für die Mitreise. Noch am letzten Tage kam ein Brief, der mich zum Bleiben aufforderte, aber noch keine Antwort auf meinen letzten, noch vieles ungewiß lassend, und überhaupt auch schon zu spät, ich konnte nicht zurücktreten, alle Anstalten waren getroffen, und der 9. Juni fand uns schon auf der Reise nach Wien.

Hier mußte zuvörderst der Urlaub zur Reise nach Frankreich erbeten werden. Für den Grafen von Bentheim hatte das keine Schwierigkeit, der Kaiser wollte sogar der Privatreise das günstige Ansehn einer Sendung gönnen, indem er ein Schreiben an seine Tochter die Kaiserin Marie Louise dem Obersten mitzugeben versprach. Unerwartet aber zeigten sich Schwierigkeiten für mich, sobald zur Sprache kam, daß ich in Düsseldorf geboren sei. Die Franzosen trieben ihre sinnlose Anmaßung so weit, daß sie alle Personen, die in den jetzt dem französischen Reiche zugezählten Ländern, wenn auch lange vor Napoleon's Zeiten, geboren waren, als französische Unterthanen ansahen, und manche österreichische

Offiziere hatten dieserhalb, wenn sie ihre Heimath besuchten, ernstliche Ungelegenheiten erfahren. Der Hofkriegsrath, um solche ärgerliche Verwickelungen zu vermeiden, hatte beschlossen, den Offizieren, welche dergleichen zu befürchten gaben, keinen Urlaub mehr nach französischen Ländern zu ertheilen. Der General Graf von Bellegarde, mit welchem ich deßhalb ausführlich zu sprechen hatte, setzte mir diese Verhältnisse freundlich auseinander, und ließ sich dabei in viele Betrachtungen ein, die von seiner Seite den besten Willen und ein großes Zutrauen darlegten. Schon nahm ich es für eine Fügung des Geschickes, die mich aus der Strömung, welche mich schon ergriffen hatte, doch noch herausziehen und mich der Richtung meiner Herzenswünsche übergeben wollte. Jedoch Bentheim war nicht der Mann, sich durch eine Schwierigkeit dieser Art abschrecken zu lassen; er versicherte, das Hinderniß werde sich beseitigen, er wolle schon die Sache durchsetzen.

Inzwischen hatte ich in Wien einige Tage freier Muße, und benutzte sie zu pflichtgemäßen Besuchen und nöthigen Anordnungen. Mitten in diesem sehr prosaischen Thun überraschte eine romantische Ansprache. Otto Heinrich Graf von Löben, der bei Friedrich von Schlegel meine Anwesenheit erfahren, besuchte mich voll Eifers und wandte mir blindlings die überschwänglichste poetische Neigung zu. Wir machten ja beiderseits Sonette; erkannten im Norden Fouqué, im Süden Uhland und Kerner als vorleuchtende Genossen an, so mußten wir unfehlbar als Verbrüderte einander an's Herz drücken! Löben war ein zarter, edler Jüngling, kaum ein Jahr jünger als ich, ein liebevolles weiches Gemüth, ein schönes leicht flüssiges Talent, er schwelgte in hohen, innigen Gefühlen, in heftigen dichterischen Sehnsuchten, meist ohne festen Gegenstand, aber nur desto unruhiger und schmerzlicher griff er nach allem, was ihm einen Augenblick einreden konnte, seinem poetischen Wesen zu entsprechen oder mit ihm zu verschwimmen. In der Lausitz, woher er gebürtig war, hatte ein Kreis bewundernder Stiftsdamen ihn frühzeitig gehegt und geliebt, in Heidelberg, wo er seine Studien gemacht, eine Schaar schwärmerischer Freunde ihn

vergöttert. Als an letzterm Orte sein erstes litterarisches
Erzeugniß, ein Roman „Guido" unter dem Namen von
Isidorus Orientalis erschienen war, jauchzten die verzückten
Jünglinge ihm den unbeschränktesten Beifall, sie erhoben ihn
weit über Goethe, Tieck und Novalis, sie behaupteten, er
habe erreicht und vollendet, was der letztere, allerdings ihm
geistverwandte, aber weniger vom Schicksal begünstigte Dichter
in seinem Ofterdingen nur angestrebt, nur versuchsweise berührt habe! Löben wehrte sich zwar gegen solche Ueber-
schätzung und meinte, wenn er etwas sei oder geleistet, so
gebühre den Göttern die Ehre, nicht ihm, der verdienstlos
und fast bewußtlos ihr Werkzeug gewesen; allein die
Atmosphäre der Schmeichelei hatte ihn doch zu lieblich um-
flossen, als daß ihm nicht angenehm gewesen wäre, dies
weiche Element in Wien ebenso wiederzufinden. Er hatte
hier einen lieben Bruder, der österreichischer Offizier und
Flügeladjutant des Erzherzogs Karl war, ein wackrer, gutmüthiger Mann, der die Poesie des Bruders als ein
Stück seines Wesens mitliebte, sonst aber nicht darauf ein-
ging und noch weniger sie thätig erwiederte. So war ich
denn seinem Herzen höchlich willkommen, und er umfaßte
mich mit all seiner harrenden Sehnsucht, nicht gewahr der
vielen scharfen Lebensdornen, die in mich hinein und aus
mir heraus stachen. Ich muß bekennen, daß er mich wirklich
überwältigte und mir auf Augenblicke mehr Empfindsamkeit
aufnöthigte, als mein damaliger Lebensmoment tragen zu
können schien. Seine eigentliche Kraft hiebei war aber
eine sittliche; er trieb seine Schwärmerei aus reiner, edler
Seele, ohne eine Spur von Scheinsamkeit, aufrichtig und
unselbstsüchtig, es war ihm nicht um Lob zu thun, er
spielte keine Art von Rolle dabei, und so hatte seine Zartheit und Zärtlichkeit wirklich etwas Rührendes und Ehrwürdiges. Wir genossen eines reichen Austausches von
dichterischen Gütern, der Stoff der Mittheilung schien auf
beiden Seiten unerschöpflich. Aber im Grunde lagen mir
gerade jetzt ganz andere Dinge an, und ich war etwas betroffen, als gleich nach dem ersten Besuch ein feuriges
Sonett mich überraschte. Zu anderer Zeit hätte ich der-

gleichen zehnfältig erwiedert, jetzt ließ ich die prunkhaften Zeilen unbeantwortet, und überdachte nur im Innern, nicht ganz zu meinem Troste, wie sehr ich doch ein Andrer geworden sei!

Bentheim kündigte mir an, wir müßten vor der Abreise auf ein paar Tage nach Baden gehen, wo er den Kaiser noch sprechen sollte. Wir fuhren hinüber, und wohnten bei der lieblichen Gräfin von Fuchs, die uns als treue Unterthanen empfing. Auch Meyern fand sich hier ein, und in der wünschenswerthesten Gesellschaft ergingen wir uns im reizenden Helenenthal, genossen der herrlichen lauen Abendluft, und mehr als alle Poesie entrückte diese Wirklichkeit mich den Sorgen des Augenblicks, der doch mehr als irgend einer verhängnißschwer über mir schwebte.

Denn noch stand ich auf einem entscheidenden Wendepunkt, ungewiß, wohin er mich schleudern werde, nach Norden oder nach Westen, ja ungewiß, welche von beiden Richtungen ich jetzt am meisten wünschen sollte. Die Ankunft des Kaisers erfolgte, mit ihr war der Ausspruch über mein nächstes Loos näher gerückt, noch an demselben Abend mußte alles entschieden sein. Bentheim konnte den Kaiser nicht sprechen, derselbe war mit Eintritt der Dämmerung ausgefahren, um die Beleuchtung anzusehen, durch welche die Badener seine Ankunft feierten. Doch Bentheim gab seine Sache nicht auf. Er schrieb mir ein paar Zeilen an den Oberkammerherrn Grafen von Wrbna, und überließ das Weitere, wie er sagte, meiner Geschicklichkeit. Ich fand mich in der Kaiserwohnung ein, aber der Oberkammerherr war mit dem Kaiser, und dieser noch nicht zurück; man führte mich in ein Zimmer und hieß mich warten. Unterdessen wurde im Nebenzimmer der Abendtisch des Kaisers bereitet, und die Verspätung der Zurückkunft weckte mancherlei Ungeduld, es hieß, nun würde wohl keine Zeit mehr sein, ich möchte lieber morgen wiederkommen; mir selber schien der Augenblick nicht günstig, indeß bestand ich darauf mein Heil noch heute zu versuchen. Es verging noch eine ganze Weile, dann kam endlich der Kaiser, und ich konnte sehen, wie er sich mit seinen Gefährten, dem Grafen von Wrbna und dem Generaladjutanten von Kutschera eiligst zum Abendessen hinsetzte. Ein Lakai trug dem Oberkammerherrn mein Briefblatt hinein, und ich sah, wie er es flüchtig überlas, dann dem Kaiser ein Wort sagte, aufstand, und zu mir herauskam. Nur ein österreichischer Herr, ich muß es zur Steuer der Wahrheit sagen, kann mit so reiner Gutmüthigkeit, so freundlichem Selbstvergessen, so fern von aller Hoffahrt und Einbildung, dem unbefangenen Antriebe des Augenblicks folgen, das Menschliche und Billige so allem voranstellen, wie diesmal der Graf von Wrbna that. Mit der Serviette in der Hand stand er zu mir geneigt, und fragte sorgsam nach meinem Anliegen, bezeigte keinerlei Ungeduld, daß die Erklärung sich ihrem Inhalte nach etwas dehnte, ließ dem Kaiser, der indeß munter speiste, aber doch wissen wollte, was vorginge, zurücksagen, er werde bald kommen, und als er sich die Sache etwas überlegt, sagte er theilnehmend, es werde wohl gehen, er wolle es dem Kaiser schon so vorstellen. Nämlich mein Urlaub war nun nicht anders möglich, als durch ein sogenanntes Handbillet des Kaisers, welches als der höchste Ausdruck seines Machtwillens alle sonstigen Vorschriften überfliegt oder beseitigt. Nach wenig gewechselten Worten kehrte der Graf zurück, sagte, der Kaiser werde das Handbillet schreiben, ich solle nur darauf warten, trug mir die schönsten Grüße an Bentheim auf, und drückte mir zum Abschiede glückwünschend die Hand. Inzwischen war der General von Kutschera herausgetreten, und hieß mich ihm in eine Schreibstube folgen. Der General war bekannt als ein Mann von schwachen Mitteln und lächerlich plumpem Benehmen, und wiewohl man ihn seiner Stellung wegen fürchtete, so belustigte man sich doch gar sehr an den mancherlei Zügen, die er darbot. Auch mir gab er eine Probe seines Wesens, die kaum ergötzlicher sein konnte. Ganz das Gegentheil des Grafen von Wrbna ließ er, sobald uns der Kaiser nicht mehr hören konnte, seinen Unmuth aus; er murrte gegen den Obersten Bent-

heim, der den Leuten bei der Nacht keine Ruhe gäbe, so
ein verwöhnter Kavalier meine, alles was ihm durch den
Sinn fahre, müsse auch gleich geschehen. „Ich muß jetzt
das Handbillet schreiben", rief er aus, „ehe ich fertig bin,
ist der Kaiser mit dem Essen fertig, und ich hab' das Beste
versäumt! Meinen Sie, daß ich nicht hungrig bin? Und
nun hab' ich gar nicht einmal eine Dinte! O Je, o Je!
Nun so helfen Sie mir doch eine Feder suchen, Sie!
Sie tragen ja ohnehin eine Brille!" Alles dies muß
man sich im reinsten Oesterreichisch, in der kräftigsten
Volksweise ausgesprochen denken, wie ich es im Schreiben
wiederzugeben nicht unternehme. Endlich fand sich alles,
das Handbillet wurde geschrieben, unter steten Ausrufungen
und polternden Klagen, die Unterschrift des Kaisers erfolgte
sogleich, und ich entfernte mich mit zierlicher Danksagung
und Entschuldigung, denen aber der General unwillig ent-
gegenwarf: „Ja was hilft das alles, ich bin um mein
Essen kommen!"

Wir ergötzten uns nicht wenig an diesem lächerlichen
Zwischenspiel. Bentheim war über das Gelingen seines
Anschlags hocherfreut. Mich übernahmen bald ernste Gedanken über die neue Bahn, die nun entschieden vor mir
lag. In diesen Betrachtungen fand mich Löben, der mir
nach Baden nachgekommen war, und wir blieben im
Freien zusammen bis zur späten Nacht. Er öffnete sein
ganzes Herz, und ich sah die zarteste Sinnesweise, die
lieblichste Seelenfreundlichkeit vor mir ausgebreitet; er
sprach begeistert von seinen dichterischen Entwürfen und
Hoffnungen, ganz ohne Eitelkeit, wie von einem Auftrage,
den er auszurichten habe, mit Freude zugleich und Wehmuth, denn er fühlte sich zwar berufen, aber doch unzulänglich, und für das irdische Leben nicht kräftig genug
ausgerüstet. Wie ich ihn so vor mir sah, seine schwäch-
tige Gestalt prüfend, mußt' ich unwillkürlich denken:
„Armer, du wirst nur allzubald dich aufreiben!" und in
demselben Augenblicke rief er aus: „O ich weiß es wohl,
ich bin ein dem frühen Tode geweihtes Wesen!" Dieses

Zusammentreffen seiner Worte mit meinen Gedanken durchzuckte mich schmerzlich, und ich blieb lange davon erschüttert, ohne ihn merken zu lassen, was in mir vorgegangen. Er hat noch viele Jahre gelebt, und insofern war die Ahndung falsch, aber früh erkrankt an unheilbaren Krämpfen starb er doch im jugendlichen Mannesalter, und sein Ausspruch hat sich also dennoch einigermaßen bewährt.

Unser Scheiden — doch nur ein vorläufiges, wir wollten uns in Wien noch sehen — geschah in tiefer Rührung, und doch nicht ohne komische Beimischung. Er drückte mir, verschämt und verstohlen, wie man Almosen giebt, ein Blättchen Papier in die Hand, und ein Almosen auch war es, ein poetisches, zarte Verse mir zum „Lebewohl" gedichtet. Bei ungestümer Umarmung fielen uns die Hüte vom Kopfe, sie schlugen dumpf auf den Boden, rollten nach verschiedenen Seiten, und es mag lächerlich genug ausgesehen haben, als wir suchend uns bückten, um sie wieder aufzuheben. Das Gedicht aber schloß sehr artig:

> Geh nur weiter, geh nur weiter!
> Bist du gleich vorbeigerauschet,
> Viele Wellen sind vertauschet,
> Viele Wellen sind Begleiter.

Und in der That blieb uns eine herzliche Theilnahme für einander auf lange Zeit lebendig.

Bentheim und ich kehrten nach Wien zurück, aber nur um abzureisen. Der Graf von Bellegarde lächelte bedeutsam, als ich ihm den vom Kaiser empfangenen Urlaub anmeldete, und meinte, ich sei der erste Fähndrich, der sich einer solchen Gunst rühmen könne. Der alte Fürst von Metternich, Vater des nachherigen Staatskanzlers, empfahl mir Briefschaften an seinen Sohn, den ich in Paris treffen würde; dem Fürsten von Schwarzenberg hatte mich der Fürst von Ligne empfehlen wollen, aber zu spät an die Ausführung gedacht, es war auch überflüssig, denn an der Seite meines Obersten war ich ohnehin des besten Einganges überall gewiß. Friedrich von Schlegel und seine Frau trugen mir Grüße an der letztern Schwester Henriette Mendelssohn auf. Am 18. Juni reisten wir ab, ich schweren Herzens, wenn auch von mancher Hoffnung erfüllt.

# Zweiundzwanzigster Abschnitt.

## Das Fest des Fürsten von Schwarzenberg.

### Paris, 1810.

---

In raschem Fluge hatten wir die reichen Länderstrecken von Wien bis Straßburg und von da nach Paris zurückgelegt. Der Juni strahlte versengend in seiner ganzen Kraft, und nachdem Staub und Hitze der Sonnengluthen uns im grünenden Freien fast verzehrt hatten, tauchten wir Nachmittags in die dumpfe Schwüle und düstre Straßenenge der unermeßlichen, vollbewegten Stadt. Im Hôtel de l'Empire der Rue Cérnti, deren Namen seitdem gewechselt haben, fanden wir bestellte Zimmer und jede erwünschte Erquickung, und konnten von den Mühen und Wallungen der Reise fast ohne Ausruhen sofort in den Wirbel dieser geschäftigen und genießenden Welt übergehen.

Wir sahen von allen Seiten bestätigt, was uns schon unterwegs überall war verkündet worden, daß in Paris jetzt kein größeres Ansehen, keine wirksamere Empfehlung gelte, als die des österreichischen Namens. Auch war derselbe, abgesehen von dem überragenden, jedem Franzosen ehrfurchtgebietenden Dastehen der Kaiserin Marie Louise, für welches die Geschichte nichts Vergleichbares zu haben schien, in einer Weise repräsentirt, mit der schwerlich von irgend einer Seite gewetteifert werden konnte. Der österreichische Botschafter,

Fürst Karl von Schwarzenberg, ein schöner stattlicher Mann voll Würde und Heiterkeit, als Kriegsmann und Diplomat seiner selbst ruhig bewußt, stellte ein entsprechendes Bild der Hoheit seines Gebieters und zugleich des gutmüthigen Biedersinns jener deutschen Landsleute dar, die dem einst allgemeinen Oberhaupte noch in seiner Besonderheit angehörig verblieben waren. Der leutseligen Freundlichkeit des Fürsten stimmte die geistvolle Güte und regsame Theilnahme seiner Gemahlin, gebornen Gräfin von Hohenfeld, trefflich zu, die heranwachsenden, wohlgebildeten Söhne, von einem wackern Führer geleitet, zeigten sich in gleichem Sinne belebt, und so die sämmtlichen Hausgenossen. Die Ehren- und Geschäftsverhältnisse der Botschaft waren durchaus günstig und angenehm gestellt, sie waren in Paris die einzigen, welche von französischer Seite mit Wohlwollen und Auszeichnung behandelt wurden, und nichts von der geängsteten und hülflosen Aufmerksamkeit, von der peinlichen Spannung zu haben brauchten, welche den andern politischen Beziehungen am Hofe Napoleon's, selbst die seiner Brüder nicht ausgenommen, höchst widrig aufgezwungen blieben. So vermochten denn auch die verschiedenen Diplomaten und Militairpersonen, welche dem Botschafter beigegeben waren, in ihrer Thätigkeit und ihrem Benehmen die Gunst solcher Umstände äußerst vortheilhaft geltend zu machen. Der Hofrath von Floret, ein feiner, stillfleißiger und undurchdringlicher Geschäftsmann, der Major von Tettenborn, durch die glänzendsten ritterlichen Eigenschaften ausgezeichnet, der Major Graf von Wratislaw, der Rittmeister von Böhm und andere höhere Angestellte. Alle lebten und wirkten in dem vergönnten Element, und inmitten der üppigen Pracht und feierlichen Würde, die der äußeren Erscheinung im Ganzen überschwänglich verliehen war, athmete das Schwarzenbergische Haus ein allgemeines, vertrauliches Wohlbehagen, ein fast unterschiedloses Zusammengehören, woran auch Fremde, welche diesen Kreis betraten, nach Sinn und Lust Theil nahmen. Wir Oesterreicher aber wurden sämmtlich als Mitglieder des Hauses gerechnet, fanden zu jeder Stunde freundliche Aufnahme, günstigen Rath, wirksame Förderung, und waren für immer, wie groß auch die Zahl sein mochte, zu Mittag wie zu Abend eingeladen.

Der Kreis der Oesterreicher aber war damals in Paris nicht klein. Der ältere Bruder des Botschafters, Fürst Joseph von Schwarzenberg, hatte nebst seiner Gemahlin und übrigen zahlreichen Familie seinen Aufenthalt für einige Zeit in Paris genommen; ebenso der Fürst von Esterhazy. Die Generale Graf von Wallmoden und Graf von Neipperg hatten besondere Aufträge des österreichischen Hofes mit den französischen Behörden zu verhandeln. Der Oberst Graf von Bentheim, als Ueberbringer eines Schreibens des Kaisers an seine Tochter, die Kaiserin, der Graf Kaspar von Sternberg, der Graf von Paar, zwei Grafen von Sickingen, der Graf von Coudenhoven, und noch mehrere andre Oesterreicher von Rang und Bedeutung, waren theils durch Geschäfte und Verbindungen, theils durch die Anziehung der großen Welt und der Schauwürdigkeiten dort festgehalten. Politische Verhandlungen von größter Wichtigkeit hatten sogar dem Minister der auswärtigen Angelegenheiten, Grafen von Metternich, den Anlaß gegeben, auf erhaltene Einladung des Kaisers Napoleon, sich persönlich nach Paris zu verfügen, wohin Gemahlin, Kinder und Bruder, nebst seinen diplomatischen Angehörigen, unter welchen der Ritter von Lebzeltern hervorragte, ihn begleitet hatten. Die wohlgebildete Persönlichkeit des im kräftigsten Mannesalter stehenden Ministers war höchst einnehmend und bedeutend, bei gemessener Haltung vollkommen frei; in heiterer Gelassenheit lebhaft, und gleicherweise fähig erscheinend, sowohl den schwierigsten Staatsgeschäften als den flüchtigen Bewegungen liebenswürdiger Geselligkeit die entschiedensten Erfolge abzugewinnen. Ihm als dem Gaste des französischen Kaisers war das Hotel des Marschalls Ney, welches die herrlichste Aussicht auf den Kai der Seine hatte, zur Wohnung angewiesen, und alle Pracht und Ueppigkeit kaiserlicher Bewirthung und Dienerschaft zu Gebote gestellt. Auch hier war jeder Oesterreicher täglich eingeladen und willkommen, sowie auch Fremde nicht fehlten; der Kreis aber, der sich hier besonders

gern an den Vormittagen bildete, ging zuletzt doch wieder in
den Schwarzenbergischen über.

War auf diese Weise ein großer Lebensraum auf beiden
Seiten der Seine für uns heimathlich bezeichnet und erfüllt,
so erweiterte solcher sich doch noch in's Unbestimmte durch
den eigenthümlichen Umstand, daß in jener Zeit nicht bloß
die Oesterreicher, sondern fast alle Deutschen in Paris, die
Gesandten der Staaten des Rheinbundes, die Mitglieder der
souverain gewordenen wie der mediatisirten deutschen Häuser,
alle Vornehmen, welche in Paris Huldigung oder Reklamation
anzubringen hatten, und ebenso die deutschen Gelehrten und
Künstler, sich eifrig und beharrlich zu der österreichischen
Botschaft hielten, an deren Annehmlichkeiten und Vorzügen
Theil zu nehmen suchten, und persönliches wie geschäftliches
Vertrauen ihr zuwandten, so daß vielleicht niemals vor- und
nachher auf diesem Punkte die sämmtlichen deutschen Interessen
eine so wahrhaft vereinigende Mitte gehabt haben.

Dieser zugleich glänzenden und angenehmen Welt als
österreichischer Offizier schon vollkommen angehörig, noch besonders aber durch günstige Bezüge und Umstände ihrem
Innern vertraut geworden, durfte ich bald die glückliche
Entdeckung machen, daß, ungeachtet der mit den Franzosen
befreundeten Außenseite, in diesem ganzen Kreise durchgängig
eine wahrhaft deutsche Gesinnung lebe, ein unzweideutiger
Widerwille gegen die neugeknüpften Bande, ein festes Halten
an dem Vaterländischen, daß man den Kaiser Napoleon noch
immer als verhaßten Feind ansehe, und sich in dem Andenken an die vergangenen Waffenthaten mehr als in diesem
Friedensglanze gefalle, ja im voraus an der Aussicht auf
künftig zu erneuernden Krieg schon jetzt sich labe. Diese
Empfindungen nach Erfordern des politischen Verhältnisses
zu verbergen, konnte nicht schwer fallen, da hier bloß Formen
zu erfüllen waren, an deren leichtem Austausch, sowie an die
Unsicherheit ihres Inhalts, die Hof- und Staatswelt längst
gewöhnt war, und Napoleon nährte jenen Sinn fast gewaltsam, indem sein Verfahren es nicht hehl hatte, daß er auf
die österreichische Verbindung zwar den höchsten Werth lege,
sofern sie ihm schmeichele und ihn den Augen der Welt auf

dem Gipfel der Größe zeige, daß er selbst aber dadurch in
nichts gebunden, noch zu irgend einer Rücksicht bewogen sein
wolle; und wirklich war er nur in den Formen minder
schroff, in den Sachen aber nach wie vor hart und feindlich.
Aus den herkömmlichen und als solchen ausdrücklich vorge=
schriebenen und demnach nichts weiteres besagenden Redens=
arten und Bezeigungen durfte die abgeneigte Gesinnung um
so freier zu Zeiten hervorblicken, als auch ein großer Theil
der Franzosen selbst, und zwar der angesehensten und ein=
flußreichsten, ihr zustimmte, und nicht bloß die Altadeligen
und heimlichen Royalisten, die sich zahlreich am neuen Hofe
eingefunden hatten, sondern sogar Männer, die ganz der
Revolution oder auch allein dem Glücke Napoleon's anzu=
gehören schienen; sie suchten ihrem durch des letztern Hand=
lungsweise oft erregten Unwillen, ihrer durch vielfache Um=
stände gesteigerten Opposition, gern einen auswärtigen Anhalt,
um so mehr, als ihnen jeder Eifer in dieser Richtung jetzt
nur günstig auszulegen, ja gleichsam als Schmeichelei
für den Kaiser geboten war, und sie dabei, wenn ihr Ver=
trauen und Bemühen weiter ging, in jedem Falle sich auf
dem Gebiete des unverbrüchlichsten Geheimnisses sicher wußten.
So schwach war die Herrschaft Napoleon's in der Zuneigung
der Gemüther gegründet, daß man in der großen Zahl
seiner höheren Vertrauten, Diener, Günstlinge und sonstigen
Angehörigen, die er alle mächtig und reich gemacht, schon
damals kaum drei oder vier, namentlich Duroc, Rapp und
Savary, bezeichnete, auf deren wahrhafte und unbedingte
Hingebung er persönlich rechnen durfte.

Aber mehr als Politik und große Welt erfüllten mich die
Gemüths= und Geistesneigungen, welche mir an diesem Orte
schon beschieden waren, oder noch werden sollten. Gleich am
ersten Abende suchte und fand ich glücklichst meinen Freund
Chamisso, der nicht wenig überrascht war, mich hier und so
wiederzusehen. Auch Immanuel Bekker, der hallische Freund
und Gefährte, ließ sich auf der kaiserlichen Bibliothek, dem
täglichen Felde seines staunenswerthen Fleißes, leicht erfragen.
Schwerer war Koreff anzutreffen, der, als geistreicher und
glücklicher Arzt von der vornehmen Welt gewaltig in An=

spruch genommen, im eleganten Kabriolet fast immer unterwegs war. Ganz unerwartet fand ich in der Galerie des Louvre die lieben Tübinger, Ludwig Uhland und Pregizer, und bald auch zeigte sich aus Hamburg Karl Sieveking anwesend. Diesen ältern Freunden reihten sich schnell neue deutsche Bekanntschaften an, die an Reiz und Herzlichkeit mit jenen zum Theil wetteifern konnten. Ich nenne zuerst den alten ehrwürdigen Grafen von Schlabrendorf, dann den trefflichen Bibliothekar Doktor Hase, ferner einen jüngern Harscher aus Basel, Olivier aus Dessau, den lebensfrohen von Pilat, damals Privatsekretair des Grafen von Metternich; späterhin wird auch noch Doktor Gall und endlich Alexander von Humboldt, hier zufällig zuletzt, immer aber wesentlich als ein erster, zu erwähnen sein.

Wir Jüngere lebten fast jeden Tag gemeinsam, und unsre Beschäftigungen, die jedem sehr verschieden und zum Theil sehr ernstlich und dringend oblagen, wovon späterhin manches bedeutende Zeugniß kund geworden, wußten wir mit unsern Vergnügungen, worin wir ganz übereinstimmten, auf das schönste zu verflechten. In dem Musée Napoleon hatten wir unsern zuverlässigen Sammelort, nahmen von hieraus unsre Gänge zu andern Merkwürdigkeiten und Gesellschaften, wo wir auf eigne Hand, abgezogen von der großen Welt, ein idyllisches, von geistigen und gemüthlichen Interessen erfülltes Leben führten, für welches ich mir von dem glänzenden Kreise, dem ich nicht ganz fehlen durfte noch wollte, jeden möglichen Urlaub nahm. Unsre stillen Abende in dem damals ganz verlassenen, aber noch stets dem wetterwendischen Publikum zum Trotz regelmäßig eröffneten und glänzend erleuchteten Frascati, wo wir oft ganz allein die leeren Säle durchschritten und der zahlreichen Dienerschaft zu einiger Bewegung Anlaß gaben, der eben so stille Aufenthalt in einem schönen Garten der Rue Richer, wo Friedrich von Schlegel's Schwägerin, Henriette Mendelssohn, wohnte, die mancherlei deutsche und französische Beziehungen um sich her vereinigte, konnten wohl zu den erfreulichsten und seltsamsten Gebilden zu rechnen sein, die aus dem gewöhnlichen Lebensgewühl von Paris sich als demselben ungleichartig absonderten und forterhielten.

Das Interesse des Tages drang inzwischen überall durch, und so hörten wir denn auch von allen Seiten sowohl die Festlichkeiten rühmen, welche bereits vorüber und von uns versäumt waren, als auch besonders das eine letzte Fest hochpreisend ankündigen, durch das unser Botschafter die ganze Reihe der bisherigen glänzend abschließen und, wie jedermann voraussehe, überbieten werde. Wirklich sah man in dem Botschaftshotel, und hauptsächlich in dem weiten Gartenraume desselben, die umfassendsten Anstalten täglich fortschreiten, und bekam nach und nach einen Begriff von den verschiedenen Theilen, aus welchen das Ganze zu einem wahren Wunderwerke sinnreicher und üppiger Pracht sich aufgliedern sollte. Man betrat mit ungläubigem Zweifel wiederholt die Stätte, wo noch der Zimmermann geschäftig war, und in wenigen Tagen schon seine rohe Arbeit unter dem kostbarsten Prunke verschwunden sein mußte. Der 1. Juli war, nach manchem Verschieben, als der Tag des Festes endlich angesetzt, der Kaiser und die Kaiserin hatten die Einladung angenommen, und so stand dies Ziel unwiderruflich fest. Der Eifer und die Hülfsmittel mußten nun verdoppelt werden, man arbeitete die Nächte hindurch, deren Frische den Werkleuten sogar zur Erleichterung wurde, denn viel härter war es, daß auch die brennende Mittagshitze des seit Wochen unabgekühlten Himmels keine Rast bringen durfte. Heiß waren Balken und Bretter anzufühlen, noch heißer die Steine, welche täglich von der Sonne geglüht wurden; das Laub der Bäume und Sträucher verdorrte rings, und Rasen und Zweige, die grünend dem Feste dienen sollten, mußten künstlich erhalten werden. Ueber das Oertliche müssen wir noch einiges Bestimmtere angeben.

Der Botschafter bewohnte das ehemalige Hotel de Montesson in der Rue de Montblanc, ein ansehnliches, zwischen Hof und Garten gelegenes Gebäude, das jedoch für die außerordentliche Feierlichkeit nicht genügend schien; man hatte auch das nebenliegende Hotel für diese Zeit gemiethet, und überall die nöthige Verbindung angebracht. Diese weitläuftigen

Räume waren mit geschickter Anordnung eingetheilt, und den verschiedenen Scenerieen und Momenten des Festes zugewiesen. Zunächst den Prachtsälen des ersten Hotels hatte man seitwärts einen Gartenraum, der über Gras und Blumen gegen die vertiefte Mitte hin zu einer mäßigen Wasserstelle führte, mit großen Balken überlegt, und auf diesen, nach damals in Paris üblicher und auch bei allen vorigen Festen angewandter Sitte, den ungeheuern Hauptsaal von starkem Zimmerwerk aufgeschlagen. Die für solchen Fall schon bewährten und empfohlenen Baumeister hatten diesen Aufbau, gleich den früheren, so geschickt als geschmackvoll ausgeführt, und in dieser Hinsicht war alles nur in der hergebrachten Ordnung geschehen. Die Decke und die Seitenwände, nach außen mit Wachsleinwand überhangen, wurden inwendig mit den prächtigsten Tapeten bekleidet, mit großen Spiegeln, Wandleuchtern, farbigen Lampen und glänzendem Zierrath ausgestaltet; die Säulenbalken, welche den mittlern Raum von einer galerieartigen Umfassung absonderten, mit den kostbarsten Stoffen reich umhüllt, und durch zahllose Gewinde gemachter Blumen und durch Gehänge von Musselin, Gaze und andern zarten Geweben schön verbunden; mächtige Kronleuchter von Krystall schwebten im Innern, lustig getragen von gold- und silberdurchzogenen Blumenketten, durch Draperieen und Bänderschleifen mit den übrigen Verzierungen in gedrängter Fülle zusammenfließend. Im Hintergrunde des Saales, auf einer mäßig erhöhten, mit goldburchwirkten Teppichen belegten Bühnenstufe, waren zwei prachtvolle Thronsitze aufgestellt, vor diesen gab der schön zusammengesetzte und sorgsam geglättete Fußboden dem Tanze freien Raum. Der Saal hatte drei Ausgänge; einer derselben, im Hintergrunde, zunächst den Thronsitzen, führte in das Innere des Hotels, und sollte nur den nöthigen Verkehr der Hausgenossen erleichtern; im Vorgrunde, nach der Gartenseile hin, ging zuerst links eine breite und lange Galerie ab, welche, gleicherweise wie der Saal gebaut und verziert, sich längs des Hotels hinzog, und dessen Gemächern wie dem Garten sich in vielfacher Verbindung unmittelbar anfügte; rechts, dieser Galerie gegenüber, in halber Höhe des Saales, befand sich eine Bühne für die

Muster, zu der aber nur mittelst einer äußern Treppe zu gelangen war; der Hauptausgang des Saales, ein prächtiges Portal, eröffnete sich in der Mitte des Vorgrundes, und führte über mehrere breit- und wohlgelegte Stufen in den Garten hinab, dessen nächster Raum hier auch für das Aus- und Einströmen einer großen Menschenmenge gehörig erweitert und eingerichtet war.

Für Pracht und Bequemlichkeit, für Ordnung und Angemessenheit, war von allen Seiten bestens Sorge getragen, und nichts versäumt, was dem Feste zur Auszeichnung dienen konnte. Im Gefühle jedoch, daß hier einmal, mitten in Paris und vor den Augen Napoleon's, auch die Deutschheit sich in voller Gültigkeit dürfe sehen lassen, hatte jemand den Einfall gehabt, da doch über dem Portal des Saales billig eine Inschrift Platz finde, so müsse der Nationalstolz darauf bestehen, daß sie in deutscher Sprache verfaßt sei, und wenn sich die Franzosen darüber wundern und ärgern wollten, so möchten sie es thun, denn sie dürften es doch nicht allzu laut werden lassen, da es die Sprache der Kaiserin sei, die man anwende, und die österreichische Botschaft gewiß das Recht habe, bei einem jener zu Ehren gegebenen Feste ihr, wie die Bilder, so auch die Sprache der Heimath zu vergegenwärtigen. Dies fand allseitige Zustimmung, und noch am letzten Tage wurde die Hand an's Werk gelegt. Für zwei Zeilen war der Raum leicht ermittelt, aber auch nur zwei Zeilen nicht sogleich schicklich ausgesonnen. Die es vielleicht besser gemacht hätten, z. B. ich selbst, lehnten die Aufforderung klüglich ab, und so drang freiwilliger Eifer um so leichter vor, und lieferte die beiden zwar nicht von bestem Korn, aber doch von gehörigem Schrot befundenen und durch den Reim wohlgelötheten Alexandriner:

> Mit sanfter Schönheit Reiz strahlt Heldenkraft verbunden,
> Heil! Heil! die goldne Zeit ist wieder uns gefunden!

Von Lapidarstil eben kein Muster, aber in Pappe für transparentes Oelpapier ausgeschnitten von guter Wirkung; die Hauptsache waren die deutschen Lettern, und diese prangten in bedeutender Größe an ihrer hohen Stelle stolz genug.

Der große Tag war endlich angebrochen, und unter letzten raschen Nachhülfen schon großentheils dahingeschwunden, die Anstalten waren vollendet, und auch die Letztbeschäftigten konnten sich nun eilig und ganz der Sorge für die persönliche Erscheinung widmen. Nichts war versäumt, diese prächtig und geschmackvoll auszustatten. Der Reichthum und die Schönheit der österreichischen Uniformen überstrahlte alles, was die Franzosen in dieser Art aufbieten konnten. Die Dienerschaft, schon immer zahlreich und prächtig, war auf mehrere Hundert verstärkt, deren ein Theil in französischer Staatskleidung prangte.

Bei guter Zeit erschien eine Abtheilung Grenadiere der kaiserlichen Garde, und bezog als Ehren= und Sicherheitswache die angewiesenen Posten. Noch war es heller Tag, als schon das ganze Hotel mit Angebäuden und Garten in tausendfacher Beleuchtung schimmerte, und zwischen dem zu beiden Seiten der Straßen gehäuften Volksgedränge bereits die Wagen der Gäste heranrollten. Sämmtliche Oesterreicher hielten sich zum Empfange der Aussteigenden bereit, die Damen wurden mit schönen Blumensträußen beschenkt und zu dem großen Saale hinbegleitet.

Schon füllten sich die ringsgestellten Sitze desselben, und schon fluthete in seinem mittleren Raume die Bewegung enger. Die Schönheit, der Reiz, die Erlauchtheit und Bedeutung der Personen wetteiferten steigend mit jedem Augenblicke. Schon waren Könige und Königinnen eingeführt, aber diese selbst harrten noch der höchsten Erscheinung. Endlich verkündigte der kriegerische Befehlsruf und das Anschlagen der Waffen, dann das Wirbeln der Trommeln und das Schmettern der Kriegsmusik die Ankunft des Kaisers und der Kaiserin, deren Prachtwagen unter zahlreicher Begleitung zwischen den aufgestellten Truppenreihen glänzend einfuhr. An den Stufen des Eingangs empfingen die Familien Schwarzenberg und Metternich diese erhabenen Gäste, der Botschafter hielt eine kurze Anrede, und die fürstlichen Frauen überreichten auserlesene frische Blumen, welche der Kaiser annahm und seiner Gemahlin einhändigte, darauf ihr den Arm gab und sie in das Innere führte, geleitet von dem

Botschafter, und gefolgt von nachdringenden dichten Schaaren. Ich sah den Kaiser hier ganz nahe, und blickte ihn fest an; zum erstenmale war ich von der Schönheit seiner Gesichtszüge getroffen, aber auch von der Macht seines eisernen Aussehens. Seine Miene war streng, unbiegsam, fast böse, sein Blick vor sich hingeworfen, von Freundlichkeit keine Spur, aus diesem Munde konnten jeden Augenblick furchtbare Befehlsworte hervorgehen. Ich suchte diesem Eindrucke, der mich befangen wollte, Trotz zu bieten, und es gelang mir, ihn soweit zu bemeistern, daß ich Gedanken verfolgen konnte, deren sich zu rühmen damals nicht rathsam gewesen wäre.

Unter schmetternden Fanfaren schritt der Kaiser durch die Vorsäle und die erwähnte Galerie bis in den Hauptsaal, wo er einige Minuten verweilte, den Ort und die Menschenmenge mit scharfen Blicken flüchtig überschaute, die dargebotenen Erfrischungen zurückwies, und mit wenigen abgerissenen Worten einige nächststehende Personen nachlässig anredete. Auf die Einladung des Botschafters zu einem Gange durch den Garten, folgte er nebst der Kaiserin dem vortretenden Führer durch das Portal, und die ganze Versammlung zog gedrängt nach. In den kunstreich erleuchteten Gängen und Gebüschen waren an gewählten Punkten Sänger- und Musikchöre vertheilt, die bei Annäherung des Kaisers ihre Lieder und Harmonieen begannen, und solchergestalt dem Fortschreitenden eine ununterbrochene Triumphbegleitung bildeten. Andere schmeichelhafte Ueberraschungen, Sinnbilder und Anspielungen, waren gleichzeitig für das Auge vorbereitet.

Vor einem großen, sorgfältig geebneten Rasenplatze wurde Halt gemacht, für das kaiserliche Paar und einige andere höchste Personen waren Sitze geordnet, und die Aussicht von da geradehin auf das Schloß Laxenburg gerichtet, das in glücklicher Nachbildung täuschend dastand. Um den heimathlichen Erinnerungen der Kaiserin noch lebendiger zu schmeicheln, erschienen aus den Gebüschen, welche eine ländliche Bühne begränzten, in österreichischer Tracht Tänzer und Tänzerinnen, es waren die der großen Oper, und sie führten mit unübertrefflicher Kunst österreichische Volkstänze und eine artige Pantomime auf, welche für diesen Anlaß eigends ausgesonnen war; Krieg und Frieden spielten darin die Hauptrollen, von jenem blieben nach allen Schrecknissen nur glorreiche Siegesehren zurück, und dieser vereinte mit ihnen seine gabenreichen Segnungen.

Dieses Schauspiel endete kaum, als die Aufmerksamkeit schon durch einen neuen Gegenstand angezogen war. Wiederholtes Peitschenknallen und andringendes Pferdegestampf verkündigte einen Kourier, der bestäubt mitten aus der glänzenden und geschmückten Versammlung hervorbrang, sich achtlos bis zu dem Kaiser Bahn machte, und ihm beeifert seine Depeschen überreichte. Ein freudiges Gemurmel von großen Siegesnachrichten aus Spanien durchlief einen Augenblick die gespannte Menge, allein der Kaiser, der im Geheimniß war, sagte sogleich mit Lächeln, es seien Briefschaften aus Wien, und stellte der Kaiserin ein wirkliches Schreiben ihres Vaters zu, welches für den Gebrauch eines solchen Augenblicks eigends abgefaßt und aufbewahrt worden war.

Nach dieser Scene, die nicht ohne heitre Theilnahme der Zuschauer vorüberging, wurden die Sinne wieder in vollen Anspruch genommen durch ein plötzlich aufblitzendes Feuerwerk, bei welchem die Kunst alle ihre Erfindung angestrengt und keine Verschwendung gescheut hatte. Mitten im feuersprühenden Getöse drangen jedoch plötzlich zwischen den kunstgerechten auch wilde Flammen hervor, durch einen Zufall war eines der Gerüste in Brand gerathen, und der Anblick erregte Besorgniß und Unruhe; allein mit größter Schnelligkeit rückten die schon bereitgestandenen Spritzenleute aus ihrem Hinterhalte zum Löschen heran, und sogleich war auch der Brand erstickt. Man freute sich des raschen Erfolgs, belobte die Anstalten und den Eifer der Leute, und niemand dachte, daß schon im nächsten Augenblicke ihre Hülfe noch dringender nöthig, und, wo nicht gänzlich vermißt, doch durchaus unzureichend sein würde!

Der glänzende Zug hatte sich schon wieder in Bewegung gesetzt, und war durch mannigfach geschmückte Wege allmählig zu dem großen Saale zurückgelangt. Hier brannte die deutsche Inschrift über dem Portal den Kommenden hell entgegen, und wurde gelesen, buchstabirt, gedolmetscht. Der Kaiser soll anfangs über die fremde Sprache gestutzt, dann aber schnöde gelächelt haben, und manche französische Anmerkung glossirte den deutschen Text. Von abermaligen Fanfaren begrüßt, traten der Kaiser und die Kaiserin in den Saal, nahmen die im Grunde desselben bereiteten Sitze ein, und die Musik für den Tanz hob unverzüglich an. Die Zeit neigte sich schon zur Mitternacht. Der glänzendste und schwierigste Theil des Festes war zurückgelegt, der noch übrige bestens im Gange, und Ball und Banket verhießen ihm in rauschenden Freuden und üppigen Genüssen die prunkvollste Dauer bis zum andern Morgen. Die Königin von Neapel hatte den Ball mit dem Fürsten von Esterhazy und der Vicekönig Eugen von Italien mit der Fürstin von Schwarzenberg, der Schwägerin des Botschafters, eröffnet.

Nach den Quadrillen wurde eine Eccossaise getanzt. Während dieses Tanzes war der Kaiser und die Kaiserin aufgestanden und nach entgegengesetzten Seiten längs den Reihen der Zuschauenden vorgetreten, wandten das Wort an mehrere Personen, und ließen sich einige zum erstenmal Erscheinende vorstellen. Die Kaiserin beendigte ihren Umgang sehr bald, und war bereits zu ihrem Sessel zurückgekehrt, der Kaiser aber weilte noch am andern Ende des Saales, wo ihm so eben durch die Fürstin Pauline von Schwarzenberg, geborene Prinzessin von Aremberg und Schwägerin des Botschafters, ihre Töchter vorgestellt worden, und er setzte hin und wieder einiges Gespräch fort, als unversehens nahebei, in der hinter den Säulen umlaufenden Galerie unfern des Ausgangs zu der großen Galerie, welche den Saal mit dem Hotel verband, eine der tausend Kerzen und Lampen ihre Flamme, von einem zufälligen Luftstrome bewegt, gegen eine leichte Gaze züngeln ließ, welche kaum berührt sogleich auffladerte und einen augenblicklichen hellen Schein gab, der indeß gleich wieder verschwand, und nur noch schwach in ein paar getheilten Floden nachschimmerte. So gering war die Sache anfangs anzusehen, daß der Graf von Bentheim durch Anwerfen seines Hutes eines der Flammchen glücklich ersticken konnte, der Graf Dumanoir aber, Kammerherr des Kaisers, an einem der Säulenbalken emporkletternd einen Theil des schon im Fallen erlöschenden zarten Gewebes herabriß und auf dem Boden völlig austrat. Einige Flocken jedoch hatten sich schon aufwärts mitgetheilt, höhere Gehänge, den Händen nicht mehr erreichbar, nahmen das Feuer an, und augenblicklich schlugen in verschiedenen Richtungen rasche Flammen auf, die überall in nährende Stoffe fielen, über dem Sims der Säulen hin unaufhaltsam in den höheren Mittelraum des Saales übersprangen, und schnell die ganze Decke des Saales durchkreuzten. Die Musik verstummte, und erschreckt verließen die Musiker ihre zunächst bedrohte Bühne, die zu einer äußern Treppe führende Thüre ließ eine stürmische Gewitterluft eindringen, welche mit aller Wuth in die Flammen stürzte, und sie noch wilder anfachte. Der Tanz war schon aufgelöst, man drängte verworren durch einander, doch suchte man nur erst zu fassen, was geschah, was geschehen könne.

Napoleon hatte den Ursprung der Sache mit angesehen, und wurde daher durch kein falsches Urtheil gestört, er war zu der Kaiserin getreten, und stand kalt und ruhig, den weitern Verlauf beobachtend, während mehrere seiner Getreuen, die im ersten Taumel Verrath und schwarze Verbrechen fürchteten, sich ungestüm zu ihm durchdrängten und zu seinem Schutze die Degen zogen. Der österreichische Botschafter jedoch, voll Ruhe und Würde, war dem Kaiser unverrückt zur Seite geblieben, und als er die Flammen mit erschreckender Eile weitergreifen sah, forderte er ihn bringend auf, den Saal, der nicht zu retten sein würde, augenblicklich zu verlassen. Napoleon ohne zu antworten, gab der Kaiserin sogleich den Arm, und folgte dem Botschafter gemeßnen Schrittes zu dem Gartenportale, indem er die rechts und links raumgebende Menge mit kurzen Worten zur Ordnung und Besonnenheit ermahnte. Auch hielt sich Alles in leidlicher Fassung, bis der Kaiser hinausgetreten war, dann aber hörte jede Rücksicht auf, und angstvoll und gewaltsam drängte sich die tobende Masse dem Ausgange zu.

Der Botschafter hatte kaum vernommen, daß der Kaiser

sogleich wegfahren wolle, als er auch schon mit klugem Vor-
bedachte von unterwegs einen seiner Adjutanten abschickte,
um die kaiserlichen Wagen von dem Hofe des Hotels, wo
sie hielten, und wo jetzt die größte Verwirrung und Gefahr
zu befürchten stand, nach einer stilleren Seitenstraße beordern
zu lassen, die den Garten begränzte, und wo der Kaiser an
einer kleinen Pforte ungestört einsteigen, und unbemerkt abfahren, dadurch aber jedem Anschlage, wenn ein solcher mit
diesem unglücklichen Zufalle sich verbinden möchte, am sichersten entgehen konnte. Allein Napoleon, bei dem weiteren
Gange durch den Garten sogleich der veränderten Richtung
inne, stand plötzlich still, fragte wohin man ihn führe, und
den erhaltenen Bescheid des Botschafters nicht gutheißend
sagte er kurz und bestimmt: „Nein, nach der Hauptpforte
will ich", kehrte stracks um, und hieß die Wagen, welche
schon in die Seitenstraße eingelenkt hatten, an die erste
Stelle zurückfahren, wodurch ein großer Zeitverlust entstand,
welchen der Botschafter in qualvoller Unruhe, doch äußerlich
gelassen, Napoleon aber mit vieler Gedulb abwartete, indem
er einen feindlichen Streich dort viel eher als hier für möglich zu halten schien. Die Angabe des Moniteurs, daß der
Kaiser bei der Gartenpforte eingestiegen sei, ist, wie manche
andre jener Schilderungen des Vorgangs, eine irrthümliche.

Späterhin erst wurden diese Umstände mir aus dem
Munde der unmittelbaren Zeugen so genau bekannt. Wie
mich selbst aber das Ereigniß zunächst traf und in Anspruch
nahm, will ich kürzlich angeben.

Ich war aus der ungeheuern Hitze, welche durch das
Gewühl der Menschen im Saale auf einen unerträglichen
Grad gesteigert wurde, einen Augenblick zurückgewichen, und
suchte in der freieren Galerie frische Luft zu athmen, als
das Geschwirr und Geräusch des Festes unerwartet in einen
andersartigen Lärm überging; ich höre hinter mir einzelne
Schreie, aufbrausende verwirrte Stimmen, ich wende mich
um und will neugierig zu dem Saale zurückkehren, mein
erster Blick sieht helle Flammen zucken, die sich rasch aus-
breiten; aber weder Zeit zum Erkennen noch Raum zum
Vordringen ist mehr frei, eine wogende Menschenfluth strömt

auf mich ein, und reißt mich ungestüm in ihrer Bahn fort; einige starkbeleibte Generale, die voll Entsetzen schrieen: „O mein Gott, der Kaiser, der Kaiser ist nicht gerettet", und Andre, die eben so nach Wasser riefen, hatten mich so in ihre Flucht verwickelt, daß ich mich erst im dritten Zimmer von ihnen losmachen und nach dem Schauplatze des Unheils zurückeilen konnte. Hier hatte die Galerie ihre Flüchtenden schon größtentheils in den Garten entlassen, der Zugang war durch Menschen nicht mehr versperrt, allein der ganze Saal stand in heller Gluth, während an dem Portale noch ein furchtbares Fluchtgedränge wogte, das unter entsetzlichem Weh- und Angstgeschrei mit gewaltsamer Eile in den Garten abstürzte, während von innen die Flammen jeden Moment in verstärkter Wuth nach ihrer Beute griffen, glühende Rauchwolken wirbelnd aufstiegen, schwere Kronleuchter prasselnd niederfielen, Latten, Bretter und Balken brennend übereinander stürzten, und der ganze Raum nur Gluth und Zerstörung zeigte. Das in der Sommerhitze viele Tage hindurch ausgedörrte Holz, die feuerfangenden Stoffe aller Art, die Farbenfirnisse, die Bekleidungen, alles brannte wie vorbereitet zum Lustfeuer, die Eimer Wassers, die man hineingoß, zerstiebten augenblicklich in Dämpfe, und überall fand die Gluth Nahrung, nirgends Einhalt. Kein Gedanke an Hülfe, an Rettung konnte hier aufkommen. Schneller, als hier es sich lesen läßt, war alles geschehen, und in ein paar Augenblicken, die ich zum Hereineilen und Hineinschauen im Fluge verwendete, liefen auch über mir selbst die Flammen an der Decke der Galerie schon weit hinaus, fielen in meinem Rücken schon brennende Draperieen, Lampen und Leuchter herab, und ich durfte nicht säumen, ehe der Weg versperrt wurde, in den Garten zu entkommen.

Hier zeigte sich nun das gräßlichste, bewegteste Schauspiel! Wer vermöchte es zu beschreiben! Das ganze Festbauwerk loderte in Flammensäulen empor, die noch eben in diesen geschmückten Räumen versammelte Welt, an Pracht, Schönheit, Auszeichnung und Bedeutung jeder Art ein Inbegriff der Herrlichkeiten Europas, brauste aufgelöst durch einander; allgemeiner Schrecken, persönliche Gefahr, Angst und Sorge für die Nächsten, waren an die Stelle des freudigen Reizes, der ehrgeizigen Spannung getreten. Man suchte und rief die Seinigen, man durchbrach rücksichtslos das Gedränge, jeder hatte nur sein persönliches Ziel im Auge, stieß hinweg, was ihn hemmte, trat ohne Wahrnehmung darüber hin. Männer suchten ihre Frauen, Mütter waren von ihren Töchtern getrennt, hatten sie zuletzt nur in den Reihen des Tanzes noch gesehen, oder dort glücklich fortgezogen, ohne sie an der Hand behalten zu können. Keiner wußte das Schicksal des andern, man hörte Jammernde und heftig Tobende, man erblickte Andre, die sich mit leidenschaftlicher Freude den wiedergefundenen Lieben in die Arme warfen, man sah Ohnmächtige, Verwundete. Die Stufen des Portals waren unter der Last der Rettungsuchenden eingebrochen, viele Personen gestürzt, von Nachdringenden zertreten, von fallenden Bränden schwer verletzt, von den Flammen ereilt worden. Die Königin von Neapel war zu Boden gesunken, der Großherzog von Würzburg wurde ihr Retter. Die Königin von Westphalen dankte ihrem Gemahl und dem Grafen von Metternich die Rettung aus größter Gefahr. Der russische Botschafter, Fürst Kurakin, wurde brennend und ohnmächtig durch den Dr. Koreff mit Hülfe österreichischer und französischer Offiziere aus dem Gewühl hervorgezogen, und von andern hülfreichen Händen mit Pfützenwasser gelöscht, während noch andre ihm die diamantnen Knöpfe vom Rock schnitten. Besonders hatten viele Frauen das Unglück, durch das Feuer an ihren leicht brennbaren Kleidern erfaßt und lebensgefährlich verwundet zu werden.

Zwischen dieses Gewühl drängten sich die Diener und Arbeiter aller Art, die theils für die Aufwartung, theils für andre Bedürfnisse der Festlichkeit zahlreich vorhanden waren, und jeder Unterschied des Standes schien aufgehoben, nie wurde Stern und Ordensband gleichgültiger behandelt, die Hoheit und Majestät weniger angesehen. Auch die vom Trinken abgerufenen Spritzenleute machten sich für ihre späte Hülfleistung gewaltthätig Raum, und die von festlicher Bewirthung aufgeschreckten Tänzer und Tänzerinnen drängten sich in ihren flitterhaften Kostümen und mit noch geschminkten

Gesichtern neugierig zwischen dem reichen Prunk und Staat der stolzen Hofwelt umher, die in solcher Zerrüttung jede Gleichheit unbeachtet walten ließ.

Mit leidenschaftlicher Innigkeit hatte der Fürst Joseph von Schwarzenberg im Garten seine gerettete, doch schwer verletzte Tochter umarmt, aber um so verzweiflungsvoller suchte er nun die noch vermißte Gattin. Die Tochter war an ihrer Seite gewesen, aber durch brennendes Gebälk, das zwischen beide niederstürzte, von ihr getrennt worden, und sie hatte darauf die Mutter aus den Augen verloren. Wir schalten hier am besten die Worte ein, mit welchen der Major von Prokesch, in seinen lesenswerthen Denkwürdigkeiten Schwarzenberg's, die folgenden Umstände wiedergiebt: „Der Fürst Joseph hatte, als der Brand ausbrach, unfern der Kaiserin im Gespräche gestanden. Er wandte sich auf den ersten Ruf der Gefahr hin nach dem Raume, wo die Reihen der Tanzenden so eben zerstoben, und wies noch, da ihm die Gemahlin des Prinzen Eugen entgegenkam, dieser und dem Vicekönige selbst eine nahe Seitenthür, durch welche beide entkamen. Im Saale kämpften bereits Flammen und Dampf um die Herrschaft. Er eilte hinauf, hinab; er fand seine Gemahlin nicht. Er gelangte glücklich über die Treppe in den Garten; er fragte diesen, jenen; man wollte sie gesehen haben; man versicherte endlich mit Gewißheit, sie sei bereits im Garten. „Dort ist sie!" rief eine Stimme ihm zu. Er stürzte nach dem Orte hin, und — es ist eine Dame, die ihr ähnlich sah. Da faßte seine Seele unnennbares Grauen. Die Folter der Ahnung, die ihn ergriffen hatte, war alle Grade durchgelaufen, und die Gewißheit leuchtete, ein schrecklicherer Brand, vor ihm auf. Er kehrte zurück zum Saale. Die Treppe ist gestürzt. Ueber einander wälzt sich die fallende Menge. Man bringt sein Kind halb verbrannt in schonender Verhüllung vorbei. Man schleppt die Gemahlin seines Bruders, der aller Schmuck vom Haupte getreten war, an ihm vorüber. Sein Blick fällt, in der fürchterlichen Beleuchtung des Brandes, auf eine winselnde Gestalt, der das Kleid am Leibe verzehrt und das ganze Diadem tief in die Stirne geglüht war. Es ist die Fürstin

### Die Fürstin von Schwarzenberg. 63

von der Leyen. Ein schwedischer Offizier, der diese so eben
aus dem Saale getragen hatte, versichert, mitten in den
Flammen eine Gestalt wandeln gesehen zu haben, wunderbar
zugleich und entsetzlich! Fürst Joseph kommt an den Eingang. Er will hinaufklettern über die brennenden Stufen.
Da stürzt mit dumpfem Gerassel die ganze Fußdecke des
Saales ein, und wie aus hohler Esse wallt Rauch und Gluth
aus den Trümmern empor. Alles ist verloren."

So weit dieser Bericht. Seit dem Ausbruche des Feuers
bis zu diesem bezeichneten Augenblicke war kaum eine Viertelstunde verflossen, und ich fortwährend auf dem Schauplatze
des Ereignisses zugegen. Die mannigfachste Hülfsthätigkeit
für die Beschädigten, Suchenden, Auffordernden, und die
stürmende Eile aller Vorgänge ließen den flüchtig aufgedrungenen Eindrücken keine sorgsame Prüfung zu. Allein
für manche Angaben durften sowohl die Wahrnehmungen des
einzelnen Beobachters, als auch die allseitigen damit ver-
glichenen Aussagen aller andern Augenzeugen ein ziemlich
festes Ergebniß liefern. Wenn der Moniteur die Fürstin
von Schwarzenberg schon außerhalb des Saales, im Garten,
mit dem Könige von Westphalen, dem Fürsten Borghese und
dem Grafen Regnaud sprechen läßt, so ist dies zuverlässig
unbegründet, die Verwechslung des Namens war so leicht,
auch konnte gutgemeinte Absicht solche Versicherung im Augenblicke hervorrufen. Wenn aber gar der ehemalige Palast-
präfekt von Bausset in seinen Denkwürdigkeiten erzählt:
„On vit s'élancer une femme jeune, belle, d'une taille
élégante, ... poussant des cris douloureux, des cris de
mère" ... und in dieser Weise fortfährt, die „désolante
apparition" zu beschreiben, so folgt er lediglich einer dichterischen Einbildung. Niemand hat die unglückliche Fürstin als
schon gerettet außerhalb des Saales gesehen oder gesprochen,
niemand sie in denselben zurückkehren sehen. Eine solche
Rückkehr wäre sogar eine völlige Unmöglichkeit gewesen. In
der ersten Zeit würde der entgegenstürzende Menschenstrom
es verhindert haben, und gleich nachher, ehe dieser noch ganz
versiegt war, die ungeheure Gluth selber, welche ihn jagte
und schon ereilte, und unmittelbar seine Stelle einnahm.

Diese Gluth wurde in wenigen Minuten so heftig, daß man
den brennenden Eingang, wie ich als Augenzeuge, der selber
das Aeußerste hierin versucht, betheuern darf, auf zehn
Schritte nicht ohne die Gefahr nahen konnte, in dem ver-
sengenden Anhauche des tödtlichen Qualms niederzustürzen,
ja selbst der Blick vermochte in dieses Meer von Flammen
und Rauch nicht mehr einzudringen, und die erwähnten Dar-
stellungen, so wie jede künftige, sind nach diesen verbürgten
Angaben zu berichtigen. Von dem Schicksale der Fürstin hatte
man anfangs noch keine so schlimme Vermuthung, man durfte
sie gerettet hoffen, sie konnte mit andern Personen weg-
gefahren, sie konnte ohnmächtig irgendwo im Garten hin-
gesunken, oder unerkannt in einem der Nachbarhäuser aufgenommen sein; man hörte nicht auf, sie zu suchen, zu
erforschen, und der unglückliche Fürst Joseph erschöpfte sich
in thätiger Nachfrage, in Sendungen und Versprechungen.

Mittlerweile waren Saal und Galerie völlig nieder-
gebrannt, und ungeachtet die Feuerspritzen schon eine Weile
thätig wirkten, hatte die Flamme doch das Hotel selbst
ergriffen, und drohte auch dieses in Asche zu legen. Das
Archiv gerieth zuerst in Gefahr, es zu retten war die größte
Anstrengung nöthig; alle Oesterreicher legten Hand an, Wasser
zu tragen, Geräthe fortzuschaffen, Haken und Aexte, wo es
nöthig, anzuwenden. Man warf Hut und Degen ab, selbst
die Uniform, die in der Hitze nur lästig, und wie die ganze
Bekleidung, durch Brand, Wasser und Arbeit schon vielfach
beschädigt war.

Die Fremden hatten sich größtentheils verzogen; nur noch
die näheren Angehörigen und einige vertraute Bekannte des
Hauses, so wie mehrere französische amtliche Personen arbeiteten und forschten noch immer auf dem Schauplatze so
großen Unheils und Jammers. Anstatt der geschmückten und
frohen Gäste füllten kaiserliche Garbesoldaten, durch herbei-
geeilte Verstärkung wohl gegen tausend Mann betragend,
den Hof, die Säle und den Garten, und dieser neue, ernst-
prächtige Anblick ergriff das Gemüth durch den Kontrast
mit eigenthümlicher Macht. Ein noch stärkerer Eindruck stand
bevor.

Der Kaiser hatte die Kaiserin nur bis zu ihrem Wagengefolge gebracht, das zur Rückfahrt nach St.=Cloud in den elysäischen Feldern ihrer harrte, und war dann nebst einem Adjutanten stracks zurückgekehrt. Unvermuthet trat er hervor im grauen Ueberrock, und sein Erscheinen verbreitete Ernst und Schweigen. Er hieß alle vorhandenen Fremden sogleich den Platz räumen, befahl die Zugänge überall zu besetzen; und ordnete selbst die Anstalten gegen das noch nicht völlig bezwungene Feuer; der Wasserstrahl einer Spritze soll ihn hiebei unversehens getroffen und fast umgeworfen haben, ohne daß er sich dadurch stören ließ. Die Erkundigungen über die Beschädigten brachten nunmehr bald eine zuverlässige Uebersicht zuwege, die Nachforschungen wegen der noch stets vermißten Fürstin wurden mit durchgreifender Macht betrieben. Zugleich ging ein furchtbares Gericht über die Anstalten und die dabei betheiligten Behörden. Der Polizeipräfekt von Paris, Graf Dubois, hatte einen harten Stand, er sollte alles wissen, allem vorgesehen haben, von allem Rechenschaft geben; die rauhe Strenge Napoleon's beeiferte den geschmeidigen Diener nur zu erhöhter Thätigkeit, er entschuldigte sich nur leise, wandte sich nach allen Seiten, ordnend, bittend, fragend, jeden Augenblick zu dem Kaiser zurückeilend, und ihm die inzwischen angehäuften neuen Vorwürfe und aufahrenden Worte demüthig abnehmend. Am schlimmsten erging es dem Anführer der Spritzenleute. Der General, Graf Hulin, der seinen Eifer zeigen und auch wohl zu eignem Besten den Zornausbrüchen des Kaisers einen Gegenstand anweisen wollte, stürmte mit brutaler Gewalt auf den armen Mann los, stieß ihn mit der Faust mehrmals vor die Brust und trat mit dem Fuße nach dem Zurücktaumelnden, unter heftigen Vorwürfen und Schimpfreden; Napoleon sah streng und blitzend in einiger Entfernung zu. Der Auftritt endete mit Verhaftung und Hinwegführung des Spritzenmeisters, der nach langer Gefängnißstrafe schimpflich aus dem Dienst entlassen wurde. Von einiger Schuld der Fahrlässigkeit mag er, wie der Herzog von Rovigo behauptet, nicht freizusprechen gewesen sein, die Hülfe war nicht schlagfertig, nicht im ersten Augenblicke wirksam; allein es gab damals viele Stimmen, die ihn entschuldigten, und allgemein war die Ueberzeugung, daß schon bei dem Austritte des Kaisers aus dem Saale — und vorher konnte keine Spritze auf dem Platze, ja kaum gerufen sein — keine Macht der Löschanstalten das brennende Gebäude könnte gerettet haben.

Indessen wurden die Bemühungen, über das Geschick der vermißten Fürstin Auskunft zu erlangen, heftig und angstvoll fortgesetzt. Die vornehmen Hof- und Staatsdiener Napoleon's flogen hin und her, die Boten eilten nach allen Richtungen und kamen wieder, immer fruchtlos, nirgends war eine Spur der Geretteten so wenig als der Verunglückten zu finden. Alle Wohnungen der Freunde und Bekannten waren beschickt, die ganze Nachbarschaft, jeder Winkel des Gartens, und auch die noch sprühende Brandstätte so viel als möglich durchsucht; alles umsonst. Ein Bild des trostlosesten Jammers irrte der unglückliche Fürst umher, bald in den Gartengängen, bald in den Sälen erscheinend, die körperliche Erschöpfung ließ ihn fast schon zusammensinken, während die Qual des Gemüths ihn zu immer neuen Anstrengungen aufregte. Man suchte ihn fortzubringen, zu beruhigen, aber nichts wirkte auf ihn, auch die Gegenwart und Anrede des Kaisers glitten stumpf an dieser starren Verzweiflung ab.

Napoleon, des fruchtlosen Dastehens überdrüssig, und, nachdem das Feuer bis auf einzelne Gluthstellen bezwungen worden, schon ohne Gegenstand persönlicher Thätigkeit, kehrte nach St.-Cloud zurück. Die Grenadiere seiner Garde aber richteten sich zum Uebernachten ein, und selten mag ein Biwack so glänzende und köstliche Bewirthung gefunden haben. Die für das Gastmahl des Hofes bestimmten Speisen und Weine wurden ohne vielen Unterschied ausgetheilt.

Auch wir Andern, nach so vielfacher Arbeit und Erregung endlich müssig und matt, von den auf einander gefolgten heftigen Eindrücken verstört und überwältigt, mußten zuletzt Erholung und Stärkung suchen, setzten uns zu den ersten den besten der reichgedeckten Tische, und genossen der vorhandnen Labung. Begierig tauschten wir jetzt unsre einzelnen Wahrnehmungen und Vermuthungen aus, hier erläuterten sich die mannigfachen Umstände, ergänzten sich die getheilten Anschauungen, stellte sich allmählig einiger Zusammenhang auf; man hatte so vieles zu fragen, so vieles zu berichten, allein Schrecken und Besorgniß wogten noch immer auf und nieder, und bei so vielem Unglück, das man wußte, blieben noch unruhige Zweifel und bange Ahndungen genug.

Das Gewitter, welches schon lange am Himmel gestanden, brach jetzt als ein grausenvolles Zwischenspiel hervor, gräßliche Blitze entzündeten den Himmel, furchtbare Donner folgten Schlag auf Schlag, die Gebäude erzitterten, der Regen rauschte in Strömen nieder, und die letzten Gluthen des Brandes wurden erst durch ihn gelöscht.

Als nach kurzem Austoben die Gewitternacht sich wieder zertheilte, sah zwischen den schweren Wolken schon die Tageshelle durch, und die Unruhe trieb uns neuerdings auf, die so eben durchlebten Ereignisse, welche, wie ein verworrener Traum, nicht faßbar noch verscheuchbar auf der Seele lagen, in ihren daliegenden Ueberbleibseln zu untersuchen, zu betrachten. Wir waren nur noch wenige Männer, und vereinzelten uns bald in schweigendem Umherwandeln. Ich betrat die Brandstätte, ein düstres Angehäuf von Schutt und Wust; verkohlte Balken, zertrümmerte Mauersteine, Geräth und Scherben durch einander geworfen, in den zufälligen Tiefstücken schmutzige Wasserpfuhle zusammengestockt. Man fand Theile von Kronleuchtern, zertrümmte Degen, Armbänder und andern Schmuck, den die Gluth fast unkenntlich gemacht. Nicht weit von mir stiegen Graf Hulin und Doktor Gall forschend über die Trümmer hin. Auf einmal bleibt Hulin stehen, sieht starr vor sich hinab, und ich höre die halblaut gerufenen Worte: „Doktor Gall, kommen Sie hierher, hier ist ein menschlicher Körper!" Ich gedenke noch mit Schauder des furchtbar eindringenden Tones, den diese Worte hatten; jeder Nerv wurde erschüttert, die Brust mit Angst erfüllt. Gall trat hinzu, ich war der Dritte, wir mieden jedes Geräusch und suchten uns im Stillen des gefundenen Anblicks zu vergewissern; erst nach und nach wurde er unsern Augen deutlich. Von Balken und Kohlen halb verdeckt lag in der Tiefe ein schwarzgebrannter, eingeschrumpfter Leichnam, ganz unkenntlich, die menschliche Gestalt in dieser Zerrüttung nur mit Hülfe der Einbildungskraft herauszufinden. Die eine Brust nur, welche zufällig im angesammelten Wasser zu liegen gekommen war, hatte sich erhalten, und ihre frische Weiße stach gräßlich gegen die übrigen mumienschwarzen Körpertheile ab. Von Jugend auf nicht ungewohnt solcher Zerstörungsanblicke, stieß doch dieser mein Auge unwillkürlich zurück. Gall stieg in die Vertiefung hinab und glaubte die Fürstin von Schwarzenberg zu erkennen; ein paar Ringe und ein Halsband fanden sich an dem Körper, sie wurden dem Botschafter gebracht, der unfern im Garten mit einigen Begleitern umherging, und es blieb kein Zweifel mehr, das Halsband führte die Namenszüge ihrer Kinder; sie hatte deren acht, ein neuntes, noch nicht geboren, theilte ihren Tod. In diesem Augenblicke der sich entfaltenden Gewißheit entsank Allen der Muth, tiefe Trauer senkte jedes Haupt, Thränen entquollen dem Auge. Ein paar starke Gewitterschläge, die letzten, erschütterten gleichzeitig die Atmosphäre, und ein betäubender Donner hallte lange nach.

Jetzt war die Sorge, dem Fürsten Joseph von Schwarzenberg sein Unglück beizubringen, und zu gleicher Zeit die nöthige Vorkehr in Betreff der Leiche gehörig anzuordnen. Der Ort und die Umstände ihrer Lage gaben wenigstens die tröstliche Vermuthung, daß die Unglückliche nicht lebendig verbrannt sei. Wahrscheinlich hatte sie, abgeschnitten von dem Hauptausgange, oder das dort stockende Gedränge zu meiden wünschend, den Nebenausgang in das Innere des Hotels zu gewinnen gesucht, war unterwegs gefallen, durch Rauch erstickt und erst nachher durch die Flammen selbst ergriffen worden, mit dem einstürzenden Bretterboden aber in jene Wassertiefung hinabgesunken.

Wir verließen nunmehr den Ort der Zerstörung und des Jammers; doch an Schlaf und Ruhe war nirgends zu denken, die furchtbarsten Traumbilder schreckten das hinsinkende Haupt schnell wieder zum wachen Anschauen der Wirklichkeit auf, und in den Straßen, welche durch das Ereigniß der Nacht nur um so volkreicher belebt waren, zeigte der Morgen schon seine volle Thätigkeit.

Ganz Paris war durch Schrecken und Neugier in unruhige

Bewegung versetzt. Die Nachricht von dem Brande, durch den Gluthschein unmittelbar verkündet, hatte sich mit Schnelligkeit weithin ausgebreitet. Man vermuthete Anschläge gegen das Leben des Kaisers, den Ausbruch irgend einer großen Verschwörung, Ungewißheit jeder Art spannte die Gemüther. Der Verdacht, daß das Feuer angelegt gewesen sei, daß die Feinde des Kaisers, innere und äußere, durch einen kühnen Streich sich des verhaßten Herrschers, seiner Familie und seiner anhänglichsten Diener entledigen gewollt, bestand einen Augenblick allgemein, streifte wenigstens die Vorstellung der meisten Franzosen, und war bei manchen auch späterhin nicht leicht auszutilgen, die dawiderlaufenden Berichte und Zeugnisse wurden zweifelnd angehört; erst am dritten Tage erschien der ausführliche Bericht im Moniteur, dessen absichtsvolle Fassung wiederum nicht ganz befriedigte. Doch konnte gegen die Uebereinstimmung so vieler Augenzeugen und gegen den starken Beweis, welcher in Napoleon's fortgesetztem Benehmen lag, kein grundloser Wahn sich halten, und zuletzt mußte in Frankreich wie im Auslande die verbürgte Wahrheit doch den Sieg behaupten.

Nun folgte eine Reihe trauriger Tage, in denen man fast nur in dem Rückblick auf die allbesprochene Begebenheit und in den düstern Nachwirkungen derselben fortlebte. Die Bestattung der Fürstin Pauline von Schwarzenberg wurde mit herkömmlichem Trauerprunke feierlich vollbracht. Dann kamen hinter einander die Leichenbegängnisse der Fürstin von der Leyen, der Generalin Touzard und noch mehrerer andern Frauen hohen Standes, die nach schrecklichen Leiden im Verlaufe der nächsten Tage oder Wochen an ihren Brandwunden starben; im Ganzen waren über zwanzig Personen verunglückt, mehr oder minder beschädigt über sechzig. Die junge Fürstin von Schwarzenberg, der Mutter gleichnamig, und nur kaum dem Loos entrissen, das der unglücklichen geworden, lag an den empfangenen Verletzungen viele Wochen darnieder, während deren man für ihr Leben besorgt war; auch das Wiederaufkommen des russischen Botschafters Fürsten Kurakin blieb noch lange zweifelhaft. Sehr bedeutend war von allen Seiten der Verlust an Kostbarkeiten; man schätzte ihn auf ein paar Millionen; der österreichische Botschafter trug neben seiner eignen großen Einbuße auch die vieler andern Personen, denen er das Verlorne oder Beschädigte ersetzte.

Ein tiefer und unheilvoller Eindruck des ganzen Ereignisses war unverkennbar. Er setzte sich unwiderstehlich in Gemüth und Einbildungskraft fest, und wiewohl man von obenher alles anwandte, um ihn herabzustimmen und auszulöschen, so erhob er sich doch in düstren Weissagungen, welche auf die Unglücksfälle bei Vermählung der österreichischen Erzherzogin Maria Antoinette und des französischen Dauphins, nachherigen Königs Ludwig's des Sechzehnten, zurückgingen, solche mit dem späteren jammervollen Ausgange des königlichen Ehepaares in Bezug setzten, und den neuesten Vorfall nur zur Bestätigung dienen ließen, daß über den Verbindungen Frankreichs nach dieser Seite ein warnendes Verhängniß schwebe. Die Folge der Begebenheiten aber wollte dem abergläubischen Wahne auch diesmal zum Theil ein wenigstens scheinbares Recht nicht fehlen lassen!

## Dreiundzwanzigster Abschnitt.

### Am Hofe Napoleon's.

#### Paris, 1810.

---

Unsre Anwesenheit in Paris dauerte schon mehrere Wochen, und noch immer fand keine diplomatische Audienz Statt. Endlich wurde diese angesagt, und wir rüsteten uns, dem Kaiser Napoleon vorgestellt zu werden. Vorher führte der Fürst von Schwarzenberg uns noch zu einigen Großen des Hofes und Reichs, besonders aber zu Berthier, dem Fürsten von Neufchatel und Wagram, wie er damals hieß. Wir fanden eine zahlreiche Versammlung, die Herren herumgehend und im wechselnden Gespräch, dem man doch einige Behutsamkeit anmerkte, die Damen feierlich auf ihren Stühlen, und nicht sehr lebhaft unterhalten. Der General Graf von Neipperg, mein Oberst, und ich, waren wie es schien die einzigen Fremden, und man bemächtigte sich unser mit Beeiferung. Berthier war äußerst freundlich, er hatte ein gutmüthiges, zuvorkommendes Wesen, und die Art Ruhe, welche mit großer Tüchtigkeit sich immer gern verbindet. Mir hat er sehr gefallen, und ich konnte die Meinung, welche schon damals ihm alle höhere Fähigkeiten absprechen wollte, gar nicht gelten lassen. Kraft, Sicherheit und Erfahrung sprachen aus seinem ernsten Gesicht, und was er sagte, war lebendig und klar. General Neipperg nöthigte ihn zu einem ziemlich ausführlichen Gespräch über die Schlacht von Marengo, und einige Einzelheiten derselben wurden eifrig durchgesprochen. Berthier hatte diese Schlacht in einer besondern Druckschrift geschildert, aber mit großen Irrthümern, sowohl in Verschweigungen als in falschen Angaben, welche man fast nur als absichtliche aussprechen konnte, die Vorgänge waren so gestellt, wie die spätere Willensmeinung des Kaisers sie forderte, hauptsächlich ging die Sage, dem in der Schlacht gebliebenen General Desair sei manches Verdienstliche beigelegt worden, welches noch Lebenden gebühre, aber in diesen anzuerkennen und zu belohnen dem Sinne des Kaiser nicht genehm sei. Dem kundigen Neipperg gegenüber hatte Berthier einen harten Stand, doch führte er seine Sache gut, wußte immer neue Thatsachen und Gründe anzuführen, und wie damals, ungeachtet der Vortheile der Oesterreicher, der Sieg dennoch den Franzosen zufiel, so blieb hier auch im Gespräch Berthier, ungeachtet der Gegner gewiß größeres Recht hatte, im Vortheil. Als darauf hingedeutet wurde, wie zweifelhaft noch ganz zuletzt, da Desair schon gefallen war, die Sachen gestanden, und wie Bonaparte selber noch unsicher mißtraut habe, meinte Berthier, darin habe der Feldherr ganz Recht gehabt, wenn auch der Sieg ihm bereits errungen gedäucht, und fügte nachdrücklich hinzu: „C'est toujours après les succès que je crains le plus dans la guerre, et rien de si dangereux que le commencement d'une victoire." Die Ankunft mehrerer Damen störte die Unterredung, Berthier ging jene zu begrüßen, und that es mit vieler Anmuth.

Man rühmte Berthier, daß er, ungeachtet seiner fürstlichen Hofhaltung und großen Reichthums, in seinem Benehmen schlicht und in seinen Ansprüchen mäßig geblieben sei, noch immer den alten Ton mit seinen Kriegsgenossen habe, und für den Kaiser wohl die treuste Anhänglichkeit, doch keineswegs den höfischen Diensteifer zeige, den so viele Andre, und namentlich Davoust, auf die alleruntergebenste Weise an den Tag legten. Von Bernadotte hingegen erzählte man, daß er mit der ihm eigenen Fröhlichkeit laut über das Hofwesen spotte, den Kaiser in seiner angenommenen Scheinwürde lächerlich finde, sich selber noch immer zu republitanischen Grundsätzen bekenne, und seiner Fürstenwürde ungeachtet mit den alten Waffengefährten ganz auf brüderliche Art umgehe.

Berthier hatte uns freundlich gefragt, wie wir uns in Paris vergnügten, ob wir die Kunstsammlungen schon alle besucht hätten, und davon nahm ein ältlicher französischer General, dessen Namen ich nicht erfahren konnte, die Gelegenheit über das Musée Napoléon zu sprechen, wobei er seine Verwunderung bezeigte, nur so wenige der eroberten Kunstwerke in Paris zu sehen, denn er habe in den fremden Ländern, sagte er, wohl dreimal so viel einpacken sehen, zwischen dem Abschicken und Ankommen aber scheine ein großer Theil einzuschwinden. Wie nachläßig man überhaupt mit dem Weggeschleppten umging, davon kann folgendes Beispiel genügen. Napoleon hatte das preußische Siegesdenkmal auf dem Schlachtfelde von Roßbach wegnehmen und nach Frankreich abführen lassen; dasselbe war ohne Kunstwerth, eine schlichte Säule von Sandstein, aber durch seine Bedeutung dem französischen Kriegsruhm ein unschätzbarer Besitz. Gleichwohl verlor sich diese Säule, und als man nach geschlossenem Frieden Muße fand an ihre Aufstellung zu denken, war sie nirgends zu finden. Der Kaiser tobte, man erkundigte sich unter der Hand, unter Andern auch bei Chamisso, wie sie denn wohl ausgesehen habe, und war nahe daran, eine falsche unterzuschieben. Endlich fand sich doch die rechte unverhofft in Brest wieder, und man wußte nicht, wie sie dorthin gerathen sei. Sie steht jetzt, durch die Tapferkeit der Preußen wieder erobert, als zweifaches Siegesdenkmal auf ihrem ursprünglichen Ort.

Bei Berthier sah ich auch Denon wieder, der aber mit all seiner Freundlichkeit nur einen widrigen Eindruck machte, und in seinem habit habillé mit Stahldegen und Spitzenmanschetten einem geputzten Affen gleich sah. Auch ein ehemaliger Adjutant des Kaisers, und jetziger Kammerherr, den ich in Wien als Militair sehr hübsch gefunden, nahm sich in seinem rothen gestickten Hofrocke ganz vertrackt aus. Damit die Gesellschaft noch bunter würde, kamen auch zwei Geistliche in rothen Strümpfen, und schienen sich des bischen Lebens, das an dieser Stätte der Revolution ihnen wieder zugeflossen war, gar sehr zu freuen. Berthier hatte sich mittlerweile in ein Nebenzimmer entfernt, und die Gesellschaft war entlassen. Als die Geistlichen weggingen, flüsterte mir der eine — es war der Kardinal Maury — im Vorbeistreichen die Worte bedeutend in's Ohr: „Nous avons beaucoup de joie de vous voir ici!" Ich sah ihm erstaunt nach; was er laut und öffentlich als eine gewöhnliche Artigkeit hätte sagen können, sagt er mit heimlicher Freude, und mir? Es bezog sich aber wohl auf den Umstand, daß von österreichischer Seite ganz kürzlich die dringendsten Verwendungen für den Pabst geschehen waren.

Am Sonntage, den 22. Juli, war seit dem Brandunglück wieder die erste Audienz des Kaisers, und man verhieß, sie würde ungemein feierlich und prächtig sein. In Berlin hatte ich Napoleon oftmal unvermuthet und ungesucht gesehen, auch in Wien und Schönbrunn nochmals, aber stets in zu großer Entfernung, als daß es ein bestimmter Eindruck hätte werden können. Bei dem Feste des Fürsten von Schwarzenberg hatte sich mir der Anblick des Mannes in dem Sturme der entsetzlichen Vorgänge, welche dieses Fest unterbrachen, wieder verdunkelt. Ich nehme daher an, daß ich ihn zuerst an dem Tage gesehen, wo ich ihn recht gesehen, nah und bequem, und hinreichend lange, an dem Tage jener Vorstellung. Die häufige Gelegenheit, die sich mir seitdem erneute, in den Tuilerieen und in Saint-Cloud, — an letzterem Orte besonders bei den herrlichen, nur für den Kaiser und seine Hofgäste bestimmten Bühnendarstellungen, wo Talma, Fleury und die Raucourt glänzten, — diente nur dazu, jenen Haupteindruck zu befestigen und gleichsam auszuarbeiten.

Wir waren nach den Tuilerieen gefahren und kamen durch ein großes Gedränge von Garden und Volk in ein Gemach, von welchem ich unter dem Namen der Salle des ambassadeurs schon gehört hatte. Die Art, wie hier in dem engen, übelverzierten Pferch so viele erlauchte Personen dicht zusammengedrängt standen, hatte etwas lächerlich Beleidigendes, woran die Scherze der Pariser sich gar zu gern übten. Die reichsten Uniformen und Staatskleider arbeiteten sich mit

Mühe und Sorge durch einander hin und her, von kaiserlichen Livreen untermischt, die im Gedränge Erfrischungen ausriefen, und durch die nahe Gefahr immer ihre Nächsten in allen Bewegungen gleichsam suspendirten. Das Gespräch war laut und lebhaft von allen Seiten, man suchte Bekannte, bessern Platz, größere Helle. Eine feierliche Stimmung, eine würdige Spannung schien Allen fremd, und was man mitzubringen nicht vermochte, war nichts vermögend hier zu erregen. Der ganze Anblick hatte etwas Fatales, man befand sich schlecht und wartete verdrossen. Mit besonderem Wohlgefallen jedoch verweilte mein Auge auf den Mitgliedern der österreichischen Botschaft, deren Haltung und Betragen nicht die Würde verläugnete, die dem alten Kaiserhause gebührte. Besonders hatte der Fürst Schwarzenberg ein stattliches Ansehen, seine Ruhe war ohne Lässigkeit, sein Ernst ohne angenommenes Gewicht, und eine rechtschaffene Güte lag in dem Ausdruck seines ganzen Wesens, das sich auf diese Art vortheilhaft unterschied von der lächelnden Salonbetriebsamkeit, der hofmännischen Spannung, und der weltmännischen Richtigkeit, die aus dem Wesen so vieler Andern, die ihre Stellung an diesem Hofe nicht erkannten und kein Gefühl ihres Verhältnisses hatten, widrig hervorblickten. Dies galt besonders von den Personen, welche von der Zeit mit fortgerissen und doch von ihr vergessen waren, wie dies bei so vielen Hofleuten der neuen Höfe der Fall sein mußte. Wenn diese Leute, die vornehmsten und gewandtesten, die in so vielen und weiten Kreisen zu finden waren, wenn diese hier so unbedeutend und leer dastehen, wenn sie hier nicht glänzen, in ihren Edelsteinen, Stickereien und Kreuzen, im Gefühl aller Auszeichnung, in der Anerkennung aller ihrer Ansprüche, hier, wo einer der Augenblicke ist, zu denen sie erzogen, auf welche alle ihre Thätigkeit, ihre Einrichtung und Gewöhnung von Jugend auf gewandt worden, was sollen sie denn im Rathe des Fürsten, in des Landes höchsten Verwaltungsstellen, im Angesicht des Heeres sein, lauter Dinge, die sie nie so ernstlich bedacht und geübt haben, als die Vortheile gesellschaftlicher Erscheinung? Mich ergriffen diese Betrachtungen um so lebhafter, als man gewohnt war, in öffentlichen Berich-

ten, namentlich von den französischen Höfen, als von dem
Wohnsitze der Würde, der Feierlichkeit und imponirenden
Größe zu reden, da man doch fast nur Unordnung, Arm-
seligkeit und Lächerlichkeit fand.

Endlich erschien die Zeit, zur Audienz hinaufzugehen; auf
die erste Ankündigung davon stürzte alles ordnungslos gegen
die Thüre, man drängte sich, stieß und schob den Nachbar
ohne Umstände. Kammerherren, Pagen und Garden füllten
die Gänge und Vorzimmer; unruhige Geschäftigkeit zog auch
hier die Augen auf sich, und die Soldaten schienen die einzigen, die sich mit einiger Sicherheit in ihrem Dienste zu
benehmen wußten, was sie freilich auch nicht am Hofe, sondern von ihren Feldwebeln gelernt hatten.

Nachdem man im Audienzsaale einen Halbkreis gebildet,
und sich in mehrere gedrängte Reihen gestellt hatte, kündigte
bald der Ruf: l'Empereur! die Erscheinung Napoleon's an,
der von der hintern Seite des Saales hereintrat. In einfacher blauer Uniform, seinen kleinen Hut unter dem Arm,
ging er schwerfällig auf uns zu. Seine Haltung drückte den
Widerstreit eines Willens aus, der etwas erreichen möchte,
und eine Verachtung derjenigen, bei welchen es erreicht werden soll. Ein günstiges Erscheinen wäre ihm wohl lieb gewesen, und doch schien es ihm nicht recht der Mühe werth,
der Mühe, die er sich darum geben sollte, denn von Natur
hatte er es wahrlich nicht. Daher Nachlässigkeit und Absicht
abwechselnd in ihm hervortraten, und nur in Unruhe und
Mißbehagen zusammenflossen. Er wandte sich zuerst an die
österreichische Botschaft, welche die eine Spitze des Halbkreises
einnahm. Die Folgen des unglücklichen Festes waren Anlaß
mancher Fragen und Bemerkungen. Der Kaiser wollte theilnehmend erscheinen, er brauchte sogar Worte der Rührung;
doch gelang ihm dieser Ton keineswegs, und er ließ ihn auch
bald wieder fallen. Für den russischen Botschafter Kurakin
hatte er schon minder freundlichen Ausdruck, und im weiteren
Fortschreiten mußte ihn irgend ein Anblick oder Gedanke heftig aufreizen, denn er gerieth in furchtbaren Aerger, fuhr
gegen einen der Anwesenden, der nicht zu den bedeutendsten
gehörte und dessen Namen mir nicht mehr erinnerlich ist,

schrecklich los, war mit allen Antworten unzufrieden und
forderte immer neue, schalt und drohte, und hielt den armen
Menschen eine geraume Zeit in qualvoller Vernichtung. Die
nähergestandenen Zeugen, welche nicht ohne eigne Angst diesen
Auftritt mitansahen, betheuerten nachher, es sei gar keine
Ursache zu solchem Grimm gewesen, der Kaiser habe nur
Gelegenheit gesucht, seine üble Laune auszulassen, und er
thue dies sogar absichtlich an solchem armen Wichte, damit
alle Andern in Schrecken gesetzt und jeder Trotz im voraus
unterwürfig gestimmt würde.

Als er weiterging, suchte er wieder gemäßigter zu reden,
allein seine Mißstimmung klang noch immer durch. Er sprach
kurz, hastig, hingeworfen, die gleichgültigsten Sachen mit
einer leidenschaftlichen Schnelle, ja wenn er giltig sein wollte,
klang es immer noch, als sei er zornig. Ich habe kaum
eine so rohe, ungezähmte Stimme gehört, als die seinige.

Seine Augen waren dunkel umwölbt, auf die Erde vor
sich niedergeheftet, und streiften nur ruckweise schnell und scharf
über die Anwesenden hin. Wenn er lächelte, so lächelte blos
der Mund mit einem Theile der Backen, unbeweglich finster
blieben Stirn und Augen. Zwang er, wie ich späterhin
wohl gesehen habe, auch diese, so bekam sein Gesicht einen noch
verzerrtern Ausdruck. Diese Verbindung von Lächeln und
Ernst hatte etwas furchtbar Abschreckendes. Ich weiß nicht,
was ich von den Leuten denken soll, die in diesem Gesicht
Anmuth und seine Freundlichkeit einnehmend gefunden haben.
Waren doch seine Züge, bei unläugbarer plastischen Schönheit, wie Marmor hart und streng, jedem Vertrauen fremd,
jeder Herzlichkeit unfähig!

Was er sprach, war immer, so oft ich ihn reden hörte,
gering, sowohl dem Inhalt als dem Wortausdrucke nach,
ohne Geist, ohne Witz, ohne Kraft, ja bisweilen ganz gemein
und lächerlich. Faber hat in seinen Notices sur l'intérieur
de la France ausführlich über die Fragen gesprochen, welche
Napoleon bei vielen Gelegenheiten zu machen pflegte, und
deren Scharfsinn und Kunde so oft mit Unrecht gepriesen
worden, ich hatte damals das Buch noch nicht gelesen, fand
aber später alles darin bestätigt, was ich selbst gesehen und

gehört hatte. Sein Fragen glich nicht selten der Lektion
eines Schulknaben, der, seiner Sache nicht ganz gewiß, beständig leise für sich hersagt, was er für den Augenblick des
Gebrauchs sonst vergessen zu haben fürchtet. Dieses ist
wörtlich wahr von einem Besuche, welchen Napoleon kurz
vorher auf der großen Bibliothek gemacht hatte, da er schon
auf der Treppe immerfort nach der klassischen Stelle im
Josephus schrie, wo dieser von Jesus spricht, und für diesmal kein anders Anliegen zu haben schien, als diese seine
wahrscheinlich eben erst erlangte Kenntniß zu zeigen; es schien
durchaus, als habe er seine Fragen auswendig gelernt. Einen
ansehnlichen Mann aus dem nördlichen Deutschland fragte
er, aus welchem Lande er sei, und als dieser die nah an
Holland gelegene Gegend genannt hatte, rief Napoleon im Weg-
gehn halb trotzig und halb freudig: „Ah! je sais bien, c'est du
Nord, c'est de la Hollande!" Nicht so glücklich traf er
es mit Lacepède in der Naturaliensammlung, dort sah er die
Giraffe für einen Vogel an, und pries das langhalsige Thier
als solchen sogar seiner Gemahlin, welche mit Lacepède über
den Irrthum des Kaisers ganz ängstlich wurde, so daß dieser,
dadurch aufmerksam gemacht, in seiner Rede unwillig abbrach
und außerordentlich mißvergnügt davonging. Der kleinliche
Eifer, mit dem Napoleon auch in dem Kreise der geselligen
Mittheilung, der ihm ganz fremd ist, bewundert zu sein strebt,
war sehr oft geradezu lächerlich, es mißlang ihm hier alles
in dem Grade, als ihm in andern Dingen, zu unserm Unglück, alles gelang. Er liebte zwar eigentlich nur, den Menschen etwas Beleidigendes oder wenigstens Unangenehmes zu
sagen, allein auch dann, wenn er etwas anderes sagen wollte,
brachte er es höchstens zum Unbedeutenden, und da traf es
sich wohl einmal, daß er einer ganzen Reihe von Damen,
wie ich in Saint-Cloud selber mit anhörte, zwanzigmal nur
immer dasselbe Wort wiederholte: „Il fait chaud."

Wahr ist es, man führt sehr kräftige Machtworte von
ihm an, und seine Befehle sind meistens streng und kurz;
allein selbst darin ist mehr die Macht bedeutend, und der
Nachdruck der Worte kommt vom Kaiser, nicht vom Redner.
Mehrere glückliche Einfälle, welche die Herumträger seines

Hofes ihm zuzuschreiben pflegten, gehörten Andern an, die
ihr geistiges Eigenthum, das der Kaiser einsteckte, ehrfurchtsvoll verläugneten. Sprach er anhaltend, in größerer Fülle
der Mittheilung, wie er dies auch oft liebte, und sich dann
gränzenlos in Redensarten erging, Thatsachen und Gründe
mit größter Geläufigkeit auf einander häufend, so vermißte
man nur allzu sehr Ordnung und Folge, Klarheit und Festigkeit der Begriffe; nur seine Zwecke und Absichten verlor er
dabei nicht aus dem Auge, wiewohl er dieselben am wenigsten
durch seine Reden, sondern sicherer durch andre Mittel, durch
seine Ueberlegenheit als Feldherr und durch das eiserne Macht-
gebot seines Willens erreichte. In diesen Eigenschaften ist
seine wahrhafte Größe, und man braucht ihm keine andre
anzudichten, um in ihm stets einen der außerordentlichsten
Menschen zu sehen, welche jemals erschienen sind. Die Gabe
schöner Rede und anmuthigen Ausdrucks, deren Alexander,
Cäsar und Friedrich theilhaft waren, hatte sich Napoleon's
Eigenschaften nicht gesellen können, sein Geist widersprach ihr,
und noch mehr sein Gemüth.

Deßhalb, weil er auf diesem Gebiete gar keine Waffen
hatte, und nichts erwiedern konnte, war Napoleon auch so
über alle Maßen empfindlich und aufgebracht, wenn irgend
ein geistreiches, scharfes oder scherzhaftes Wort gegen ihn
laut wurde, und ein spöttisches Lied, ein schmähender Witz
konnte ihn zu wahrer Wuth bringen. In jener Zeit ging
ein Lied auf seine zweite Vermählung umher, das ganz im
untersten Volkston gedichtet, doch ohne Zweifel seinen Ursprung
in der höheren Klasse haben mußte. Der Kaiser sah seinen
Glanz und seine Macht durch ein gemeines Lied befleckt, und
schnaubte Rache; aber die Polizei wußte den Verfasser so
wenig als die Verbreiter zu entdecken. Auch mir war dasselbe
durch die Stadtpost ohne Namen in schlechter Abschrift zugeschickt worden, ich hatte mich mit den vertrauteren Freunden
heimlich an den lustigen Versen ergötzt, und konnte sie schon
auswendig hersagen. Sehr ungelegen traten mir jetzt, als
grade der Kaiser übellaunig und finster an mir vorüberging,
unwillkürlich Worte und Melodie jenes Liedes in den Sinn,
und je mehr ich sie abweisen wollte, desto heftiger drängten

sie sich hervor, so daß die von der Spannung des Augenblicks gereizte Einbildungskraft schon schwindelte, und bei dem geringsten Anstoß unvermeidlich in das tödtlichste Aergerniß stürzen zu müssen glaubte, — als glücklicherweise die Audienz ihr Ende erreichte, und wiederholte tiefe Verbeugungen das Abtreten Napoleon's begleiteten, der an mich keines seiner Worte, sondern nur einen durchdringenden Blick gewendet hatte, mit dessen Weiterschweifen eine wirkliche Gefahr mir zu schwinden schien.

Nach der Entfernung des Kaisers athmete alles auf, wie befreit und erlöst von einer schweren Last. Allmählig wurde die Gesellschaft auch wieder laut, und ging dann völlig in die lärmende Unordnung, in die drängende Eile über, welche zu Anfang geherrscht hatte. Besonders waren die französischen Höflinge bemüht, ihre noch eben gehabte furchtsame und erschrockne Haltung durch nunmehrige Lustigkeit wegzuläugnen, und noch auf den Treppenstufen, die wir hinabstiegen, erschallten Ausbrüche des Lachens und Witzelns über den Hergang der Audienz, deren Würde und Schrecken schon hier aufhörten.

Napoleon's Persönlichkeit wirkte zauberhaft und mächtig, wo er wirklich er selbst war, an der Spitze der Truppen, im Felde, wenn er kriegerische Anordnungen traf, seine Machtgebote ergehen ließ. Wollte er aber ihm Uneignes vorstellen, beabsichtigte er Eindrücke, suchte er in Gebieten zu gelten, die nicht die seinigen waren, so gab er nur allzu leicht die schlimmsten Blößen, und bethörte nur etwa Neulinge und Schwachsinnige. Die Erinnerung an ihn und sein im Geiste der Nachlebenden neuerschaffenes Bild haben mehr Begeisterung für ihn erweckt, als seine Gegenwart es vermocht. Es klingt unglaublich, ist aber bestimmt wahr, daß in Paris, bei aller Bewunderung und Furcht, welche der Kaiser einflößte, doch weder im Volk, noch in den höhern Klassen, und am wenigsten in seiner gewohnten Umgebung, eine eigentliche Verehrung für ihn, ein Glauben an ihn als an ein höheres Wesen bestand; die Franzosen, sofern sie ihn als groß anerkannten, hielten ihn doch nur für groß in dem, was sie Alle zu leisten sich getrauten; sie sahen in ihm nicht andre, sondern die gemeinen, gäng und gäben Eigenschaften, nur in ungemeinen Maßen.

Den damals in Paris sehr zahlreichen Deutschen muß ich es zur Ehre nachsagen, daß wenige von der Erscheinung Napoleon's geblendet waren und seine Gunst oder Ungunst höher anschlugen, als ihr nach lediglich äußerer Währung zukam. Die jüngeren Freunde, theils von Haß gegen den Unterdrücker des Vaterlands erfüllt, theils gleichgültig abgewandt von Beziehungen, die sie nicht lenken noch ergreifen konnten, scherzten nur über den Vorzug, daß ich den Hof des Kaisers besuchte, und beneideten mir ihn nicht. Insbesondere war unter den vielen Oesterreichern meines Wissens keiner, welchen der Schimmer des augenblicklichen Verhältnisses getäuscht oder befangen hätte. Die deutsche Ruhe, Gradheit und Einfachheit erhielt sich hier, wo so vieles verwirren konnte, in besonnenem und klarem Urtheil. Die in diesem Betreff Gleichgesinnten hatten sogar unter den Augen des Mächtigen durch einen gemeinsamen Ring, dessen innere Zeichen seinen Sinn andeuteten, sich zu dem Bekenntnisse vereinigt, daß sie der in Napoleon dargestellten Geschicksmacht entgegenblickten, ohne sich ihr zu beugen, noch ihr zu erstarren!

## Vierundzwanzigster Abschnitt.

### Aufenthalt in Paris.

1810.

Man sieht Paris nicht von weitem, man fährt auch nicht plötzlich hinein, sondern wird allmählig, nachdem die Gebäude der Landstraße, dann die Vorstädte uns gleichsam eingeleitet, ohne überraschenden Augenblick mitten in der Stadt gewahr, daß man wirklich in Paris ist. Ich dachte, es sollte noch erst recht kommen, als wir schon in den Hof des Hotel de l'Empire einfuhren, wo wir uns bestens aufgenommen fanden. Nach dem ersten Ausruhen und Erfrischen, wobei das Bad nicht fehlen durfte, machte ich mich alsbald auf den Weg, die Stadt etwas näher anzusehen. Sie machte mir keinen fremdartigen Eindruck, aber auch keinen gefälligen noch imponirenden, ich hatte schönere Straßen und Plätze, reichere Pracht, gedrängteres Menschengewühl gesehen, alles zusammen aber war doch größer und lebendiger, als jede der einzelnen Anschauungen, die ich zur Vergleichung herbeiziehen könnte. Mich überkam ein Gefühl von Zuhausesein, das mir behaglich war, und mit welchem ich ohne Scheu in das Labyrinth von Straßen schritt, durch das ich mich zu meinem Ziele hinfragte.

Mein erster Weg war nämlich zu Chamisso, den ich noch in Paris hoffte und auch glücklich fand. Seine Ueberraschung und Freude waren groß, er hatte keinen Gedanken an mein Hierherkommen gehabt, und sein andrer Freund war ihm hier zur Seite. Mit ihm machte ich sogleich weitere Ausflüge, er kannte die Stadt und liebte sie, es war ihm ein Stolz, der Erste zu sein, der mich in ihren Merkwürdigkeiten herumführte. Die Hauptgebäude und Denkmale wurden angeschaut, die Boulevards, Quais, die öffentlichen Plätze, das Palais-Royal, der Garten der Tuileries wurden durchstrichen, und darin in erster Ungedult dem Schatze der Antiken und Gemählde ein Blick gewidmet. Doch hier fanden wir uns gleich gefesselt, und wir gingen nicht so bald, als wir gemeint hatten. Wir fühlten, hier sei für uns eine große Hauptsache in Paris, ein Weltinteresse, welches mit Paris eigentlich nichts zu schaffen hatte, außer daß diese Stadt ihm zufällig jetzt den Boden lieh. Die starke Anziehung der gesammelten Kunstschätze empfanden wir jeden Tag, es verging selten einer, an dem wir nicht hier einsprachen. Da jene Zeit schon historisch geworden und seitdem große Veränderungen eingetreten sind, so werde ich Stoff und Eindruck wohl am besten durch einen möglichst wörtlichen Auszug meiner damaligen Aufzeichnungen überliefern.

Der größte Theil dieser reichen Sammlungen, die unter dem Namen Musée Napoléon — des Kaisers Büste, kolossal in Erz nach Canova, prangt über dem äußern Eingang — hier vereinigt sind, ist aus Italien, Deutschland und Holland, einiges auch schon aus Spanien hierhergekommen, als Raub oder Opfer des Kriegs. Wirklich ist auch der erste Eindruck, als stehe man vor einem Siegesdenkmal, als sehe man einen römischen Triumph hier abgelagert, denn mehr wegen des Ruhmes als um der Kunst willen scheint alles angeordnet. Wie wenig diese unschätzbaren Werke ihrer selbst wegen beachtet werden, giebt sich in zahllosen Merkmalen kund. Der Regen ist vielfältig eingedrungen und hat manches Gemählde beschädigt, noch mehr aber ist dies durch Kalk und Staub geschehen, da die Bilder weder entfernt noch verhüllt wurden, wenn dicht neben ihnen Maurer und Zimmerleute zu thun hatten. Viele Tafeln haben von dem scharfen Luftzuge, der durch die dünnen Wände und schlechten Fenster überall durchdringt, Risse bekommen und die Farben sind hin und wieder abgesprungen. Ein nicht kleiner Theil ist beim Aufpuhen verdorben worden, namentlich die berühmte Madonna della Sedia, welcher alle Farbenkraft entschwunden ist, und die von denen, welche sie früher gesehen, kaum noch erkannt wird. Ueber tausend Gemählde, darunter die größten und kostbarsten, stehen staubbedeckt zu Dutzenden über einander gehäuft in einem Saale, wo rohe Handwerker ihre Arbeit aufsichtslos treiben, gesägt, gehobelt, geklopft, Leim, Kalk und Gestein gehandhabt wird, und wo täglich Tausende von Menschen durchgehen. Daß jederman freien Zutritt in diese Säle hat, ist wohl schön und löblich; allein wenn Mittwochs und Sonnabends ganze Schaaren Pöbels, Fischweiber, Soldaten, Bauern in Holzschuhen, Sackträger, mit dem Hut auf dem Kopf und die Tabackspfeife in der Hand, unter gemeinen Scherzen und rohem Lachen, auch wohl unter Stoßen und Drängen, zwischen den Geniuswerken sich herumtreiben, dann überfällt uns doch ein schmerzlicher Jammer und wir erkennen die Wahrheit des Dichterwortes:

Werke des Geistes und der Kunst sind für den Pöbel nicht da.

Damit keine Art von Vernachläßigung zurückbleibe, so hat Denon das Verzeichniß der Bilder abgefaßt, welches von Unwissenheit und Mißgriffen strotzt, und dabei den entschiedensten Anspruch auf ausgebreitete Gelehrsamkeit macht. Für ein Schaugepränge angehäufter Kriegsbeute mag dies alles genug sein, ein Kunstheiligthum darf höhere Sorgfalt und edlere Einrichtung fordern.

Von den neun zusammenhängenden Sälen, welche die lange Galerie des Louvre bilden, ist einer mit französischen, vier mit deutschen und niederländischen, und vier nebst einem großen Vorsaal mit italiänischen Gemählden gefüllt. Die meisten der französischen Bilder sind immer in Frankreich gewesen, doch hat auch die Eroberung einige geliefert, z. B. die vier herrlichen Claude Lorrain's aus Kassel, die jetzt aber nicht im Museum, sondern in Malmaison hängen; die niederländischen Bilder sind großentheils aus dem Haag, die deutschen aus Nürnberg, Augsburg, Wien, Kassel,

Berlin, Potsdam, Danzig und andern Städten entführt, die italiänischen aber aus ganz Italien zusammengeraubt, wo sie der Stolz und die Andacht der ganzen Nation, ja einzelne Bilder die Kleinodien ganzer Stadtgemeinden und andrer Körperschaften waren, an dem bestimmten Platze, für den der Mahler sie gemahlt, in der Mitte der Menschen, mit denen sie in nächster Beziehung standen. Mit welchem Gefühle von Schmerz und Trauer steht man vor diesen Bildern, wenn man die edle Einfalt und stille Größe der deutschen, die mächtige Hoheit und berauschende Farbengluth der italiänischen Bilder mit dem rohen Sinne dieser Menschen zusammenhält, die nur einen frechen Genuß der Eitelkeit, ein gemeines Erstaunen dabei empfinden! Wahrlich, diese auserwählten Kinder göttlicher Kunst hätten nicht Unrecht, wenn sie ihre Lebensfarben in Todesblässe erlöschen ließen und in chemischer Zersetzung aus dieser Profanation sich retteten!

Diese Empfindung der Profanation drängte sich mir fast noch stärker bei den Werken antiker Skulptur auf, die das untere Geschoß des Museums füllen. Vielleicht ist unter allen Gegenständen, die man lieber nicht in Paris sähe, keiner, der durch diesen Aufenthalt mehr gedemüthigt, ja ich möchte sagen vernichtet wird, als diese höchsten Bildwerke der Alten. Die engen, schmutzig-düstern Räume, mit abscheulich bunten Decken voll allegorischer und mythologischer Mahlereien, das schlechte Licht, die bedachtlose Aufstellung der meisten Bildsäulen, alles vereinigt sich zu dem ungünstigsten Eindruck, der sich noch steigert, wenn auch hier an den öffentlichen Tagen das zahllose abgeschmackte Voll hereinstürzt und wie Gewürm unter den Göttern frech umherkriecht. Auch sind mir die Antiken nie so fremd gewesen, als gerade in Paris. Ich erinnerte mich lebhaft der mächtigen Wirkung, mit der vor zwei Jahren in Dresden die erste Anschauung dieser Art mich aufregte, wie die Mahlerei mir gegen die Skulptur zurückstand, und wie besonders der Marmor als solcher mir so lieb wurde. Solche Wirkung erneuerte sich mir jetzt durchaus nicht! Vor dieser Fülle göttlichen Lebens, dessen bloße Ahndung in ungenügenden

Beschreibungen und Abbildern mich oft in lichte Sehnsucht und unruhiges Entzücken aufgeregt hatte, vor diesem Apollo von Belvedere, der Venus von Medici, dem Laokoon und andern weltberühmten Statuen, deren bloßer Name schon die Brust in Schwingung setzt, mußte ich hier so unfreudig, leidend, sinnarm und nüchtern dastehen, mit der strafenden Mahnung, daß es nicht an den Götterbildern, sondern nur an mir liege, wenn sie mich nicht begeistern. Ich kam mir selbst wie einer der Barbaren vor, die mich so sehr empörten. — Mit Chamisso, mit Vetter, mit Sieveking, mit Bartholdy, bin ich fast jeden Tag in diesen Sälen umhergegangen, ohne für ihren Inhalt je die rechte Stimmung finden zu können, und ich hatte wenigstens die Beruhigung zu sehen, daß auch diese jungen Männer, so verschieden in Auffassung und Neigung, zu der großen Kunsterscheinung kaum mehr Sinn und Herz brachten, als ich selbst, und weder Chamisso's verzerrter Kraftausbruch noch Bartholdy's ruhiges Kennerwort konnte mich darüber täuschen; nur Vetter schien dieser antiken Welt durch Gemüth, Studien und Abgeschlossenheit doch näher als wir Andern, und sie ihm ergebener. Doch trotz der wenig entsprechenden Stimmung wirkte dennoch in einzelnen Momenten die volle Kraft der antiken Kunst. Der Apollo vor allen überwand jeden störenden Einfluß und seine Schönheit wie sein Zorn strahlten in Siegesglanz. Von Laokoon wandte ich nach langem Betrachten den Blick nur ab, um mein Unvermögen zu beklagen, dies unergründliche Werk nach Gebühr in mich aufzunehmen. Weniger machte mir die berühmte Venus zu schaffen, sie schien keine Göttin hier, sondern ein freches Mädchen. Die herrliche Diana, die gewaltige Juno, die riesenhafte Muse, allen wurde die gebührende Huldigung. Aber nächst dem Apollo sprachen am mächtigsten die beiden kolossalen Flußgötter mich an, der Tiber und der Nil, Werke von größter Schönheit und tiefstem Naturausdruck, an denen ich die Augen nicht ersättigen konnte.

Man erzählte, die Schönheit des Apollo habe den Sinn eines jungen Mädchens so befangen, daß sie ganz in seinen Anblick versunken sei und, so lange es verstattet gewesen, vor der Bildsäule anbetend gekniet habe, ja zuletzt nicht mehr habe weichen, sondern Tag und Nacht verharren wollen, bis man sie mit Gewalt entfernte. Sie soll des Vertrauens gewesen sein, ihr inbrünstiges Lieben und Beten müsse endlich den Gott bewegen, daß er sie erhöre und lebendig aus dem Stein hervortrete. Chamisso liebte diese Geschichte besonders, und sagte mir auch, er würde sie in Verien bearbeiten, wenn nicht Helmina von Chézy darin ihm schon zuvorgekommen wäre.

Die Wirkung der Mahlerei, auch großartig und zauberisch in ihrer Weise, traf uns näher, sprach uns deutlicher an, als die geisterhaften, einer kaum noch zu fassenden Welt angehörigen und schon trümmerhaften Götterbilder. Auf der Galerie fanden wir uns bald behaglich und wie zu Hause. Wäre es auch nur zum Stelldichein für andre Ausflüge gewesen, fast jeden Morgen besucht' ich diese Säle, und vorzugsweise in dem letzten, bei den Raphaelen, konnte ich gewiß sein, die Freunde zu finden, mit denen dann zu bleiben oder weiterzugehen war. Der Mahler Unger, ein Neffe des berühmten Tischbein, kopirte die Madonna della Sedia, bei seiner Staffelei und seiner heitern Unterweisung verweilten wir gern, und technische und historische Notizen sind bei Betrachtung von Gemählden stets willkommen. Uebrigens aber war mein Sinn hier keineswegs auf Kunstgeschichte oder Bilderkennerei gerichtet; mein Aufenthalt, zwar unbestimmt, aber jedenfalls auf nur kurze Zeit beschränkt, meine Verhältnisse und selbst meine Neigung ließen solchem Zwecke nicht Raum. Ich wollte nur als Liebhaber das Herrlichste der Kunst genießen, und recht eigentlich das, was mir angenehm war, meinen Sinn und mein Gemüth am meisten ansprach, meinen Augen gefiel; die Urtheile der Kenner sollten mich dabei weder leiten noch irren. Ich befand mich bei dieser Maxime ganz wohl, hatte das Vergnügen, daß nicht selten mein Geschmack durch strenge Autoritäten bestätigt wurde, und daß auch meine Augen das Glück hatten, gleich zuerst auf das zu fallen, was sie dauernd anziehen durfte. So hatte ich mir aus der unermeßlichen Fülle gleich in den ersten Tagen eine Zahl von Lieblingen ausgesucht, die in der großen Galerie eine kleine mir eigengehörige bildeten und denen, mit wenigen Ausnahmen, ich bis an's Ende treu blieb. Von Raphael, der hier in vorher nie beisammen gewesenem Reichthum glänzte, war kein Stück ausgeschlossen, Leonardo da Vinci gab herrliche Beiträge, dann Giulio Romano, Tizian, Perugino, Guido Reni, Fra Bastiano, Fra Bartolommeo, Domenichino, Giorgione, Christoforo Allori, Garofalo, weniger Correggio, Murillo, und am wenigsten sprachen mich die Carracci's an. Unter den Deutschen und Niederländern waren es Holbein, Dürer, van Dyk, Rembrandt, Ruysdael, der angebliche van Eyck aus Danzig, von den Franzosen neben Claude Lorrain nur noch Poussin und Lesueur, die mich festhielten. Einen eignen Schmerz hatte ich bei Rubens, ich erkannte seine Vorzüge, und durfte ihn nicht schelten, aber preisen konnte ich ihn auch nicht.

Doch in dieser Auswahl, zu welcher auch Chamisso, Beller und Uhland mehr oder minder sich bekannten, hatte ich noch wieder besondere Anlockungen, bei denen die mahlerischen Bezüge ganz in persönliche sich verloren. Zwei Bildnisse hatten mich gleich zuerst wunderbar getroffen, das eine die Mona Lisa von Leonardo da Vinci, dem Mahler, dem vorzugsweise das Sittliche auszudrücken gelingt, das zweite die Johanna von Aragonien von Raphael, dem größten Darsteller der reinen Schönheit. An das letztere Bildniß fesselte mich ein eigner Reiz, ich wurde beim ersten Anblick überrascht durch die Aehnlichkeit, welche dasselbe mit der jüngsten Gräfin zu Bentheim hatte, und je länger ich hinsah, je mehr durfte ich glauben, daß es auch ihr Bild sei. Die Jetztlebende durfte sich rühmen, daß Raphael sie gemahlt habe! Der Mahler stand gleichsam in der Mitte zweier schönen Menschen, die durch Ort und Zeit weit aus einander, durch ihn aber verbunden waren, seine Tafel faßte als Doppelspiegel Vergangenheit und Zukunft. Dieses artige Bewandtniß gab mir folgende Zeilen ein:

**Johanna von Aragonien. — Ihr Bild von Raphael. — Sophie Gräfin zu Bentheim.**

Schönes Gebild, wettkämpfend erzeugt die Natur und die Kunst dich.
Erst durch irdischen Tag schrittest als Lebende du!
Dann schuf Raphael's Kunst von dir ein unsterbliches Abbild;
Jetzt in derselben Gestalt wieder du lebend erblühst!
Doch nun bleibt die Natur in dem Wettstreit Siegerin. Nochmals
Dich durch Kunst zu erneun fehlet ein Raphael stets.

Eine Madonna von Leonardo, eine Tochter des Herodias von Solari und ein kleiner Johannes von Luini, beide letztere aus Leonardo's Schule, übten einen unergründlich lieblichen Reiz und zogen mich immer auf's neue an; deßgleichen, doch in entgegengesetzter schauerlich erhabener Weise, das Meisterwerk des Tizian, die Ermordung des heiligen Petrus von Mailand; eine Judith von Allori, in welcher der Mahler seine Geliebte Mazzafirra, in der Magd die Mutter derselben, und in dem Holoferneshaupte seine eigenen Züge abgebildet hat, ergriff uns durch den tragischen Ausdruck dieser Andeutung, die, von Poesie strotzend, poetisch doch so nicht wiederzugeben war.

Ueber Raphael's Werke hatte ich vieles aufgezeichnet und manches nach meinen Kräften ausführlich zu erörtern versucht, doch das Bemühen, den Schwung der Begeisterung und das innige Entzücken auszusprechen, in welche sein Anschaun jedesmal versetzte, und die Geheimnisse zu erforschen, welche zwischen seiner Kunst und der menschlichen Seele walten, blieb ein völlig ungenügendes, und darf ich hier alles über ihn zu dem Ausspruche zusammenfassen, daß die Schönheit keiner höheren Darstellung fähig, der Mensch aber durch sie schon über sich selbst erhaben ist.

---

Nicht der Ausländer allein, der Deutsche und Italiäner, der Holländer und auch schon der Spanier, muß wehmüthig den Blick abwenden, wenn er in Paris die theuersten Denkmäler seiner vaterländischen Geschichte und Kunst erblickt: auch dem Franzosen selbst ist dieses traurige Gefühl bereitet, und auch ihm muß die glänzende Hauptstadt ein allverschlingendes Ungeheuer dünken. Zwar ist die Anhäufung der Kunstschätze so groß, daß der Ueberfluß wieder ausströmt und in den Departementstädten Töchtermuseen errichtet werden, allein ihr ursprüngliches Besitzthum kehrt den beraubten Oertlichkeiten nicht zurück. Beim Eintritt in das Musée des monuments français drängt sich diese Betrachtung lebhaft auf. Das alte Frankreich war im Laufe der Jahrhunderte überreich geworden an Denkmalen und Kunstgebilden, wie theils andächtiger Sinn und fromme Liebe, theils prunkende Eitelkeit sie errichten, und Kirchen, Schlösser, Abteien, Marktplätze und Privathäuser dienten als Bewahrorte dieser öfters kaum über ihren nächsten Kreis hinaus bekannten Alterthümer. Wie reich außer der Hauptstadt auch die Provinzen in diesem Betreff waren, erkannte man erst recht, als es galt diese Gebilde zu zerstören, dem furchtbaren Gebote gemäß, welches der Nationalkonvent hatte ergehen lassen. Nichts, was mit dem Königthum, der Geistlichkeit, dem Adel zusammenhing, durfte bestehen, die ganze Vorzeit sollte vernichtet werden. Groß war die Zahl der Zerstörer, unermüdlich ihr Eifer, und ihnen gelang ihr Werk nur allzu sehr; aber Zeit und Kräfte langten gleichwohl nicht hin, manches Denkmal widerstand, manches wurde übersehen, viele litten nur Verletzungen. Schon während der Stürme, noch mehr aber, als diese nachzulassen anfingen, hatten einige wackre Männer, die es mit ihrem Lande wie mit der Kunst redlich meinten, sich im Stillen bemüht, solche Denkbilder zu retten, die halbzerstörten unterzubringen, die zusammengehörigen Stücke wieder zu vereinigen. Einer dieser Männer war Alexandre Lenoir, der um die Sammlung und Aufstellung dieses Museums die größten Verdienste hat. Als die Macht wieder in mildern Händen ruhte, durfte man den Vorschlag wagen, das Gerettete öffentlich zu ehren, eine der Merkwürdigkeiten der Hauptstadt daraus zu machen, und das ehemalige Kloster des petits Augustins wurde zu dem Zweck eingerichtet. Hier sind nun staunenswürdige Prachtwerke zu sehen, besonders Grabmäler der Könige und Königinnen, Steingebilde, Glasmahlereien, Säulen, Mosaiken, welche sämmtlich die französische Kunst früherer Jahrhunderte auf das höchste bewundern lassen. In der Anordnung ist die Folge der Jahrhunderte genau beobachtet, und den Eindruck zu erhöhen sind auch die verschiedenen Hallen, in welchen die Denkmäler stehen, diesen gemäß ausgestattet, Verzierungen, Fenster, Deckengewölbe, Fußböden, alles ist, soweit die Mittel ausreichen, aus demselben Jahrhundert. Man empfängt hier einen hohen Begriff von der französischen Bildhauerei der früheren Zeit, die Namen Jean Goujon und Germain Pilon reiht man sogleich willig denen der ersten Meister aller Zeiten an. Durchaus verschieden von der griechischen Kunst hatte diese einen eigenthümlichen, selbstständigen, in ihrer Art durchaus gerechtfertigten Karakter. Zunächst der Kirche angehörig, ist diese Skulptur wesentlich eine architektonische, alles in ihr strebt zum Gebäude, fügt ihm sich an. Etwas Ehrwürdiges und Feierliches spricht aus diesen Steinen, frommer Sinn, Kraft und Tüchtigkeit, Lebensernst und Todesschauer. Hier ist nicht sinnliche Schönheit der Zweck des Künstlers, er will tiefe Gedanken anregen, durch den Sinn das Gemüth fesseln. Unendliche Zierrathen und sorgsamste Künstlichkeit des Einzelnen zerstreuen die Gesammtwirkung nicht, sondern erhöhen sie nur. Die drei Grabmäler aus der Abtei von Saint-Denys, nämlich Ludwig des Zwölften und Anna's von Bretagne, die Grabkapelle Franz des Ersten, und endlich das Grabmal der Valois gehören gewiß zu dem Merkwürdigsten, was in dieser Art zu sehen ist.

Zurückkommen aber muß ich auf den Eindruck des Ganzen, der wirklich nur der einer Merkwürdigkeit ist. Man meint, die Ueberbleibsel eines längst untergegangenen Volkes zu sehen, dessen Sprache uns fremd, dessen Glaube und Liebe uns gleichgültig, und dessen Geschlechter und Ruhm und Größe uns nichts mehr angehen. So haben wir Sammlungen ägyptischer Bildsäulen und Denksteine, Mumien ägyptischer Könige, als Zierden nordischer Hauptstädte und niemand hat daran ein Aergerniß. Was aber soll ein Franzose hier empfinden, ein Franzose, der für seine Nation ein Herz und ein Gedächtniß hat! Die Grabmäler seiner

Könige, seiner Helden und Staatsmänner sieht das noch lebende Volk aus seiner Geschichte herausgeworfen, aus dem Zusammenhange des Lebens und der Oertlichkeit gerissen, um sie in der Enge eines Museums zur Erinnerung des Gewesenen als einregistrirte Nummer zu besitzen!

Ein großer Bilderschatz befindet sich im vormaligen Palast Luxemburg, jetzt Palast des Senats genannt, der sich darin zu versammeln pflegt. Maria von Medici hatte den Platz vom Herzog von Luxemburg gekauft, und dem schönen, großen Gebäude, welches sie hier, nach dem Vorbilde des Palastes Pitti in Florenz, durch den französischen Baumeister Debrosse aufführen ließ, verblieb daher jener Name. Rubens wurde von ihr beauftragt, den neuen Palast mit Bildern auszuschmücken, und er mahlte die Begebenheiten ihres Lebens in einer Folge von vierundzwanzig Gemählden. Sie waren in der Revolution zerstreut worden, einige auf das Nationalmuseum gerathen, andre fehlten lange; jetzt ist die Reihe wieder vollständig hier vereinigt. Man hat sich in Lobeserhebungen dieser Bilder erschöpft, man hat sie das Gedicht von Rubens, Wallraff sie neulich ein Epos genannt. Ich will seine große Erfindungskraft, seine kühne Bewältigung des oft widerstehenden Stoffes, und seine freie, volle Ausführung dem Mahler nicht abläugnen, und wer ihn studiren will, muß es gewiß vorzugsweise in diesen Bildern; aber gefallen haben sie mir nicht, sie ließen mich kalt, wie ein neulateinisches Gedicht, und mein früheres Urtheil über den außerordentlichen Mann konnten sie nicht ändern. Weit ansprechender waren mir in einem andern Saale die vierundzwanzig Gemählde von Lesueur, welche das Leben des heiligen Bruno und die Gründung des Karthäuserordens darstellen; sie wurden in den ersten Jahren Ludwig's des Sechzehnten den armen Karthäusern abgeschwatzt und in den Louvre gebracht, darauf noch viel herumgeschleppt, und sind nun sehr verdorben. Nach der rohen Kraft und Wirklichkeit des Rubens war es wohlthuend, bei dem frommen sanften Lesueur zu verweilen, ganz geeignet die Unruhe, welche jener aufgeregt hatte, zu beschwichtigen. Ein dritter Saal enthält die berühmte Marine von Vernet, fünfzehn Ansichten von

französischen Seehäfen; dieser Mahler ging auf Kraftblendung
aus, und diese gelingt ihm auch; seine Nacht, sein Mondschein, sein Wasser, haben eine heftige, aufdringliche Natürlichkeit, die von der Natur sehr verschieden ist, den rohen
Sinn aber mächtig trifft. Dies war genug, seinen Ruhm
gewaltig auszubreiten, die Franzosen des achtzehnten Jahr-
hunderts wußten so gut zu posaunen, wie die heutigen.
Chamfort erzählt, als Ludwig der Fünfzehnte sich von dem
Mahler Latour mahlen ließ, habe dieser den König unterhalten wollen und dabei sehr dreiste Bemerkungen gewagt,
unter andern über den Verfall des Seewesens: „Eigentlich,
Sire, haben Sie gar keine Marine!" worauf der König
trocken erwiedert habe: „Was sagt Ihr da! Und Vernet?
ist das nichts?" Er schob die gemahlte vor, absichtslos
witzig. Wir waren dies auch — ich spreche in Chamisso's
und meinem Namen —, wir fanden die Seehäfen trocken
und leer.

Auch ein Raphael und einiges von Tizian, Champagne,
Ruysdael, Rembrandt, Ostade findet sich im Luxemburg,
und man glaubt, diese Galerie solle noch sehr vergrößert
werden. Nach solchem Vorgeschmacke mißfielen uns zwei
Bilder von David über die Maßen. Brutus erschien uns
ein wahrer Abscheu, der Schwur der Horatier, als ob er
nach der französischen Bühne kopirt wäre. Das Geniale
in David, die großartige feste Zeichnung und die kühne
Gruppirung seiner Gestalten gab uns keine Befriedigung;
seine Behandlung der Farben schien uns eine Mißhandlung
derselben. Chamisso'n blutete das Herz, den Anführer und
Stolz der neufranzösischen Schule verdammen zu müssen,
aber unsere damaligen Standpunkte ließen es nicht anders
zu. Wir waren freilich nicht reif, sein Verdienst einzusehen,
welches von uns um so größer anzuerkennen wäre, je bestimmter die Meinung, daß vorzugsweise durch ihn der deutsche
Mahler Schick angeregt worden, und durch diesen die neuere
deutsche Mahlerei überhaupt sich aussprechen und befestigen
dürfte.

Wir besahen auch den Thronsaal, wo der Senat sich
versammelt, öfters unter dem Vorsitz des Kaisers selbst.

Eine schöne Treppe, mit Bildsäulen von Generalen und Rednern geschmückt — Kleber, Hoche, Desaix, Mirabeau, Bergniaud u. s. w. —, führt in eine Reihe prunkvoller Zimmer, die in jenen Saal enden. Ungeachtet der wirklichen Größe der Räume schien uns alles klein und eng, nur die eroberten österreichischen Fahnen, die hier an den Wänden prangen, machten einen eignen Eindruck, und erinnerten zu lebhaft an die Feindschaft der Machthaber, die jetzt Verwandte waren und Freunde vorstellten. Es war eben Sitzung gewesen; dem Throne des Kaisers gegenüber standen in Halbkreisen hinter einander die prächtigen Lehnstühle der Senatoren, wir setzten uns hinein und fanden sie noch warm, der Kastellan fand uns zu dreist, und wollte uns nicht gestatten, auch den Platz des Kaisers zu versuchen. Er hielt uns für vornehme Oesterreicher, und hätte uns sonst, wie er selbst sagte, nicht eingelassen. Schon die Schildwache unten hatte uns den Zugang wehren wollen, und uns hart angefahren, heute sei kein Tag für die Fremden. Wir ließen das gut sein, und fragten sie um Rath, wie wir es zu machen hätten, dennoch hinaufzukommen? Da gab sie uns gefälligen Bescheid, zeigte den Weg zum Kastellan, gab uns die beste Anleitung, was wir diesem sagen mußten; alles ohne Eigennutz, denn der Schildwache durfte nichts angeboten werden. Dieses plötzliche Umschlagen des Benehmens ist allem untern Volke gemein, zu dem die Soldaten noch gehören, doch von einer französischen Schildwache der Napoleonischen Zeit hätten wir es am wenigsten erwartet.

Einen neuen Anlaß, Gemählde zu beschauen und zu vergleichen, gab uns die Ausstellung bei Gelegenheit der Prix décannaux, welche der Kaiser für das Ausgezeichnetste und Beste, was seit zehn Jahren in Kunst und Wissenschaft erschienen war, freigebig ausgesetzt hatte. Die Franzosen waren von dieser Preisvertheilung außerordentlich angeregt, und hatten ein großes Wesen damit. Die große, durch alle Klassen bringende Theilnahme für diese Angelegenheiten zeugte vortheilhaft für die allgemeine Bildung. Die Urtheile der Preisrichter erfuhren scharfe Prüfung, und es wurden starke

Einwendungen laut, aber daß auch der Kaiser mit manchen Preiszuerkennungen höchst unzufrieden war, machte bei der Menge, die sich immer freut, wenn der Macht ein Schach geboten wird, vieles wieder gut. Um die Litteratur, die ebenfalls ihre Preise empfing, kümmerten wir uns gar nicht; was war uns an Lemercier, Arnault, Jouy und andern solchen Leuten gelegen! Die Mahlerei jedoch drang uns zu stark in die Augen, um auch sie zu übersehen. Wer die Werke David's hier beisammen sah, mußte ihn denn doch für einen Meister halten. Die Arbeiten von Gérard und Guérin wurden sehr bewundert, in denen von Gros die kühne Größe, in Giraudet die Wärme der Auffassung anerkannt. Immer jedoch, nachdem wir diesen Bildern einige Zeit gewidmet, eilten wir den Sälen zu, wo Raphael und die andern Heroen unser harrten, und vergaßen bald, daß außer dieser Kunst noch eine neuere bestehe und sich geltend machen wolle.

In den reichen Sälen des Musée d'artillerie, dieser prächtigen Sammlung alter Waffen, Rüstungen, Modelle und andrer künstlichen Seltenheiten und Alterthümer führte der Vorsteher selbst, Herr Regnier, uns dienstbeflissen umher. Als Mann von wissenschaftlichen Kenntnissen, mit den ihm anvertrauten Schätzen wohl vertraut, und auch durch eignen Erfindungsgeist ausgezeichnet, genoß er eines großen Ansehens, und der Kaiser, hieß es, halte gar viel auf ihn. Von seinen künstlichen Vorlegeschlössern war damals großer Lärm, alle Leute priesen die sinnreiche Erfindung, schafften solche Schlösser an, und auch wir kauften deren in verschiedener Größe. Starke Messingringe — vier, fünf bis acht, auf jedem das Alphabet eingegraben — drehten sich um eine Stahlwalze dichtgedrängt, und wichen nur dann von einander, wenn in einer bezeichneten Linie die Buchstaben das Wort bildeten, zu welchem die Ringe gestellt waren. Das Wort war unter tausenden beliebig zu wählen, und das gewählte blieb das Geheimniß des Besitzers; wer es nicht wußte, konnte sich jahrelang umsonst abmühen, unter den vielen möglichen Worten das rechte herauszuprobiren. Die Arbeit war vortrefflich, und Regnier auf diese fast mehr stolz, als auf die Erfindung selbst. Die letztere konnte ihm auch wirklich bestritten werden. Ich hatte eine dunkle Erinnerung, dergleichen schon gesehen zu haben. Meine deßfalls gewagte Andeutung wurde zwar mit Zorn und Bitterkeit abgewiesen, und war allerdings im Augenblicke nicht zu begründen; nach langen Jahren aber, als mir ein Buch wieder in die Hände kam, das ich als Knabe oft und emsig durchgeblättert hatte, trat mir plötzlich das Regnier'sche Schloß vor die Augen! Das Buch heißt Silvestri a Petrasancta symbola heroica, ist in Amsterdam 1682 gedruckt und erläutert die S. 254 gegebene Abbildung mit den Worten: „Honorius de Bellis, serulae inuexas orbibus volubilibus ac literatis circumscripsit hoc lemma: Sorte aut labore." Doch Zufall und Arbeit, welche hier noch als Mittel des Aufschließens gelten sollen, lagen in der neuen Kombination, bei der Unzahl der Fälle, schon außer Betracht, und die Sicherheit schien so groß, daß man sogar die Kouriertaschen auf solche Weise zu verschließen pflegte.

---

Die Kaiserliche Bibliothek ist ein geräumiges Gebäude in der Rue Richelieu, einer der belebtesten von Paris; der ununterbrochene Lärm des mannigfachen Verkehrs bildet einen unangenehmen Gegensatz mit den stillen Studien; außerdem droht die Nachbarschaft des gegenüberstehenden Opernhauses den Bücherschätzen immerfort Gefahr, denn kein Theatergebäude, sagt man, sterbe den Tod des Alters, im Feuer unterzugehen stehe jedem bevor. Der Kaiser beabsichtigt auch in der That, die Bibliothek an bessere Stätte zu verpflanzen. Der Zusammenhang des Louvre mit den Tuilerieen soll, wie schon auf der Flußseite durch die Galerie du Louvre, so auch auf der Stadtseite durch eine solche Galerie zu Stande kommen. Diese neue Galerie soll eine Menge Sammlungen aufnehmen, die theils noch im Louvre, theils an andern Orten untergebracht sind, der Louvre selbst aber dann lediglich zu kaiserlichen und prinzlichen Wohnungen und zur Aufnahme fremder Herrscher eingerichtet werden. Doch der zwischen dem Louvre und den Tuilerieen dann eingeschlossene

Raum ist zu groß, um leer bleiben zu können, er darf dies um so weniger, als unglücklicherweise die beiden Schlösser nicht in grader Richtung auf einander stehen, wie denn der Triumphbogen des Karrusselplatzes mit dem Louvre einen mißfälligen Winkel macht. Dies zu verdecken und zugleich den großen Raum abzutheilen, ist ein ungeheures Quergebäude bestimmt, welches mit Ausschluß alles Holzes ganz von Stein und Eisen aufgeführt werden und künftig die Bibliothek feuerfest verwahren soll, sogar die Bücherbretter würden von Eisen sein, und der Bau selbst und die Einrichtung alles übertreffen, was in dieser Art je erbaut worden. Diese Angaben empfing ich aus dem Munde des Grafen von Metternich, dem sie der Kaiser am Vormittage im Gespräche mitgetheilt hatte. Zwar ist die Ausführung dieser kolossalen Arbeiten noch sehr im Weiten, ganze Straßen müssen erst abgetragen, ja der Louvre selbst erst vollendet werden; aber im Sinne Napoleon's ist alles Gewollte schon fertig und seine Ungeduld eilt der Zeit so voran, daß er dem Louvre, an welchem noch stets gearbeitet wird, schon die Inschrift gegeben hat, durch ihn sei das Werk vollendet; eine Unwahrheit, die nach vieler Franzosen Meinung stets eine bleiben wird, denn der Louvre dürfe nie fertig werden! Die berühmte und wirklich schöne Säulenfaçade von Perrault rings um das Gebäude zu wiederholen, vor diesem Vorschlage schreckte doch selbst Napoleon zurück! — (Noch jetzt, nach so vielen Jahren, ist die Bibliothek noch auf der alten Stelle.)

Für mich war natürlich hier nicht Studirenszeit, wie etwa für Bekker oder Uhland, aber ich hatte gleichwohl den reichsten Gewinn von diesen Schätzen. Die Handschriften, deren man über achtzigtausend zählte, zogen mich besonders an; die Gefälligkeit der Bibliothekare, der Herren Dutheil, Langlès, Dacier, Chézy und unsers lieben Landsmannes Hase, bestand jede Probe, sie ließen nicht nur das Gewünschte sogleich herbeischaffen, sie kamen den Wünschen zuvor und halfen nöthigenfalls dem Ungeübten. Auch hier wurde genug Siegeshente vorgezeigt, aus Rom, Venedig, Wolfenbüttel, Wien, aus letzterm Orte besonders orientalische

Handschriften, von denen die Doubletten für Wien zurück zu erlangen doch eben dem Herrn von Hammer geglückt war, der aus eignem Antrieb und auf eigne Kosten zu diesem Zwecke die Reise nach Paris unternommen hatte. Mich gingen Heinrich's des Vierten, Franz des Ersten und Ludwig's des Vierzehnten Briefe damals wenig an, historische Forschungen lagen mir fern, auch Fenelon's viel durchbessertes Manuskript des Telemach, die Turnierbücher des Grafen Réné von Provence, griechische und römische Autoren reizten meine Neigung nur flüchtig. Dagegen hatte ich die Manessische Sammlung der Minnesinger besonders liebgewonnen, und las viel darin, ja begann auch Lesarten auszuziehen, und dachte den Dichter Süßkind, „der Jud von Trimberg" genannt, einzeln zu bearbeiten, bis ich hörte, daß ein junger Gelehrte gründlich darüber her sei und jede vereinzelte Bemühung unnütz mache. Sieveking hatte mich auf einen Schatz, der uns Deutsche noch näher anging, aufmerksam gemacht, und ich widmete ihm fortan manche Stunde. Dies waren sechzehn Bände handschriftlicher Auszüge und Bemerkungen von Winckelmann, welche aus Rom hierher gebracht worden. Für die Kenntniß des Mannes, seiner Studien, seiner Hilfsmittel sind diese Schriften unschätzbar, wiewohl oft nur Auszüge aus gewöhnlichen Büchern, z. B. aus einer englischen Sprachlehre, die der große Mann anstatt für weniges Geld, das er nicht hatte, mit seinem kostbaren Fleiße sich hatte aneignen müssen; alles in der festen deutlichen Schrift, die ihm so förderlich war, denn für seinen Ruf nach Rom hatte der Umstand nicht wenig Bedeutung, daß, wie er in seinen Briefen sagt, seine griechische Hand dem Kardinal Passionei so sehr gefiel; und in der That ist gerade sein Griechisch überaus anmuthig. Die ersten Entwürfe zu seiner Geschichte der Kunst des Alterthums sind hier aufbewahrt, mit zahllosen Aenderungen, Herumwerfungen, so ist z. B. mehrmals zu der Beschreibung des Apollo von Belvedere angesetzt. Hiezu kommen angefangene Briefe, kleine Aufsätze, Bemerkungen und Berichtigungen, in kräftigen, oft ergötzlichen Ausdrücken, genug eine Fundgrube von Zügen, die für die vertraute Kenntniß seiner Eigenart von Wichtigkeit sind. Bei den Unterhandlungen im Jahre 1815 vor dem zweiten Pariser Frieden, strebte der preußische Minister von Altenstein, zum Theil auf mein Anregen, diese Winckelmann'schen Bände, so wie die Manessische Handschrift der Minnesänger, mittelst annehmbarer Tauschvorschläge für die Königliche Bibliothek zu Berlin zu gewinnen. Die Franzosen schienen auf den Handel einzugehen, ich reiste von Paris in der Meinung ab, die Sache sei gelungen, und glaubte lange Zeit, der Schatz sei bei uns wohlaufbewahrt, bis ich in späten Jahren erfuhr, jenes Bemühen habe keinen Erfolg gehabt.

Im Gebäude der Bibliothek befinden sich noch andere Sammlungen, Münzen, Kameen und geschnittene Steine, Kupferstiche, ägyptische Alterthümer, römische, mittelalterliche. Dieses alles wurde nur flüchtig besehen, das Einzelne genauer in Betracht zu nehmen, war weder Zeit noch Lust vorhanden. Die Apotheose des Augustus, die größte Kamee, die man kennt, ein Sardonyx, den ein Graf Balduin von Flandern nach Frankreich gebracht haben soll, hielt doch unsere Blicke länger fest, eben so der Stein mit Keilschrift aus Persepolis, die Isistafel, der sogenannte Schild des Hannibal, die Waffen Franz des Ersten und der Degen Heinrich's des Vierten. Ein eherner, halbzerbrochener Stuhl, der Sessel des Dagobert genannt, war uns durch seine Inschrift merkwürdig, sie heißt. „Ce fauteuil a été transporté à Boulogne pour la distribution des croix de la légion d'honneur, le 16 août 1804." Die Schauspielerei mit alten Dingen, welche Napoleon seinem Namen zu verknüpfen strebt, ist selbst den meisten Franzosen nur lächerlich; die Anspielungen auf Karl den Großen, die so mannigfach und beflissen ausgebreitet wurden, lieferten wenigstens noch einige Vergleichungspunkte, an denen sich die Einbildungskraft halten konnte; aber Napoleon und Dagobert, was haben diese zusammen? Auch soll die Wirkung sehr schlecht ausgefallen sein, die Soldaten haben über den alten Plunder nur gelacht, dessen Ursprung noch dazu sehr zweifelhaft ist; das Volk weiß von Dagobert nichts, als was das bekannte Lied Le grand roi Dagobert, berichtet, und höchstens in diese Lächerlichkeiten, nicht aber in historische Beziehungen hat der Kaiser durch seine Posse sich verflochten.

Die Zusammenstellung Napoleon's mit Karl dem Großen fanden wir auch bei Besichtiguug der Kirche Notre-Dame aufbringlich dargeboten. In dem dortigen Trésor werden Krone, Reichsapfel, Zepter und Gerichtshand Karl's des Großen aufbewahrt, und gleich daneben die Kronen Napoleon's und Josephinen's. Die Krone Napoleon's ist ein goldner Lorbeerkranz und äußerst geschmackvoll in ihrer Einfachheit; ihm lagen abwechselnd der römische Imperator im Sinn und der König von Frankreich, in jener Rolle traf er es glücklicher als in der letztern, seine Adler waren ein gutgewähltes Sinnbild, das nicht nur im Heere sogleich faßte, sondern auch vom Volke günstig angesehen wurde, dagegen ihn seine Hervorsuchung der Hofkleider aus den Zeiten Ludwig's des Vierzehnten nicht nur lächerlich, sondern auch verhaßt machte. Seine gekrönten und belorbeerten N und seine Bienen, die er überall mit Verschwendung anbringen ließ, besonders an den öffentlichen Orten, wo bisher die Zeichen und Sprüche der Freiheit gestanden, waren ein rohes Mittel, sich überall dem Sinn einzuprägen, aber für die Menge wohl zweckmäßig. Doch sahen wir noch an manchen Mauern vergessene Freiheitsmützen, und noch nicht abgekratzte Beischriften: „Liberté, Égalité", oder „République une et indivisible", denn auch die Republik hatte nicht versäumt, sich in solchen Zeichen überschwänglich darzustellen.

Da ich der Kirche Notre-Dame erwähnt, so will ich gleich anmerken, daß ihr Eindruck dem des Straßburger Münsters unendlich nachstehen mußte und auch das Besteigen der Thürme nicht sehr belohnend war. Für den Ueberblick von Paris ist die Aussicht von der Höhe des Montmartre sowohl jener von Notre-Dame, als der von der Höhe des Pantheon und der Säule des Platzes Vendôme weit vorzuziehen.

Die Vendôme-Säule ist ohne Zweifel das tüchtigste und

eindrücklichste der von Napoleon errichteten Denkmale. Der Stil ist nicht neu, aber darum sicher, die Arbeit gewaltig und fast unzerstörbar, die Kunst in den Bildwerken, welche den Säulenschaft in fortlaufendem Band umwinden, erscheint wohl schwach und mangelhaft, aber schon diese Art der Umwindung kann künstlerisch nicht viel gelten, sondern ist gleichsam eine Nachgiebigkeit gegen das Geschichtliche, auch schwinden diese Bildwerke schnell in eine undeutliche Verzierung, und der Wirkung des Ganzen können sie wenig schaden, die kolossalen Verhältnisse sind hier die Hauptsache. Trotz dieser Verhältnisse wird das Aufsteigen im Innern des Schaftes doch etwas beklemmend. Uebrigens ist hier einmal durchaus Wahrheit, in dem Werke selbst und in seiner Bedeutung, ungeheure Kriegsthaten, vollständiger Sieg, entschiedene Feldherrngröße, erobertes Erz; hier ist kein falscher Aufputz, kein Trug, kein eitles Spiel.

Wäre der Elephant auf dem Platze der ehemaligen Bastille fertig, mit den unendlichen Wassergüssen, die er sprudeln soll, so würde dies Denkmal wohl zunächst mit der Vendôme-Säule zu nennen sein. Auch hier ist dem reinen Kunstsinne nicht gehuldigt, es ist ein Element roher sinnlicher Kraft in dem Entwurf, das aber in Verbindung mit äußerer Größe und Gediegenheit unsern gemischten modernen Zuständen vielleicht besser ansteht, als die reinsten Schöpfungen der höchsten Kunst. Hier wäre neben den ungeheuern, in den kolossalen Thierkörper geformten Massen zugleich die überschwängliche, jeden Augenblick den Sinnen sich aufdrängende Gemeinnützigkeit des größten und ergiebigsten Brunnens der Welt ein mächtiges Moment, das manchen sonstigen Tadel überfluthete.

---

Die lockenden Ausflüge in die Umgegend von Paris machte ich meist mit Bentheim, und andere Oesterreicher, und bisweilen aus Höflichkeit Franzosen, pflegten sich anzuschließen. Versailles, Trianon, Marly, Saint-Germain, Saint-Cloud, Sevres, Malmaison, auch Saint-Denys und Montmorenci, wurden besucht, die Schauplätze vergangener Pracht und

Herrlichkeit, welche der Kaiser gern wieder in Zeugen seiner Macht und Größe verwandelt hätte. Doch nur in Saint-Cloud und Malmaison war ihm gelungen, das Interesse der Gegenwart über das der Vergangenheit zu erheben; die alten Königlichen Schlösser und Gärten sprachen noch immer nur ihre Zeit aus; das Leben, das hier Jahrhunderte hindurch auf und nieder gewogt, gestürmt, auch wohl gerast hatte, konnte noch in seinen Trümmern sich der Fülle und Bedeutung des heutigen stthu entgegenstellen. Die Anfänge der Revolution traten dem Beschauer besonders lebhaft auf diesen Oertlichkeiten hervor, die Wanderung durch das Schloß und den Park von Versailles wurde von selbst ein Geschichtslehrgang; die Kaiserlichen Diener, welche uns herumführten, brauchten das jedesmal Bemerkenswerthe nur zu nennen, der beredteste Vortrag hätte nicht mehr leisten können. Der Theatersaal im Schlosse zu Versailles stand noch eben so da, wie er für die verhängnißvollen Feste der Gardes du Corps am 1. und 3. Oktober 1789 war eingerichtet worden, nur hatte die lange Verwahrlosung und hin und wieder auch wohl Plünderung ihm allen Glanz genommen. Versailles wieder herzustellen, lag zwar im Plane des Kaisers, und mancherlei Arbeiten waren schon im Gange, doch sollen die Anschläge der Summen, welche man für dies Unternehmen nöthig erachtete, so erschreckend gewesen sein, daß man nicht zweifelte, Napoleon würde den Plan wieder aufgeben.

Nach Saint-Cloud führte uns auch öfters der Besuch des Theaters, zu welchem der Kaiser einladen ließ. Ich weiß keinen Theatergenuß mit diesem zu vergleichen; in den bequemsten, elegantesten Logen hatten wir die kleine Bühne ganz nah, wo Talma, Mlle. Raucourt, Fleury, Mlle. Mars, Baptiste und noch viele Andere ihr Bestes thaten; wandte man den Blick von der Bühne, so hatte man auf der andern Seite eben so nah die Kaiserliche Loge, und rings umher allen Reichthum und Glanz des Hofes. In den Zwischenakten wurden Erfrischungen genossen und Gespräche geführt, und dieses Schauspiel der aufgeregten Prachtgesellschaft überbot noch allen Reiz der Bühne! Nie konnte man so lange und ungestört den Kaiser in der Nähe beobachten, nie die höchste Kunst Talma's so nah und scharf anschauen, wie an solchen Abenden.

Ueber Talma wäre ein ganzes Buch zu schreiben. Er ist unbestritten einer der größten Genien, seine Zeit und seine Nation weit überragend; wie der Dichter mit dem König, so geht auch der Künstler mit dem Helden, und Napoleon und Talma sind keine unziemliche Zusammenstellung. Die französische Bühne ist ein Wesen eigner Art, ein Gebild aus den tiefsten Eigenschaften des Volkes durch die Arbeit zweier Jahrhunderte mühsam hervorgearbeitet, der Stolz und die Freude dieses Volkes. Alles ist hier auf unwidersprochene Voraussetzung, auf verabredetes Zugeständniß gebaut, erst wer dazu eingestimmt hat, darf hier urtheilen. Mir war es schwer, ich gestehe es, mich in diese Zumuthung zu fügen, als es aber geschehen war, hatte ich den reichsten Gewinn. Was für diese Art der tragischen Kunst aus höherem deutschen Standpunkte zu sagen sein kann, hat Wilhelm von Humboldt in einem herrlichen Brief an Goethe scharfsinnig ausgesprochen.

In Malmaison konnte man nicht verweilen, ohne stets der Kaiserin Josephine zu gedenken, die hier ihre besten Tage gesehen hat. Selbst die herrliche Gemäldegalerie, lauter ausgewählte Meisterstücke, ganz ohne Beimischung von Mittelmäßigem, kann der Betrachter nicht so hinnehmen, daß er nicht unwillkürlich an die entfernte Besitzerin dieser Schätze gedenken müßte. Sie war schon abgereist, als ich nach Paris kam, und ich habe sie nie gesehen. Da sie jedoch in den Bildern jener Zeit kein gleichgültiges war, und sie mit unsern Beziehungen sehr, wenn auch nur als Widerspiel zusammenhing, so benutze ich die Gelegenheit, einige Züge zu ihrem Bilde von anderer Hand in diese Blätter aufzunehmen. Die nachfolgenden Worte sind aus den Tagebüchern des Grafen Karl von Clary — Enkels des Fürsten von Ligne —, der einige Monate früher nach Paris gekommen und vor meiner Ankunft wieder abgereist war.

„Diese arme Kaiserin Josephine hat sehr Recht, diesen

Wohnort Malmaison leidenschaftlich zu lieben. Sie kam um die Mitte des Mai daselbst in aller Herrlichkeit an, überfroh wieder dort zu sein. Als sie nach Navarra abreisen mußte, soll sie in Verzweiflung gewesen sein, und man will in Nanterre, als sie durchfuhr, gesehen haben, wie sie schluchzend das Gesicht in's Schnupftuch drückte. Man hatte ihre Abfahrt eilfertig, ja schonungslos angeordnet, ohne Garden, ohne ihre sonstige Umgebung, nur von Gendarmen begleitet; die Rückkehr war anständiger, und sie schien wohlzufrieden. Die Könige, die Königinnen, der Großherzog von Würzburg machen ihr öftere Besuche. Die Wege sind bedeckt mit sechsspännigen Kutschen, die gehen und kommen, mit Eilboten, Reitern u. s. w. Sie hat täglich zwanzig bis dreißig Personen zu Mittag, z. B. alle Talleyrands, Madame Juste de Noailles; doch heißt es bei all dem, sie empfange nicht, und es werden ihr auch keine Fremden vorgestellt. Der Graf von Metternich besucht sie ebenfalls. Sie hat den Kaiser noch nicht wiedergesehen; wenn dieses geschehen ist, wird sie gleich nach Aix in Savoyen abreisen. Es werden Wetten gemacht, ob sie mit Kaiserin Marie Louise vorher noch zusammenkommt oder nicht. Der Vicekönig Eugen und die Vicekönigin wohnen, glaub' ich, in Malmaison, auch die Prinzessin Stephanie, wenigstens war sie neulich dort. Eine gute Frau ist sie, diese Kaiserin, alle Leute bedauern sie, und niemand sagt Böses von ihr; sie hat niemals jemanden etwas zu Leid gethan; sehr leichtsinnig, keiner Beschäftigung fähig, außer etwas mit Botanik, gern den ganzen Tag von Leuten umgeben, von den Aeußerlichkeiten und dem Flitterglanze des Thrones befangen, prunkendes Erscheinen, Diamanten und Putz leidenschaftlich liebend, ohne besondern Geist, aber mit Takt und Grazie ausgestattet, und daher im Stande, jederman etwas Angenehmes und Schmeichelhaftes zu sagen — findet sie sich jetzt unbeschäftigt und unglücklich dieserhalb. Madame d'Aubenarde bekennt laut eine große Anhänglichkeit für sie, und kann nicht aufhören ihre ungemeine Güte, die schöne Art, wie sie ihr jetziges Loos erträgt, anzupreisen. Die Damen, welche sie weit zugänglicher und mittheilender fanden, als die jetzige Herrscherin ist, wünschen sie zurück, besonders solche, die, wie Madame de Montmorency und Madame de Mortemart, aus Rücksicht ihrer Namen, von Seiten einer Erzherzogin eine ganz andere Behandlung erwarteten, als ihnen zu Theil wurde; diese Weiber sind wüthend und schreien laut."

„Selbst jetzt, da die Kaiserin Josephine so zurückgezogen lebt, sieht man jeden Morgen — und ich glaube oft sogar zweimal täglich — auf dem Wege nach Malmaison das Kabriolet von Leroi, der sie frisirt. Dieser Leroi z. B. muß gegen die Nachfolgerin ergrimmt sein; Günstling bisher, Orakel des Hofes und der Stadt, bedeutend reich geworden durch seinen Putzhandel, mußte Leroi sich gegen die Schläge des Geschickes gesichert glauben. In den ersten Tagen der Heirath bringt er der neuen Kaiserin einige Kleider; sie findet sie zu sehr ausgeschnitten. — «Ach Madame, wenn man einen so schönen Hals zu zeigen hat, muß man ihn nicht verhüllen» — sie klingelt: «Auf der Stelle hinaus mit dem Unverschämten, und daß er sich nie wieder vor mir blicken lasse!» Leroi, vom Donner gerührt, traut seinen Ohren nicht, und steht mit offnem Maule! Er war bei der Andern etwas zu schmeicheln gewohnt und mit solchen Reden nie übel angekommen. Diese Ungnade hat großen Lärm verursacht, doch hat die Kaiserin diesmal, finde ich, ausnehmend wohlgethan."

„Graf Fedor Golofkin hat die Dame von Malmaison seit ihrer Rückkehr noch nicht gesehen, obwohl Nachbar und Günstling; seine Faulheit schützt Unwohlsein vor; er wagte sich daher nicht in die Nähe des Schlosses, sondern wartete auf uns im Garten, während Flore und ich tapfer vorgingen und Madame d'Audenarde zu sprechen verlangten. Ein Volk von Pagen, von Kammerherren, glaub' ich, von galonnirten Kammerdienern, von Basken — denn die Kaiserin hat Basken, recht hübsch gekleidete und recht springerhaft aussehend — maßen und betrachteten uns eine Weile mit Staunen und führten uns dann in den Entresol, wo sie wohnt. Madame d'Audenarde empfing uns mit offenen Armen, sie sieht wohl etwas verändert und gealtert, aber

doch noch zum Verwundern gut aus. Sie fragte uns, ob
wir die Galerie sehen möchten? wir wünschten es sehnlichst.
Darauf ging sie hinunter und sagte zur Kaiserin: «Besuchen Ihro Majestät heute die Galerie?» — «Ja, es sind
viele Arbeiter dort und es werden Gemählde aufgehängt.
Warum?» — «In diesem Falle wage ich Ihro Majestät
meine Bitte nicht zu sagen.» — «Was ist's denn?» —
«Die Fürstin von Ligne und der Graf von Clary sind bei
mir, und ich hätte gewünscht, ihnen die Galerie zu zeigen.»
«Wohl, führen Sie sie hin, ich werde auch kommen.»
Nun kam Madame d'Aubenarde uns zu holen, und wir
gingen mit ihr hinab. Flore'n, trotz ihrer Neugier, schlug
das Herz, und ich hatte kaum Zeit meine Kamaschen abzunehmen, und erschöpfte mich in Artigkeiten, und plötzlich
stehen wir an der Thüre der Galerie und Nase gegen Nase
mit dieser Majestät; die mit reizender Anmuth auf uns zukommt, uns vortrefflich empfängt, und die Güte hat, selber
uns herumzuführen und uns die schönsten Bilder zu zeigen,
indem sie sagt: «Meine Galerie bedarf Ihrer Nachsicht,
man arbeitet darin», und anderes der Art. Es ist nicht
möglich, mehr Grazie und Liebenswürdigkeit zu haben, als
sie dabei gezeigt. Nach einer Viertelstunde entfernte sie
sich, und ließ uns von ihr bezaubert. Ich fand sie wohl,
aber weit bessern Aussehens, als ich erwartet hatte, und
sehr angenehm, wohlgewachsen, einfach aber sehr gut gekleidet."

„Man kann kein schöneres Gemach sehen, als diese Galerie, sie ist so gut gebaut, so gut und einfach bemahlt, mit
so viel Geschmack, so vollkommen erhellt von oben, von so
schönem Verhältniß! Die Gemählde sind nicht zahlreich,
aber äußerst gewählt."

„Endlich kehrten wir zu Golofkin zurück, der mit großer
Geduld auf uns gewartet hatte, und sich ungemein freute,
daß unser Abentheuer so geglückt war. Die Wagen der
Kaiserin waren vorgefahren; man kann nichts Leichteres und
Zierlicheres sehen, ganz offne Kaleschen mit einem ungeheuern
Sonnenschirm in der Mitte; so hübsche Pferde und Jokai's,
genug alles von bestem Ansehn. Auf dem Heimwege be-

gegneten wir der Königin von Neapel mit ihrem treuen Cavaliere servente dem Großherzog von Würzburg, der wie ein kleiner Knabe in sie verliebt sein soll; sie behandelt ihn sehr gut, aber ich glaube doch, daß ein großer fremder Minister glücklicher ist. Uebrigens ist dieser gute Großherzog geliebt und geachtet von der ganzen Familie und allen Leuten. Er ist der einzige deutsche Fürst, der noch ein wenig Ansehn hat. Uns Oesterreicher behandelt er mit ausgezeichneter Artigkeit."

„Am 15. Juni ist die Kaiserin Josephine nach Aix in Savoyen abgereist. Der Kaiser hat sie nur noch Einmal gesehen, sagt man, und dabei zwei Stunden lang mit ihr in den Gärten von Malmaison gelustwandelt. — Er ist ihr noch so sehr zugethan, als er es überhaupt sein kann. Sie wollte zum Reisen den Namen einer Herzogin von Navarra annehmen, aber der Kaiser wollte es nicht, weil dies, sagte er ihr, nur den Schein vermehren würde, als gebühre ihr nicht mehr der Titel Kaiserin; sie möge lieber unter dem Namen Frau von Arberg reisen, was sie denn auch thut. Madame d'Aubenarde, Herr Pourtalès und noch ein Herr fahren mit ihr im Wagen."

So weit der österreichische Freund. In der That, die Kaiserin Josephine war allgemein beliebt, und in der Pariser Gesellschaft und selbst am Hofe ließ sie viele Anhänger zurück, die sich offen zu ihren Gunsten aussprachen. Jedoch die nächsten Anhänger Napoleon's, besonders die noch der Revolutionsrichtung nicht ganz entsagt hatten, wollten behaupten, niemand habe ihm mehr geschadet, als diese Frau, sie habe ihn den Altadligen und diese ihm genähert, und die Anschließung an diese und an die alten Dynastieen sei eine Trennung von der Nation; er werde es schon noch erfahren! Solcherlei hörte ich im Jahre 1810 bei Schlabrendorf von klugen Franzosen aussprechen.

---

Im Tuilerieengarten und auf den Boulevards welkte das Laub schon in der Mitte des Sommers, die Champs-Elysées und das Bois de Boulogne hatten längst verzichtet Feld und Wald zu sein; wollte man freie Natur und frisches Grün, so mußte man in den Garten von Saint-Cloud oder nach Montmorenci fahren. An letzterm Orte war ich mehrmals, die Familie Fould hatte dort ein Landhaus, die Gräfin von Metternich liebte dort im Walde spaziren zu gehen, auch fuhr Fräulein Mendelssohn mit einigen ihrer Zöglinge bisweilen hieher. Wir machten dann schöne Eselritte, die Esel von Montmorenci waren unsre erklärten Lieblinge, denen man auch üble Launen gern nachsah, weil diese doch immer ergötzlich wurden. Aber Montmorenci hat einen andern Reiz: hier lebt auf allen Wegen und Stegen das Andenken von Jean Jacques Rousseau!

Ueber Rousseau zu sprechen, ist jetzt eine schwere Aufgabe, da die Mehrzahl heutzutage seine Werke kaum noch kennt, und sich gewöhnt hat, mit seinem Namen ungeprüft die willkürlichsten Vorstellungen zu verbinden. Wer kann über ihn urtheilen, ohne genau das Lebensmeer, von dem er getragen wurde, und jede Strömung und Woge, die ihn ergriffen, zu kennen und ihre Wirkung zu würdigen? Und wer darf über ihn urtheilen, der nicht, bei der Kenntniß dieser Zustände, dennoch diese und alle Zeitumstände wieder zu vergessen vermag, um zu den lichten Höhen des freien Geistes mit ihm aufzusteigen? Denn Rousseau, wie tief verwickelt in die Aeußerlichkeiten seines Zeitalters und wie schnöde oft von ihnen beherrscht, lebte ein inneres Leben aus den Urquellen des Daseins, stand im Bunde mit der frischen Natur, und fühlte sich selber als eine ganze Schöpfung. Da kommen die kleinen Leute, die von solchem Zusammenhange nichts ahnden, und suchen an Rousseau's Sonderbarkeiten sich zu ergötzen, beschuldigen ihn der Eitelkeit, und finden in dieser den Schlüssel seines Wesens, seiner Schriften, besonders der Confessions! Der Vorwurf der Eitelkeit ist wahrlich bei Rousseau am wenigsten statthaft, aber ich weiß wohl, er ist der allgemein angenommene, wie er denn in der That wohlfeil und bequem genug ist; — doch hat er auch seine verrätherische Tücke, und biegt sich wohl auf diejenigen zurück, die ihn so unbedacht gebrauchen. Wie über Rousseau zu urtheilen ist, das hat uns Fichte gezeigt; auf diesem Wege ist weiter zu gehen, aber dieser Weg liegt seit langer Zeit öde, sowohl von Deutschen als von Franzosen unbetreten. Doch wird die Zeit kommen, wo auch Rousseau wieder in all seiner Geistesmacht erkannt und sein Verständniß den Herzen theuer sein wird! Einstweilen ist er mir ein Prüfstein für viele Menschen, für die ausgezeichnetsten und besten; denn wie jemand über Rousseau urtheilt, das giebt mir das entscheidende Maß, was ich im höchsten Sinne von dem Urtheilenden zu halten habe! Am häufigsten, und verzeihlichsten noch, ist die bloße Unwissenheit; wo aber eine nähere, freilich oft auch nur vermeinte, litterarische Kenntniß doch nur zu schiefen Ergebnissen und dürftiger Ansicht geführt, da weiß ich, mögen die Leute sonst noch so viel sein und leisten, von welchen Regionen sie für ewig ausgeschlossen sind!

---

Für ein gemächliches, vergnügtes, mit allen Reizen und Befriedigungen geschmücktes Leben findet man schwerlich einen bessern Ort als Paris. Die allmächtige Hauptstadt zaubert das Ausgezeichnetste und Vorzüglichste jeder Art von allen Seiten her in ihren Kreis; alles was die Bildung und Erfindungskraft, nicht nur des eignen sinnreich bemühten Volkes, sondern auch des Auslandes, nah und fern, in irgend einer Kunst, in irgend einem Zweige des Lebens, hervorbringt, gehört ihr sogleich an, liefert ihr seine besten Leistungen, bietet ihr sich in genußfertigster Anwendung. Der ganze Handel von Paris besteht fast nur in Sachen des Wohllebens und des Ueberflusses. Geschmack in Kleidung, in Geräthe und Wohnung, Glanz und Verzierung jeder Art, Schmuck des Leibes und der Seele; die Freuden der Tafel, Gespräch und Neuigkeit, die Künste des Schauspiels, der Musik, des Tanzes, jedes Talent und jede Geschicklichkeit, alles bemüht sich, mit regem Wetteifer und glänzendem Erfolg, um reiche Ausstattung des Pariser Lebens; der Koch, die Maitresse, der Lakai, der Schmeichler und Augendiener verstehen wohl nirgends ihr Fach besser, als gerade hier; kurz, es steht alles hier, auch der Geist

und das Wissen, zunächst im Dienste der ausgebildeten
Sinnlichkeit. Mit klugem Verstande sind alle Einrichtungen
auf die schnellste, wohlfeilste und anmuthigste Befriedigung
unzähliger Bedürfnisse berechnet; der unbedeutendsten Sache,
der geringsten Verrichtung wird mit eigner Gewandtheit
eine Art von zierlicher Wichtigkeit gegeben, ein Aufputz ge-
fälliger Manier, die auch das Gemeinste nicht als gemein
will erscheinen lassen. Man sieht es auch diesem Leben
gleich an, daß ihm, dessen Ziel nur der Tag ist, Jahrhunderte im Rücken stehen. Nur eine lange Folge von Ge-
schlechtern, stets erneut, bewegt und thätig in derselben Richtung, nur der unaufhörliche Wetteifer und die tausendfältige
Durchkreuzung einer Gefallsucht mit schmeichelnder Betriebsamkeit, thörichter Verschwendung mit klugem Eigennutz, mit
der stete Zusammenfluß größter Laster und schönster Talente
konnten dieses Gebilde hervorbringen, das wirklich als ein
abgerundetes Ganze erscheint, bis in das kleinste Geäder
von demselben Stoffe gemacht, von demselben Geist erfüllt.
Pracht und Aufwand mögen anderswo größer sein, Genuß
und Schwelgerei sich kräftiger darstellen, aber gewiß hat
nirgends die Annehmlichkeit des Lebens so auf alle Klassen
sich ausgebreitet, so jede Geringfügigkeit der täglichen Begegnisse durchdrungen, so durch leichte Formen das eigne
Bestehen gesichert. Klugheit und Feinheit erhöhen das
Leben, aber sie mäßigen es auch, und das Oel der Höflichkeit schwimmt besänftigend und ausgleichend über allen Un-
ebenheiten der erregten Wogen. In der That dünkt mich
das Ganze des Pariser Lebens mehr darauf berechnet, in
steter Wiederholung und reichem Wechsel von tausend Annehmlichkeiten gegen Langeweile und Unlust gesichert zu sein,
als in Tüchtigkeit und in Erfüllung eigentliches Glück und
ächte hohe Freude zu empfinden. Nirgend scheint es so
gleichgültig, ob man lange lebt oder kurz, als in Paris,
denn zehn Jahre sind dort leicht wie eines, und eines wie
zehn, in vergänglichem Wechsel vergißt man der Zeit, und
für den, der sich nie besinnt und in sich selbst zusammenfaßt,
ist die vergangene völlig bedeutungslos.

Und dennoch ist dieser Ort vorzugsweise der Heerd, wo sich

seit Jahrhunderten die größten Geschichtsbewegungen entzünden, wo die heftigsten Erschütterungen alltäglich sind, die stärksten Leidenschaften und Schicksale den Schauplatz füllen? Allerdings. Gerade solch eine gleichförmige, in allen ihren Bestandtheilen zusammenstimmende, nach derselben Richtung streichende und in den kleinsten Theilchen dieselbe Wirkung äußernde Masse ist das allerfähigste Werkzeug der That für die genialen Kräfte, die leitenden Talente, welche aus ihr emporsteigen. Dieser Boden ist immer elektrisch, die leisen Strömungen sind überall, sie wirken im gewöhnlichen Laufe nur sanft belebend, aber jede Faser giebt, auf Erfordern, augenblicklich ihren Beitrag zu den großen Gewittern, in welche die Anhäufung sich entladet.

Außer den vielfachen Gegenständen, die sich gewöhnlich hier vorfinden und drängen, und den Sinnen immerfort zu thun geben, verlangt und empfängt jeder Tag hier auch etwas Neues, das für den Augenblick eine Spannung erregt, gesehen und besprochen werden muß, und als eigentlicher Gegenstand des Tages gilt. Man kann auch um so eher lebhaften Antheil an diesen Neuheiten nehmen, da bei der großen Volksmenge und ihrer eifrigen Regsamkeit schon die bloße Zahl der Antheilnehmer auch dem Unbedeutendsten wirklich eine Art von Wichtigkeit giebt, und was vorher nichts war, nun in der That etwas wird: „La foule s'y est portée" las ich neulich im Moniteur, und der Ausdruck sagt allerdings viel. Könnte der Zufluß von Neuheiten einmal verstopft werden, und sollte der Pariser ohne sie leben, es wäre fast so schlimm, als wenn die Zufuhr von Lebensmitteln stockte, denn mit den alten Vorräthen käme man nicht weit. Die gewöhnlichen Reizungen können hier nicht genügen, um den zum Leben erforderlichen Grad der Erregung zu erhalten, so blasirt ist der Sinn des Parisers über alles, immer lauern dicht unter der dünnen Schleierdecke des Vergnügens der Ueberdruß und die Langeweile.

Das Bedürfniß des Auffallenden und Eindringlichen zeigt sich bei jeder Gelegenheit. Wer etwas zu verkaufen, seine Dienste anzubieten, etwas bekannt zu machen hat, muß zu den außerordentlichsten Mitteln greifen, um nur bemerkt zu werden. Lächerlich sind in diesem Betreff besonders die Aushängeschilder, die Anschlagzettel, die Inschriften, welche in den belebtern Straßen überall wuchern. Ungeheure Tafeln, riesige Buchstaben, von allen Gestalten und Richtungen, gedrückte, gedehnte, vorwärtsliegende, rückwärtsliegende, Bilder mit dem Anspruch auf schöne Mahlerei, andre fratzenhaft verzerrt, oftmals die Zeichen der Waare zahlreicher als die Waare selbst, alles um nur eben über Wasser zu bleiben. Die Vervielfältigung der Abbilder wird in manchen Fällen wahrhaft komisch. In der Rue Richelieu ging ich einst mit dem Ritter von Esteles, der kürzlich von Wien gekommen war, und wiewohl selbst ein Großstädter, doch hier über vieles verwundert war. Ihm fiel besonders diese Verschwendung der Schildzeichen auf, er stand vor einem Laden still, betrachtete dessen äußere Ausstattung und sagte bedächtig, indem er mich am Arme faßte: „Wenn einer hat zu verkaufen Würst, sollt' man denken, er wird heraushängen sechs Würst — zwölf Würst — zwanzig Würst" — er hielt inne, dann, die bisher vor der Brust gespreizte Hand ausstreckend rief er mit einer Explosion: „Hundert Würst!" Und er hatte wahrlich ganz Recht, das Uebermaß war lächerlich, und nicht bloß bei den Würsten, die dem guten Esteles so besonders aufgefallen waren. Aber die Kaufleute nehmen gern eine Lächerlichkeit auf sich, ja sie ersinnen sie mit Fleiß, wenn es nur gelingt, den Zulauf damit zu locken. Bei den Tuilerieen befindet sich ein Schnupftabacksladen, wo nicht nur Aushängeschilder, sondern die ganze Vorderwand des Gebäudes mit prächtigen lateinischen Sprüchen zum Eintreten auffordern. Ungemein ergötzlich ist im Palais-Royal die Inschrift eines Ladens, dessen Besitzer, ein Perückenmacher, auf mehreren großen und kleinen Tafeln sich selber dieses Denkmal gestiftet hat:

        TELLIER
   INVENTA EN L'AN DIX
  LES PERUQUES ELASTIQUES
    IMITANT LA CHAIR.

Welche Begebenheit! Und en l'an dix! Welcher Lapidarstil!
— Ein Schulhalter lockt durch einen Vers aus Vigil an:
„Disce, puer, virtutem ex me, verumque laborem."
Ein andrer Mann, der freilich nicht anlocken, sondern vielmehr
abschrecken will, denkt seine Mauer durch die beleidigenden
Worte zu schützen: „Ici pissent les cochons!" ohne doch
jemals einen Besucher in seinem Vorhaben irre zu machen.
Ungemein erlustigte uns auch eine Tafel, die uns etwas
näher anging; seit der Vermählung des Kaisers waren die
Deutschen im Werthe gestiegen, man beachtete sie, man
wünschte sie anzuziehen; ein verdorbener Garkoch glaubte den
ächten Deutschheitsköder entdeckt zu haben, und an seiner
schmutzigen engen Bude zwischen den Tuilerieen und dem
Louvre stand herrlich:

„Hier Be Finden sich die Deutschen
vor das gud Saurgrauth."

Er hatte die Freude, daß neben den Handwerksburschen, die
ihn besuchten, auch manche vornehme Deutsche bei ihm einblickten, und wenigstens ein Trinkgeld zurückließen.

Sie haben wohl Recht, die gewerbfleißigen Pariser, daß
sie alles anwenden, einen wenn auch nur augenblicklichen
Schwung zu erlangen, denn wer etwas Neues aufgebracht,
wer von sich sprechen gemacht hat, ist seines Gewinnes sicher;
ehe die ganze Masse der Neugierigen die Sache durchprobirt,
die Täuschung eingesehen hat, ist das Glück schon ergiebig
genug gewesen, und die üble Nachrede kann nicht mehr
schaden. Ja es haftet selbst an dieser noch einige Ehre,
denn es gilt für keine Kleinigkeit, die Klugen, seinen Mitbürger insgesammt aufgeregt, beschäftigt und wohl gar genarrt zu haben.

Glück aber gehört hier mehr als anderswo zu jeder Unternehmung, ein günstiges Etwas, das sich selten voraussehen
und noch seltner berechnen läßt; ein feiner Takt für das
Oertliche, für Bedürfniß und Neigung mag wirksam dabei
sein, ist aber für sich allein nicht hinlänglich. Und wunderbar, die Laune des eigensinnigsten Publikums, das sich in
Widersetzlichkeit gegen jede Autorität recht eigentlich gefällt,
erweist sich bisweilen von der verhaßtesten Seite abhängig!

So ist auf dem Boulevard bei dem Théâtre des variétés ein schönes Haus und großer Garten, wo man Erfrischungen bekommt, das ehemals berühmte Frascati, welches der Glacier Garchi auf's geschmackvollste und angenehmste eingerichtet hat, wo das vortrefflichste Gefrorne und die eleganteste Bedienung stets bereit ist, und wo sonst die Pariser vornehme und feine Welt im höchsten Putz jeden Abend versammelt war; dieser Ort ist jetzt ganz verlassen, nur wir Freunde besuchen häufig die einsamen Räume, wo wir zwanglos und unbehorcht unsre traulichen Gespräche führten. Man sagt uns, der Kaiser sei an dieser Veröbung schuld, er habe den Herzoginnen von Bassano und von Rovigo schmachvoll vorgeworfen, daß sie ihre kaum empfangene Titelwürde in solchen Wirthshäusern herumschleppten; gleich ihnen mied nun jedermann den Ort, und das große Publikum zog sich nach dem engen, geschmacklosen Jardin turc, wo ihm alles, was in Frascati vortrefflich ist, schlecht geboten wird. Garchi kündigte zwar zum Versuch eine neue Art Eis an, eine „invention nouvelle qui surprendra le public" heißt es auf den Anschlagzetteln, die Sache konnte Glück machen, ein günstiger Stern ihm den großen Haufen zurückführen, Frascati für ein halbes Jahr auf's neue beleben, allein die Menge biß nicht an, und Frascati blieb leer. Vielleicht hilft ihm eine noch viel geringere Kleinigkeit wieder auf, ein Zufall, oder eine Dummheit, der Mann verliert wenigstens den Muth noch nicht, und setzt mit großen Opfern die Einrichtung fort.

Der Einfluß des Kaisers ist sonst in dergleichen Dingen am wenigsten merkbar, und die Sitte und Geselligkeit unterwerfen sich seiner Herrschaft keineswegs, sondern folgen ihrem eignen Zuge, der sich nicht scheut, der höchsten Gewalt zu widersprechen. Wohin man blickt, wird man wohl an die Tagesgeschichte erinnert; hier ist ein café de Jéna, dort eines à l'archiduc Charles, au duc de l'Infantado; Namen der Straßen erinnern an Schlachten; Brücken, Brunnen, Triumphbogen verherrlichen den Sieger, dessen Namenszug und Wappen aller Orten vervielfältigt ist; die kleinen Theater geben häufig Stücke, deren Stoff den neusten

Ereignissen entnommen ist. Aber im Grunde nimmt der Pariser an den großen Begebenheiten, die nicht unter seinen Augen vorgehen, nur geringen Antheil; sie haben für ihn nur in sofern Werth, als sie in seinen kleinen Kreis eingreifen, sich in Festen und Lustbarkeiten abspiegeln. Es ist kaum zu glauben, mit welcher Gleichgültigkeit hier die Nachrichten von neuen Kriegserfolgen des Kaisers aufgenommen werden, als Zeitungsartikel sind sie dem Publikum allenfalls wichtig, nicht als wirkliche Ereignisse. Sogar für den französischen Ruhm ist man schon abgestumpft, „Nous en avons assez" hört man in hohen und niedern Kreisen. Vom Kaiser wird gleichwohl viel gesprochen, doch meist nur in Bezug auf das kleine Leben, auf die Anordnungen des Tages, die Feste, die Bauten, die Paraden, das Hofceremoniel, die Gunst oder Ungunst, in der einzelne Personen stehen, und anderes der Art; eine neue Uniform, die in den Straßen gesehen wird, ist den Parisern wichtiger, als ein Sieg in Spanien oder ein Gefecht in Calabrien. In den Provinzen soll dies anders sein, und dort Napoleon mehr in seinen Thaten geschaut werden und gelten. Darin kommen die meisten Stimmen überein, daß dennoch der stets erneuerte Glanz der Waffenerfolge für das Bestehen seiner Herrschaft unentbehrlich ist, und hauptsächlich durch diesen die Unternehmungen seiner innern Gegner gehemmt werden. Diese Gegner zerfallen in zwei Klassen, Freiheitsfreunde und Königsfreunde, deren jede in ihrer Art ihm bedeutend erscheint und furchtbar werden kann. Er wüthet gegen beide Partheien und sucht auch aus beiden die Einzelnen zu gewinnen, was ihm auch bisher merkwürdig genug gelungen ist, denn er hat die ärgsten Jakobiner in seinem Staatsdienst und die altadeligsten Emigrirten zu Höflingen. Aber beide sind ihm nur sicher unter der Bedingung andauernder Glücksersolge. Außerdem ist auf beiden Seiten ein starker Kern, der sich nicht gewinnen läßt und gerade dadurch um so bedeutender und beunruhigender ist. Daß der Kaiser mehr den Faubourg Saint-Germain, wo die Altadeligen sitzen, fürchtet, als das eigentliche Volk, in welchem die Revolution noch ihre Nachschwingungen hat, dünkt dem

Grafen von Schlabrendorf ein Irrthum, den einst Napoleon
sehr kann zu büßen haben. Auffallend ist es mir, wie
wenig der Kaiser im Volke gefürchtet wird; die meisten
Leute haben Furchtbareres erlebt, als seine Herrschaft, und
haben auch dies Furchtbarere plötzlich schwinden sehen; so
daß ihnen keine Gewalt als entschieden befestigte vorkommt,
sondern bloß als provisorische. Diese wird anerkannt für
den Augenblick, aber nur soweit sie sich thatsächlich geltend
macht, auf den guten Willen hat sie nicht zu rechnen. Zuverläßig ist noch viel Revolutionaires im Volke, Freiheit
und Gleichheit sind noch immer nicht aufgegebene Voraussetzungen, die Jakobiner brüten im Stillen, und eifrige Anhänger der Republik finden sich überall, selbst unter den
ersten Großen und Betitelten des Reichs. Freilich ist diese
Meinung für jetzt ohne Bajonette und Kanonen, aber alle
Macht in der Welt geht doch von der Meinung aus, und
jene Werkzeuge fügen sich ihr zuerst. Man hat in Deutschland, wo man das französische Joch so schwer fühlt, kaum
einen Begriff, wie wenig die Franzosen selbst unterjocht
sind. Ich habe überall sehr frei sprechen hören, doch freilich
nicht auf offnem Markte, und auch hier ist in Gestalt des
Witzes viel erlaubt. Das Volk selber ist nicht nur witzig,
sondern auch gewitzigt und klug und fein von alter Zeit
her; die Blendwerke und der Aufputz, durch die man auf
dasselbe einzuwirken sucht, täuschen nur den rohen Haufen,
und oft diesen kaum; man kennt die Leute, die jetzt etwas
vorstellen wollen, aus früherer Zeit, man weiß, wie es mit
ihnen ist, man lacht ihrer neuen Würden und Titel.

Ich gedenke mit besonderm Vergnügen eines Marktschreiers, den ich auf dem Boulevard einen kleinen Tisch
mit Puppen aufstellen sah; nachdem ein armseliger Pagliasse
durch schlechte Späße einige Leute herbeigezogen hatte, begann der Mann seine Rede. Seine Stimme klang ebon,
seine Worte waren eindringlich, Haltung und Ton unverschämt erhaben und sicher. Er sprach mit Würde und Bedeutung von seiner Kunst — Flecken auszumachen, theilte
die Flecken scharfsinnig in dreierlei Klassen, und handelte
weitläufig in gelehrten Phrasen seine Mittel für jede Klasse

der Flecken ab. Er versicherte stolz, er käme nicht jeden Tag auf den Boulevard, er habe zu Hause genug zu thun, allein aus Menschengefühl wolle er fernerhin zweimal die Woche öffentlich auftreten, weil sonst mancher Unglückliche nichts von ihm erführe. „Je pourrais aussi-bien qu' un autre", schloß er endlich, „prendre le nom pompeux de professeur de physique amusante, mais un homme comme moi dédaigne un titre vain et barbare, qui ne se trouve pas même dans les dictionnaires." Seine Fleckkugeln kosteten das Stück zwei Sous, und er verkaufte deren viele, seine Rede hatte Vertrauen und Gunst erweckt. Ein paar Soldaten der kaiserlichen Garde traten heran; sogleich erwähnte er wie von ungefähr in seiner wiederbegonnenen Rede, daß ein ganzes Regiment sich seiner Kugeln mit Erfolg bedient und durch die Reinheit der Bekleidung den Beifall des Kaisers erworben habe; bei dem Namen des Kaisers zog er den Hut ehrfurchtsvoll ab, „car, messieurs", sagte er, „quand on nomme Sa Majesté l'empereur, il faut toujours ôter son chapeau." Aber niemand that es nach, im Gegentheil erklang ein Zischen, die Soldaten gingen lachend ab, und die bisher günstigen Zuhörer zerstreuten sich mißvergnügt.

Als entschiedene Männer des Widerspruchs gegen die herrschende Gewalt der Dinge nannte man unter andern den Senator Grafen Grégoire und den ehemaligen Kriegsminister und Direktor Carnot. Erstern sollte ich durch Schlabrendorf's Vermittelung kennen lernen, es gelang aber nicht; er war eben so rechtgläubiger Katholik als entschiedener Republikaner, aber als Jansenist vielen Katholiken verhaßt, und als Katholik vielen Republikanern. Der Senator- und Grafentitel that ihm keinen Schaden, man wußte, daß er sich daraus nichts machte. Mir war er noch besonders wichtig, weil er die Bürgerrechte der Juden stets eifrig vertheidigt hatte, jedoch war es mir nicht möglich, seine vier Jahre früher gedruckte Schrift „De la régénération des Juifs" in Paris aufzutreiben, da der dortige Buchhandel sich auf Neuigkeiten beschränkte, und ältere Sachen dem Zufall überlassen blieben. Carnot's Bekanntschaft entging mir ebenfalls, ich hatte an ihn geschrieben, war aber schon abgereist, als seine Antwort eintraf, die mein Gesuch um ein Exemplar seines eben erschienenen Werkes „De la défense des places fortes", das ich übersetzen wollte, mit dem Bedauern ablehnte, die ganze Auflage gehöre dem Kaiser, der ihn zur Abfassung veranlaßt hatte. Die Annäherung, in Folge deren dieser Auftrag gekommen, ging von dem Kaiser aus; er hatte vernommen, Carnot habe durch falsche Spekulation gegen sechzigtausend Franken verloren, das heißt den größten Theil seines Vermögens, und sei in wahrer Dürftigkeit. Dies schien unglaublich, denn er beziehe ja, meinte Napoleon, als ehemaliger Minister ein Jahrgeld von zehntausend Franken. Carnot, wurde ihm erwiedert, habe dieses Jahrgeld nie bekommen. Erfreut, den ihm abgeneigten, aber ehrenwerthen und wichtigen Mann verbinden zu können, befahl er augenblicklich die Auszahlung aller Rückstände und ernannte ihn zum Inspecteur der Festungen, in welcher Eigenschaft er alsbald obiges Werk herausgab. In der Vorrede sagt er, sein „Souverain" habe ihm den Auftrag dazu gegeben. Dieser Ausdruck machte die Leute stutzen, und ich habe große Streitigkeiten zwischen Franzosen darüber angehört, wiefern der Kaiser ihr Souverain heißen dürfte. Die Verneinung war fast allgemein, der Titel komme dem Kaiser nicht zu, wenn er auch gern von den Höflingen sich so nennen höre, und Carnot wurde sehr getadelt, wenn man ihm gleich nicht zutraute, eine Schmeichelei damit beabsichtigt zu haben. Aus allen solchen Zügen sieht man, daß Napoleon noch keineswegs unbedingt in Frankreich herrscht.

Napoleon's wahres Bezwingungsmittel auch der Franzosen bleibt immer das Kriegsheer, in welchem allein die verschiedenen Partheien und Klassen wahrhaft verschmolzen werden. Man hat bemerkt, daß nur hier die Royalisten wie die Republikaner sich einigermaßen in treue Anhänger des Kaisers verwandeln, welches im Hof- und Verwaltungsdienste keineswegs eben so gelingt. Auch scheint Napoleon dies recht gut zu wissen, und sucht auf alle Weise den Soldatengeist in der Nation zu heben. Den Ehrenlegions-

rittern schreibt er vor: „de préférer toujours la noble
poussière des camps au vain luxe de la grande ville";
schöne, stolze Worte, denen nur sein eignes Beispiel oft in
mißfälliger Art widerspricht, denn sein Hofprunk und seine
Feste behalten immer etwas Plumpes, und aller Aufwand
vermag nicht die feine Ueppigkeit ehemaliger Zeiten zurückzurufen. Auch ist ihm nichts schmeichelhafter, als Altadelige
in seinem Hofdienste zu haben, die alten Namen klingen ihm
angenehm in's Ohr. Der alte Name Hof dagegen bestach
eine gute Anzahl von jenen, sie konnten dem Zauber nicht
widerstehen; die kleine Beschämung suchen sie durch Selbst-
verspottung zu überwinden. Der Graf von Segur war
Oberceremonienmeister geworden, sein Bruder unterzeichnete
nun öfters: „Ségur, sans cérémonie"; aber auch dieser
Bruder nahm Dienste, und hatte mit dem Bühnenwesen zu
thun. Eines Tages wohnte er einer Opernprobe bei, und
Elleviou benahm sich gegen ihn sehr ungebärdig, worauf
jener das Unziemliche zu rügen, die witzigste Wendung
nahm: „Mais, mon cher Elleviou", sagte er ganz gelassen,
„vous oubliez tout-à-fait que depuis la révolution je
suis devenu votre égal!" Dergleichen witzige Verknüpfungen,
Widersprüche und Gegensätze bietet der Zustand der Dinge
jedem Beobachter täglich in Menge an, es bedarf nur einer
raschen Auffassung.

Die politische Beredtsamkeit war zu jener Zeit in Frankreich verstummt, mir zum größten Bedauern, denn meine
Jugend hatte deren Wiederhall mit Begeisterung vernommen. In Ermangelung der lebendigen suchte ich wenigstens die durch Schrift bewahrte, und mir gelang die fünf
Bände der „Travaux de Mirabeau à l'Assemblée na-
tionale" aufzufinden. Die akademische Beredtsamkeit, wie
sie im Nationalinstitut nach den alten Mustern noch betrieben wurde, mit ihren zarten Feinheiten, leisen Kühnheiten,
geschickten Verschweigungen, und allen Künsten litterarischer
Seiltänzerei, war mir ein Gräuel, und auch mancher ernste

Franzose, der die Macht des Wortes in ganz anderer Gestalt erlebt hatte, blickte darauf mit Verachtung. In Zeiten drückender Gewalt muß die wenige Freiheit wohl sich winden und drehen, und alle Hülfen hervorsuchen, die Feinheiten der Sprache, die dichterischen Formen, den Witz und die Laune; aber wo diese Geschicklichkeit überhand nimmt, wo sie fast die einzige Art wird, in der man sich aussprechen darf, da giebt sich's kund, daß es mit dem öffentlichen Leben schlecht bestellt ist. Die Franzosen waren damals in dieser harten Klemme, und gewiß, sie haben viel gelernt in der großen Drangsal! Denn die reiche Beredtsamkeit, die sich nach der Wiederkehr der Bourbons so mächtig entfaltete, und doch aus bestimmten engen Schranken nicht herausdurfte, kam großentheils aus der Schule der schwierigen Geschicklichkeiten, in welche alle Redemittheilung sich geflüchtet hatte.

Auch von der Beredtsamkeit der Kanzel, in welcher die Franzosen ehemals die größten Muster gehabt, schien wenig mehr übrig zu sein. Ich hörte in der Kirche von Saint-Roch eine Leichenrede auf eines der Opfer des Schwarzenbergischen Festes. Die Versammlung war zahlreich und glänzend, der Prediger war gewiß unter den vorhandenen einer der besten, und strengte Geist und Stimme möglichst an, aber der Eindruck war gering, es war ein hohles pomphaftes Geschwätz, ohne leuchtenden Gedanken, ohne fromme Rührung. Wollten junge Geistliche für ihren Kanzelberuf rhetorische Studien machen, so gingen sie nicht in die Kirche, wo sich nichts Musterhaftes darbot, sondern in das Theater Français, und sahen den Hand- und Stimmbewegungen Talma's ab, was für ihren Gebrauch dienlich dünkte.

Hingegen stand die gerichtliche Beredtsamkeit noch in voller Kraft. Ihre ausgezeichnetsten Talente zu hören, gab ein wichtiger Prozeß Gelegenheit, an welchem ganz Paris lebhaften Antheil nahm. Die Gültigkeit eines bedeutenden Testaments wurde angefochten, und außer einem reichen Kaufherrn Tönniges aus Danzig, der aber schon in Paris nheimisch war, saßen zwei Notarien auf der Bank der

Angeklagten, sie wurden alle drei beschuldigt, ein falsches Testament zu Gunsten des erstern und zum Schaden eines jungen Neffen des Erblassers geschmiedet zu haben. Der Neffe hatte große Verbindungen, der alte Kaufmann ebenfalls, die Lage der Dinge gestaltete mancherlei Verdacht, und die öffentlichen Sitzungen des Gerichtshofes erregten die höchste Spannung. Der Präsident Hémart, welcher die Verhöre leitete, war derselbe, welchem früher die Untersuchung gegen den General Moreau war anvertraut worden, und der dessen Verurtheilung nicht ohne schlechte Ränke bewirkt hatte. Aus dieser Erinnerung war großer Haß gegen ihn rege, er wußte es, und schien diesmal mit genauer Redlichkeit verfahren zu wollen. Aber sein Gesicht hatte einen bösen Ausdruck, der an die Blutmänner der Revolution erinnerte. Noch mehr mißfiel mir der kaiserliche Anwalt, der die Anklage mit hitzigem Eifer, ja mit Erbitterung verfolgte. Das Publikum theilte sich in zwei Partheien, und man stritt heftig für und wider. Der Kaiser hatte sich für die Anklage ausgesprochen, viele Stimmen sprachen ihm nach; aber weit mehrere erklärten sich in entgegengesetztem Sinn. Es waren offenbar Nachlässigkeiten bei Aufnahme des Testaments vorgefallen, aber solche, die bei gerichtlichen Handlungen häufig vorkommen, ohne böse Absicht und gewöhnlich auch ohne Folgen. Der kaiserliche Anwalt bot alles auf, die Schuld der Fälschung zu erweisen, allein die damals berühmtesten Sachwalter Chauveau-Lagarde und Bellart plaibirten für die Angeklagten; ihre Vorträge waren eindringlich und bezeugten eine große Meisterschaft, doch konnten sie die Freisprechung nicht erwirken; eben so wenig aber der kaiserliche Anwalt die strengste Verurtheilung, der Gerichtshof nahm einen Mittelweg, und nur die Notarien wurden weniger milde bestraft. Napoleon machte dem Präsidenten öffentliche Vorwürfe über seinen Mangel an Strenge, die Ehre der französischen Rechtspflege sei beschimpft, er habe sie mit Schmach bedeckt. Wie hart dem alten Graukopf der Zorn des Kaisers sein mochte, so gestand er doch, daß ihn die Meinung des Publikums noch schwerer gedrückt habe, und daß er hoffe, jetzt wenigstens etwas besser in derselben zu stehen.

---

Das tragische Feuerwerk, mit dem wir die Reihe der Vermählungsfeste geschlossen halten, konnte durch seine furchtbaren Eindrücke nicht hindern, daß auch die Witzfeuer, welche neben jenen Festen reichlich aufgeflackert waren, noch häufig Anwendung und Beachtung fanden. Die verhallenden Klänge der Mißreden schlugen noch oft an unser Ohr, und wir hörten nur allzu gern hin! Je strenger diese Art Aeußerungen verboten waren, desto größer war der Reiz, sie zu verbreiten. Vorzüglich sind die scharfen Calembourgs bekannt, mit denen der treffliche Schauspieler Brunet bei dieser Gelegenheit die Pariser belustigte. „L'empereur n'aime que Joséphine et la chasse!" ist eines dieser kühnen Wortspiele; ferner, als in Saint-Cloud die bürgerliche Trauung nach dem Code stattfinden mußte, hieß es: „Jamais archiduchesse d'Autriche n'a fait un mariage civil." Das Glückchen, daß Brunet vor dem Triumphbogen, auf welchem die Pferde aus Venedig an dem noch leeren Siegeswagen gespannt stehen, emporzeigend ausgerufen habe: „Le char l'attend!" mußte jedem Vorbeigehenden immer auf's neue einfallen. Fast jeden Abend im Théâtre des variétés nahm Brunet Gelegenheit, durch dergleichen Späße von der Bühne herab das nach solcher Würze begierige Publikum zu belustigen. Als die Sache zu arg wurde, ließ der Polizeipräfekt Graf Dubois ihn rufen, und gebot ihm mit harter Drohung, diese Richtung aufzugeben. „Mais que voulez-vous, que je fasse", versetzte Brunet mit kläglicher Stimme, „c'est mon métier de faire des calembourgs, j'y gagne ma vie, voulez-vous donc que je scie du bois?" Der Witz konnte durch wiederholte Gefängnißstrafe nicht gebrochen werden, wir sahen noch oft genug sein ungeschwächtes Hervorsprudeln.

Der merkwürdigste und schärfste Spott aber, der die Heirath getroffen, ist ohne Zweifel ein Poissardenlied, dessen ich schon früher erwähnt habe, das in hundert Abschriften

verbreitet und von Tausenden auswendig gelernt war, dessen
Verfasser jedoch, ungeachtet der Wuth Napoleon's und aller
möglichen Anstrengungen der Polizei, nicht ermittelt wurde;
noch im September waren einige hundert Personen, die sich
des Abschreibens oder Hersagens schuldig gemacht hatten, in
Verhaft, aber alle Verhöre blieben fruchtlos, der Ursprung
blieb unentdeckt. Ich theile das Lied hier mit, wie es mir
eines Tages durch die kleine Post anonym zugekommen ist,
es gewährt einen Blick in die Stimmung des Volkes, das
die Verse, wenn auch nicht erzeugt, doch begierig aufgenommen hat.

### Ah! l' biau mariage!
Air: Reçois dans ton galetas.

**1.**

C'est donc ben vrai qu' not' emp'reur
Épous' un' princess' d'Autriche;
Faut ben qu'un si grand seigneur
S'unisse avec queuq' zun d' riche,
Et pis c' t' homme a sa raison
Pour prend' un' femm' d' bonn' maison. (bis.)

**2.**

J'aurions ben gagé six francs,
Qu'on n' li donn'rait pas c' te fille;
Car il était d' pis longtemps
Si mal avec la famille,
Qu' leur fit deux fois prend' par peur
Jacq' Délog' pour procureur.

**3.**

J' voyons des mariag' comm' ça
D' temps en temps à la Courtille;
Tout d' abord on ross' l' papa,
Pis on couch' avec la fille,
Et l' beaupèr' n'os' pas dir' non,
D' peur d'avoir z'encor l'ognon.

**4.**

Pour all'il s'est fait l'aut' jour
Peind'en bel habit d' dimanche,
Et des diamants tout autour,

Près d' sa figur' comm' ça tranche!
La p' tit' luronn', j'en somm' sûr,
Aim' mieux l' présent que l' futur.

5.

Ah! comm' all' va s'amuser
C' te princess' qui nous arrive!
Nous, j'allons boir' et danser,
N' s'enrouer à crier: Vive!
All' s' ra l'idol' d' la nation
J' l'ons lu dans l' proclamation.

6.

Stapendant sur mon honneur
J' plaignons c' te pauv' Joséphine,
All' fait cont' fortun' bon cœur,
J' savons ben qu' ça la taquine,
L' métier li semblait si bon!
V' là qu'on lui fait vend' son fond.

7.

Mais ent' nous, tout son malheur
Vient d' n' êt' pas en état d' grâce;
J' somm' si content d' not' emp'reur,
Que j' voulons voir des chiens d' race;
J' d' vait pour êt sûr d' son fait,
Prend' un' fill' qu'en eut d' jà fait.

8.

D' ces deux rein' chacun' rendra
Tour-à-tour visit' à l'autre,
A la jeun' l' ancienn' dira:
„J'ai fait mon temps, fait' le vôtre;
Si vous n' travaillez pas mieux
A Malm'son y a plaç' pour deux."

9.

J' tâch'rons d' nous placer 'n grand jour
Pour ben voir les réjou'ssances;
D'pis qu' l' emp'reur chang' tout' sa cour,
J' n'y ons pas tant d' connaissances,
Mais j'esp'rons ben par bonheur,
Raccrocher queuqu' dam' d' honneur. —

In dem Metternich'schen Frühstückskreise war es immer sehr lebhaft, die Stammgäste fanden sich zahlreich genug, und Fremde wurden fast jeden Tag eingeführt. Der Graf von Metternich liebte gesellschaftliche Regung, und scheute sogar ernsthafte Erörterungen nicht, ja sogar manche politische Bemerkung, die er in seiner Stellung nicht gutheißen konnte, ließ er freisinnig mit hingehen, oder überhörte sie großmüthig. Eines Tages wurde das vermeintliche Recht des Nachdrucks besprochen, und ich enthielt mich nicht, dasselbe heftig zu bestreiten. Der Minister machte mir allerlei Einwendungen, von denen es zweifelhaft war, ob er sie ernstlich meinte, oder sie nur hinwarf, um sich an meinem Eifer zu ergötzen. Ich wurde von allen Seiten sehr gedrängt, und schloß zuletzt mit dem Zugeständnisse, daß der erweislich nicht gewinnsüchtige Nachdruck wohl zu gestatten, der gewinnsüchtige aber ein Spitzbubenhandwerk sei. Bentheim machte mir große Vorwürfe, daß ich so dreist und stark meine Meinung behauptet, und meinte, ich würde wohl den guten Willen und die Freundlichkeit des wichtigsten Mannes der Monarchie verscherzt haben. Aber ganz und gar nicht! Beide schienen nur mehr noch als vorher mir gewährt, und gleich nach aufgehobener Tafel, als man sich in den Sälen zerstreute, hörte Bentheim mit Befriedigung, daß der Graf von Metternich einige meiner Worte wohlgefällig wiederholte.

Hier wurden gewöhnlich die Neuigkeiten des Tages ausgetauscht, die frisch angekommenen deutschen Blätter mitgetheilt. Ein Beiblatt des Oesterreichischen Beobachters, den damals noch Friedrich von Schlegel herausgab, Pilat aber schon als sein künftiges Eigenthum ansah, brachte uns das Gedicht Goethe's an die Kaiserin von Oesterreich bei ihrer Ankunft in Karlsbad, welches die mannigfachsten Urtheile hervorrief. Die Anerkennung, welche Goethe'n zu Theil wurde, hatte schon damals die Art angenommen, daß man im Ganzen ihn als den ersten Dichter pries, jedes neue Erzeugniß aber ansehen wollte, als sei es des großen Dichters nicht werth und schmälere seinen Ruhm. Der Neid und die Verkleinerungssucht, welche am liebsten den ganzen Goethe hätten verwerfen mögen, aber zu feig hiezu waren, suchten hinter dieser allgemeinen Anerkennung mit

ihrer Bosheit gegen das Einzelne desto sicherer Bahn zu
finden; allein wo ich zugegen war, traf solches Bemühen
jedesmal einen hartnäckigen Widersprecher, und auch jetzt
wurde von mir jenes Gedicht gründlich durchgekämpft, wobei
ich wiederum das Vergnügen hatte, daß der Graf von
Metternich, im Allgemeinen für Goethe nicht sehr eingenommen, für den besondern Fall mir größtentheils bei-
stimmte.

Wir hatten hiedurch Anlaß gehabt, uns die hohen Eigenschaften der Kaiserin von Oesterreich, an welche das Gedicht
gerichtet war, zu vergegenwärtigen. Auch die Königin Luise
von Preußen in ihrer edlen Erscheinung, ihrem hohen Sinn
und ihren Lebensgeschicken zu betrachten, gab uns die Nachricht ihres unerwarteten Todes die trauervolle Gelegenheit.
Diese Nachricht machte in unserm Kreise einen erschütternden
Eindruck; nicht die Preußen allein, auch die Oesterreicher und
alle Deutschen fühlten den Verlust, der wirklich ein vaterlän-
discher war. Alle deutschen Hoffnungen waren mit dem Namen der herrlichen, durch das Unglück geprüften und aus ihm
geläutert hervorgegangenen, so schönen als muthigen, Frau
verknüpft, und die durch ihren Hingang in Preußen ent-
stehende Lücke schien unersetzlich. Daß auch Napoleon über
ihren Tod ernstlich betroffen geschienen, wie versichert wurde,
dünkte den Meisten nur Verstellung, die er in den jetzigen
Verhältnissen etwa für schicklich erachtet; Andre sahen darin,
wohl eben so unrichtig, die strafende Erinnerung des verläum-
derischen Unglimpfs, den er einst gegen den Ruf dieser Fürstin
auszuüben versucht hatte, ohne daß es ihm hatte gelingen
können. —

Ich verstand mich damals schlecht auf die französischen
Berühmtheiten und auf die Vortheile und Annehmlichkeiten
großweltlicher Bekanntschaften überhaupt, denn ich ließ die
Gelegenheit unbenutzt, welche sich hier täglich darbot, mit
den namhaftesten Größen aller Art auf die günstigste Weise
in persönliche Beziehung zu kommen. Generale, Minister,
die höchsten Beamten des Hofes und Staates, die angesehensten Gelehrten, alles strömte hier zusammen und bemühte sich
den besten Eindruck zu machen. Nicht weniger als die Fran-

zosen waren die Fremden beeifert, besonders die deutschen Diplomaten, in der österreichischen Gesellschaft gut aufgenommen zu sein. Von den Franzosen aber waren grade die, welche die meiste politische Geltung hatten, für mich vom geringsten Werth, diejenigen, welche ich zu sehen gewünscht hätte, sah man in diesen Kreisen nie. So kümmerten auch die deutschen Diplomaten mich gar wenig; der preußische Gesandte von Krusemark war mir bemerkenswerth durch die Unbeholfenheit, womit er seiner in der That mißlichen Stellung einen bessern Anschein zu geben suchte, ohne den geringsten Erfolg; nur der wirtembergische Gesandte Graf von Zeppelin und seine schöne und liebenswürdige Gattin waren mir wegen rein menschlicher Beziehungen, die in ihrem Umgange anmuthig hervortraten, sehr schätzenswerth, und sind es mir im langen Laufe der Zeiten stets geblieben.

Werthvoller konnte mir keine Bekanntschaft sein, als die des Freiherrn Alexander von Humboldt. In den Metternich'schen Sälen sah ich ihn nur wie ein glänzendes, angestauntes Meteor vorüberschweben, und es gelang mir kaum, mich ihm vorzustellen und einige der Namen ihm zuzuflüstern, die mir ein nahes Recht auf seine Bekanntschaft gaben, die Namen Rahel Levin, Hofräthin Herz, Wildenow, Johannes von Müller. Selten hat ein Mann so der allgemeinen Hochachtung, der Huldigung der verschiedensten Partheien, der Beeiferung aller Mächtigen genossen. Napoleon liebte ihn nicht, er war als ein freidenkender und in seiner Denkart nicht zu beugender Mann bekannt; aber der Kaiser und sein Hof und seine Staatsbehörden verläugneten nie den Eindruck, den sie in der Person des kühnen Reisenden von der Macht der Wissenschaft und ihres nach allen Seiten ausstrahlenden Lichtes empfingen; die Gelehrten aller Nationen waren stolz auf ihren hohen Standesgenossen, die Deutschen insgesammt auf ihren Landsmann, und alle Freisinnigen auf den Gesinnungsverbündeten. Ein junger Freund führte mich später zu ihm, wir genossen mehrmals seiner lehrreichen Unterhaltung, besahen mancherlei mit ihm, unter andern den Jardin des plantes und die schöne Sammlung antiker und orientalischer in Gyps und Kork nachgebildeter Baudenkmale des Architek-

ten Cassas. Auch der reichen und schönen Zeichnungen zu
Humboldt's eignem Reisewerke wurden wir durch seine Güte
früher als das Publikum ansichtig. Zugleich in wissenschaft=
licher Thätigkeit und in großer Weltverbindung, in der ein=
samen Forschung und den lebhaftesten Gesellschaftsgewirr
immer sich selber gleich und selbstständig hervorzuragen, wie
Humboldt, ist nur selten einem Manne verliehen worden,
keiner aber ist mir vorgekommen, der dabei so beharrlich und
gleichmäßig ein ganzes Leben hindurch für Menschenwohl mit
reichstem Erfolge beeifert und bemüht gewesen.

Nur einigemal erschien in diesem Kreise der Ritter von
Eskeles mit seinem Begleiter Bartholdy. Mit wichtigen
Finanzaufträgen von Wien nach Paris gesandt, erfuhr Eskeles
hier von den Oesterreichern jede Förderung seines Geschäfts
und jede persönliche Auszeichnung; der Fürst von Schwarzen=
berg und der Graf von Metternich bezeigten ihm die zarteste
Aufmerksamkeit, luden ihn für immer zu ihren Gesellschaften
ein. Doch die Gräfin von Metternich theilte dieses Beneh=
men nicht, sie war dem Wiener Bankier nicht günstig, und
übersah entweder seine Anwesenheit oder bemerkte sie miß=
fällig; Eskeles ließ sich das nicht weiter anfechten, unter=
drückte jedoch einige Sarkasmen nicht, die zu beißend waren,
um nicht wiedergesagt zu werden, und fühlte nachher wenig
Beruf mehr einen Salon zu besuchen, wo jetzt die Reihe nicht
an ihm war sich zu rächen.

Auch die Bekanntschaft des Doktor Gall machte ich bei
der Frühstückstafel des Grafen von Metternich, der ihn eifrig
beschützte, wie auch der Fürst von Schwarzenberg, und über=
haupt alle Oesterreicher, die sich angelegen sein ließen, dem
berühmten Landsmanne wenigstens im Auslande die Gunst
und Berücksichtigung zu bezeigen, welche die Heimath ihm
versagte, denn in Wien war ihm der Vortrag seiner Lehre
verboten worden. Pilat führte mich ihm vor, und gab ihm
auf, den Neuangekommenen, von dem er noch nichts wissen
konnte, sogleich nach der Schädellehre zu untersuchen. Gall
war etwas ungehalten über die Zumuthung, aber theils aus
Nachgiebigkeit gegen Pilat, theils aus eigner Lust an seinem
Treiben, warf er doch einen Blick auf meine Stirne, und

sagte vor sich hin: „Phantasie, Phantasie genug!" Und nach wiederholtem Blicke fügte er hinzu: „Auch Rauffinn, ja Rauffinn!" Pilat aber rief luftig aus: „Gall, das hättet Ihr nicht beffer treffen können, feht nur, wie Ihr Eurer Kunst Ehre macht! Denn, der da vor Euch steht, ist Soldat und macht Verfe!" Da erheiterte sich Gall's Gesicht, und er ließ sich nun willig auf weitere Bestimmungen ein. Pilat aber fand nöthig, mich wegen des Wortes „Rauffinn" zu verständigen, indem bei Gall jederlei Tapferkeit damit bezeichnet werde, seine grobe und ungeeignete Terminologie sei leider ein Hauptgebrechen seiner Lehre, und setze diese mancher Lächerlichkeit und großen Mißverständnissen aus. Der von Gall über mich ertheilte Ausspruch wurde darauf mit vielem Gepränge wieder erzählt, und ich vielfältig als neues bestätigendes Beispiel der Richtigkeit des Systems angeführt, so daß mir der Urheber eine Art wohlwollender Aufmerksamkeit widmete.

Ich aber hatte nicht die geringste Neigung zu ihm, seine Lehre sprach mich nicht an, den begeisterten Anpreisungen derselben von Koreff hielt ich die höhern Naturansichten von Steffens und Harscher entgegen, und eines Tages gerieth ich über Steffens und seinen Werth mit Gall selbst in Streit, wobei seine plumpe, handwerksmäßige Auffassung wissenschaftlicher Gegenstände sogar den sonst unkundigsten Zuhörern auffiel. Diesen Streit, in welchem ich kein Haarbreit nachgab und auf dem scheinbar mir fremden Felde mich mit Erfolg behauptete, hat er mir nie verziehen, und wir begegneten einander fernerhin nur als Widersacher, oder doch mit entschiedener Kälte.

Dies hinderte nicht, daß er mir bei einer Gelegenheit ein Wort zuwendete, das mich in seiner Verbindung unendlich ergötzen mußte. Es war ebenfalls beim Frühstück des Grafen von Metternich, der Graf von Sternberg aus Prag war vor kurzem angekommen, und ich fand ihn und Gall in lebhaftem Gespräch über Religion, sie standen beide in schroffstem Gegensatze, und besonders Gall's Aeußerungen waren oft herb und schnöde, plötzlich aber vereinigten beide Männer sich sehr zufrieden in dem Satze, Religion sei doch nothwendig! —

„denn, sagte Sternberg sich zu Pilat wendend, was sollte am Ende aus der Welt werden, wenn nicht das gemeine Volk durch Religion noch einigermaßen gezügelt würde?" und „was wollen wir anfangen", sagte gleichzeitig Gall zu mir gewandt, „wenn unsre Fürsten nicht durch Religion noch etwas in Furcht gehalten wären?" Zum Glück hörte keiner der beiden Streiter was der andere sagte, und nach wie verschiedenen Seiten ihre vermeinte Einigkeit aus einander fuhr. Ich aber, der die Worte beider vernahm, hatte nun freilich einen Ueberflaß von Gründen, um nicht länger zweifeln zu dürfen, wie Religion doch nothwendig sei!

---

Die Mittagsmahle bei dem Fürsten von Schwarzenberg — man speiste um 6 und auch wohl erst um 7 Uhr — waren prunkvoller und feierlicher, als die Metternich'schen Frühstücke, doch weniger fein und gewählt. Hier sah man häufig die französischen Großen, die Mitglieder der Diplomatie, die Vornehmen aller Länder, und selbst die Herrscher von einigen, mit Einem Worte, die ganze in Paris vereinigte große Welt. Waren einmal, was selten genug vorkam, nur Oesterreicher oder andere Deutsche zugegen, so herrschte die vertraulichste Mittheilung, der freieste Ton, man sprach deutsch, und die behaglichste Fröhlichkeit beherrschte den ganzen Kreis, der dann wirklich ein Familienkreis zu nennen war. Der edle Fürst, von Wohlwollen wahrhaft durchdrungen, die Fürstin, eine Frau von genialem Verstand und ächtem praktischen Freisinn, eifrig und antheilvoll, in Kenntnissen und Gedanken stets fortschreitend, von guter Laune und sie auch in Andern weckend, dazu die herrlichen, in Gesundheit und Geistesfrische blühenden Kinder, und die treuergebenen, frohen Angehörigen und Freunde, — man konnte kein schöneres Bild deutscher Häuslichkeit sehen, alle Pracht und aller Stolz der Umgebung schwanden vor der edlen Einfachheit, für welche der Palast nicht mehr war als eine Hütte. Fand sich der Graf von Metternich ein, so verbreitete sich noch ein besonderer Geist in der Gesellschaft, dann konnte man nicht umhin, an witzigen Spielen Theil zu nehmen, die bisweilen zu ganzen Aufführungen wurden, deren Ergötzlichkeit auch diejenigen, welche sonst Mystifikationen nicht liebten, unwiderstehlich fortriß. Ein Teufelskerl von Franzos, den der Graf meisterhaft den Stocktauben spielen ließ, brachte solche Auftritte hervor, daß Brunel sie nicht besser hätte liefern, noch größern Beifall ärnten können!

Ungeachtet dieser vielfachen Anziehung kam ich doch seltner zu diesen Mahlzeiten; sie waren mir zu spät und dauerten mir zu lange. Ich suchte lieber bei guter Zeit meine Freunde auf, und nachdem wir uns beliebig in der Stadt ergangen und nach allerlei Seiten umgethan, aßen wir dann im Palais-Royal, im Rocher de Cancale, in den Tuilerieen bei Béry, oder abwechselnd bei Grignon und Beauvilliers, worauf uns noch ein gutes Stück Nachmittag und ein freier Abend blieb. So lange Chamisso noch in Paris war, hatte ich meine meisten Gänge mit diesem; er besaß die vortreffliche Eigenschaft, daß er sich an den Franzosen ergötzen und über sie lachen konnte, als wäre er selbst keiner. Das reizte zu mancher lustigen Reibung, die sich aber auch ungesucht einfand. Einst gingen wir zusammen im Garten des Palais-Royal auf und ab, ein junger Theaterdichter, den Chamisso kannte, gesellte sich zu uns, und in der großen Hitze wandelte uns die Lust Erdbeeren zu essen an. Ehe wir uns noch besinnen konnten, wo wir deren bekommen würden, erblickten wir sehr schöne am Fenster des Café de Valois. Wir traten sogleich ein, und forderten Erdbeeren, Wein und Zucker. Der Garçon brachte drei Gedecke, meinte die Erdbeeren sollten blos der Nachtisch eines tüchtigen Frühstücks sein, und wartete auf weitere Bestellungen; als er aber sah, daß die nicht erfolgten, ließ er sich's auch gefallen, und gab uns Erdbeeren. Das kleine Schautellerchen war bald leer, und wir forderten mehr, aber auch der neue Vorrath war schnell aufgezehrt, Chamisso verrichtete bei solchen Gelegenheiten große Thaten, und alle Augenblicke hieß es wieder: „Garçon! des fraises." Endlich waren alle Tellerchen leer, und als wir auf's neue dem Garçon riefen: „Des fraises", lief der Entsetzte hinaus zu seinem Herrn, und klagte mit Unwillen und Wehmuth: „Mon Dieu! ils demandent encore des fraises!" Der Herr, wie ein Feldherr, der unerschüttert eine üble Meldung empfängt, erwiederte mit ernsthafter Würde! „Eh bien! on leur en apportera." Man holte deren von außerhalb. Wir lachten indeß wie die Kinder, und um dem Garçon eine Freude zu machen, bestellte ich mit unbefangenster Gelassenheit noch eine Portion, in Hoffnung, jetzt würde er endlich in Wuth gerathen und uns offen verwünschen. Dieser aber, mit dem Ausdrucke des Erstaunens, das sich im Unbegreiflichen zu fassen sucht, blickte uns durchbringend an, und sagte dann mit unnachahmlichem Tone: „J'y consens!" Nur ein Pariser konnte in solcher Drangsal dieses Wort und diesen Ton haben, so unwillig, persiflirend, und doch noch ehrerbietig: „J'y consens!" Chamisso verglich es mit dem berühmten „Qu'il mourût", und wiederholte es immerfort. Der Theaterdichter bekannte, das Wort habe dramatische Kraft, der Garçon sei ein verstecktes Talent, und wir endeten damit ihn zu bewundern und für seinen Aerger reichlich zu entschädigen. Aber „Des fraises!" und „J'y consens!" hallte seitdem noch oft unter uns nach. Chamisso war ein gefährlicher Umgang in Betreff solcher Späße, er machte sie nie, aber seine ungemeine Lust daran verlockte leicht, daß man sie ihm zu Gefallen that. Dasselbe war der Fall mit Beller.

Ein kleines Begegniß gab uns ein neues Beispiel der Leichtigkeit und Witzlaune, mit denen der erste beste Franzose, wie man ihn zufällig auf der Straße traf, gleich auf alles einzugehen wußte. Ein Bekannter hatte mich aufbringlich mit einer Menge seiner Gedichte beschwert, und mit einer Menge von Lügen obendrein, die Gedichte waren jedes einzeln auf große schöne Bogen geschrieben, ich trug sie als Rolle in der Hand, und traf Beller, der vom Museum kam. Die Rolle wurde geöffnet, wir lasen das erste Gedicht, es war schlecht, und im Uebermuthe ließ ich das Blatt auf die Erde fallen, so das zweite und dritte, bis zum letzten. Da kommt hinter uns ein feiner junger Mann, er hatte ein paar Blätter aufgerafft, reicht sie mir sauber bar und sagt, wir hätten das verloren, es freue ihn, es wiederzubringen. Ich rief ihm zu: „Quoi, monsieur, vous voulez nous forcer de reprendre ces méchants vers? Mon Dieu! il n'y a donc pas moyen de se défaire de cela!" Kaum hatte ich gesprochen, so blitzte es durch die Gesichtszüge des jungen Franzosen, er hatte es alles gleich gefaßt, nahm eine demüthige Miene an und sagte mit höflichster Bescheidenheit: „Oh! je vous fais mille excuses, monsieur! Veuillez être persuadé, que je n'ai pas eu de mauvaise intention." Nun warf ich sie auf's neue weg, sie trieben in einen Wasserpfuhl, aber ein Kerl sah das große weiße Papier und zog es heraus. „On vous les présentera encore une fois!" sagte der artige Franzos, und wir liefen alle drei davon, als wäre ein wüthiger Hund hinter uns.

Der den Parisern eigne Witz und die Gabe, welche selbst die untersten Klassen haben, alles auf eine sinnreiche, feine Weise zu wenden, macht aber auch, daß sie sich für die ersten Menschen der Welt, für die klügsten und gebildetsten halten, und unbeschreiblich wohl mit sich selbst zufrieden sind; ihre Eitelkeit findet keine Lobsprüche zu groß, und preist mit unbefangener Offenheit die eignen Vorzüge. Ein garçon coiffeur im Hotel de l'Empire trat in den Dienst des russischen Botschafters Fürsten Kurakin, und als er mich zum letztenmal rasirte, zeigte er mir die schönsten Rasirmesser, die er für den Fürsten angekauft, „C'est déplorable", sagte er, „comme la toilette du prince est mal fournie!" Er that als ob er den Fürsten aus der größten Noth rettete, und schloß endlich: „Mais que voulez-vous? C'est un Russe, ça n'a point de goût, ça n'a rien!" — Jedes Umherstreifen durch die Straßen, jedes zufällige Gespräch mit einem Kaufbiener, mit einer Hökerin brachte uns ein artiges Geschichtchen irgend einer Art.

Gleichwohl fand ich das Pariser Volk bei all seiner Scherzlust doch im Ganzen traurig, und die Stadt schien mir wohl hie und da lustig, aber eigentlich ohne Freude. Ein alter Stamm ehrbarer und tüchtiger Bürger, wurde mir versichert, lebe hier ruhig fort, abgeschieden von der Leichtfertigkeit und den Lastern der großen Stadt, und in dieser Klasse finde sich wahres Wohlbehagen und ächte Freudigkeit, der wahre französische Volkskarakter, die levissima

Galloram ingenia, von denen Julius Cäsar spricht, durch gute Sitten und Herzlichkeit gemäßigt. Aber diese Klasse lebte für sich und der Fremde kam nur selten mit ihr in Berührung. Was zunächst unserm Verkehr sich darbot, war keineswegs erfreulich. Man sagte uns, Paris sei überhaupt im Verfall, wir dürften aus dem, was wir vorfänden, nicht die früheren Zeiten beurtheilen. Die Volksmenge sei auf fünfmalhundertsiebzigtausend Seelen herabgesunken, da man vor der Revolution gegen neunmalhunderttausend Einwohner gezählt, der Handel und die Gewerbe gingen schwach, und trotz der Ueppigkeit und Pracht, die man zur Schau trage, seien Noth und Bedrängniß allgemein. Auch die sonstige Liebenswürdigkeit der Franzosen, versicherte man, habe sehr gelitten, die zuvorkommende Artigkeit sei verschwunden, nur die Redensarten würden noch gebraucht, aber die Sache fehle; überhaupt scheine die ganze Nation bedroht, ihren Karakter zu ändern, die ewigen Kriege Napoleon's trügen dazu bei, den Grund aber habe schon die Revolution und besonders die Schreckenszeit gelegt. Namentlich sei alle Blüthe der Geselligkeit, welche sonst der höchste Glanz und Ruhm von Paris gewesen, unwiederruflich zerstört.

Das Letztere bestätigte auch Chamisso; er selbst wußte kein altfranzösisches Haus, wo er uns hätte einführen können. Im Faubourg Saint-Germain fing man erst an, wieder etwas zu Kräften zu kommen und sich einzurichten, außerdem war man vorsichtig, und hielt sich in engem Kreise. Die Großen und Reichen der Kaiserzeit machten ihre Vortheile geltend, aber es waren nur äußerliche, alles wahrhaft Feine und Vornehme fehlte. Ich hatte nicht die geringste Lust, mich in diesen leeren Prunk zu stürzen; die Pflichtbesuche, denen ich mich nicht entziehen konnte, hatten mich schon genug sehen und erkennen lassen, was auf diesem Boden zu gewinnen sein könne, nämlich nur Widerwillen und Langeweile.

Dabei gab es ohne Zweifel noch reizende Geselligkeit genug, und wer vom Glück einigermaßen begünstigt war, fand sich noch ein gutes Stück altes Paris in dem neuen wieder. Der Graf Fedor Golofftin z. B. lebte in solchem Ueberflusse geselliger Verhältnisse, daß er sagte, um ganz ohne

Zwang in Paris zu sein, habe er sich mit etwa dreißig seiner besten Bekannten entzweien müssen, nun erst genieße er mit denen, die ihm geblieben, das ganze Vergnügen eines solchen Aufenthalts. Frau von Genlis unter andern sah immerfort einen Kreis feiner und ausgezeichneter Leute um sich, wenn auch mit geringen Mitteln. Auch manche Künstler und Gelehrte vereinigten glänzende Gesellschaft, und man rühmte sehr die Unterhaltung bei ihnen. Allein dies alles war doch sehr vereinzelt, war nur versuchsweise, und der Einfluß auf das Ganze sehr gering. Die Klage über Mangel an Geselligkeit und über Langeweile wurde in Paris überall gehört.

Für Einheimische und Fremde war glücklicherweise die Zuflucht der Theater offen; doch war für mich deren Reiz nicht groß, und ich vertauschte selten ganz freiwillig das freie Himmelblau eines schönen Sommernachmittags mit der lampenerhellten Gruftenge schwieriger Logenplätze, wo man für einen ganzen Abend wie gefangen saß. Für das Trauerspiel und höhere Lustspiel kamen mir, wie schon erwähnt, die Aufführungen in Saint-Cloud zu Hülfe; die große Oper besuchte ich pflichtmäßig, und sah die Vestalin und den Triumph des Trajanus. Im Théâtre Feydeau durfte die beliebte Cendrillon nicht verschmäht werden. Bei dieser Bühne war unstreitig Elleviou das merkwürdigste Talent. Am stärksten zog uns das Théâtre des variétés an, wo Brunet unser Liebling war. Das Baudeville und andere kleinere Theater gewannen uns wenig Beifall ab. Lieber verweilten wir bei den kleinen Wanderbühnen auf den Boulevards, bei Polichinell und Bobèche, oder in dem festlich erleuchteten Garten von Tivoli bei den muntern kleinen Stücken, die im Freien aufgeführt wurden, bei den Schauspielern aus dem Stegreif und den Gesichterschneidern, wo doch wenigstens das ächt Volksthümliche hervortrat.

Die Vergnügungen in Tivoli dünkten mich im Kleinen das getreue Abbild des Pariser Lebens. Vom ersten Eintritt bis zur Abfahrt wurde man einer Folge von Ergötzlichkeit gleichsam überliefert; jedes Winkelchen, jedes Zeitchen mußte seine besondere Unterhaltung anbieten; von dem prächtigsten

Feuerwerk und der rauschenden Militairmusik bis zu kleinen optischen Spielereien und bescheidenem Guitarrensang war alles erschöpft, um nur jedem Augenblick einen Zeitvertreib anzuweisen. Diese vervielfachten Anstalten und Einrichtungen, dieser Groß- und Kleinkram, diese Klaubereien des Vergnügens, was zeigen sie anders an, als daß es überall fehlt? Und in Wahrheit, ich habe in Tivoli kein fröhliches Gesicht gesehen, sondern überall nur den Ausdruck der Blasirtheit, der Enttäuschung, des quälenden Bedürfnisses, dem Gefühle der elendesten Nichtigkeit zu entfliehen, dem Tode, vielleicht dem Gewissen.

———

Nach dem vielfachen Tagesgewirr, und wenn weder Frascati noch eines der Theater besucht wurden, oft auch schon vom frühen Nachmittag an, gewährte mir ein Garten in der Rue Richer den traulichsten beruhigendsten Aufenthalt. Dort wohnte in einem Gartenhause Henriette Mendelssohn, die sinnvolle, feingebildete Schwester der Frau von Schlegel, und leitete eine Pensionsanstalt kleiner Mädchen. Sie selbst war unansehnlich, etwas verwachsen, aber dennoch eine Erscheinung, von der man sich angezogen fühlte, so sanft und doch sicher, so bescheiden und doch zuverlässig war ihr ganzes Wesen. Sie hatte scharfen Verstand, ausgebreitete Kenntnisse, helles Urtheil und dabei die feinste Weltsitte, den erlesensten Takt. Mit der Litteratur der Deutschen, der Franzosen und Engländer, zum Theil auch der Italiäner, war sie wohlvertraut, und sprach das Französische und Englische wie eine Eingeborne. Bei solchen Eigenschaften konnte ihr ein edler Gesellschaftskreis nicht fehlen, den sie jedoch um ihres Pflichtberufes willen möglichst einzuschränken suchte. Als Frau von Stael noch in Paris sein durfte, kam sie öfter zu Fräulein Mendelssohn, eben so Benjamin Constant; Frau von Constant sah ich zuerst bei ihr. Mad. Foulb, welche das Vorderhaus des Gartens bewohnte, führte bisweilen ihre Gäste der angenehmen Freundin zu; Spontini saß hier ganze Abende mit uns im Mondschein, und sann auf neue Lorbeeren, die er den durch die „Vestalin" jüngst gewonnenen hinzufügen könnte, wenigstens schien er sehr zerstreut, und nahm an den Gesprächen wenig Theil. Frau von Pobeheim brachte den Dänen Heiberg mit, der durch Talleyrand im auswärtigen Ministerium angestellt worden war, aber Muße genug behielt, um vorzugsweise der Litteratur zu leben. Auch Frau von Chézy und Frau von Quandt, beide aus Berlin, sah ich hier zum erstenmal. Humboldt stand, wenn auch jetzt etwas entfernt, in bestem Andenken; Koreff und der Baron Drieberg erschienen seit einiger Zeit selten; desto häufiger der Ritter von Esteles, der früher in Wien um die Hand der liebenswürdigen Erzieherin geworben hatte, und noch jetzt ihr mit Neigung zugewandt war.

Hier fanden oft merkwürdige Unterhaltungen statt; die deutschen und französischen Ansichten, welche meist keine Vermittlung zuzulassen schienen, empfingen sie unerwartet durch die glückliche Uebersetzung, welche Fräulein Mendelsohn ihnen zu geben wußte, und wobei gerade die Worte am wenigsten übersetzt werden durften. Hier wurde der Inhalt des noch unter der Presse befindlichen Buches der Frau von Stael über Deutschland im voraus erörtert, und ich erhielt darauf im tiefsten Vertrauen die Aushängebogen desselben ausgeliefert, die ich wohl mit Spannung, aber auch mit Mißbehagen und zum Theil mit Unwillen las, indem ich einseitig und ungerecht nicht erwägen wollte, was und wie das Buch in Frankreich wirken müsse, sondern nur wiefern es für uns das Deutsche wiedergäbe. Bisweilen traten auch, wenn der Boden sicher war, die politischen Meinungen ohne Scheu hervor, und da war es merkwürdig, welche Kenntniß der geheimsten Verhältnisse und Thatsachen hier von stillen Privatpersonen oft überraschend dargelegt wurde, eine Kenntniß, nach welcher ich die Diplomaten nicht selten mit äußerster Anstrengung und doch vergebens jagen sah. Die nähern Ursachen der Entlassung Fouché's, die Ränke des nachher so berüchtigten Ouvrard und was sonst damit zusammenhing, alles wurde hier in größter Genauigkeit mitgetheilt.

Lieber als die gesellschaftlichen Abende waren mir die einzelnen, wo ich Fräulein Mendelsohn ganz in ihrer Häuslichkeit traf, und in deutscher Sprache nur deutsche Gegenstände besprochen wurden. Die Fenster ihres Salons waren von außen mit Weinlaub dicht überkleibet, welches zugleich der Sonnengluth wehrte und die Abendkühle milderte; hinter solchem Vorhange saßen wir auf dem niedrigen Fensterbrette bisweilen stundenlang, und riefen die theuren Bilder des Vaterlandes hervor, die gemeinsamen Freunde und Bekannte, deren sich immer mehr fanden, die uns liebsten Erscheinungen der Poesie und Kunst, und oft auch wurden die höchsten Anliegen des Menschen der Stoff unsrer Betrachtungen. Fräulein Mendelssohn huldigte durchaus der Vernunft, und wies alle andern Quellen der Erkenntniß entschieden zurück. Ihre Liebe zu Frau von Schlegel war getrübt, seit diese mit ihrem Manne katholisch geworden war; sie hatte Rechenschaft über diesen ihr ganz unbegreiflichen Schritt von der Schwester gefordert und nicht erhalten, sondern nur die eifrige Mahnung, sich ebenfalls der römischen Kirche in die Arme zu werfen; eine Zumuthung, welche nur mit Unmuth belacht und ein für allemal war verbeten worden. Ich mußte genau erzählen, was ich von den Neubekehrten wußte, wie ich mir die Sache vorgegangen dächte, welche Erklärung sie dafür annehmen ließe, denn daß ein Geist wie Friedrich von Schlegel sich blindlings dem Glauben der römischen Kirche ergeben könne, schien so wenig möglich, als ihm bloß irdische Triebfedern schuld zu geben.

Eine andre lebhafte Theilnahme zog unsre Blicke in den Kreis der Frau von Stael, die dreißig Lieues von Paris entfernt bleiben mußte, und mit ihrer Gesellschaft in Chaumout lebte. Auch hier waren manche Lebensräthsel aufgestellt, Gemüths- und Denkarten im Kampfe mit sich selbst und mit dem Schicksale zu betrachten. Mad. Recamier, Matthieu von Montmorenci, Barante, August Wilhelm von Schlegel und Andere umgaben die berühmte Verbannte, welche durch den Druck ihres neuen Werkes in gespannter Thätigkeit und wegen der Hoffnungen und Besorgnisse, die sich mit der Herausgabe verbanden, in einer Art Lebenskrise war. Sie schmeichelte sich; der Erfolg ihres Buches könne ihr die Erlaubniß zur Rückkehr nach Paris erwirken; sorgsam entfernte

sie alles, was dem Kaiser mißfällig sein könnte; andrerseits
durfte sie doch nicht die Richtung und Art verläugnen, von
welcher sie ihren Erfolg beim Publikum bedingt wußte. In
diesen Aengsten sandte sie Botschaften über Botschaften nach
Paris, auch Fräulein Mendelssohn empfing Aufträge, wurde
um Rath gefragt, um Auskunft ersucht. Seit auch Chamisso
Paris verlassen und bei Frau von Stael eingekehrt war,
empfing ich ebenfalls öftere Nachrichten aus diesem Kreise.
Die ganze Niederlassung mit ihrer litterarischen Thätigkeit,
ihrem gesellschaftlichen Treiben, ihrem Ineinanderwirken, bildete
einen Staat, in welchem Frau von Stael als das gebietende
Haupt emporragte, und allerdings die größten Ansprüche
machen durfte. Ihr Wesen, ihre Gaben und Verhältnisse
gaben in der That unaufhörlichen Stoff der Frage, des
Zweifels, der Untersuchung. Doch für Fräulein Mendelssohn war sie längst kein Räthsel, sie hatte, gleich Rahel,
den Grund dieses Karakters klar aufgefaßt. Sie hielt sie
für außerordentlich gut, aber ihren Geist bewunderte sie
nicht; die großen Gaben der Diskussion und Rede und die
Wirkungen derselben waren unläugbar, aber sie gewährten
gleich dem aus ihnen hervorgegangenen Ruhm ihrem Herzen
keine Befriedigung; sie suchte auch am liebsten auf dieses
jene Wirkungen zurückzuführen, doch mit geringem Erfolg.
Ihre Schriftstellerei, ihre politische Unruhe waren von Zeit
und Umständen dargebotene Befehle, über deren Ungenügen
die starkfühlende Frau sich doch nie täuschte.

Von solch ernsten Unterhaltungen ermahnt, daß besser
als alles Grübeln und Streben in's Weite die unbefangene
Hingebung an das nächste Leben selbst, wie es der Tag und
Gelegenheit natürlich darbieten, uns beglückt und fördert,
wandt' ich mit uralter Neigung mich fröhlich den Kindern
zu. Ein französisches Kind, gutgeartet und wohlgezogen, hat
einen besondern Reiz, alle Eigenschaften der Nation spielen
schon in ihm, aber als unschuldige Anfänge. Die kleinen
Mädchen, die hier erzogen wurden, waren meist unter sieben
Jahren, und standen im hellsten Glanze knospender Jugend;
in den zarten Geschöpfen ließen sich dennoch die verschiedensten Anlagen deutlich unterscheiden. Eine Lolo Foulb, schwarz,

anmuthlos, unbeholfen, zeigte schon bei sechs Jahren einen
unverkennbaren Karakter von Gutherzigkeit und Bestimmtheit.
Die lebhafte Felicie Fauvau, in welcher man ein Abbild der
belle jardinière des Raphael zu sehen glaubte, war das
lieblichste Bild französischer Feinheit und Grazie. Die kleine
Bonapartistin, die sie damals war, ist eine heftige Bourbo-
nistin, aber auch eine ausgezeichnete Künstlerin, und zwar
Bildhauerin geworden, und lebte als solche lange Zeit in
Florenz. Als reinste Blüthe rosiger Kindheit erschien Rosa
Potocka, eine kleine Polin von hinreißender Schönheit und
Anmuth. In einer schon etwas größern Elise Tönniges aus
Danzig erkannte man deutsche Karakterzüge. Mit diesen und
andern Kindern stand ich im lebhaftesten Verkehr, bald sam-
melten sie sich zu mir um den Tisch, um meinem Aus-
schneiden zuzusehen, und die entstandenen Bildchen zu empfangen, bald spielten sie im Garten mit mir, unter Lachen
und Necken, Laufen und Scherzen aller Art. Wenn ich in
solchen Spielen Zeit und Stunde und allen andern Besuch
vergessen hatte, und endlich zur Gesellschaft zurückgerufen
wurde, mußt' ich gegen diese wohl einige Beschämung empfinden, in mir selbst aber sprach ein Bewußtsein, daß ich
meine Zeit nicht besser hätte zubringen können. Ein Bewußtsein, das in Paris vielleicht mehr noch als an andern
Orte seinen Werth hat.

Wie gut es mir auch erging, wie mannigfache Anregung
ich auch empfand, wie vieles ich anzuerkennen und zu bewundern hatte, und wie sehr ich mein persönliches Loos als begünstigt preisen durfte, so muß ich doch sagen, daß der
Aufenthalt im Ganzen mir keine Freude machte. Die ewige
Zerstreuung, das stete Insichaufnehmen, ohne eigentliches
Studiren oder gar selbstthätiges Bilden, das leichte Hin-
flattern der Tage ohne festes Ziel, ohne leitenden Gedanken,
dies alles ermüdete mich bis zur tödtlichsten Langenweile, die
dadurch nicht besser wurde, daß die ergötzlichsten Vorgänge
und lebhaftesten Spannungen als Ausnahme darin mitwog-
ten. Das Gewühl der Menschen machte mich nur traurig.

Oftmals am Abend, wenn die Sonne zum Untergange sich neigte, vom Boulevard des Italiens ging ich den Weg nach der Porte Saint-Denys und Porte Saint-Martin hinauf, wo die Boulevards breiter werden, bis dahin, wo der Boden sich allmählig erhöht, dann stand ich still, sah zurück, und der goldene Sonnenschein lag vor mir ausgebreitet, und traf über die tiefer wühlenden Menschen hinweg in mein Auge. Die weite Strecke, nur endlich durch die Krümmung abschließend, fluthete in der buntesten Bewegung, die Menschen arbeiteten sich gleichgültig unter einander fort, jeder ernsthaft dem eignen Zwecke nachgehend, den ich bei den meisten nur als einen des Eigennutzes, der Selbstsucht, des Betrugs, der Hinterlist und Verführung voraussetzen mußte, und mich jammerte die große Menschenmasse, die mir nur in Versuchen zu leben befangen schien, ohne das Leben selbst je finden zu können. In diesem sonnebeschienenen Gewühl sprach der wehmüthige Eindruck, den mir Paris machte, stets am lautesten; denn hier und auf den Quais dünkte mich die Stadt am meisten sie selbst. Wenn ich dagegen in später Nacht diesen Weg ging und die dann menschenleeren Boulevards, in ihrer großen Weite vom Mondschein überdeckt, und dieser von ungeheuern Schatten durchschnitten, still und feierlich dalagen, dann glaubte ich frisches Leben um mich her zu fühlen, dann verschwand mir der Eindruck von Paris, und ein heimathlicher wehte mich an.

Die Sehnsucht nach Deutschland, nach deutschem Boden und deutschem Volke, verließ mich keinen Augenblick. Die deutschen Freunde theilten diese Empfindung, auch Schlabrendorf, nur meinte er, von Paris aus gesehen, erscheine das Vaterland eine Gesammtheit, käme man aber zum Rhein, so fände man nur Zerstückeltes, und fühle die Verlegenheit eines Menschen, der ein Christ sein möchte, aber dies nicht werden könne, sondern nur ein Katholik, ein Lutheraner, Reformirter, Herrnhuter u. s. w. Beispiele genug zeigten, daß Deutsche bei längerem Aufenthalt sich dort heimisch fühlten, und in ihrem Wesen dabei nicht beeinträchtigt wurden. Als solche wurden Leuchsenring und Oelsner angeführt, von denen ich den erstern nie und den andern erst viel später kennen lernte.

Ein heftiger Verdruß war es uns, daß eine neue Beschränkung des Bücherverkehrs mit Deutschland in diese Zeit fiel, die Verschärfung der Zensur in diesem Betreff ging von Napoleon selbst aus, und kam einem Verbote gleich. Wir hatten in deutschen Blättern die Ankündigung deutscher Bücher gelesen, und waren äußerst begierig, uns diese zu verschaffen; das nachgelassene Werk Johann von Müller's über die allgemeine Geschichte, von dem man sich damals die höchste Vorstellung machte, Goethe's Farbenlehre, und so manches aus dem näheren Freundeskreise, weckte unsre ganze Sehnsucht, an solchen frischen Quellen uns zu laben. Doch der Buchhändler Schöll erklärte, selbst im Falle diese Bücher erlaubt würden, könne er sie vor einem halben Jahre nicht liefern, er bot uns dafür alten Plunder an, und selbst französischen, denn er die Dreistigkeit hatte, weil über alles zu stellen, was Deutschland hervorbrächte. Wir verwünschten ihn und den Kaiser, und betraten seinen Buchladen nie wieder.

Es hatten mich während meines ganzen Aufenthalts immerfort eine Unruhe und Sorge bedrängt, die endlich zur wahren Angst wurde. Seit Prag war ich ohne Nachrichten von Rahel, meine Briefe waren ohne Antwort geblieben. Alle Briefe waren unsicher, theuer, sogar gefahrvoll, man schrieb ungern und selten; auch hatte Rahel nach Töplitz reisen wollen, vielleicht würden ihr dahin keine Briefe nachgeschickt, vielleicht wollte sie von dort nicht antworten, und meiner stets nah verkündigten Rückkehr harren; dies alles bedacht' ich mir, und suchte meine Besorgnisse zu beschwichtigen, allein es gelang mir keineswegs. Von den Freunden Neumann und Fouqué empfing ich Nachricht, und endlich gleichzeitig mit der, daß Rahel schwer erkrankt gewesen und zwar jetzt wieder in voller Besserung, aber noch des Schreibens kaum fähig sei, kam dennoch ein Brief von ihr selbst! Aber was für ein Brief! Ein Brief, im Frühjahr geschrieben, den ich in Kassel hätte finden sollen, und der nun im Anfange des Septembers mich in Paris erreichte! Wäre sein Inhalt mir noch in Prag oder Wien bekannt geworden, so hätte mein Sommer wohl eine ganz andre Gestalt angenommen. Das Verhängnißvolle in dieser Zufälligkeit drückte mich schwer, und ich konnte mich nicht zufrieden geben.

Jetzt wurde mir Paris völlig zuwider, ich harrte mit Ungeduld der Abreise, die einigemal angesetzt war, aber sich wieder verzögerte. Der Tag erschien endlich, und ich wähnte mich berechtigt, mit Rousseau zum Abschied auszurufen: „Adieu donc, Paris, ville célèbre, ville de bruit, de fumée et de boue; où les femmes ne croient plus à l'honneur ni les hommes à la vertu. Adieu Paris; nous cherchons l'amour, le bonheur, l'innocence; nous ne serons jamais assez loin de toi."

## Fünfundzwanzigster Abschnitt.

### Steinfurt.

#### 1810. 1811.

Gegen das Geräusch und den Glanz des Pariser Aufenthalts machte die Einsamkeit und Stille, die wir beim Eintritt in Westphalen empfanden, den schneidendsten Gegensatz. Die ganze Beschaffenheit des Landes, die Art, wie dasselbe bewohnt und bebaut wird, alles giebt ihm ein stilles, düstres Aussehn. Bewaldete Hügel beschränken den Blick, in der Fläche wechseln Sand und Wald, Moor und Haide, zwischen denen sich Ackerfelder mühsam hervorarbeiten. Da es keine Dörfer giebt, sondern die Bauerhöfe vereinzelt liegen, und zwar meist abseits der Straße im Gebüsch versteckt, so scheint die Bevölkerung noch geringer, als sie wirklich ist. Wie abgesondert diese Leute von der übrigen Welt leben, ergab sich unter andern in der treuherzigen Neugier, mit der sie uns fragten, ob es denn wirklich wahr sei, was man erzähle, daß der Kaiser Napoleon seine erste Gemahlin verstoßen und zur zweiten eine Tochter des Kaisers Franz bekommen habe! Sie wollten es nicht recht glauben, so wenig wie sie früher an die Siege der Franzosen hatten glauben mögen, bis die Einsetzung französischer Behörden begreiflich machte, daß das Münsterland wenigstens für jetzt der fremden Herrschaft unterworfen sei, doch zweifelte keiner, daß über kurz oder lang endlich dennoch Anton Viktor kommen und als Fürst in seine

Rechte treten würde; dieser österreichische Erzherzog war nämlich noch zuletzt, als schon die Stürme der Zeit das Land ergriffen hatten, zum Fürstbischof von Münster gewählt worden, und das Volk hoffte auf ihn, wie auf einen Verheißenen, und nannte seinen Namen öfter und bedeutsamer, als es vielleicht geschehen wäre, wenn er wirklich regiert hätte.

Im Frühjahr, als ich Steinfurt von Böhmen aus besuchte, hatte ich mir nicht träumen lassen, daß ich im Herbste wiederum dort einsprechen würde, und zwar von der entgegengesetzten Seite; mir war aber diese Wiederkehr nicht unlieb, und ich hoffte die Muße der nächsten Monate für mancherlei Arbeiten wohl anzuwenden.

Steinfurt, oder Burgsteinfurt, wie der Name eigentlich heißt, bis dahin der Hauptort der gleichnamigen Grafschaft, war jetzt ein französisches Städtchen, das seinen Maire hatte, dem die frühere Landesherrschaft eigentlich wie die übrigen Einwohner untergeordnet war. Allein die willkürliche Verfügung hatte die tausendfachen Sach- und Namensbezüge des auf Jahrhunderte gegründeten frühern Zustandes so plötzlich nicht umwandeln können, dieser frühere Zustand war in allem, was das Oertliche betraf, nach wie vor in ungestörter Wirksamkeit, und für den Anschein keine Veränderung merklich, als daß die gräfliche Leib- und Schloßwache von fünfzig Mann, welche ehemals bewaffnet und von einem Hauptmann befehligt waren, jetzt ohne Waffen und ohne Offizier, aber doch in ihrer rothen Montur, ihren Dienst versahen.

Die gräfliche Familie bewohnte das dicht an der Stadt liegende, von dem kleinen Fluß Aa rings umgebene und ehemals wohlbefestigte Schloß, auf dessen einer Seite der große, prächtige, von dem regierenden Grafen mit eifriger Liebhaberei und ungeheuern Kosten angelegte, weit und breit berühmte Lustpark, Bagno genannt, sich über einen bedeutenden Raum erstreckte, der mit herrlichen großartigen Spazirgängen, See- und Waldstrecken, mächtigen Wasserfällen und Springbrunnen, aber auch mit Grotten, Tempeln, Sälen, Kiosken, Moscheen und so weiter, überall erfüllt war, und in letzterer Hinsicht den Geschmack einer vergangenen

Zeit nicht allzu günstig darstellte. Alles war zum Schauplatz eines reichen und feierlichen Hoflebens eingerichtet, zu großen Festlichkeiten, bei welchen die Pracht und Herrlichkeit des Gebieters zur vollen Erscheinung kommen sollte; ein großer Saal war eigends für die Konzerte erbaut, welche von der Kapelle des Grafen aufgeführt wurden, und in denen neben seinen wohlbesoldeten, aus Italien mit großen Kosten verschriebenen Kammersängern, auch er selbst bisweilen sich auf der Flöte hören ließ, die ihm zu solchem Behuf ein Edelbiener auf seidnem Kissen darzubieten hatte; es fehlte nicht an geräumigen Tanz- und Speisesälen, nicht an schicklichen Räumen, wo ein Hofzirkel gehalten und die Vorstellung anwesender Fremden mit gehöriger Feierlichkeit geschehen konnte; in einer Bucht des See's lagen geschmückte Prachtschiffe bereit, um sowohl die Herrschaft und etwaige vornehme Gäste, als auch begleitende Janitscharenmusik, in langsamer Prunkfahrt umherzuführen; an andrer Stelle stieß man auf ein ungeheures Schachbrett im Freien, wo die Spieler zwei entgegengesetzte Bühnen bestiegen, und von da aus die bestellten Diener anwiesen, die mächtigen Figuren auf die bestimmten Felder hinzurücken; an hohen Tagen, wo die Wasserfälle stürzten, und die Springbrunnen ihre Strahlen bis über hundert Fuß hoch trieben, durften die Einwohner von Steinfurt und der Umgegend denen von Versailles kaum nachzustehen glauben. Der regierende Graf liebte nach alter Weise, durch solche Außerordentlichkeiten einen hohen Begriff von der Stellung und Macht zu geben, denen so Staunenswerthes möglich war, und er selber fühlte sich so sehr als Mittelpunkt eigner Selbstständigkeit, daß er darüber den wirklichen Umfang derselben fast zu vergessen schien. Nicht nur, daß er Hofstaal und Leibwachen und Beamte und Dienerschaft jeder Art in möglichst großer Menge hatte, er war auch bedacht, in allgemeineren Bezügen Land und Unterthanen in einer Art von Staatshäuslichkeit zu befriedigen. Er hatte Gemählde, Münzen, Bildwerke, Alterthümer und Bücher in einem eigends erbauten Kunsthause vereinigt; er sandte eingeborne Jünglinge, die einige Anlage verriethen, zu ihrer Ausbildung auf Reisen oder auf die Universität, mit dem

Bebing, ihre erworbene Geschicklichkeit künftig im Vaterlande, das heißt im herrschaftlichen Gebiete des Grafen, auszuüben; er ging damit um, eine Verfügung zu erlassen, daß niemand im Lande ein Amt erhalten solle, der nicht seine Vorbereitungsstudien auf der Schule zu Steinfurt gemacht habe. So sehr klein war das Gebiet doch nicht; der Graf hatte zu der Grafschaft Steinfurt die beträchtlichere Bentheim ererbt, und weil dieselbe an Hannover von dem letzten Besitzer verpfändet war, sogleich die Einlösung zu bewirken gesucht, welche jedoch erst durch Frankreich zu Stande kam, indem Napoleon in die Rechte Hannovers getreten zu sein behauptete, und die Lösungssumme für sich einzog; der Graf besaß ferner die Herrschaft Alpen am Niederrhein, in Holland die Herrschaft Batenburg und einen Zoll an der Maas. Bei allem Aufwand war er zugleich ein strenger Haushalter und seinen Vorbildern auch darin ähnlich, daß er einen baaren Schatz gesammelt hatte. Sein begründeter Wohlstand und sein strebendes Ansehn hatten in der That so günstig für ihn gewirkt, daß bei der Auflösung des deutschen Reichs, als den vormaligen Reichsunmittelbaren nur zweierlei Loose blieben, entweder zur Oberherrlichkeit erhöht in den Rheinbund zu treten, oder zu Unterthanen solcher Begünstigten hinabgedrückt zu werden, es sich in der Meinung sehr natürlich darbot, dem Grafen von Bentheim könne nur das erstere Loos beschieden sein. Die Eröffnungen hierzu von Seiten Frankreichs hatten wirklich stattgefunden, Verhandlungen mit dem Minister Talleyrand waren dem Abschlusse nah, Karten des künftigen, durch zu mediatisirende Nachbarn sehr vergrößerten Gebietes waren schon gezeichnet, die Oberherrlichkeit des Grafen so gut wie anerkannt, als plötzlich eine andre Ansicht in Paris alles bisher Eingeleitete verwarf, und diese Verhältnisse in drückender Unsicherheit stocken ließ. Der Graf war sogleich nach Paris gereist, um seine Gerechtsame zu vertheidigen, seine Ansprüche geltend zu machen. Hier wurde er am Hofe Napoleon's mit allen Ehren aufgenommen, und persönlich als ein regierender Herr behandelt, während seine sachlichen Ansprüche immer weniger Rücksicht erfuhren, und die französischen Behörden in seinem Lande immer entschiedener eingriffen. Je ungünstiger seine Verhältnisse daheim sich stellten, je weniger mochte der Graf zurückkehren, sondern blieb in Paris, als dem einzigen Orte, wo er noch als regierend galt, und wo er Hoffnung hatte, es auch wieder zu werden. In dieser Lage hatten wir ihn dort gefunden, reklamirend, protestirend, sollizitirend, Napoleon und seine Minister bei jeder Gelegenheit angehend, in Förmlichkeiten genau und sich nichts vergebend, sonst aber höchst eingezogen und sparsam in seiner Lebensweise. Er hatte den ehemals allgemeinen Gebrauch beibehalten, rothe Absätze an den Schuhen zu haben, und zog dadurch, und durch andre nicht mehr übliche Vornehmheit in Haltung und Ausschmückung seiner Person, die Blicke auf sich, wenn er im Garten des Palais-Royal spaziren ging, und sein Sekretair ihm voranschreiten mußte; allein das Lächeln hierüber schwand in Vergessenheit, sobald man ihn sprach und näher kannte, man fand einen einsichtsvollen, wohlunterrichteten und in seiner Sphäre höchst gebildeten und gewandten Herrn, dessen Verstand und Urtheil auch Napoleon selbst alle Gerechtigkeit widerfahren ließ, wie schon früher Lord Malmesbury in seinen Denkwürdigkeiten dies gethan. Auf solchem Fuß blieb er in Paris viele Jahre, während er daheim stets ungünstiger zu stehen kam, erst als Mediatisirter dem Großherzogthum Berg unterworfen, und zuletzt gar mit Frankreich einverleibt wurde, da er denn, weil ein Unterthan des französischen Kaisers keine andern Titel haben konnte, als welche dieser ihm verliehen oder bestätigt hatte, nunmehr staatsbürgerlich mit jedem seiner ehemaligen Unterthanen gleichgesetzt war. Unverdrossen harrte er in Paris auf Herstellung oder Entschädigung, bis er endlich den Sturz Napoleon's erlebte, und darauf späterhin, unter ganz veränderten Verhältnissen, hergestellt in bedeutende Gerechtsame und für andre durch die Fürstenwürde entschädigt, in die Heimath zurückkehrte.

Damals aber, als wir von Paris in Steinfurt angekommen waren, lag eine solche Wendung der Dinge fast außer dem Bereiche jeder Hoffnung. Die gräfliche Familie hatte sich, in Erwartung einstiger Wiederkunft ihres Hauptes, mit den obwaltenden Verhältnissen leidlich eingerichtet, und

**Der Erbgraf. Seine Schwestern. Schloßleben.**

führte unter dem Druck und der Einschränkung, welche mehr den Stand des Hauses im Allgemeinen trafen, aber den einzelnen Mitgliedern kaum fühlbar wurden, ein heitres, vergnügtes Leben. Der Erbgraf war unverändert derselbe; mit der Schwierigkeit der Zeiten schien die Stärke seines Karakters nur zu wachsen, er kämpfte mit Eifer und Maß für die Rechte des Hauses und das Wohl der Seinen. Die beiden jüngern Schwestern erschienen noch vortheilhafter, als bei meinem ersten Besuch, die kurze Zeit, welche inzwischen verflossen, hatte besonders die Schönheit der jüngsten noch erhöht. Eine ältere Schwester, Fürstin Henriette von Solms-Lich, schon in jungen Jahren verwittwet, eine schöne Frau voll Anmuth und Seelenadel, befand sich mit ihren vier Söhnen zum Besuch anwesend. Ein Bruder, Graf Ludwig, in dänischen Kriegsdiensten angestellt, wurde von Kopenhagen erwartet. Jüngere und ältere Gesellschaft bot die Stadt und Umgegend gar nicht sparsam dar; das Hofleben hatte sich allmählig in ein geselliges bequemes Landleben herabgestimmt, und die Annehmlichkeit und Befriedigung aller Theilnehmenden dabei nur gewonnen. Selbst die Wirthschaftssorge trat als willkommene Thätigkeit in die Vergnügungen des Tages, und bildete freilich einen wunderlichen Gegensatz mit manchen noch beibehaltenen feierlichen Formen; die ausgeschmückten Trompeter, welche im Schloßhofe regelmäßig zur Mittags- und Abendmahlzeit blasend einluden, riefen freilich manchmal die Hofdamen von der Besorgung der welschen Hühner, den Kanzleirath von der Einzählung der Baumfrüchte ab, doch wurde selbst dies nur ein Anlaß heitern Scherzes, und erhöhte das Bewußtsein, wie frei man sich in solch unentschiednen Zuständen aller beengenden Rücksichten entäußere. Der feste Grund innrer Würde und edler Gesinnung konnte in dieser trefflichen Familie niemals wanken, mochte sie in den stolzen Ansprüchen eines regierenden Hauses, oder in dem bescheidenen einer Gutsherrschaft erscheinen!

Einige Jahre vor mir hatte Justus Gruner als junger Gelehrter in Steinfurt eingesprochen, und in seiner nachher gedruckten Reisebeschreibung sowohl das Leben als die Person umständlich geschildert; ich fand alles noch ziemlich in demselben Glaube, wie er es beschrieben, und mußte besonders in das Lob einstimmen, welches er den gräflichen Damen ertheilte, wiewohl ich dasselbe weder so schwungvoll noch so empfindsam ausgedrückt haben würde, als Gruner, der sich dieser schon damals veralteten Art noch zu guter letzt mit allem Eifer hingegeben hatte. Die Damen waren wohl anfangs etwas betroffen, ihre Erscheinung, Vorzüge, Aeußerungen und nebenher so manches Unerhebliche, öffentlich besprochen zu sehen, allein die beseelte Anerkennung und fast leidenschaftliche Verehrung, die der junge Enthusiast ausdrückte, besonders wenn er die herrlichen Gesangstimmen pries, die ihn hier entzückt hatten, erwarben ihm Verzeihung für eine Dreistigkeit, die offenbar aus bester Meinung hervorging. In der That war sowohl die Fürstin von Solms-Lich, als ihre beiden jüngern Schwestern, mit großartiger, durch besten italiänischen Unterricht zu höchster Meisterschaft ausgebildeter Stimme begabt, deren mächtige Wirkung mit so vielem andern Zauber vereint den Hörer unwiderstehlich hinreißen mußte.

Das gesellige Leben auf dem Schlosse war anziehend und genußreich; das Bagno bot den täglichen Spazirgängen hinreichende Abwechselung, auch Fahrten in die Nachbarschaft wurden unternommen; der Austausch von Meinungen und Erzählungen war lebhaft, Ernst und Munterkeit fanden unerschöpflichen Stoff. Der Sonntag war nach alter Sitte eine Art Hoftag, die gräflichen Beamten wurden zur Tafel gezogen, die angesehensten Herren und Frauen des Städtchens für den Nachmittag und Abend eingeladen. Dann erschien auch regelmäßig der Maire, ein reicher Arzt Doktor Houth, der früher in Holland sein Glück gemacht und darauf der Praxis überdrüssig hieher sich zurückgezogen hatte; in bequemem Hause und schönem Garten genoß er nach seinem Sinne ruhige Tage, die er durch das ihm auferlegte Amt ungern unterbrochen sah. Er hatte große Kenntnisse, studirte noch immer weiter, liebte Gemählde und Musik, und war durch Denkart und Geschmack ganz dem Schloß ergeben, wo man hinwieder die freiwillige Unterordnung und Dienstwilligkeit eines Mannes, der durch sein Amt unendliche Vexationen ausüben konnte, dankbar zu schätzen wußte.

Wir machten Ausflüge nach Borghorst und nach Langenhorst, zweien Fräuleinstiftern, wo über das Schicksal der unverheiratheten alten und jungen Damen, denen nach der Absicht fürsorglicher Vorfahren hier ein begünstigtes Dasein bereitet sein sollte, die eigensten Betrachtungen anzustellen waren. Mir kam es vor, als wenn die ältern und jüngern Damen mit einer Art von Verzweiflung diese Begünstigung genössen, und durch die ihnen gelassene Freiheit auch des letzten Trostes entbehrten, des Trostes gezwungen zu sein! Mehr aber, als das Schicksal dieser Erwachsenen, zog mich das eines Kindes an, das ich an einem jener Orte kennen lernte. Die Mutter war eine Edeldame aus dem Münsterschen, der Vater ein französischer Emigrant, der jene verführt hatte; beide waren davongegangen, und das Kind von der Aebtissin aus Mitleid aufgenommen worden. Bei dem vornehmen und strengen alten Fräulein galt aber die Erziehungsweise, welche Häring in seinem Cabanis so lebendig zu schildern gewußt: das kleine, zarte Mädchen wurde mit äußerster Härte behandelt, mußte angestrengt arbeiten, bekam nicht satt zu essen, und erlitt bei dem geringsten Versehen die grausamsten Strafen; oft blieb es Tage lang an einem finstern Ort eingesperrt. Ursprünglich von lebhaftem Naturell, war das arme Luischen doch schon so abgemildet, daß es der härtesten Strafen gar nicht mehr achtete, sondern sie mit dumpfer Gleichgültigkeit als unvermeidliches Geschick hinnahm. Um seinen Hunger zu stillen, stahl es freilich bei jeder Gelegenheit Brot, Zwieback und dergleichen, doch ohne andere Sachen, als nur Eßwaaren anzutasten. Mehrmals war es schon fortgelaufen, aber immer bald wieder entdeckt und zurückgebracht worden, um die strengste Bestrafung zu erleiden. Dabei klagte dann die Aebtissin, die sich gegen das Kind selbst und gegen Fremde immer einer abgöttischen Liebe für dasselbe rühmte, über die schwärzeste Undankbarkeit, eingeborne Bosheit und tückischen Trotz. Ich sah das arme Kind, das mir im voraus als ein Ausbund der Verderbtheit bezeichnet worden war, und ließ mich näher mit ihm ein; es war bleich und mager, die Augen gutmüthig, doch unterdrücktem Blickes, die Gesichtszüge schienen im Uebergange zur Verzerrung begriffen, sie mußten mit der Zeit häßlich werden, die kleine Stirn war schon wie von Leid und Gram verwilstet. Aus reinster Wahrhaftigkeit, die keiner Heuchelei wie keiner Klugheit fähig war, hatte es schon mehrmals, das fünfjährige Kind, zur Aebtissin gesagt: „Gott! es sterben ja immer Leute, warum stirbst du nicht? Wenn du doch nur erst todt wärst!" Als ich dort war, wollte es nach der Kirchmesse gehen, um die aufgebauten Buden zu betrachten, und sich für einige durch Stricken verdiente Stüber etwas Kuchen zu kaufen, aber ein Regen trat ein, und nun mußte der Ausgang unterbleiben: „Ach! ich möchte so durch die Luft hinfliegen!" sagte es am Fenster stehend, die nun vergeblichen Stüber in der Hand, und betrübt der vielleicht nicht wieder zu hoffenden Gelegenheit nachblickend; und doch konnte es mir gleich darauf wieder den so grausamen Regen rühmen, daß er gut sei für's Land und das Korn wachsen mache, das schon so hoch sei, wie das gebreitete Händchen von der Erde auf zeigte. Ich war erschüttert von den Eindrücken, die ich empfing. Dies war kein böses Kind, vielmehr ein liebes, gütiges, aber tiefunglückliches! Eine Kindheit ohne Liebe und Hülfe, freudenlos, verkümmert, allen Wohlthaten entrückt, welche die Natur auch der Armuth noch spendet, und zwischen das Räderwerk falscher Begriffe und Bildung geworfen, und ohn' Erbarmen von diesem zerquetscht und zerstört! Vier Monate später hatte ich in der Wetterau ein anderes Kind zu sehen Gelegenheit, von dem man mir gleichfalls gesagt hatte, es sei ein Beispiel ursprünglicher Bösartigkeit, die durch keine Mittel sich bezwingen lasse. Die kleine Josephine war nicht, wie Luischen, eine arme Waise, sie lebte im Schoß der Familie, in hoher und reicher Sphäre, sie genoß gütiger Behandlung, hinlänglicher Freiheit und zweckmäßigen Unterrichts; sie hatte nicht zu klagen, aber Alle klagten über sie; ein Mißverhältniß war allerdings vorhanden, und das achtjährige Mädchen konnte dies nicht aufheben. Ich fand auch dieses Kind durchaus nicht böse, im Gegentheil heiter und unbefangen, aber heftig, und, ebenfall gestört, unbeugsam hartnäckig. Der erste übereilte Ausspruch, sie sei böse, war ihr als eine unverdiente Beschuldigung auf die Seele gefallen, und hatte sie zu der Irrbahn getrieben, auf der nun alles sie befestigte, statt ihr die Hand zu reichen, um wieder davon abzukommen. Für Josephinen war ein verständiges Wort einzulegen; Luischen konnte nur eine Schickung retten, zu der ich nicht das Werkzeug zu sein vermochte! Aber im Schmerz über diese und ähnliche mir aufgestoßene Beispiele schrecklicher Kindermißhandlung und Verwahrlosung ging ich einige Zeit mit dem Gedanken um, unter dem Namen einer Pädobicee einige Blätter in die Welt zu schicken, an denen sich vielleicht hin und wieder ein trübes Loos dieser Art etwas erhellte. Das Vorhaben war indeß zu unreif, um nicht gegen näher anliegende Thätigkeit und Beschäftigung zurückzustehen.

Wir hatten einen der schönen Herbsttage benutzt, um eine Fahrt nach Bentheim zu machen. In großen, schweren, aber je mit sechs Pferden bespannten Kutschen legten wir die drittehalb Meilen schlechten Weges rasch genug zurück. Man fährt über die sogenannte Brechte, eine wüste Strecke, die noch während des dreißigjährigen Krieges ein schöner Wald war. Das Land wird in dieser Richtung hügelig und romantisch, man glaubt sich aus der westphälischen Ebene weit weg in ein Gebirgsland versetzt. Schon von fern sieht man das alte Schloß auf seiner ansehnlichen Höhe aus dem großen, wohlhabenden Marktflecken hervorragen, der sich am Fuße des Abhangs hinzieht; dasselbe liegt auf einem weiten Felsenboden, der sich bald mehr bald weniger erhebt, und giebt mit seinen mächtigen Mauern und starken Thürmen ein Bild unbezwinglicher Festigkeit. Ganz glaublich hat schon Drusus hier ein römisches Kastell erbaut, um die in dieser Gegend wohnenden Tubanter in Gehorsam zu erhalten, der Ort war zu einem festen Kriegsposten vorzüglich geschickt, und weit umher kein ähnlicher zu finden. Römische Münzen sind hier öfters ausgegraben worden. Der Grundbau des jetzigen Schlosses soll entschieden römisches Mauerwerk sein, und auch die ganze südliche Steinwand, die von ungeheuern Quadern hoch aufgethürmt die ganze Länge des Hauptbaues glatt abschneidet, wird für älter als die eigentliche Ritterzeit gehalten. Diese gewaltige Wand dürfte keine Sturmleiter zu fürchten haben, und kaum durch das schwerste Geschütz zu zerbröckeln sein; ein runder Thurm, der die südwestlichste Ecke bildet, zeigt wirklich an seinen Mauern, die einige Ellen dick sind, die Spuren abgeprallter Kanonenkugeln, welche von den Franzosen in frühern Kriegen, als hannöversche Truppen sich hier festgesetzt hatten, fruchtlos verschossen worden, nur das Dach wurde zertrümmert. Ein viereckiger Thurm auf der südöstlichen Seite scheint noch fester, doch hat der Blitz oben auf der Platform eines der vier steinernen Wachthäuschen aufgerissen. Die nördliche Seite ist ohne Thürme, weil der Felsen hier höher emporragt, und durch seine Steilheit jeden Angriff unmöglich macht. Ein alter Heidentempel ist auf dieser Seite mit in das Schloß verbaut, man weiß aber nicht, welche Gottheit hier verehrt worden. Durch zwei unterirdische Treppen, welche durch die Felsen durchgebrochen sind, kommt man hier zu den schönsten Spaziergängen, die schon außerhalb der Burgmauer, aber noch ganz auf der Höhe liegen; uralte Bäume ragen hier empor mit gewaltigen Stämmen und ungeheuern Wipfeln, Epheu so ausgebreitet und dicht, wie ich es vorher nie gesehen; der ganze Abhang, der sich dann allmählig zur Ebene senkt, ist mit Bäumen und Buschwerk reich überwachsen. Von einer hohen mächtigen Vormauer eingeschlossen, und ganz noch zur Burg gehörig, liegt östlich ein geräumiger Obstgarten, wo man nach allen Seiten die herrlichste Aussicht hat, nach Steinfurt, und weit in das Münsterland, während nach der andern Seite von den Thürmen das Auge tief in Holland eindringt. Westwärts dicht am Fuße des Schlosses stehen noch einige sonderbare glattgespülte Felsenmassen; die eine, oben flach, wie ein aufrecht stehender runder Pfühl, der von oben zusammengedrückt worden, heißt des Teufels Ohrkissen, denn der Sage zufolge hat dieser einmal mit dem Kopf auf diesem Kissen geschlafen, und einige oben bemerkbare Linien gelten für die Spuren seines dem allzu weichen Stein eingedrückten Ohrs. Die Macht des Pflanzenwuchses zwischen all diesen Felsen und Mauern war außerordentlich, seit zudenklicher Zeit hatte ihm niemand gewehrt, aus allen Fugen der Steine schoß ellenhohes Gras, Bäume schwankten an der hohen Mauerbrüstung, das mühsame Menschenwerk war wieder im Uebergange zur Wildniß.

Einige Zimmer, zu solchem Behuf leidlich eingerichtet, dienten zu unsrer Bewirthung; wir hielten ein fröhliches Mahl unter lebhaften Gesprächen, denen der Ort und seine Eindrücke unerschöpflichen Anreiz boten. Nachmittags besuchten wir auch die unterirdischen Gemächer und das Innere der Thürme; seltsame und grausame Gefängnisse zeigten sich, ein tiefes Burgverließ, in welchem die Hinabgelassenen verschmachten mußten, eine Marterkammer, deren scheusliche Werkzeuge jetzt verrostet umherlagen, aber noch lebte ein alter Mann auf dem Schlosse, der in seiner Jugend sie hatte anwenden sehen. Viele Rüstungen, Lanzen, Schilde und Pfeile waren in einem dunkeln Gemach aufgehäuft. Eine Anzahl noch ziemlich erhaltener, zum Theil lebensgroßer Bildnisse vergegenwärtigte die ehemaligen Häupter dieser hingestorbenen Welt; das Bild der berühmten weißen Frau, die auch hier bei wichtigen Ereignissen, so fern sie die Familie betreffen, und besonders bei Todesfällen ihr Wesen treiben soll, wurde als durch die Zeit zerstört angegeben, oder sollte aus besondern Gründen nicht gezeigt werden; die uralte kleine Schaffnerin aber, welche behauptete, mehr als zehnmal die schreckliche Erscheinung gesehen zu haben, hätte sich allenfalls selber dafür ausgeben können, so schauerlich und düster war ihr ganzes Wesen. Nachdem wir noch im Wald unfern der Burg eine neuentdeckte reichhaltige Schwefelquelle besichtigt, und einen Blick auf die nahegelegenen ungeheuren Steinbrüche geworfen, aus deren Steinen unter andern das Rathhaus zu Amsterdam erbaut worden, fuhren wir mit einbrechender Nacht zurück, und kamen durch die dunkle Wüste spät und voll schauerlicher Betrachtungen in Steinfurt wieder an, das uns mit seinen Lichtern und bekannten Wohnräumen wie der neuste, heiterste Ort erschien.

Noch vor Eintritt des Winters kehrte die Fürstin von Solms-Lich mit ihren vier Söhnen nach der Wetterau zurück, und die Gesellschaft in Steinfurt wurde merklich einfacher und stiller. Die nasse Witterung erlaubte weniger, im Freien zu sein, und man sah sich auf die Hilfsquellen winterlicher Unterhaltung beschränkt. Die Aussicht, daß auch wir die Rückreise nach Wien und Prag bald antreten könnten, verhüllte sich mehr und mehr, und wir mußten uns darin ergeben, einen Theil des Winters hier abzuwarten. Für mich und mein Bedürfniß war am leichtesten gesorgt; der frühere Abend ging mir in der herkömmlichen Geselligkeit angenehm hin, und wenn diese Pflicht so weit erfüllt war, als die Neigung mit ihr Schritt hielt, zog ich mich gewöhnlich bei Zeiten auf mein Zimmer zurück, und fing mein arbeitsames Nachtleben wieder an. Die reiche Büchersammlung des Grafen war mir zum Gebrauch eröffnet; und ich schwelgte in den mannigfachsten Geistesrichtungen. Große Sammlungen, wie Schlözer's Briefwechsel und Staatsanzeigen, las oder blätterte ich durch, und merkte mir durch Auszüge vieles an. Ein näheres Eingehen in die Geschichte von Westphalen führte mir in den langweilig ausgesponnenen Einzelnheiten des Geschichtschreibers von Steinen unerwartet mein eignes, lange vergessenes Geschlechtsregister wieder vor die Augen. Französische Memoiren las ich in Menge, auch strengere Geschichtswerke und sogenannte philosophische Schriften.. Was mich aber mehr als alles anzog und erfreute, und mir für die ganze Folgezeit eine Quelle tiefster Befriedigung eröffnete, war die Bekanntschaft, die ich hier zuerst mit den Schriften des Johannes Tauler machte. Ich fand eine Ausgabe nicht nur der Predigten, von denen ich schon einige Kenntniß hatte, sondern auch des seltneren und wichtigeren Werkes von der Nachahmung des armen Lebens Christi. Diese mehr wissenschaftlich geordnete Darstellung der mystischen Wahrheiten hätte mir nicht zu gelegnerer Zeit kommen können. Ich werde später davon im Zusammenhange näher zu berichten haben, und sage hier nur so viel, daß sich mir durch dieses Buch gleichsam die dunkeln Wände aufthaten, um mich in herrliche, weithin ausgebreitete Landschaft blicken zu lassen! —

Alles dies regte mich außerordentlich an, und ich verbrachte nun ganze Nächte lesend und schreibend. Hiebei jedoch konnte ich mich nicht erwehren, abermals, wie früher in Tübingen, der örtlichen Stimmung des Landes und der Menschen, unter denen ich lebte, durch besondere Eindrücke inne zu werden. Das katholische Westphalen im nördlichen Deutschland steht nämlich in ähnlichem Verhältnisse, wie das protestantische Würtemberg im Süden; das gleichsam in die Fremde versprengte Glaubenswesen scheint die ihm eigenthümlichen Kräfte hier zu besonderm Nachdruck zu steigern, und sie in die äußersten Auswüchse wuchern zu lassen. Daher in beiden Ländern, wie die strengste Lehre und der feurigste Eifer, auch der entschiedenste Aberglaube und Wahn sich eingenistet hat. Die Münsterländer sind berühmt wegen der Stärke ihres Kirchen- und Volksglaubens; die wundervolle Nonne von Dülmen ist das katholische Gegenstück zu der protestantischen Seherin von Prevorst; Vorhersagungen, Wundergeschichte, Traumverkündigungen, Geisterbegriffe, sind in ganz Westphalen heimisch und verbreitet, wie in Würtemberg. Und wieder möcht' ich einen Theil dieser Hinneigung auf die Art und Weise des Landes, einen andern Theil aber auf den Volksstamm rechnen. Hier ist überdieß die vereinzelte Lebensart in einsamer, oft öder Natur, und die dünne Bevölkerung solchen düstern Einbildungen noch besonders günstig. Zahlreich sind hier die Leute, welche von Gesichten heimgesucht werden, Ferneseher, denen Verborgenes offenbar wird, sei es in der Vergangenheit oder Zukunft; ein vereinzeltes Bild stellt sich dar, das aber auf ganze Reihen von Thatsachen schließen läßt, so werden Todesfälle, Hochzeiten, Feuersbrünste, Glücksverhöhungen vorhergesehen, besonders aber, und dies hauptsächlich in der neuern Zeit, politische Ereignisse, man sieht fremde Truppen marschiren, deren Uniform unbekannt ist, oder sieht wegen des Nebels die Mannschaft nicht, wohl aber die Spitzen der über die Schulter schräg liegenden Gewehre, die in endlosen Zügen rasch vorüberziehen; auch schon in Kindern ist dieses Sehen noch nicht wirklicher Dinge häufig, man erzählte einen Fall, wo ein kleines gutartiges Mädchen, wegen langen Außenbleibens gescholten, ganz unschuldig sich darauf berufen, sie habe ja so

## Fünfundzwanzigster Abschnitt: Steinfurt.

lange still stehen müssen, bis all die Kanonen und Pulverwagen vorbei gewesen, und man hatte sie wirklich gesehen, wie sie auf der einen Seite der Straße gleichsam abgewartet, daß der Weg querüber frei würde. Die Menge und Mannigfaltigkeit und stete Wiederholung solcher Geschichten muß am Ende, wo nicht den Glauben an ihre Wahrheit, doch einen unheimlichen Eindruck, eine Art Ansteckung erzeugen, gegen welche der aufgeklärteste Verstand nicht sicher ist; ich sah manche Personen, die sich durch Bildung weit über solchen Aberglauben hinweg dünkten, doch in einem geheimen Winkel der Seele davon ergriffen. Das Schloß zu Steinfurt war nicht frei von trüben Sagen und Verkündigungen; man fühlte, daß man auf altem Boden des Ritterthums lebte, und diese modern-gefälligen Zimmer mit ihren harmlosen Tagesvorgängen auf düstern Gewölben, blutigen Unthaten und grausem Entsetzen ruhten. Der Gang durch die Schloßkapelle, welcher am späten Abend zur Verbindung mit dem einen Schloßflügel nicht gut vermieden werden konnte, hatte jedesmal etwas Schauerliches, und ein unregelmäßiger, mit rothen Ziegelsteinen belegter Vorplatz, der gleichfalls zu durchschreiten war, hat gewiß noch nie einen Fuß zum Verweilen angelockt. Am unbehaglichsten und störendsten empfand ich bisweilen den Blick eines der Schloßdiener, den ich öfters dabei betraf, daß er mit finsterer Aufmerksamkeit mich anschielte; er war ein langer, hagrer Mensch, von blassem trüben Gesicht, schweigsam in sich gekehrt, und ohne daß man ihm etwas Bestimmtes schuldig geben konnte, fand man ihn nicht sonderlich aufgelegt zum Guten. Die Gabe des Vorhersehens, der Erscheinungen und Ahnungen des Verborgenen wurde ihm in hohem Grade zugesprochen, und wegen mancher unangenehmen Vorgänge, wo dieselbe sich auffallend bewährt haben sollte, vermied man sorgfältig sie herauszufordern. Einige meinten, er trage seine Gabe als ein Unglück, und um seinen Mißmuth zu vergessen, ergebe er sich dem Trunk; der Erbgraf aber meinte kopfschüttelnd, der Trunk möchte wohl eine der Hauptquellen seiner Gesichte sein, und hielt überhaupt den Mann etwas fester im Augenmerk.

Mit den Nachtstunden von jeher vertraut, in anregender
Geistesbeschäftigung, und in meinem Innern entschieden der
Lichtseite zugewendet, konnt' ich auch hier dergleichen Eindrücke wohl abweisen, aber doch nicht völlig vernichten. Wie
im Fluge streifte mich bisweilen die Unruhe, als würde ich
belauscht, als stünde jemand draußen vor meiner Zimmer-
thüre. Indeß setzte ich meine Lebensweise ruhig fort, und
arbeitete allerlei, was mir Vergnügen machte oder auch zunächst Nutzen bringen sollte. Einige Erzählungen, die ich
schon in Tübingen angefangen hatte, schrieb ich um; in
manche geschichtliche Stoffe sucht' ich einzubringen. Täglich
erneute sich mir auch die Aufforderung, meine über Paris
aufgezeichneten Merkworte und Andeutungen zu lesbaren
Schilderungen auszuführen. Ich machte in dieser Arbeit
ziemliche Fortschritte, theilte einiges davon im Vertrauen mit,
und erhielt großen Beifall. Aber eines Tages entdeckt' ich,
nicht wenig betroffen, daß mir mehrere Blätter fehlten; da
ich sehr klein und auch auf kleine Blätter schrieb, so konnten
sie allerdings leicht zwischen andre gerathen sein, sich ver-
krochen und verirrt haben, aber die sorgfältigste Nach-
forschung entdeckte keine Spur davon, und wie sie weggekommen sein sollten, blieb ganz räthselhaft. Unglücklicherweise enthielten sie starke Aeußerungen gegen den französischen
Kaiser, und auch das Poissarden-Lied auf seine Vermählung
nebst den beigeschriebenen Musiknoten, durch welche das eine
der Blätter dem Auge sogleich auffallend erkennbar war.
Wer sich jener Zeiten erinnert, dem kann über die Gefahr,
solche Papiere verloren zu haben und nicht in sichrer Hand
zu wissen, kein Zweifel sein. Und nicht ich allein war bloß
gestellt, sondern eine ganze erlauchte und würdige Familie,
die man für mein Vergehen mitverantwortlich zu machen
nicht unterlassen hätte. Ich war in äußerster Pein, und
um nicht noch mehr angstvolle Besorgnisse aufzuregen, verschwieg ich den Fall auf dem Schlosse gänzlich, vertraute ihn
aber, ohne den Inhalt der Blätter völlig anzugeben, dem
Doktor South; dieser wohlwollende Mann nahm aufrichtig
Theil an meinem Verlust, wußte aber auch keinen Rath, als
den sonderbaren, mit dem er zögernd hervorrückte, er wollte

den Seher auf dem Schlosse befragen, vielleicht könne der
vermittelst seiner Gabe den Ort entdecken, wo die Blätter
jetzt seien. Ich mußte an die bekannte Geschichte Sweden-
borg's denken, und durfte den guten Willen nicht hemmen.
Das Ergebniß war auffallend genug; der Seher hatte bei
der Frage das Gesicht verdreht, anfangs gar nicht antworten
wollen, endlich aber nach schlafähnlichem Hinträumen, die
kurze Auskunft ertheilt, die Blätter seien weit weg, und sonst
war nichts aus ihm herauszubringen. Diese Andeutung er-
schloß eine Möglichkeit, die mir früher nicht eingefallen war,
und jetzt einige Wahrscheinlichkeit gewann; ich konnte die
Blätter aus Versehen einem Briefe nach Hamburg oder
Berlin beigefügt haben; doch dieserhalb deutlich anzufragen,
war kaum rathsam in einer Zeit, wo kein der Post anver-
trauter Brief sicher dünkte, und je mehr ich es bedachte, je
weniger komm' ich mir jenes Versehen zutrauen.

Mehr als diese Ungewißheit aber bekümmerte mich die
allgemeine, in welche mein eignes Loos so tief verflochten
war. Daß ein großer Strich des nördlichen Deutschlands,
und darin die bisher zu dem Großherzogthum Berg gerech-
neten Grafschaften Steinfurt und Bentheim, so wie die noch
mit einem Schatten von Freiheit bestandenen Hansestädte,
nun unmittelbar mit Frankreich vereinigt und in französische
Departements umgewandelt wurden, raubte mir die letzte
Heimath, welche mir in Hamburg noch geschimmert hatte.
Die Nachrichten aus Berlin, die ich nach langem Harren erhielt, waren spärlich und traurig, doppelt traurig für mich,
da sich darin auch eine Unzufriedenheit kund gab, die ich zu
verschulden schien, ohne daß ich diesen Schein abwenden, noch
die Wirklichkeit genügend aufhellen konnte. Je weniger ich
Mittel und Freiheit hatte, für den Augenblick handelnd her-
vorzutreten, um so mehr befestigte sich mein Inneres, und
ich wußte und empfand, daß meine Hoffnungen und Vorsätze
nicht zu zerstören waren.

Der Frost und Schnee des Winters eröffnete neue Vergnügungen; das Bagno warde fleißig besucht, und die Eis-
decke des See's zum Schrittschuhlaufen benutzt, woran auch
die Damen mit größtem Erfolg Theil nahmen, und wobei

man bekennen mußte, daß für die Schönheit und Grazie der Erscheinung wohl keine andre Uebung diesem schwebenden Wandeln den Preis streitig machen kann. Dem Winterleben dürfen einige Bälle, Musik, Vorlesungen, und selbst kleine dramatische Ergötzlichkeiten nicht fehlen, welche letztere, ganz aus dem Stegreif und nur als Spiel des Augenblicks behandelt, gerade hierin ihren Werth hatten.

Eine Fahrt nach Münster gab Gelegenheit, sich in dieser merkwürdigen Stadt wiederholt umzusehen. Die Geschichte der Wiedertäufer, die ich so eben, zum Theil nach Handschriften, mit Unmuth und Widerwillen bis in ihre Einzelheiten verfolgt hatte, ist hier durch Denkmale erhalten, welche jener wahnsinnigen und gräßlichen Ereignisse würdig sind, durch die schrecklichen eisernen Käfige am St.-Lambertsthurm, in denen die gemarterten und verstümmelten Körper der drei Hauptwüthriche zur Schau aufgehängt worden. Angenehmer weilte die Betrachtung auf den Bildnissen der Gesandten, die einst am westphälischen Frieden hier und in Osnabrück arbeiteten; es sind darunter die bedeutendsten Physiognomieen, mit denen mancher Geschichtszug sich verwebt. Diese Sammlung sollte durch treue und sorgfältige Nachbildung vervielfacht werden, damit sie dem Geschichtsfreund überall zu Gebote stünde; ein Wunsch, der sich auch lebhaft bei der von Gleim hinterlassenen Sammlung in Halberstadt aufdrängt, wo die zum Theil vortrefflichen Bildnisse seiner Freunde uns die theuersten litterarischen Namen gleichsam persönlich vorführen. Wir besuchten in Münster den französischen Präfekten Freiherrn von Mylius, der es in seiner Stellung beklagen mußte, gleich so vielen andern Westphalen auch seinen eignen Bruder noch in österreichischem Kriegsdienste zu wissen. Wir sahen dann auch die Familie Droste von Bischering, welche in Münster durch ihre altbegründeten Verhältnisse und strengkatholischen Gesinnungen in höchstem Ansehen stand, und dieses unter den französischen Behörden zu behaupten wußte. Zu dem Grafen Friedrich Leopold zu Stolberg, der, bald nach seinem Uebertritte zur katholischen Kirche, hier hauptsächlich der Familie von Droste wegen seinen Wohnsitz genommen hatte, mochte ich nicht mitgehen; es that mir leid,

ihn zu verſäumen, und doch hatte ich keine Stimmung für
ihn, ich konnte mir ſein ganzes Verhältniß zur Welt nur
als getrübt und verſchoben denken. Was die Andern von
ihrer mit ihm gehabten Unterhaltung nachher erzählten, ver-
änderte dieſe Meinung nicht. Er zeigte ſich von dem ſtärk-
ſten Haſſe gegen die Franzoſen und ganz beſonders gegen
Napoleon erfüllt, allein wie ſehr auch hierbei die Triebfedern
rege waren, die er als Deutſcher, und wieder beſonders als
deutſcher Graf empfand, ſo war ihm doch jetzt bei weitem
die Hauptſache, daß Napoleon vom Papſte in den Bann
gethan war, ein Umſtand, der damals im Münſterlande,
trotz aller Aufſicht der Franzoſen, durch die Geiſtlichen heimlich im Volke recht bekannt und beſprochen wurde. Alſo
wenn Napoleon, ſo durfte man fragen, nur den Papſt zufrieden ſtellte, und dieſer etwa, wie er ihn ſchon krönen
helfen, ihm einen geweihten Hut und Degen ſchickte, ſo
mußten wir andre Augen für den Feind unſres Vaterlandes
haben? Dieſe Folgerungsart ging mir nicht ein, und ich
hätte mich ſchwerlich enthalten, ſie durch Anführungen, wie
die obigen, zu unterbrechen. Stolberg war vortrefflich, wo
ſein edler Geiſt und ſeine reichen Kenntniſſe im Feuer der
Einbildungskraft und der Geſinnung glühen durften, und wo
es auf nichts weiter ankam; zum eigentlichen Denken war er
nicht begabt, und was er in dieſer Richtung, ſeinem Naturell
entgegen, dennoch leiſten wollte, zeigte nur ſeine Schwäche.
Das ganze Mißverhältniß, in welches er durch dieſen Mangel
gerathen war, aufzudecken und in ſeinen Gründen und Folgen zu erörtern, war neun Jahre ſpäter dem alten Voß
auferlegt, bei deſſen ſcharfer Anklage und Stolberg's bald
nachher erfolgtem Tode ich doch wiederum bereuen mußte,
der perſönlichen Anſchauung des letzten verluſtig geblieben
zu ſein.

Von den unheimlichen Anwandlungen, deren ich früher
gedacht, merkt' ich im Verfolg des Aufenthalts in Steinfurt
wenig mehr, und ſie waren faſt erloſchen, als meine ihret-
wegen gefühlte Befangenheit plötzlich auf ein ganz anderes
Feld überſprang. Ich hatte eines Abends mich auf mein
Zimmer zurückgezogen, war aber noch zu dem Oberſten ge-

rufen worden, und verweilte ziemlich lange bei ihm, während
das Licht bei mir fortbrannte, meine Thüre aber verschlossen
war. Als ich spät wiederkam, erstaunte ich nicht wenig,
einen Mann gebückt vor der Thüre stehen zu finden, der
bemüht war, durch das Schlüsselloch zu sehen. Er war von
der Dienerschaft, hatte hier aber nichts zu suchen. Mein
plötzliches Erscheinen in seinem Rücken, da er mich im Zimmer glaubte, erschreckte ihn so, daß mein scharfes Fragen
nichts aus ihm herausbekommen konnte, sondern nur seine
Verwirrung mehrte. Doch war mit dieser Neugier, über
der ich ihn ertappt, eine sträfliche Absicht nicht grade zu
verbinden, und ich ließ den Mann mit einem Verweise gehen.
Daß ich schon öfter auf diese Art belauscht worden, war
sehr wahrscheinlich, und leise Bewegung und Menschennähe
überhaupt mochten bisweilen auf meine in der Nachtstille
empfindlichen Nerven gewirkt haben, da denn, eher als der
Sinn, die Einbildungskraft sich der unsichern Wahrnehmung
bemächtigte. Die Entdeckung war mir sehr unangenehm; ich
dachte unwillkürlich an die Blätter, die mir weggekommen
waren, und quälte mich mit argwöhnischen Vermuthungen
aller Art. Daß diese nicht ganz ungegründet wären, sollte
sich bald durch neue Anzeigen bestätigen.

Mittlerweile hatten vom Niederrhein und von Holland
her allerlei Bewegungen unter den französischen Truppen angefangen, und es war deutlich zu erkennen, daß dieselben
allmählig immer stärker nach den nördlichern Gegenden sich
zusammenzogen. Das langsame, aber anhaltende und übereinstimmende Fortrücken in gleichmäßigen Richtungen ließ
einen noch entfernten, aber entschiedenen Zweck vermuthen.
Wirklich waren dies erste vorläufige Zurüstungen zu dem Kriege
gegen Rußland, der in der Seele Napoleon's als unfehlbar
vorausgesehn und beschlossen, in den öffentlichen Verhältnissen
noch unter dem Schein der größten Freundschaft verhüllt war,
und daher für grundlosen Wahn erklärt werden konnte. Die
Bestimmtheit solchen Abläugnens machte auch die Kundigsten
wieder irre, und so wußte man oft ein Ereigniß lange vorher, aber kurz vorher nicht, weil man wieder aufgehört hatte,
es zu glauben. Bei diesen Truppenzügen durch Westphalen

kam auch eine Abtheilung durch Steinfurt; ein französisches Regiment Jäger zu Pferde bezog daselbst für einige Zeit Quartiere. Diese Gäste brachten in unsre Tage einen ganz neuen Schwung; der französische Oberst wohnte auf dem Schlosse, er und die meisten seiner Offiziere nahmen an der Gesellschaft eifrig Theil; die Gespräche konnten nicht immer unterhaltend sein, und nahmen oft eine nicht angenehme Wendung, denn sowohl der Uebermuth, mit dem die Franzosen von ihren Siegen sprachen, als die Kammerabschaft, die sie uns jetzt aufbringen wollten, waren in gleichem Maße peinlich und kaum zu dulden. Daß in dieser Zeit mehrere österreichische Offiziere, aus Westphalen gebürtig, das freundschaftliche Verhältniß zwischen Frankreich und Oesterreich benutzten, um ihre Heimath wiederzusehen, aber hier von den französischen Behörden mißtrauisch angesehen und beobachtet wurden, mit den französischen Offizieren aber schon mehrmals in widrige Berührung gekommen waren, konnte auf beiden Seiten die Spannung nur vermehren. Zur Aushülfe, und um weniger Gespräche führen zu müssen, wurde das Spiel herbeigezogen. Nachmittags gingen einige Stunden im Billardsaale hin, Abends nahmen Karten oder Schach die Aufmerksamkeit in Anspruch.

Indeß traten auch hier bei näherem Umgange aus der anfänglichen Gleichmäßigkeit die persönlichen Eigenarten sichtbarer hervor. Der französische Oberst war nichts als ein Kriegsmann, in seinem Handwerk eifrig und ganz beruhigt, dem Kaiser ergeben soviel als nöthig war, um nicht zurückzubleiben, übrigens von wenig Bildung, aber sehr bemüht, diesen Mangel zu verdecken. Ein paar jüngere Offiziere wollten bei jeder Gelegenheit ihren Ehrgeiz in der Begeisterung für den Kaiser befriedigen, einer derselben von altadeliger Geburt, that nicht anders, als sei Napoleon in grader Erbfolge der Fortsetzer der Bourbons. Ein alter Rittmeister gehörte der früheren Revolutionszeit an, hatte zuerst unter Bernadotte und Moreau gedient, und verhehlte nicht, daß ihn der neuste Zustand der Sachen wenig befriedige. Auf einem Spazirgange schloß er mir sein Herz völlig auf, nannte Napoleon den Unterdrücker der Freiheit, und verabscheute, dessen ganzes Regierungswesen, das überall nur auf rohe Gewalt gegründet sei und auf Entsittlichung hinwirke. Wenn mir bei solchen Reden noch einiges Mißtrauen geblieben war, so mußte dieses völlig schwinden an dem letzten Nachmittage vor dem Abmarsch der Franzosen. Ich ging mit dem Rittmeister im Bagno einsam spaziren, der nahe Abschied bewegte ihn, er drückte mir die Hand, und versicherte mich, meine Denkart, so weit er sie habe kennen lernen, freue ihn, ja sie gebiete ihm für mich eine nähere Theilnahme. Dann plötzlich überraschte er mich durch diese Anrede: „Sie sind jung, Sie können noch viel erleben, bewahren Sie Ihre Denkart für beßre Zeiten, aber deßhalb auch sich selbst! Sie sind nicht vorsichtig, Sie stürzen sich nutzlos in Gefahr! Was schreiben Sie für Briefe? Ich will nichts wissen, mißverstehen Sie mich nicht, ich will sie nur warnen! Hören Sie als Beweis meines Zutrauens, was ich Ihnen mittheilen muß! Als ich neulich in Münster war, fragte mich ein alter Kammerad, der jetzt in einem höheren Bureau dort angestellt ist, wie es mir in Steinfurt ginge, die Leute dort müßten uns recht hassen, und als ich ihn fragte, was ihn zu dieser Meinung bestimme, erfuhr ich, daß man genaue Kundschaft von dort habe, und das Schloß durch allerlei Spürhunde beobachtet werde; man wisse, daß hier gegen die französische Regierung gearbeitet, daß ganze Nächte hindurch geschrieben würde. Junger Freund, damit können nur Sie gemeint sein, nehmen Sie sich in Acht, Sie wissen nicht, was unsre Polizei für schändliche Mittel anwendet. Stellen Sie allen Briefwechsel ein, so lange Sie hier im Lande sind!" Ich wurde nicht wenig durch diese Mittheilung beunruhigt; zwar Briefe hatte ich nur wenige und sehr unschuldige geschrieben, aber mir fielen meine vermißten Blätter ein, die ich nun gewiß böslich entwandt glauben mußte. Ich sonderte nach dieser biedern und dankenswerthen Warnung nun alles Verfängliche in meinen Papieren aus, und was ich nicht verbrennen wollte, brachte ich vorläufig in sichern Verstek.

Glücklicherweise trat bald nachher auch der Zeitpunkt unsrer Abreise ein, und wir verließen gegen Ende des

Januars 1811 diese Gegend, um zuerst einige Wochen in Lich zuzubringen, von wo wir auch Laubach und Ulpha in der Wetterau besuchten. Darauf brachten wir kurze Zeit in Frankfurt am Main zu, und reisten dann ohne Aufenthalt, wiewohl nicht ohne Abentheuer, nach Wien.

Meine Blätter über Paris, sobald ich sie glücklich nach Oesterreich gebracht, vervollständigte ich wieder, und nachdem sie von mehreren Freunden mit Antheil waren gelesen worden, forderte sie von mir, im Sommer 1811 zu Töplitz, der preußische Minister der auswärtigen Angelegenheiten Graf von der Golz, aus dessen Nachlaß ich sie erst im Jahre 1834 wiedererhielt. Von den entwandten Blättern aber fand ich eine Spur im Jahre 1813 in Hamburg. Man brachte in das russische Hauptquartir Schriften und Bücher, die sich in der Wohnung des französischen Polizeihaupts Grafen d'Aubignose zurückgelassen fanden. In einem alten bestäubten Pack fiel mir ein Blatt auf, welches ich bald als eine in's Französische übersetzte Stelle von mir über Napoleon erkennen mußte, die als Extrait d'une lettre bezeichnet war. Dabei lagen zwei Abbrücke der Ode von Stägemann an den Kaiser Alexander. Die Nachbarschaft war ehrenvoll, aber auch gefährlich. Zum Glück waren diese Anklagestücke beiseit geschoben worden, und jetzt, in unsern Händen, nur Zeugnisse, wie sehr die Zeiten sich verändert hatten!

---

Frankfurt am Main, den 20. Februar 1811. Mein lieber Fouqué freut sich, daß er seinen Brief mir in diese Gegend schickt, und wünscht anstatt des Blattes selber hier zu sein. „Das mir sehr liebe Frankfurt! — so schreibt er mir aus Nennhausen, — das mir von langer Zeit wie ein freundliches Weihnachtsbild herüber sieht. Der silberblaue Main, mit seinen milden Ufern! Zuletzt habe ich das alles auch im Winter gesehen, und es war dennoch so schön. Doch will ich freilich nicht mit Sicherheit behaupten, wie viel des eignen Lichtes von den Gegenständen ausging, und wie viel auf sie hinstrahlte aus meiner Jünglingsseele, in allem Stolz auf den vollbrachten ersten Feldzug, in

aller traumumglänzenden Hoffnung auf neue, weit glorwür=
bigere, in aller romantischen Erwartung unerhörter Aben=
theuer und Liebesgeschichten. Ich taugte damals nicht viel.
Die rasende Selbstheit des Zeitalters mit ihren thörichten
Schwindeln hielt mich schlimm besessen; es war nur grade
so viel des Rechten und Guten noch in mir wach, als taugte
und nothwendig war zur Aussaat in eine bessere Zukunft.
Ich dichtete auch wenig, und schlecht, weil ich mir mein Le=
ben selbst zu einem wunderbaren, höchst prahlenden Epos
ausspann; aber eben deßhalb leuchteten die wirklichen Um=
gebungen wie goldne Feenschlösser mit Demantengehängen
verziert, und, wie gesagt, ich weiß nicht, ob alles so schön
war, als es mir in der Erinnerung mit hellen Farben auf=
steigt, sobald einer sagte: „Frankfurt am Main!" — Mit
welcher Wehmuth erfüllt mich der Brief meines Freundes!
Wie ganz anders fühl' ich mich jetzt hier, auch nach meinem
ersten Feldzug, und auch noch jung (morgen werd' ich fünf
und zwanzig Jahr), um nicht des Alters wegen den süßen
Einbildungen glücklicher Lebensgeschicke entsagen zu müssen!
Unwillig von Schmerz und Zorn ergriffen, ohne Ermunterung
irgend einer Art, jeder begeisterten Stimmung fremd, in
stetem Warten ohne Halt und Ruhe, seh' ich die flüchtigen
Tage vorübergehen. Meine Wünsche für mich selbst sind
bescheiden, aber fast hoffnungslos, ich sehe mich stets auf's
neue weitab verschlagen! Und so auch liegt das Allgemeine,
für das ich die kühnsten Wünsche mit festem Vertrauen hege,
mir noch in dunkler, dunkler Ferne.

Wie jedes deutsche Land und jede deutsche Stadt früher
auf eigne Weise die Kraft und das Gedeihen der Nation
darstellte, so auch jetzt wieder auf eigne Art spricht jedes
Land und jede Stadt den allgemeinen Jammer aus. Welch
verschiedene Bilder geben Hamburg, Münster, Halle, Wetz=
lar, Hannover, Regensburg, oder Hessen, Baireuth, Tyrol,
überall ist es ein andrer, ein eigenthümlicher Verlust, und
überall doch nur die eine Ursache dazu, die fremde Herr=
schaft! Wie traurig steht auch dieses einst so glückliche und
stolze Frankfurt da! Die alte Reichsstadt, welche in ihren
Mauern ehemals die Wahl und Krönung des Kaisers ge=

schehen sah, froh der Freiheit und des mit ihr verbundenen Wohlstandes, wie sehr ist sie gesunken! Zwar belebt sind auch jetzt noch die Straßen und Märkte, mancher gute Erwerb ist noch in den Händen der Bürger, ja sogar auch neuer Reichthum entstanden, und der Name der Stadt ist auf das ganze Gebiet eines bedeutenden Großherzogthums ausgedehnt worden; allein der innere Kern deutschen Lebens ist angegriffen, und schwindet täglich mehr dahin. Die Verfassung der Stadt war voller Mängel und Mißbräuche, das giebt jeder Verständige zu; aber nur aus eigner, einheimischer, freier Entwicklung können solche Fehler verbessert werden; die fremde Hand kann abschaffen, aber nicht heilen, nicht verbessern. Das bezeugen auch hier tausend Klagen, die laut den Arm des Rächers und Befreiers anrufen. So fordert eine strenge Konskription — an sich die gerechteste Maßregel, aber unter dem fremden Joche die schrecklichste — nun auch das Blut der Unglücklichen, das in fremden Schlachten am Tajo und vielleicht an der Wolga soll verspritzt werden, damit die Nachbleibenden um so sichrer gefesselt seien! Eine billige Vorstellung der Bürger, daß die Befreiung vom Kriegsdienste durch Stellvertreter auf dieselbe Weise, wie es in Frankreich geschieht, eingeführt würde, ist mit Härte abgewiesen worden, und die Behörde zieht das Loslaufgeld ein, während die übrigen Kriegspflichtigen nun doch die bestimmte Anzahl zum Dienste stellen. So haben es die Deutschen in vielen Stücken schlimmer, als selbst die Franzosen, und ich habe schon von vielen Leuten hören müssen, für das äußre Gedeihen müßte das Volk wünschen, gleich völlig zu Frankreich geschlagen zu werden. Doch ist es wahrlich nicht der äußre Vortheil allein, der die Wünsche des Volks bestimmt. Hier ist seit langer Zeit ein Stapelplatz des französischen Wesens für Deutschland, unzählige Bezüge reichen nach Frankreich hinüber, seit Jahren sind hier französische Truppen und Verwaltungen, aber ungeachtet alles dessen hat sich fast nichts von französischem Sinn hier festgesetzt, vielmehr eine immer stärkere Gegenstimmung erhoben. — Ich habe einem Balle des Casino beigewohnt; die Gesellschaft war zahlreich, alter Adel, Kaufleute, Offiziere von der französischen Besatzung. Unter den Frauen waren hübsche Gesichter, die Anzüge reich und geschmackvoll; man versicherte mit Bestimmtheit, seit fünfzehn Jahren habe keine namhafte Frankfurterin sich mit einem Franzosen verheirathet. Der Gouverneur der Stadt, Graf Tascher, scheint ein gutmüthiger, muntrer Mensch, er befand sich anspruchslos in der Gesellschaft, und man bekümmerte sich wenig um ihn; aber andre Franzosen wollten sehr als Herren auftreten, und nahmen dem Gouverneur sogar übel, daß er sein Ansehen nicht strenger behauptete. Sehr angenehm war mir die Bekanntschaft des Herrn von Gontard, ehemaligen österreichischen Oberstlieutenants im Klenau'schen Chevaurlegersregiment, der mich nach vielen seiner alten Kammeraden fragte. Wie ein romantisches Land, von dem wüste Meere trennen, lebt in dem österreichischen Heere noch das sogenannte „Reich" in bestem Andenken, und wiederum steht den Reichern eben so das schöne kaiserliche Heer in der Erinnerung, welches in diesen Gegenden so lange Zeit mit wechselndem Glücke gekämpft. Wie viele Frankfurter sprachen mit Entzücken von jenen frühern Jahren! Nun ziehen täglich hier unter unsern Fenstern die französischen Truppen vorbei, und lärmen mit ihren Trommeln und ihrer Musik durch die Straßen. Ich sollte dessen schon gewohnt sein. Ich werd' es nie gewohnt.

Das Denkmal, welches Friedrich Wilhelm der Zweite vor dem Friedberger Thore den dort am 2. Dezember 1792 gefallenen Hessen hat errichten lassen, ist mir noch werther und lieber geworden, als im Frühjahr 1809, da ich es zum erstenmale sah. Friedrich Wilhelm der Zweite hatte in Künsten hohen und edlen Geschmack. Die Einfachheit des Ganzen, der viereckige Stein, der auf Basaltschichten ruht, die großen ehernen Sinnbilder, Helm, Schild, Widderkopf und so weiter, alles zusammen macht einen würdigernsten Eindruck, wie selten solche Denkmäler pflegen, die gar leicht in der Anlage verunglücken. Auch die Namen der Gemeinen stehen auf der ehernen Tafel. Solcher Steine sollte man mehr in Deutschland finden! Sie reden zu allem Volke, während Schrift und Erzählung nur in einem sich stets verengenden Kreise fortbestehen.

Ich will mich abwenden vom Staat und Krieg; Gottlob, das Vaterland hat noch andre Seiten, die nicht gleich jenen beschädigt und verdorben sind. Hier ist Goethe geboren; deß will ich gedenken, und mich freuen! Die ganze Stadt ist mir sein geweihtes Denkmal: hier erblühten die kindlichen Sinne, hier sogen sie zuerst die Lebensnahrung ein, die nachher aus seinen herrlichen Schöpfungen über die ganze Nation sich verbreitete; diese Häuser hat er betreten, diese Straßen durchwandelt, unschuldig und ahnbungsvoll, dieser Glockenschlag tönte ihm und maß ihm die Stunden ab, diese Mitbürger umwogten ihn! Wie im Zauberschwunge rauschen alle früheren Auftritte und Begegnisse Wilhelm Meister's neubelebt an mir vorüber, und die reine blühende Seele Goethe's tritt daraus hervor. Geliebter Dichter, der du aus deutschem Boden und Leben wie ein Riesenbaum dich erhebst, und den grünenden laubreichen Wald jüngerer Bildung um deinen mächtigen Stamm versammelst, ein Mittelpunkt und Urbild des Vaterlandes, laß mich hier dich in Gedanken als zartes Bäumchen umfassen, und deine junge Rinde küssen!

## Sechsundzwanzigster Abschnitt.

### Harren und Streben.

#### Prag, 1811.

---

Nach dem wechselvollen Leben, das ich so lange geführt, erschien der herkömmliche Besatzungsdienst und überhaupt der ganze Aufenthalt in Prag sehr beschränkt und einförmig. Die drückenden Zeitläufte machten sich überall fühlbar, der sinkende Werth des Papiergeldes verursachte auf allen Seiten Verlust und Unsicherheit, der gesellige Zusammenhang war schwach, und außer der schroffen Trennung der Stände wirkte hier auch der Unterschied der Volksstämme sehr merklich. Doch standen die deutsch und die böhmisch redenden Eingebornen noch nicht so sehr von einander ab, als von beiden wir deutsche Ausländer, die wir an Sinn, Richtung und Gewohnheiten hier entschieden fremd waren, und trotz manches Bemühens nicht heimisch wurden. Besonders traf dies die zahlreichen Offiziere, welche aus Norddeutschland wegen des Krieges nach Oesterreich gekommen waren, und jetzt im Heere noch fortdienten. Auf einander angewiesen, hielten wir so viel als möglich zusammen, erfuhren aber auch, daß die Gleichheit des Aeußerlichen noch lange keine Gemeinschaft bildet. Die mir am werthvollsten gewesen wären, hatte der Zufall entfernt, und der Nähe und Bereitwilligkeit mancher Anwesenden mocht' ich mich lieber entziehen. Dagegen hört' ich zwei deutsche Namen jetzt in Prag nennen, nach denen ich früher dort und anderswo vergebens gefragt hatte, und zu welchen ich mich lebhaft hingezogen fühlte. Der Hauptmann Ernst von Pfuel, mir aus dem Lebenskreise von Nennhausen sehr wohl, aber noch nicht persönlich, bekannt, war der eine dieser Männer; der ehemalige preußische Minister Freiherr vom Stein, geächtet von Napoleon und hochgeehrt von allen deutschen Vaterlandsfreunden, war der andre.

Stein war in Berlin durch die französische Achtserklärung mitten in seinen Amtsgeschäften überrascht worden, und hatte seine Zuflucht nach Oesterreich genommen. Hier waren während des Krieges seine Hoffnungen und sein Haß heftig angeregt, und auch nach dem Frieden hielten beide sich voll unmuthigen Eifers aufrecht. Er wollte jetzt in Prag möglichst ruhig abwarten, wie die Weltereignisse sich ferner entwickeln würden; der Ort war zu Beobachtungen wohlgelegen, bot vielerlei Hülfsmittel, und auch geselligen Anhalt genug für einen Mann, der durch Geburt und Würden überall zu den Kreisen der hohen Aristokratie gehörte.

Von seiner unbeugsamen Gesinnung, der Schärfe seines Geistes und der ungemeinen Heftigkeit seiner Gemüthsart erzählte man vielerlei Züge, welche ihm überall, wo der Franzosenhaß glühte, Bewunderung und Zutrauen erwarben, und einen Helden in ihm sehen ließen, auf den das Vaterland einst würde rechnen dürfen. Zwar fanden sich schon damals manche Stimmen, welche so raschem Muthe nicht ganz vertrauen wollten, an den Grundsätzen des Staatsmannes vieles tadelten, ihn thörichter Vorurtheile für alles Alte beschuldigten, und denen die Befreiung Deutschlands weit eher durch maßvolle Klugheit und besonnene Tapferkeit, als durch heftigen Ungestüm zu hoffen schien; solche Stimmen riefen dann auch wohl die Umstände zurück, durch welche Stein in seine jetzige Lage gerathen war, und höchst unzeitig einen Wirkungskreis verloren hatte, der ihm für seine Zwecke nicht schöner geboten sein konnte. Diese Umstände konnten allerdings seiner Besonnenheit nicht zum Lobe gereichen; doch waren sie damals nur ungefähr bekannt, der genauere Hergang aber war folgender. Von Königsberg sollte der Assessor Koppe mit Aufträgen nach Berlin und weiter in das nördliche Deutschland abgesendet werden. Stein kam von einer Mittagstafel, wo viel getrunken worden war, und fand den schon Reisefertigen, der sich die letzten Befehle erbat; Stein hieß ihn einen Augenblick warten, trat an ein Pult, und schrieb stehend in Eile und Eifer noch an den Fürsten von Wittgenstein einen Brief, den jener empfing, und dann abreiste. Die Sache blieb so gut wie vergessen, als plötzlich die Nachricht kam, Koppe sei von den Franzosen aufgefangen und seiner Briefschaften beraubt worden. In der Unruhe und Besorgniß, welche dies erregte, bekannte der Graf von der Golz, Minister der auswärtigen Angelegenheiten, er sei in großer Angst wegen einiger Briefe, in denen er sich über Napoleon scherzend ausgelassen. „Das war recht dumm von Ihnen!" fuhr ihn Stein sogleich an; und sobann befragt, was er selber denn für Briefe geschrieben, versetzte er gutes Muthes: „O was ich geschrieben habe, das dürfen die Franzosen alles lesen!" Bald nachher las er seinen Brief an den Fürsten von Wittgenstein im Moniteur abgedruckt, und mußte nun den Inhalt, auf den er sich vorher kaum hatte besinnen mögen, allerdings für verfänglich und unbedacht erkennen. Bei dem lautgewordenen Unwillen Napoleon's konnte Stein nicht füglich preußischer Minister bleiben. Er reichte daher seine Entlassung ein, dachte indeß auch jetzt so wenig an Gefahr, daß er vorläufig nach Berlin zu reisen wagte. Hier aber las er unerwartet im Moniteur ein Dekret Napoleon's aus Madrid, durch welches le nommé Stein, als Aufruhrstifter gegen die Franzosen, vogelfrei erklärt wurde. Für Stein blieb nun nichts übrig, als zu fliehen. Da die Wege nach England versperrt waren, so konnte nur Oesterreich eine sichere Zuflucht bieten. Die französischen Behörden hatten den preußischen bereits die Auslieferung des Geächteten nachsuchen müssen, thaten jedoch nichts, was seine Flucht hindern konnte; in dem Dekrete war le nommé Stein nicht auch als der Minister bezeichnet, diese Unbestimmtheit kam ihm zu Statten, er behielt zwei Tage Zeit, seine Anstalten zu treffen, und gelangte glücklich nach Oesterreich.

In solchen Fällen aber zeigt sich die Aechtheit eines Karakters im glänzendsten Lichte; die wahre Größe ist von ihren sie begleitenden Mängeln unabhängig, und Schwächen und Irrthümer werden ihr nicht angerechnet; die Stimme des Volks, von richtigem Gefühl geleitet, hält ihre ächten Helden über Unfälle und Mißgeschicke empor, und spricht sie los von der Verpflichtung des Erfolgs. Daß Blücher bei Lübeck sich mit seinen Truppen gefangen geben mußte, hat ihm in der Meinung nicht geschadet, man sah in ihm nicht minder den Helden, dem die Zukunft anzuvertrauen sei. Eben so können wir von Stein sagen, daß die erzählte Uebereilung, welche so große Entwürfe und Bereitungen zerrüttete, ihm in der Meinung eigentlich kaum geschadet hat; man bedauerte das Vorgegangene, lächelte darüber, aber die Verehrung und das Zutrauen nahmen nicht ab, im Gegentheil, Stein's Unfall beglaubigte ihn als unwiderruflichen Feind der Franzosen, dem keine Aussöhnung möglich sei, und dessen Versehen sogar nur den Eifer kund gab, der in jeder auch kleinsten Gelegenheit sich selber bloßzustellen kein Bedenken trug. In solchem Ansehen und solcher Würdigung lebte Stein bei den Besten und Würdigsten in Prag.

Er stand mit den vornehmen Familien in hergebrachtem Verkehr, hielt sich aber im Ganzen sehr zurückgezogen, und hatte nur wenig Umgang, der auch selten seinen Ansprüchen genügen konnte. Denn er machte unausgesetzt die größten Forderungen. Ehrenfest und deutsch wollte er die Menschen, aber auch fein und wohlgesittet, von wissenschaftlicher Bildung, aber auch entschlossen und thatkräftig, wo möglich noch unterhaltend durch Geist und Witz. Freilich war er selbst dies alles, aber nur selten wurde ihm dergleichen dargeboten, in Prag nur durch Pfuel, die Grafen von Sternberg, und vielleicht noch zwei bis drei Andere. Er war auch schon zufrieden, solche Eigenschaften theilweise vorzufinden, oder in solcher Richtung den guten Willen. Ich hatte über Paris und Napoleon mancherlei aufgeschrieben, war kürzlich durch einen großen Theil von Deutschland gereist, hatte ja auch schon gegen die Franzosen gefochten, dies alles, wovon Stein hörte und angezogen wurde, verschaffte auch mir die Gunst, daß er mich kennen lernen wollte. Pfuel führte mich zu ihm.

Der Empfang sollte freundlich sein, die Absicht war nicht zu verkennen, aber trotz derselben gerieth er doch ziemlich schroff und rücksichtslos. Man sah es dem Manne gleich an, daß er ohne viele Umstände zu verfahren liebte, und fast nur gezwungen, durch entschiedenes Machtansehen, wahre Geistesgkraft oder trotzige Selbstständigkeit, einen andern Menschen so gelten ließ, um mit ihm auf einer Art von gleichem Fuße zu verkehren. Ich werde mich nicht rühmen, gegen Stein irgend eine Positur behauptet zu haben; wie hätte ich daran denken und dies mir gelingen können. Aber ich kann sagen, daß auch er mir im geringsten nicht imponirte, und daß ich ihm gegenüber meine Selbstständigkeit irgend beschränkt gefühlt hätte. Ich fand ihn einfach und ungezwungen, ganz ohne Stolz und Schein, und so war ich ebenfalls einfach und natürlich, ohne andere Unterordnung, als welche der äußerliche Abstand gebot. Gleich bei dem ersten Besuche, bei Erwähnung mancher politischen Bezüge, in dem Urtheil über Personen und Schriften, thaten sich merkliche Verschiedenheiten der Ansichten hervor, und Stein schien verwundert, daß ich die meinigen nicht sogleich berichtigen ließ. Doch reizte ihn der Widerspruch nicht unangenehm, und er lud mich lebhaft und dringend zu häufigen Besuchen ein. Ich hatte dazu mehr als Einen Antrieb. Meine Verehrung war aufrichtig und unbegränzt; den hohen Werth eines solchen Mannes erkannte ich mit allem Eifer, mit entschiedener Hoffnung künftigen Erfolgs, sowohl für die allgemeine Sache, als für mich insbesondere.. Hier ein näheres Verhältniß anzuknüpfen, schien in meinen Lebenszwecken ganz eigentlich begründet, früher oder später mußten wir doch in gleichen Richtungen zusammentreffen, und ich konnte mir nicht verhehlen, daß mir dabei nur Ehre und Vortheil erwachsen würde. Aber ich hatte noch ein anderes Anliegen. Für meine künftige Laufbahn mußte ich Studien unternehmen, die ich früher hatte vernachläßigen dürfen, und für welche mir jetzt in Prag sowohl Anleitung als Bücher

fehlten. Mit völligem Vertrauen hatte ich dem kenntniß-
reichen Staatsmanne meine Unwissenheit aufgedeckt, und
seinen Rath und Beistand erbeten, um auf kürzestem Wege
in die Zweige praktischer Staatskunde einzubringen, deren
ich am meisten zu bedürfen schien. Sehr bereitwillig sagte
er mir Hülfe zu, sowohl durch mündliche Belehrung, als
durch den reichen Vorrath seiner Bücher, die er nach Prag
hatte nachkommen lassen.

So oft ich nun zu Stein kam, hörte ich gleichsam ein
privatissimum über Gegenstände der Staatswirthschaft, erläutert durch Beispiele aus dem Geschäftsleben selbst, wobei
zwar keine geordnete Folge herrschte, aber doch die wichtigsten Ansichten und Thatsachen mir auf die lebendigste
Weise dargeboten wurden. Seine eigne Lebhaftigkeit riß
ihn fort: jede Unkunde, die er wahrzunehmen glaubte, jeder
Zweifel, der sich zu äußern wagte, steigerte seinen Eifer
und er nahm sich die Geduld, in die ausführlichsten Erläu-
terungen einzugehen. Bei solcher Gelegenheit fehlte es nicht
an persönlichen Bemerkungen, besonders über preußische
Staatsbeamte, und die Kritik ihrer Handlungen gab ihm
noch mehr Herzenserleichterung, als mir Belehrung, wobei
mir nicht entging, daß in der Sache und in der Form seine
raschen Aussprüche als parlamentarische Opposition oft von
außerordentlicher Wirkung hätten sein müssen. In seinen
Lieblingsvorstellungen ganz ritterlich gesinnt, auf einen starken
und reichen Adel haltend, war Stein zugleich der eifrigste
Bauernfreund, und wollte den Landmann durchaus frei und
selbstständig wissen. In diesem Betreff rühmte er die neue
preußische Gesetzgebung, die zwar nicht, wie man fast allgemein glaubt, von ihm ausgegangen war, aber doch jede
Förderung erhalten hatte. Hierbei kam er auf die Verdienste
des in Königsberg verstorbenen Professor Kraus, dessen
Schriften er mir gab und empfahl, und den er gegen neuere
Angriffe mit Zorn vertheidigte. In Berlin nämlich gab
damals Heinrich von Kleist deutsche Blätter heraus, in
welchen Adam Müller den Werth von Kraus sehr herab-
setzte, und ihn für einen bloßen Nachsprecher Adam Smith's
erklärte, dessen Grundsätze, als den Gewerbefleiß zum

Nachtheil des Adels begünstigend, schon nicht mehr gelten sollten. Stein aber sagte von Kraus: „Der Mann hat mehr gethan, als diese Herren je vernichten werden. Die ganze Provinz hat an Licht und Anbau durch ihn zugenommen, seine Belehrung drang in alle Zweige des Lebens, in die Regierung und Gesetzgebung ein. Hat er keine neuen glänzenden Ideen aufgestellt, so ist er dafür auch kein ruhmsüchtiger Sophist gewesen, und die einfache Wahrheit klar und rein vorgetragen, auf ihren richtigsten Ausdruck gebracht, und Tausenden von Zuhörern erfolgreich mitgetheilt zu haben, ist ein größeres Verdienst als durch Geschwätz und Paradoxieen Aufsehen zu erregen. Aber so verhält es sich nicht einmal: Kraus war kein Nachbeter, Kraus hatte eine unscheinbare und doch geniale Persönlichkeit, die seine Umgebungen mächtig ergriff, er hatte Blitze neuer Einsichten, größter Anwendungen, und setzte uns durch sein unerwartetes Urtheil oft in Erstaunen. Wenn er indeß sein A. B. C. vortrug, suchte er das B. nicht hinter das C. zu setzen, und eine solche Neuerung als geistreich auszuschreien. Lesen Sie seine Schriften, klar und einfach ist da alles, und mehr brauchen Sie für jetzt nicht. Nebenher lesen Sie mir auch die Franzosen, um zu vergleichen und zu prüfen, die Leute haben auch was gethan!" Wenn Stein so eiferte, gerieth seine Stimme und Gebärde in eine eigene Art von Zitterung, wobei er die Augen zudrückte, und die Worte zuletzt kaum noch ausklingen ließ. Aber wie traf gleich darauf sein Blick groß und durchdringend den Zuhörer, welchem er dann jeden geheimen Widerspruch auf dem Gesichte las, und mit neuem, oft hartem und verletzendem Anlauf entgegen drang! Mit ihm ein Gespräch zu haben, war ein steter Kampf, eine stete Gefahr, nie konnte man sicher sein, durch eine plötzliche Wendung sich feindlich behandelt zu sehen, weil es ihm beliebte, den gerade Anwesenden, mochte dieser auch ganz einstimmig sein, sich als Widersacher vorzustellen; und dies ohne üblen Willen, ohne persönliche Absicht, und ohne irgend einen bleibenden Eindruck in ihm selber. Dies gab dann auch dem Umgange Stein's einen eignen Reiz und ließ die Erregung, in welche sein Gespräch versetzte, eher aufsuchen, als meiden; wie denn insbesondere der Kaiser Alexander späterhin von diesem rüstigen und derben Wesen, das sich den höchsten Personen gegenüber nur etwa durch einen Zusatz von Laune mäßigte, ganz bezaubert war, und für Stein eben so große Zuneigung als Bewunderung empfand.

Durch Stein wurde ich auch mit mancherlei Zusammenhang der politischen Dinge bekannt, der mir bisher entgangen war. Ich bekam Aufschluß über allerlei, was in Berlin und im nördlichen Deutschland vorbereitet wurde, und sah nun Weg und Feld mit zahlreichen Fäden überkreuzt, die beim Weiterschreiten nicht unbeachtet bleiben durften. Stein hatte thätige Verbindungen beibehalten, und war von allem, was in Berlin vorging, genau unterrichtet. Scharnhorst und Gneisenau waren die Männer seines Herzens. Nächst ihnen rühmte er Niebuhr, den er als praktischen Staatsbeamten und als gründlichen Gelehrten gleich sehr schätzte, und dessen Buch über die Geschichte Roms er mir zuerst mittheilte, wobei er in aller Bewunderung des Scharfsinns und der Gelehrsamkeit doch bedauerte, daß Niebuhr eigentlich kein Deutsch schriebe, sondern im Deutschen immer Englisch werden wolle, durch dessen frühes und eifriges Studium er seinen Stil verdorben habe. Von den deutschen Gelehrten dachte er im Ganzen nicht vortheilhaft; doch lobte und empfahl er die Schriften von Heeren als gründlich und praktisch, und besonders pries er Fichte'n wegen seiner Reden an die deutsche Nation; die Philosophen mochte er sonst wenig leiden, und erklärte die damaligen neuesten geradezu für verrückt. Auch Schleiermacher's philosophische Religion war ihm zu geistreich und in Betreff der Rechtgläubigkeit mehr als verdächtig. Große Stücken hielt er auf Justus Gruner, von dessen Muth und Gewandtheit im Geheimkriege der preußischen Behörden gegen die französische Polizei und Herrschaft die merkwürdigsten Beispiele erzählt wurden. Von ihm wird später noch die Rede sein.

Hatte ich bei diesen Unterweisungen und Aufschlüssen

mich nur belehren zu lassen und fügsam und dankbar zu
erweisen, so gab es dagegen andere Gegenstände, bei welchen
mir eine thätigere Rolle zugewiesen war. Um seine vielen
Stunden würdig und zugleich fruchtbar auszufüllen, hatte
Stein ein ernstes Studium der französischen Revolution
vorgenommen, er wollte diesen Ereignissen, aus welchen die
Geschicke der Welt noch unmittelbar herabströmten, Einmal
auf den Grund sehen, ihre starken und schwachen Seiten
kennen. Die damals erreichbaren Hülfsmittel lagen auf
seinen Tischen, er las die Schriften aller Partheien, und
scheute die großen Bände des Moniteur nicht, um die öffentlichen Verhandlungen aus der Quelle zu schöpfen. Seine
Gespräche lenkten natürlich jedesmal auch auf diesen Gegenstand ein, über den seine Empfindungen und Ansichten auszusprechen er am liebsten selbst eine Rednerbühne bestiegen
hätte. Jeder meiner Besuche fand ihn fortgeschritten, in
dem Geschichtsgange, und ich konnte die Eindrücke jeder
Epoche genau wahrnehmen. Sein Haß gegen die Revolution
war gränzenlos, besonders in den ersten Zeiten, wo noch so
oft durch wenige Maßregeln und einige Entschlossenheit alles
hätte gewendet werden können. Die Franzosen von 1789
waren ihm schon die jetzigen, die Republikaner schon die
von Napoleon unterjochten und den Deutschen schmachvoll
aufliegenden kaiserlichen Kriegsknechte; die Vorgänge, in
denen das Volk siegte, erfüllten ihn mit Grimm, er hätte
dem Hof, den Ministern, den Generalen noch jetzt seine
Kraft und Entschlossenheit leihen mögen. Wenn Mirabeau
und Lafayette einige Gnade bei ihm fanden, so war es,
weil sie solche Kraft, die sie zuerst gegen den Hof wandten,
zuletzt auch der Volksmeinung entgegensetzten. Sonst verwarf er alle Theilnehmer der Revolution in ein- und dieselbe Verdammniß. Ich stimmte ihm hierin nicht bei, und
faßte überhaupt die Ereignisse mehr in ihrer Besonderheit
auf, suchte sie aus ihren eigenthümlichen Umständen und
Antrieben zu erklären, und wollte eine unabwendbare Ent-
wickelungsfolge in ihnen sehen. Stein fand dies kleinliche
Geschichts-Sachwalterei, wollte von genauen Erwägungen

12*

wenig hören, und hielt sich als Mann der That und des
Kampfes an den kurzen Entscheid: alles dort drüben sei
der Feind, und er müsse in Summa geschlagen und vertilgt
werden.

Jedesmal hatten wir hierüber Streitigkeiten. Ich gab
zu, daß im Schweben der Schlacht kein Unterschied zu
machen sei, aber nach dem Kampfe folge die Geschichte wie
ein Lazareth, wo man auch den Feind schonend behandle
und wohl Rücksicht nehme, ob er aus Wahl und Absicht
oder Zufall und Zwang es geworden sei. Ich war in der
französischen Revolutionsgeschichte, besonders in den An=
fängen, nicht unbewandert, und konnte manche Thatsache,
manchen Karakterzug anführen, welche Stein nicht ganz ver=
werfen durfte; bisweilen ließ er sich den Widerspruch ge=
fallen, wie er denn überhaupt mit jeder Entschiedenheit
artiger umging, als mit feigem Nachgeben, welches er ge=
wöhnlich mißhandelte. Allein ich stand in jedem Betracht
hier zu sehr im Nachtheil, um diese Erörterungen zu lieben,
welche doch jedesmal den ganzen Umgang auf's Spiel
setzten. Verschweigen wollt' ich meine Meinung nicht, aber
sie ganz herauszusagen war oft kaum thunlich. Ich erinnere
mich, Einmal gereizt und gedrängt zu Stein gesagt zu
haben, er sei ein Reichsfreiherr, ein Adeliger und Vor=
nehmer, und habe als solcher im gegebenen Falle ein be=
stochenes Urtheil. Ich erschrak, als ich diese Kühnheit aus=
gesprochen. Stein aber schwieg einen Augenblick, wurde
ganz gelassen, und sagte mit mildem Ernst und großer
Würde: ich machte ihm da einen Vorwurf, der einigen
Schein habe, jedoch um mir zu zeigen, daß er ihn im All=
gemeinen doch nicht so ganz verdiene, wolle er mir bei=
spielsweise nur sagen, daß, wenn er auch zu dem ältesten
Adel gehöre, und in adeligen Gewöhnungen und An=
sichten herangewachsen sei, doch die eigentlichen vertrauten
Freunde, die er in seinem Leben gehabt, freilich aber später
wieder habe aufgeben müssen, beide bürgerlich gewesen; er
meinte Rehberg und Brandes. „Nicht wahr?" fügte er
hinzu, „das haben Sie wohl nicht gedacht?" Meine
Beschämung konnte mich so sehr nicht beugen, daß nicht

der Anblick des trefflichen und in solchen Momenten wahrhaft liebenswürdigen Mannes mich noch mehr erhoben hätte.

Eines Tages aber fand ich ihn wieder über dem Moniteur und ganz ungewöhnlich aufgeregt. Er sprach mit Lebhaftigkeit über die Revolution, aber schimpfte nicht. Er war zu dem Nationalconvent gelangt, und hier, wo sein Haß den Gipfel erreicht haben mußte, wo die Verurtheilung und Hinrichtung Ludwig's des Sechszehnten, die gehäuften Gräuel und Schrecknisse aller Art ihn empören mußten, sah er sich zu staunender Bewunderung hingerissen durch die ungeheure Kraft und beispiellose Macht, mit welcher der Wohlfahrtsausschuß das innere Frankreich beherrschte, und nach außen allen Feinden siegreich die Spitze bot. Diese gewaltsamen Maßregeln, diese furchtbare Strenge und fast übermenschliche Thätigkeit, imponirten ihm, diese waren seines Wesens und Geschmacks, solche hätte er selber jetzt zur Rettung Deutschlands gegen die Franzosen anwenden mögen. Wie kräftig diese Leute gewesen, was sie alles geleistet und durchgesetzt, hörte er nicht auf zu preisen, und hielt eine begeisterte Lobrede auf jenen Ausschuß, den er mir vorwarf nicht gehörig zu erkennen. Denn freilich konnt' ich auch diesmal ihm nicht beistimmen: manche Vorgänge der Revolution waren mir in günstigem Licht erschienen, ich hatte die erste Nationalversammlung bewundert, die talentvollen Girondisten beklagt, aber von frühster Zeit waren mir die Jakobiner und ihre Gräuel zum Abscheu, und die Größe eines Danton und Robespierre nur schauderhaft. Schon bei dem nächsten Besuche hatte auch Stein von seiner Bewunderung nur noch Abscheu, und im weitern Verfolge der Revolutionsgeschichte fand ich ihn nur noch Einmal besonders aufgeweckt, als er zu den Unfällen des Direktoriums gekommen war, wo es ihm wohlthat, seinem Hasse auch einmal volle Verachtung beimischen zu können. Man wird mir zugeben, daß ich durch die Gesprächsbegleitung des Stein'schen Studiums einen Kursus über die neuere Zeitgeschichte gemacht, wie er nicht leicht wieder vorkommt!

Mehr, als mit meinen mündlichen Aeußerungen war Stein mit meinen schriftlichen Aufsätzen zufrieden, in denen ich einen Theil meiner Reisewahrnehmungen niedergelegt hatte. Er trieb mich unaufhörlich zum Schreiben an, zum Schreiben im deutschen Sinn, zum Schreiben gegen die Franzosen. Es könne nicht genug in dieser Art geleistet werden, und der Augenblick, meinte er, wo dergleichen gedruckt werden könne, werde schon kommen. Er freute sich, daß Graf Schlabrendorf, von dem ich viel hatte erzählen müssen, durch sein Buch über Napoleon diesem den größten Schaden gethan, und die Augen der Welt enttäuscht habe, er freute sich der Blätter Arndt's, die zu ihm gelangt waren. Jede feindliche Aeußerung gegen das französische Kaiserthum that ihm durchaus Genüge. Ueberhaupt blieb das Vernehmen, so lange sein Aufenthalt in Prag dauerte, ziemlich ungestört. Später wurde der Abstand in Meinungen nicht nur, sondern auch in Rang und Stellung allzu trennend. Seine Heftigkeit hab' ich als auf mich persönlich gerichtete nie erfahren, wohl aber oft peinlich bestanden, wenn er sich wider Andre tobend ausließ.

Stein's Raschheit und Ungestüm hing ganz mit seiner körperlichen Organisation zusammen. Er fragte mich einmal nach der Zahl meiner Pulsschläge, und hielt mir dann lachend die Hand hin, ich solle die seinigen einmal zählen. Es waren über hundert in der Minute. Dies, versicherte er, sei von jeher sein gewöhnlicher Puls, bei dem er sich vollkommen wohlbefinde. Er schien selber diese Eigenheit als einen Freibrief der Natur anzusehen, der ihm schon erlaube, etwas lebhaftere Aufwallungen zu haben, als andere Menschen. Bei Gelegenheit Stein's, auf den ich in der Folge noch oft zurückkommen muß, hab' ich auch eines Staatsmannes zu erwähnen, den ich in Prag einigemal mit ihm zusammen sah. Dieser war der ehemals mainzische Domherr Graf Friedrich von Stadion, zuletzt österreichischer Gesandter in München. Er und sein Bruder Philipp, der österreichische Finanzminister, waren Enkel des berühmten Grafen von Stadion auf Warthausen, des hochgebildeten

Staats- und Weltmannes, von dem und seinem Zögling Laroche uns Goethe so merkwürdige Züge berichtet hat. In vielem Betracht war Graf Friedrich das Gegentheil von Stein, ruhig, milde, tiefen und zarten Sinnes, dabei welt- und geschäftskundig im größten Stil; an Rechtschaffenheit aber und edler Gesinnung stand er wohl mit Stein zu vergleichen, so wie an Entschlossenheit und Kraft, wo es galt besonnen und nachhaltig auf einen bestimmten Zweck hinzuwirken. Die Wendung der öffentlichen Angelegenheiten hatte ihn von den Geschäften entfernt, und er befand sich, wie Stein, zu stiller Betrachtung und Erwartung verurtheilt. Sie achteten und liebten einander beide, und wenn man sie zusammen sah, so verschieden an Gestalt und Art, aber beide so edel und tüchtig, so einfach und durchbildet, dann konnte man die würdigste Vorstellung von deutschem hohen Adel fassen, dem diese beiden Männer so ausgezeichnete Vertreter waren.

———

Nur allzuschnell erlitt dieser belehrende und unterhaltende Umgang eine Unterbrechung. Schon früher eingeleitete Geschäfte veranlaßten, daß ich zu deren Betreibung nach Wien geschickt wurde. Ich hatte den Erzherzog Karl, die Generale Grafen von Radetzky, Fürsten Aloys von Liechtenstein, Grafen von Neipperg, und viele andre Personen hoher Stellung und Wirksamkeit, anzugehen, und es geschah meist mit glücklichem Erfolg. Dem Grafen von Metternich fand ich mich auf's neue verpflichtet durch das ausgezeichnete Wohlwollen, das mir seit Paris bei ihm unverändert fortbestand. Ich war beglückt, meine Freunde Willisen und Metzern wiederzusehen, besuchte eifrig das Humboldt'sche Haus, versäumte das Arnstein'sche nicht, hatte öftere Gespräche mit Gentz, mit Friedrich Schlegel, und fand in der Wiener Gesellschaftsfluth, welche der Jahreszeit gemäß eben am höchsten stand, alte und neue Bekannte in Menge.

In Betreff der allgemeinen Stimmung, welche richtig aufzufassen mir besonders angelegen war, erschien mir merkwürdig, wie hier das Leben zwei verschiedene Richtungen, die keiner Vereinigung fähig schienen, ganz friedlich zusammenflocht. Der äußerlichen Geltung nach war alles in Freundschaft und Bündniß mit Frankreich, der öffentliche Ausdruck hievon war überall ohne Widerstreit angenommen; in den Gesinnungen aber trat durchaus das Gegentheil hervor und alle nicht unmittelbar jenem Ausdruck angehörigen Regungen strebten offenbar in entgegengesetzter Richtung. Daß der Zwang jenes äußerlichen Verhältnisses nicht dauern solle, daß er abgeworfen werden müsse, darüber herrschte allseitiges Einverständniß und zweifellose Zuversicht. Nur über den Zeitpunkt und Anlaß konnten die Meinungen verschieden sein, daraus einige Partheiung entstehen. Die Kriegsmänner und die geschäftslos Wartenden, wie Stein, Stadion und viele Andere, waren ungestüm; die aber im Drange des Tages Ringenden fühlten die Nothwendigkeit klugen Zögerns. Der Minister der auswärtigen Angelegenheiten hatte hier die schwierigste Aufgabe, die er bewundernswürdig löste, indem er die fremde Gebühr und eigne Aufrichtigkeit in freier und ruhiger Haltung zu vereinigen wußte. Im Schreiben herrschte große Vorsicht, und man vermied, in Briefen die politischen Gegenstände zu berühren; die mündliche Mittheilung aber war frei und kühn, und hatte in der That wenig zu fürchten, da ein Verräther oder Angeber in diesem Gedränge gleichartiger Gesinnung schnell erstickt worden wäre. Die Nachrichten aus Spanien von den Unfällen der Franzosen konnten in England nicht freudiger aufgenommen, die Hoffnungen für Oesterreich und Deutschland nirgends eifriger genähert werden, als in diesen Lebenskreisen, und die Aussicht eines Krieges zwischen Frankreich und Rußland erhöhte die Spannung der Gemüther durch die wichtigen Fragen, welche dieser Fall für Oesterreich zur Entscheidung bringen mußte. Einen solchen Krieg an der Seite der Franzosen mitmachen zu sollen, dünkte Vielen unerträglich, während Andre behaupteten, im Vertrauen auf ein künftiges Ziel dürfe man keine Verläugnung scheuen, und müsse jede Zwischenstufe getrost betreten. So ruhig, wie jetzt, ließen sich aber diese entgegengesetzten Meinungen damals nicht ansehen und verfolgen; in ihnen lag allerdings die Möglichkeit, welche auch wirklich geworden, daß Männer, welche noch eben als Waffenbrüder denselben Fahnen angehörten, künftig unter feindlichen mit dem Degen einander gegenüber stünden, und so war es natürlich, daß in diesem Zwiespalt vielfach Anklage und Mißtrauen wechselseitig ausgesprochen wurde. Der Gedanke, in russische Dienste zu treten, keimte schon in manchem Gemüth, und besonders die Deutschen aus dem sogenannten Reich, welche nicht durch Geburt dem österreichischen Kriegsdienste verbunden waren, glaubten sich nicht verpflichtet, diesem in allen seinen Wendungen zu folgen.

In dieser Zeit kam die Nachricht von der Geburt des Königs von Rom nach Wien, und das, wie nicht zu läugnen war, unabsehbar folgenreiche Ereigniß brachte die mannigfachsten Eindrücke hervor. Die Gegensätze, welchen die damalige Epoche verfallen war, traten in das hellste Licht. Die in den persönlichen Verhältnissen gegründete ächte Theilnahme durfte niemand anzugreifen wagen; die amtlichen Freudenbezeigungen und Festlichkeiten wurden dagegen um so feindlicher behandelt. Ich selbst, durch des Grafen von Metternich ausdrückliche Fürsorge, wohnte dem großen Feste bei, durch welches der französische Botschafter Otto die Geburt des französischen Thronerben feierte, und wo der kaiserliche Hof und hohe Adel Wiens in größtem Glanz erschien; allein von achthundert Eingeladenen waren doch kaum sechshundert erschienen, und nachdem sich der Kaiser entfernt hatte, verschwand auch ein merklicher Theil von diesen. Für mich aber hatte dieses Fest noch einen besondern Gegensatz in einem andern, von dem ich mußte und absichtlich erzählte. Während ich, mir selber sonderbar genug, am 20. Mai bei dem französischen Botschafter das Fest des Königs von Rom mitmachte, war in Prag für den 21. Mai zur Feier des Jahrestags der Schlacht von

Aspern, ein Fest bereitet, dessengleichen man nicht gesehen hatte. Mein Oberst, gesinnungsvoll und freimüthig, hätte es gerade in dieser Zeit gelegen und zweckmäßig erachtet, dem neusten Zustande der Dinge das Andenken dieses noch so frischen Sieges entgegenzuhalten, den man fast geflissentlich vergessen zu wollen schien. Er gab daher seinem Regimente, welches in jener Schlacht mit Auszeichnung gefochten, ein militairisches Fest, an welchem, da die schönen öffentlichen Anlagen an der Moldau, der Bubnetsch oder Baumgarten genannt, der Schauplatz waren, die ganze Stadt Prag Theil nahm. Frei und selbstständig schaltend, hatte er das Ungewöhnliche nicht gescheut, und es erregte frohes Staunen und lauten Beifall, daß die Gemeinen hier in eine Ehrengenossenschaft gezogen wurden, zu welcher meist nur die Offiziere sich abzuschließen pflegen. Einige Soldaten, welche von Aspern her die Ehrenmünze im Knopfloche trugen, wurden von dem Obersten und den Stabsoffizieren in offnen Wagen abgeholt, mußten obenan sitzen, und bekamen auch an der Tafel die Ehrenplätze. An der Bewirthung fehlte es nicht, an Trinksprüchen, Anreden und Gesängen eben so wenig; die vortreffliche Musik der böhmischen Regimenter ist bekannt, und so bedarf es keiner Versicherung, daß der Eindruck des Festes weit über dessen Anlage hinausging, und das eine Regiment nicht mehr sich selbst, sondern das ganze Heer und Volk zu vertreten schien. Die frische Kraft und Munterkeit dieser Ausführung gefiel allgemein, und selbst höheren Ortes wurden die kühnern Eigenheiten, welche doch gewaltig von dem Geiste der Zeit zeugten, mit Lächeln gelobt.

Bei meiner Rückkehr nach Prag fand ich noch alles erfüllt von dem erlebten Schauspiel, und manche meiner jüngern Kammeraden so aufgeregt, daß sie erwarteten, ich müsse von Wien wo nicht schon die Kriegserklärung, doch die Gewißheit mitbringen, daß ein Ausbruch nahe sei, und man hoffen dürfe, nächstens wieder gegen die Franzosen in's Feld zu rücken. Ich konnte ihnen freilich von allem diesen nichts; sondern nur berichten, wie ich ein Fest zu Ehren des Königs von Rom mitangesehen, worauf denn die Kriegserwartungen sich für den nächsten Sommer noch in die friedlichen Aussichten auf die herkömmlichen Waffenübungen verwandeln mußten!

Ich für mein Theil aber war auch dieser glücklicherweise überhoben, und konnte seit langer Zeit wieder zum erstenmal einem ersehnten Zusammensein mit Rahel entgegeneilen.

## Siebenundzwanzigster Abschnitt.

### Töplitz.

#### 1811.

Rahel hatte mir geschrieben, sie würde nach Töplitz in's Bad gehen, ich möchte ebenfalls dahin kommen, und, wenn es möglich wäre, sie wenigstens von Dresden abholen. Ich verließ Prag mit dem Gefühle frischen Lebens und froher Hoffnungen; endlich sollte mir gewährt werden, was mein Herz ersehnte; bisher hatten selbst die Wege und Kämpfe, die ich deßhalb eingegangen war, um diesem Ziele näher zu kommen, mich nur weiter von ihm abgelenkt, jetzt aber fuhr ich ihm gerabeswegs zu, und mit raschen Pferden war ich, eh' ich daran dachte, in Töplitz. Doch für jetzt konnte ich den Ort nur flüchtig grüßen, selbst meine bestellte Wohnung mochte ich kaum ansehen, sondern eilte nordwärts weiter, und war am 1. Juni in Dresden. Hier fand ich den Mahler Friedrich Meier aus Rathenau, wie auch den Grafen Alexander zur Lippe, welche mit mir erwartungsvoll der nahen Ankunft Rahel's entgegen sahen, und durch ihre Theilnahme meinen Eifer nährten und mäßigten. Wir durchstreiften die reichen Kunst- und Naturschönheiten, durch deren vereinten, täglich erneuerten Reiz der Aufenthalt in Dresden so anziehend wird, und überließen uns ohne Rückhalt dem Austausche der mannigfachsten Eindrücke und Strebungen, die das Leben uns sehr verschiedenartig zugeführt hatte.

Meier war ein tiefes Gemüth, in welchem sich Schmerz und Heiterkeit zu der glücklichsten Laune gemischt hatten; er handhabte die Außendinge, die gewöhnlichen Vorkommnisse des Tages, wie zusammenzusetzende Buchstaben; man ließ sich von ihm leicht in das Spiel mit hineinziehen, und staunte dann, was für Worte bedeutenden und schönen Sinnes aus dem gemeinen Stoffe sich herausbuchstabirten; in diesem Verfahren war er seinem und unserm Freunde Harscher nicht unähnlich; mit solchen Menschen umzugehen, viele Stunden des Tages mit ihnen hinzubringen, wird stets als eine Annehmlichkeit empfunden und als ein Gewinn erkannt; nur hatte Meier den großen Vorzug, daß seine Schärfe nie verletzte, daß sein Unmuth nie krankhafte Bitterkeit wurde. An letzterer ließ der Graf zur Lippe es nicht fehlen, der die Sprünge der flüchtigsten Laune plötzlich hemmte, und sie nun in seltsamen, oft unmöglichen Stellungen als schweren Ernst festhalten wollte; die wunderlichsten Zänke, Entzweiungen und selbst Bedrohungen ergaben sich auf diese Weise, die zwar bald unschädlich in freundliche Beschwichtigung ausliefen, aber durch die Wiederholung und Folgelosigkeit auch langweilig wurden.

Mit Meier hatte ich große Gespräche über einen besondern Gegenstand; er war vor kurzem Freimaurer geworden und ganz erfüllt von den Angelegenheiten des Ordens, der durch den Philosophen Krause, Bruder Redner der Loge in Dresden, einen neuen geistigen Anstoß erhalten hatte, einen Anstoß, der das Ganze zu beleben verhieß, aber auch fast aufzulösen drohte. Krause fand, daß das Gehäge von Geheimniß, worin die Maurerei bisher einen edlen Kern eigenthümlicher Bildung sicher bewahrt hatte, der allgemeinen Bildung gegenüber nunmehr ohne Bedeutung sei, und ganz und gar wegfallen müsse; er wollte den geschlossenen Bund der Brüder zu einem offnen Menschheitsbund erweitern, und gab in diesem Sinne eine Wochenschrift heraus, die er „Tagblatt des Menschheitslebens" nannte, und worin die Fragen und Entwickelungen, welche später im Saint-Simonismus mit französischer Lebhaftigkeit ausbrachen, als geistige Erschaue und Wünsche theilweise schon vorspielten. Seiner Ueber-

zeugung gemäß, daß das Geheimniß nicht mehr an der Zeit
sei, hatte er auch schon angefangen, von den Mysterien
manches bisher nur unter dem Siegel des Eides Mitgetheilte
frei herauszusagen, und sein Buch: „Die drei Kunsturkunden
der Freimaurerei", das zwar eigentlich nur für Maurer gedruckt war, aber Einmal gedruckt nun unvermeidlich auch in
profane Hände überging, erschien als ein wahrer Verrath,
über den sich von allen Seiten arges Geschrei erhob. Die
Brüder von altem Schrot und Korn wollten den Neuerer
nicht länger dulden, es erging hier Krause'n, wie in Berlin
mehrere Jahre vorher Fichte'n, er scheiterte an den uralten,
ehrwürdigen Formen, die er durch Philosophie zu beleben
und für philosophische Entwickelung zu benutzen meinte, und
sah sich abgewiesen und ausgeschlossen, ohne daß er für sein
Theil der Gemeinschaft ganz entsagt hätte. Wenigstens sah
er den Boden der Maurerei noch immer als den seinigen an,
und wirkte im Stillen unter den Brüdern fort, deren ihm
viele anhingen. Zu diesen gehörte auch Meier, der noch ein
Neuling im Orden und doch fast schon ein Abtrünniger war,
von welchem Mißverhältnisse er, bei seiner zarten Denkart,
viel zu leiden hatte. Denn mit der Loge zu brechen, wo ihm
noch eben die größte Zuvorkommenheit und Theilnahme von
wackern, zum Theil hochgestellten Männern bewiesen worden,
dünkte ihn unmöglich, und verläugnen wollte er doch auch
seine Hinneigung zu Krause nicht; in diesen Zweifeln sprach
er mit mir von seiner Verlegenheit, anfangs mit einigem
Rückhalt, bald aber, da er mich als einen zwar nicht auf
dem herkömmlichen Wege, aber doch genugsam Eingeweihten
erkannte, ganz ohne Scheu, und der, was man auch sagen
und spotten mag, so sehr anziehende, merkwürdige und wichtige Gegenstand wurde von uns ausführlich erörtert. Wir
befestigten uns gegenseitig in der guten Meinung von der
wunderbaren, aus dunklem Ursprung aufgestiegenen, in allem
Wechsel der Zeiten erstarkten, und mit eigensinnigen, beschränkten Formen doch das allgemeine Menschliche rein umfassenden Genossenschaft, die noch überdies das Freisinnige
habe, nicht zu verlangen, daß ihre Angehörigen zu jeder Zeit
und an jedem Orte sich zu ihr halten.

Sehr verschieden von uns hatte diese Sachen ein andrer junger Mann aufgefaßt, dessen Bekanntschaft uns in Dresden zu Theil wurde. Sein Eifer war ganz auf das Geheimnißvolle gestellt, und in diesem lag ihm, wo nicht der Werth, doch der Reiz des Bundes. Er verhehlte nicht, wie wohlgefällig ihm der Gedanke sei, einer so ansehnlichen und verbreiteten Gesellschaft anzugehören, Mitwisser so bedeutender Mysterien zu sein, und er beklagte nur, daß zu viele Leute, und viel zu leicht, ebenfalls dazu gelangen könnten. Gegen Krause fühlte er den Unwillen Alexander's des Großen gegen den Aristoteles, als dieser Weisheitslehren, welche nur Auserwählten gehören sollten, der allgemeinen Kunde Preis gegeben hatte. Wir vertheidigten Krause's Ansichten, ohne sein persönliches Verfahren in allen Stücken rechtfertigen zu wollen. Aber unser Widerpart wollte davon nichts hören, und als er gar vernahm, daß ich selbst wohl eingeweiht, aber nicht förmlich aufgenommen sei, machte er Meier'n Vorwürfe, daß er ihn hievon nicht früher benachrichtigt habe, denn von ihm selber sei nun gewiß manches ausgesprochen worden, was nicht hätte gesagt werden sollen, sah sich als Wissender aber nun auch weit erhaben über Alles, was ich ferner vorbringen mochte, wobei ihm nur unbequem fiel, daß Meier seine Würde als Wissender nicht gleicherweise geltend machte. Zuletzt mußte ich mir sagen lassen, ich solle mir nicht einbilden, Wilhelm Meister's Lehrjahre gründlich zu verstehen, denn ohne Freimaurer zu sein, könne das niemand, ja nur erst, wenn man Freimaurer geworden, vermöge man zu überschauen, was alles Einem vorher unverstanden geblieben! Auf dieses Feld hätte der Gegner den Streit nicht ziehen sollen, ich fühlte zu sehr meine Vortheile, und war zu jung und zu scharf, um sie nicht geltend zu machen; durch Ernst und Spott gedrängt, gehetzt, außer Athem gebracht, verließ er hochrothen Gesichts den Kampfplatz, und es hat sich ein leidliches Vernehmen in der Folge kaum hergestellt.

Meier und ich hatten in noch mehreren Richtungen die traulichste Uebereinstimmung. Seiner Liebe zu Jean Paul Richter, den er nun auch persönlich kennen gelernt und dessen Bild er sehr glücklich gemahlt hatte, gab ich durch meine

Erzählungen und Eindrücke neue Nahrung; eben so herzlich und liebevoll besprachen wir die Vorzüge und Eigenheiten Särscher's, besonders aber den uns so lieben und vertrauten Kreis von Nennhausen, wir waren in gleicher Weise innigst eingenommen von Fouqué, und fühlten für Frau von Fouqué die größte Bewunderung; wir zählten sie unbedingt den ausgezeichnetsten Frauen bei, und waren darin einig, daß in ihrer Schriftstellerei noch lange nicht ihr höchster Werth erscheine, sondern ihr Talent, wie groß es auch sei, doch ihrem Gemüth und Geiste weit nachstehe. Wir beklagten für sie, daß die Zeitläufte dem litterarischen Gedeihen so wenig Hoffnung ließen, und daß sie noch mehr eine großweltliche gesellschaftliche Wirksamkeit hinderten.

Ein großes gemeinsames Leid war uns die Nachricht, die wir in dieser Zeit empfingen, daß unser Freund Adolph Müller in Bremen gestorben sei. Er hatte lange hingekränkelt, als Arzt sich nicht geschont, sondern durch einige magnetische Kuren sich vollends erschöpft, und war zuletzt still entschlafen, wie Novalis, unter lieblicher Musik, die er sich von seiner kunstbegabten Schwester ausgebeten hatte. Daß er, von einem tiefen Seelenleiden ergriffen, sich gern sterben ließ, und wie der ganze Zusammenhang seines Unglücks durch eigne Bescheidenheit und frembes Eingreifen sich entwickelt hatte, wußten wir noch nicht. Er war der Erste unseres jüngern Kreises, der aus dem Leben abgerufen wurde, für uns um so schmerzlicher überraschend, als wir gerade ihn auf der schönsten Lebensbahn, in gesundem und raschem Fortschreiten, und ihn selbst, wie durch ihn auch viele Andre, gegen den Tod noch lange gesichert glaubten.

Von einem Spazirgange über die Brücke heimkehrend, sprachen wir in bewegter Trauer von diesem so früh geschiedenen Freunde, als uns ein andrer frisch lebender begegnete, den ich in diesen Tagen stets verfehlt hatte. Der Mahler Hartmann, mit dem ich aus früherer Zeit wohlbekannt war, und dem ich seine menschlichen Eigenschaften gern um so höher anrechnete, je weniger ich in die Bewunderung seiner Mahlerischen einstimmen konnte, hatte von meiner Anwesenheit in Dresden gehört, darüber die innigste Freude geäußert,

und Meier'n beauftragt, mir dringend auszusprechen, wie
heftig er verlange, mich zu sehen. Dieser bestellte mir alles
treulich, und fügte nur die Bemerkung hinzu, daß er bisher
die Freundschaft zwischen jenem und mir in solcher Kraft und
Beeiferung gar nicht geahndet habe, wogegen ich denn die
gute Meinung und Zuneigung, die jener verdiene, desto leb=
hafter hervorhob, als ich wohl wußte, daß Meier nicht nur
den Künstler in ihm, sondern auch den Menschen gar nicht
günstig beurtheilte. Jetzt nun sah Meier, schärferen Gesichts
als ich, fern in der Straße Hartmann uns entgegenkommen,
und wollte mich zu dem bevorstehenden Wiedersehen allein
lassen. Ich aber, durch unser Gespräch traurig und ver=
stimmt, und durch das ironische Wesen Meier's noch kühler
durchschauert, hielt ihn fest, und mit ihm zu einer Seiten=
gasse einlenkend, gestand ich, daß auch ich grade jetzt Hart=
mann lieber nicht sprechen, sondern später einen günstigeren
Augenblick wahrnehmen wolle. „Er hat uns schon gesehen",
versetzte Meier, brach aber in demselben Augenblick in das
lauteste Gelächter aus. „Ja, gesehen hat er uns", fuhr er
fort, „aber auch er weicht schon in einen Nebenweg aus,
auch er scheint das Wiedersehen auf bessere Zeit verschieben
zu wollen; nun seh' ich erst recht, wie groß eure Sympathie
ist, auf beiden Seiten völlig dasselbe Gefühl!" Und nun
hatten wir wohl Stoff der Erheiterung genug, aber einer
gewaltsamen, die für mich den Reiz der Neuheit schon gar
nicht mehr hatte, denn mir waren die Widersprüche zwischen
der äußern und der innern Welt schon geläufig genug, und
ich wußte längst, daß die Uebertreibung der Worte oft nur
einen Mangel der Empfindung decken solle, ohne daß letztere
darum ganz zu fehlen brauche, wie ich denn selbst in dem
vorhandenen Falle noch behaupten konnte, daß diese beider=
seitige Anwandlung des Vermeidens noch gar nicht die Auf=
richtigkeit des früheren Eifers in Zweifel stellen dürfe.

Wie unbequem aber auch die Aufrichtigkeit bisweilen
werden könne, und wie nöthig Zurückhaltung und Vorsicht
sei, wurde mir durch ein Beispiel eingeschärft, dessen ich
kürzlich erwähnen muß. Ich hatte in Dresden einen öster=
reichischen Offizier getroffen, und ihn als Kammeraden be=

grüßt, er war aus Sachsen gebürtig und gleich mir erst während des letzten Krieges zum Heer gekommen. Einen andern Antrieb, als einen deutſch-vaterländiſchen, hiebei vorauszuſetzen war mir unmöglich, und ich ſprach in dieſem Sinne unverhohlen die Meinung aus, daß nun, nach dem Abtreten Oeſterreichs vom Kampfplatze, vielleicht Preußen zunächſt wieder an die Reihe kommen, gegen die Unterdrückung ſich erheben und uns zu ſeinen Fahnen rufen würde; doch hiemit verſtieß ich gewaltig gegen die Geſinnung meines Gefährten, der ſeinen beſchränkten Widerwillen gegen Preußen einem höheren, allgemeinen Geſichtspunkte nicht aufopfern wollte, und entſchieden betheuerte, keinerlei Freiheitsidee habe ihn nach Oeſterreich geführt, ſondern Familienverhältniſſe, die ihm ein günſtiges Aufſteigen dort verhießen, und mit der Wendung der Dinge, daß Frankreich uns befreundet worden, ſei er von Herzen zufrieden. Der Streit wurde lebhaft, einige ſächſiſche Offiziere hörten ihn theilweiſe mit an, und ich war um ſo mehr im Nachtheil als ich ohne höheren Urlaub mit einem Bürgerpaß über die Gränze gegangen war, und vor Fremden meinen Stand gar nicht bekennen durfte, wenn ich nicht zugleich meinen Oberſten und die Paßbehörde den größten Unannehmlichkeiten bloßſtellen wollte. Doch der unangenehme Auftritt erfuhr eine lächerliche Wendung, mein Gegner wurde plötzlich abgekühlt, und empfahl ſich mit eiliger Höflichkeit, die ſächſiſchen Offiziere aber begrüßten laut einen neuen Ankömmling, dem ſie lachend den eben Weggegangenen noch zeigten; der Angekommene, den ich nicht kannte, war, wie ich ſpäter hörte, der Major von Boſe, berühmt durch ſeine launigen und trotzigen Reden, mit denen er nicht aufhörte, die deutſche Sache zu preiſen und die franzöſiſche zu ſchmähen, und auch jenen Landsmann ſchon hart bedrängt haben mochte; er diente trotz ſeines Ingrimms bei den von Frankreich abhängigen ſächſiſchen Truppen fort, um ſeine Geſinnung unter ihnen geltend zu erhalten. In ſolche Widerſprüche waren damals die Deutſchen gewaltſam eingedrängt!

Eine öffentliche, den vaterländiſchen Geſinnungen gemäße und doch dem Feinde keinen Argwohn gebende Stellung war in jener Zeit ein seltnes Glück, und ein solches hatte der sachsen=weimarische Major Rühle von Lilienstern, welcher dem jungen Prinzen Bernhard von Sachsen=Weimar zur Seite stand und mit demselben in Dresden lebte. Der tägliche Umgang mit diesem trefflichen Manne gereichte mir zu Trost und Erheiterung, bei ihm fand ich ungebeugte Hoffnung und Zuversicht auf die Sache des Vaterlandes mit reifer Beurtheilung der Staats= und Kriegsverhältnisse im lebendigsten Verein. Seine kriegskundigen Erörterungen waren höchst lehrreich, und erweckten die Vorahnung einer Zeit, die solche Kenntnisse und Einsichten einst für unsere Sache in thätige Anwendung rufen könnte. Er hatte das Buch von Carnot über die Vertheidigung fester Plätze, welches ich mir in Paris nicht hatte verschaffen können, durch den Herzog von Weimar erhalten, und nicht nur eine Uebersetzung, wie ich sie beabsichtigt hatte, sondern auch eine kritische Würdigung des Ganzen, also weit mehr geliefert, als mir möglich gewesen wäre, und ich kann es betheuern, daß seine gediegene Arbeit mich mehr freute, als wenn ich die meine vor Augen gehabt hätte. Ich bezeigte meine aufrichtige Theilnahme wenigstens durch eine rühmende Anzeige, die ich für den Oesterreichischen Beobachter aufsetzte, wo sie jedoch nur unter Weglassung der besten Stellen erscheinen durfte.

Unter solchen Anregungen und Zerstreuungen, zu denen noch der tägliche Besuch der Bildergalerie und bei dem anhaltenden schönen Wetter die schönsten Spazirgänge kamen, vergingen zehn Tage sehr schnell, doch mir keineswegs unbemerkt, denn mit großer Ungeduld zählte ich immerfort jede Stunde, um die sich die ersehnte Ankunft meiner Freundin verzögerte, und als endlich die Nachricht eintraf, ihre Abreise sei aufgeschoben, und ich berechnet hatte, noch vor derselben in Berlin sein zu können, eilte ich ohne Säumen dorthin. Ich traf noch eben zu rechter Zeit ein, denn schon am Tage nach meiner Ankunft war ich mit Rahel und ihrer Freundin Regina Frohberg, die sich ihr als Reisegefährtin angeschlossen hatte, wieder auf dem Rückwege nach Dresden. Noch zwei andre Damen aus Berlin, Frau von Cratzen und ihre Tochter, machten dieselbe Reise; bei den Mahlzeiten und Nacht-

Lagern trafen wir immer zusammen, und die Gesellschaft war äußerst unterhaltend. Frau von Crayen, geboren zu Berlin am Tage des Erdbebens von Lissabon, war schon weit in den Fünfzigen, aber ihr Gesicht zeigte noch unverkennbar, daß sie eine große Schönheit gewesen. Sie stammte aus einer achtbaren Familie der französischen Refugiés, und hatte die sorgfältige Erziehung empfangen, welche in diesem Kreise herkömmlich war; doch schloß dieser ganz französischen Bildung sich nothwendig eine deutsche Lebensseite an, worin die ungekünstelte Natur gesunder Volksthümlichkeit waltete. Der Verein beider Elemente war der Entwickelung munterer Geistesgaben besonders günstig. Im Rufe dieser letztern und zugleich der größten Schönheit wuchs Fräulein Leveau glänzend heran, und empfing frühzeitig die schmeichelhaftesten Huldigungen, auch von den höchsten Personen, deren Aufmerksamkeit sie nicht entgehen konnte. Nach Leipzig verheirathet, strahlte sie dort viele Jahre als die schönste und geistreichste Frau der Stadt, alle hohen und ausgezeichneten Personen, welche dorthin kamen, drängten sich zu ihrem belebten Gesellschaftskreise. Als Wittwe zog sie wieder nach Berlin, und lebte dort in der großen Welt als eine der namhaftesten, witzigsten und unterhaltendsten Frauen, die man begierig aufsuchte, und nirgends missen wollte. Sie hatte noch alle jugendliche Lebhaftigkeit des Geistes, und das thätige Gedächtniß, welche ihrer Erzählungsgabe und ihrem Witz unerschöpfliche Stoffe und Bezüge lieh; jeder leiseste Anstoß erregte ihren satyrischen und pikanten Humor, der seine Wirkung nie verfehlte, und eben so beliebt als gefürchtet war. Sie stand in freundschaftlicher Verbindung und vertraulichem Briefwechsel mit den geistreichen Herzogen von Gotha und Weimar und mit dem auch im hohen Alter noch lebensfrohen Fürsten von Ligne; dieser und der Herzog von Weimar waren als Gäste in Töplitz angekündigt, und solche Verehrer mußten den Reiz des Aufenthaltes im voraus erhöhen; doch hatte Frau von Crayen dort eine noch stärkere Anziehung, ihr Herz freute sich vor allem auf das Wiedersehen eines Sohnes, der bei den weimarischen Truppen diente, und jetzt mit dem Herzoge kam, um für seine in Spanien empfangenen Wunden die Heilkraft der Bäder zu versuchen.

Günstig genug war unsre kleine Reisegesellschaft zusammengesetzt, und Witz und Laune, welche in Rahel und Frau von Crayen immer gutwillig bereit waren, erhielten uns in bester Stimmung; doch die öde Einförmigkeit der Gegend und die Langeweile des Hinschleppens auf schlechten Wegen übte auch ihr Recht, und ich besonders mußte mir sagen lassen, mein Geist und Sinn würden in Töplitz wohlerhalten ankommen, denn sie seien sehr gut eingepackt. Doch waren sie letzteres nicht so vollständig, daß ich nicht manche kleine Züge beobachtet hätte, in denen ich die Keime künftiger Mißhelligkeiten wahrzunehmen glaubte. Der Fürst von Ligne hatte nicht Frau von Crayen allein durch gedruckte Briefe gehuldigt, später gekommene Ansprüche hielten sich für besser berechtigte, und bei persönlichem Zusammensein konnte das Gleichgewicht unmöglich erhalten bleiben. Rahel hörte meine Bemerkungen lächelnd an, hielt sich aber bei solchen Gegenständen wenig auf, und wandte lieber den Blick in's Freie. „Sind nicht", sagte sie, „der Himmel, die Sonne, das Grün des Feldes und der Bäume auch in der dürftigsten Gegend schön?" Sie war dankbar und freudig bei der geringsten Darbietung, und wer ihr Entzücken sah über herrliche Bäume und saatenreiches Feld im glänzenden Abendscheine bei Dobrilugk, der hätte glauben können, sie habe nie begünstigtere Gegend erblickt!

In Dresden verweilten wir zwei Tage, im vergnügten Umgang mit Lippe, Meier, Rühle von Lilienstern und noch andern Bekannten, theils ansäßigen, theils durchreisenden, die man leicht und angenehm, bei den Sehenswürdigkeiten, oder auf der Brücke und andern Spazirgängen traf. Einen Wagen voll liebenswürdiger und schöner Berlinerinnen, den wir mit Freudigkeit im Thore anhielten, mußten wir zwar nach Karlsbad abfahren lassen, doch nicht ohne die Zusage, später auch in Töplitz einzusprechen. Von bleibendem Eindruck und dauerndem Gewinn war uns die Bekanntschaft von Sulpiz Boisseree aus Köln, der eben aus Weimar kam, wo er seine herrlichen Zeichnungen des Kölner Doms Goethe'n

vorgelegt hatte. Diese Zeichnungen, so wie vier schöne
Blätter von Cornelius zu Goethe's Faust, wurden auch vor
unsern Augen ausgebreitet, und erweckten unsern Beifall,
unsere Bewunderung. Wenn diese Wirkung noch heute wie
damals Statt findet, und es unnöthig scheinen könnte, der=
gleichen noch besonders auszusprechen, so sei hier sogleich be=
merkt, daß in jenen Tagen der noch nicht übersättigte Kunst=
sinn eine frische Empfänglichkeit hatte, die seitdem immer
seltner geworden, und daß sich mit den erwähnten Bildern
lebhafte Empfindungen noch ganz andrer Art verknüpften, von
denen die Gegenwart glücklicherweise nur eine schwache Vor=
stellung haben kann. Von jenseits des Rheins, aus den an
Frankreich verlorenen deutschen Ländern, herrliche Zeugnisse
alten und neuen deutschen Lebens zu empfangen, das große
Denkmal volksthümlicher Kunst und Beeiferung aufgefaßt zu
sehen, und zwar durch ein Werk, das selber als ein solches
Denkmal in bei uns seltner Würde und Pracht erschien, —
das schlug damals wie ein mahnender Vaterlandsruf in jedes
Herz, und durchzuckte den Sinn mit Schauern der Rührung
und der Zuversicht. Wie ein Sendbote froher Verkündigung
schien mir Boisserée mit seinen Bildern durch das Land zu
ziehen, und es war mir Pflicht und Freude, ihn nach Kräf=
ten zu fördern. Ich gab ihm Briefe nach Prag an den
Grafen zu Bentheim, ich schrieb nach Wien und Berlin,
und wenn auch die Sache mein Bemühen gar wohl entbehren
konnte, so wollte ich meinerseits doch dieses nicht sparen.
Die Art, wie Rahel von diesen erhabenen Gegenständen er=
griffen und bewegt wurde, gewann ihr für immer das freund=
liche Zutrauen Boisserée's und das ganze Herz Meier's.
Der Kölner Dom führte natürlich das Gespräch auf Fried=
rich Schlegel, der über altdeutsche Bauwerke geschrieben hatte,
und dessen Zögling Boisserée gewesen war. Dieser wunderte
sich nicht wenig, von mir zu hören, daß Schlegel jetzt in der
altdeutschen Baukunst überall Allegorie und Symbolik erkenne,
und in allen ihren Gebilden die Andeutung von Geheim=
lehren geheimer Gesellschaften suche, eine Richtung, die ihm
durch Franz von Baader gegeben war; Boisserée stellte da=
gegen auf, wie gut er sich erinnere, daß Schlegel früherhin

jede solche Deutung unbedingt verworfen und bei jenen
Wunderwerken die Kunst rein in ihren eignen Zwecken abgeschlossen habe. Doch sollten dergleichen Widersprüche dem
verehrten Meister nicht zum Tadel oder Spott gereichen,
Boifferée hatte den schönsten Erklärungsgrund dafür, er
meinte, diese gänzliche Hingebung an ein Aeußerstes und dieses Uebergehen in das Entgegengesetzte seien bei Schlegel nur
Wirkungen seines tiefen Ernstes, er sei jedesmal einseitig und
übertrieben aus Gründlichkeit, man müsse ihn nur seine
Schulen alle ruhig durchmachen lassen, zuletzt würden doch
die reifsten, maßvollsten Ergebnisse dastehen. Wenn auch
diese Versicherung durch die Folge sich nicht so recht bestätigt hat, so liegt ihr doch eine richtige Wahrnehmung zum
Grunde, und wie mich vor dem Jahre in Halle Eichhorn's
sinnreiche Apologie eines wortbrüchigen Freundes eingenommen
und entwaffnet hatte, so durfte mich auch diese gleich bestechen,
da mir ohnehin schon immer Urtheil und Kritik ihren besten
Vortheil — ganz im Gegensatze vom Krieg — nicht im Angriff, sondern in der Vertheidigung zu haben schienen.

Wir kamen im schönsten Wetter in Töplitz an, und hatten
uns in unsern verschiedenen Wohnungen bald eingerichtet.
Rahel war aus früherer Zeit mit der Oertlichkeit schon vertraut; für mich war sie eigentlich neu, und mit großer Befriedigung durchstreifte ich an der Seite der Freundin die
nahen Bergeshänge, den großartigen Schloßgarten, die
mannigfachen Anlagen und Vergnügungsorte. Vom Wetter
fortdauernd begünstigt, begannen wir auch bald die anmuthigen Fahrten, die sich in dem vielgestaltigen schönen Lande so
reich darbieten, daß deren Reihe fast unerschöpflich erscheint.
Doch darf ich auf nähere Schilderungen der bekannten und
oft beschriebenen Gegend nicht eingehen, und wende mich sofort zu den Lebensbezügen, welche hier versammelt und thätig
waren.

Zuerst muß ich von der Fürstlich Clary'schen Familie
sprechen, als der Herrschaft des Orts, und als dessen höchstem geselligen Mittelpunkte. Der Fürst Johann Nepomuk
war ein stiller verständiger Herr, von schlichtem und wür-
digem Aeußern, geistreicher Geselligkeit gewohnt, mit Litte-

ratur und großer Welt wohlbekannt; allein sein eigentlicher
Sinn ging auf zweckmäßiges Anordnen und Erhalten; er
verwaltete seine schönen Besitzungen mit guter Einsicht, hatte
als Haushalter neben dem Nützlichen aber auch vorzüglich
das Edle und Schöne zum Augenmerk, und es wirklich durch
unablässige, geräuschlose Sorgfalt dahin gebracht, daß sein
Schloß und Park, seine Gärten und Lusthäuser, seine Meier-
höfe, seine Forsten und Jagden, so wie alle Anstalten wirth-
lichen und geselligen Lebens, immerfort in dem besten Zustande
erschienen, daß alles für den Anblick frisch und sauber, für
den Gebrauch behaglich war. Durch sein Verdienst war der
ansehnliche Schauplatz, auf dem sich ein reiches häusliches
Leben bewegte, und unaufhörlich eine glänzende fremde Welt
mitwogte, stets wohlgefällig und den Umständen angemessen,
und jederman in diesem Kreise hatte die Wirkung eines für-
sorglichen Waltens mitzugenießen, das doch in seiner An-
spruchslosigkeit kaum von dem Zehnten eigentlich bemerkt wurde.
Neben diesem trefflichen Manne stand als Gattin die Tochter
des Fürsten von Ligne, Christine, eine gute, harmlose Dame,
die nur französisch sprach, weder Sorge noch Leid kannte,
mit Geschmack an schöner Litteratur den Sinn für Witz und
Geist und die Lust muntrer Spiele verband, in ihrem Leben
wenig Leid erfahren und gewiß mit Absicht keins verursacht
hatte; alles war bemüht, ihre Wege zu ebnen, ihren heitern
Eigenheiten nachzugeben, und so war sie in der That, wie
ihr Vater bemerkte, bis in's Alter ein verzogenes Kind geblieben, dem der Ernst des Lebens selten einmal hatte nahen
dürfen. Ihr stand diese Art gut an, und den Andern nicht
minder, welche liebevoll sie umgaben: zuerst dem Gatten, und
selbst dem Vater, dann dem treuen Sohne, Grafen Karl,
und dessen edler, jedes Lobes würdigen Gemahlin, gebornen
Gräfin von Chotek, unter deren Obhut schon ein neues Ge-
schlecht lieblicher Kinder heranwuchs; ein jüngerer Sohn der
Fürstin war im Kriegsdienst abwesend; noch zwei Töchter
Ligne's, Euphemia, dem Grafen Palffy von Erdöd, und
Flora, dem Obersten Freiherrn von Spiegel verheirathet,
waren heimische Gäste des Hauses und demselben im besten
Sinne angehörig, die erste von lebhaftem, doch maßvollen

und sogar strengen Wesen, die letztere bisweilen in ihrer ruhigen Verständigkeit durch Züge tiefen Nachdenkens überraschend. Der Hauptglanz in diesem reichen Schimmer war aber der Fürst von Ligne selbst, von ihm strömte Leben und Munterkeit in jedem Wort, in jeder Miene, alles war heiter und mild um ihn her, alles beugte sich ihm lächelnd, alles beeiferte sich für ihn. Ich darf hier auf die Schilderung verweisen, die ich schon anderwärts von ihm zu geben versucht habe, und will nur noch bemerken, daß in der Liebenswürdigkeit seiner Erscheinung die dreifache Würde der hohen Geburt, des höchsten Dienstranges und des hohen Alters zwar immer schwinden wollte, aber doch stets fortwirkte, weil man nicht vergessen konnte, daß diese weltlichen Ueberlegenheiten nur der noch größern des Geistes den Rang ließen. In diesem ganzen Kreise herrschte ein froher Lebenssinn, der auch Unglück und Widrigkeit nicht allzuschwer nehmen wollte; nur Ein großes Leid hatte tiefer eingegriffen, und stand seit Jahren als dunkles Bild fest, auf das man nicht hindeuten konnte, ohne schmerzliche Trauer zu erregen. Der Fürst von Ligne hatte im Revolutionskriege seinen ältesten, heißgeliebten Sohn verloren, in der Blüthe des Lebens, inmitten der schönsten Hoffnungen. Aber auch dieser Schmerz hatte einen Uebergang in tröstlichen Liebeseifer gefunden, der sich auf die hinterlassene Tochter des jungen Mannes wandte, Titine Gräfin von Odonnel, deren Geist und Liebenswürdigkeit den Stamm, aus dem sie entsprossen war, nicht verkennen ließen, und die von der ganzen Familie auf Händen getragen wurde; es ist dieselbe, an welche Goethe freundliche Verse gerichtet hat.

Der Fürst von Ligne war noch nicht angekommen, die übrige Gesellschaft aber bewegte sich schon zahlreich und munter; der Herzog Ferdinand von Würtemberg, österreichischer Feldmarschall, brachte gern dem Vergnügen der Geselligkeit die kleinen Opfer, welche sie seiner Gutmüthigkeit auferlegte, und sein ächtes Wohlwollen wie sein redlicher deutscher Sinn wurden von Allen anerkannt, die ihm nahten; die Königswürde seines Hauses durfte ihn freuen, ohne daß er darum die Verbindung desselben mit Frankreich weniger gehaßt hätte,

er sah diese Verbindung, wie für Würtemberg so auch für
Oesterreich als ein vorübergehendes Mißgeschick an, aus dem
ein reinigendes Hervorgehen zu hoffen sei.

Ein entschiedener Anhalt aber und starker Träger solcher
Hoffnungen war vor allen der Herzog von Weimar, der hier
im sichern Böhmen manchen Zwang abwarf, und unter
Freunden seine politische Gesinnung gar nicht verläugnete.
Mein eignes vorjähriges Bekanntwerden mit ihm hatte mich
hierüber schon in's Klare gesetzt, er war nicht ängstlich im
Vertrauen, und ist bei seiner unbefangenen Zuversicht vielleicht
besser bewahrt geblieben, als Andre bei allzu beflissener Verstellung. Mir ist nicht bekannt, daß er dem französischen
Kaiser wäre verdächtigt worden und von dieser Seite ernstlich wäre gefährdet gewesen; gleichwohl hatte er nicht geringe
Wagnisse auf sein Haupt genommen. Noch kürzlich, in dem
letzten Kriege, als die Sachsen mit den Franzosen gegen
Oesterreich fochten, hatte nach der Schlacht von Aspern ein
bedeutender Kern sächsischer Kriegsmänner ihm eröffnen lassen,
daß in gewissen möglicherweise zu erwartenden Fällen die sächsischen Truppen den verhaßten Bund, der sie mit den Franzosen vereine, zerreißen, für Deutschland kämpfen, und den
Herzog an ihre Spitze rufen würden; die Wendung der Ereignisse ließ jene Fälle nicht eintreten, aber die Verbindungen
und Verabredungen dauerten fort, und wir sehen aus diesen
Angaben, wie früh die im Jahre 1813 endlich hervorgetre-
tenen Ereignisse vorbedacht und bereitet waren; wir sehen
darin auch für unsre Zeit den Trost, daß dem ächten Streben sein Ziel nicht ausbleibt, auch wenn die Gegenwart es
für den Augenblick streng verneint. Die Person des Herzogs übte eine starke Anziehung; unter diesem muntern, sinn-
lich-kräftigen, scheinbar nur dem Tag und dem Augenblicke
gewidmeten, aber nach allen Seiten aufmerksamen und thätigen Behaben erkannte der Schärferschende leicht die großen
Eigenschaften des geistesregen, schaffenden Fürsten, den klaren
Blick über Welt und Menschen; besonders aber fanden die
Kriegsleute sich zu ihm hingezogen, sie fühlten, daß ihr
Handwerk in ihm einen Genossen, einen Gönner hatte, der
auch hier das Schätzenswerthe und Verdienstliche leicht er-

kannte, und dem in dessen Umgebung behaglich zu Muthe war. Die österreichischen Offiziere hielten sich zu ihm mit wahrer Liebe, wie zu einem ihnen angehörigen Kriegsobern, es war eine Freude und eine Pflicht, ihm zu huldigen. Diese Beziehung wäre genug gewesen, auch mich dem Herzoge innig zu verknüpfen. Nun aber kam für mich noch hinzu, daß er Goethe's Herzog war, und schon deßhalb auch Rahel's. Entstanden bei dieser Betrachtungsweise auch bisweilen auffallende Gegensätze, und mußte die ideale Anforderung oft gegen die reale Darbietung zurücktreten, so konnte doch dies den Gesammteindruck nicht verändern, und nicht selten mußte man sogar sich freuen, daß der Fürst kein bloß litterarischer, sondern ein recht wirklicher, der Welt angehöriger war. Der Herzog war Rahel's Nachbar, und konnte mit ihr von Fenster zu Fenster sprechen, ich wohnte ihm ebenfalls nah, und ein behaglicher, täglicher Verkehr ergab sich hiebei um so leichter. Gleich das erste Gespräch mit dem Herzog ließ uns leider wenig Hoffnung, Goethe'n dieses Jahr in Töplitz zu sehen; er wollte von Karlsbad, hieß es, unmittelbar nach Weimar zurückkehren. Auch auf Gentz hatten wir uns vergebens gefreut; er schrieb, daß er Wien nicht verlassen, oder höchstens auf einige Wochen nach Baden gehen würde.

Andre Gäste von Rang und Namen fanden sich zahlreich ein. Ich erwähne die Gräflich Bucquoy'sche Familie, der auch der Graf selbst bald folgte, bekannt schon damals durch ein ernstes wissenschaftliches Streben, das auch in technische Ausübung überging, und hier, ganz im Gegentheil der gewöhnlichen Annahme, ausgezeichnetes Gelingen hatte, während im reinen Denken das Autodidaktische doch allzu abgeschlossen blieb. Fürstin Jablonowska, Graf und Gräfin Esterhazy, Graf Festetics, Graf von Khevenhüller, der preußische Staatsminister von Brockhausen, Baronin von Grotthuß aus Berlin, verweilten längere oder kürzere Zeit. Von bedeutenden Kriegsmännern ist zuförderst Fürst Alfred von Windischgrätz hier zu nennen, damals Oberst eines Reiterregiments, und unter den jüngern ritterlichen Anführern, auf welche die kriegerischen Hoffnungen der Zukunft sich stützten, einer der glänzendsten. Ihm hatte sich der

Graf von Trogoff angeschlossen, Major im Regimente Vogelsang, aber fast immer beurlaubt, ein geborner Bretagner, der bei den ersten Revolutionsstürmen mit dem Grafen von Artois Frankreich verlassen hatte, und als leidenschaftlicher Anhänger des Königthums das kaiserliche wie das republikanische Frankreich mit gleichem Hasseseifer ansah, einer der witzigsten und beredtesten Franzosen der alten Zeit, der unerschöpflich in beißenden und lustigen Antworten war, und die Unterhaltung auch über ernste Gegenstände nicht leicht stocken ließ; ich hatte mit ihm viele und ausführliche Gespräche, in denen wir uns aufrichtig eingestanden, daß wir durch die Stellung der Dinge für den Augenblick zwar in gleicher Richtung ständen, unsre Denkart aber völlig verschieden sei, und uns, bei geringer Aenderung der Sachen, leicht einander entgegenstellen könne; übrigens war er in allem, was nicht die Bourbons anging, äußerst freisinnig, spottete über die Vorurtheile, die in Staat und Kirche und Gesellschaft noch herrschten, und ertheilte mir, da er mich sehr gern hatte und fördern wollte, seine besten Rathschläge, wie ich in kurzem aufsteigen, und die zahlreichen vornehmen Unfähigkeiten, von denen es wimmele, überflügeln müßte, wobei es nur schade war, daß seine Klugheit noch wenig an ihm selber sich hatte bewähren wollen! Bald erschien auch der durch seine großen dem Vaterlande gebrachten Opfer wie durch seine bei Aspern bewiesene Tapferkeit rühmlichst namhafte Fürst Ferdinand von Kinsky, Oberstlieutenant im Klenau'schen Chevauxlegersregiment, das in der Nähe seine Standquartiere hatte, und dessen Offiziere in Töplitz ab- und zugingen. Ein vollkommenes Bild deutschen Rittersinnes war der General Fürst Aloys von Liechtenstein, dem sein älterer Bruder, der Fürst Moritz, in Tapferkeit und Treue würdig zur Seite stand. Durch meinen Obersten, der durch Kriegstüchtigkeit und Adel der Gesinnung wie durch Geburt und Verhältnisse sich den Besten gleichstellen durfte, wurde auch ich diesem Kreise näher gerückt, und die fast täglichen traulichen Unterhaltungen, welche die Vergangenheit kriegsgeschichtlich erörterten und hoffnungsvolle Blicke und Pläne in die Zukunft warfen, erfrischten und stählten den Muth, der in der trostlosen Oede der

öffentlichen Zuſtände kaum durch die Nachrichten, die uns
verkümmert aus Spanien und Portugal zukamen, noch einige
Labung empfing. Ich erinnere mich, mit dem Fürſten Aloys
von Liechtenſtein einmal die Schlacht von Wagram ausführlich durchgeſprochen zu haben. Ich erwähnte dabei, daß mir
in Betreff dieſer Schlacht eine wahre Seltſamkeit kund geworden; in Oeſterreich gebe es, ſchon ſeltſam genug, außer
den Dienſtvorſchriften für die untern Grade, ſo auch eine
Anleitung für die Generale und Oberſten; keinem einzigen
aber ſcheine bekannt geweſen, wenigſtens hätten wohl zwanzig
und mehr mit Staunen meine Entdeckung vernommen, daß
eine Schlacht bei Wagram in dem Buche prophetiſch vor-
komme, nämlich eine erdichtete Schlacht, in die wirkliche genau
wiedergegebene Gegend von Wagram hineingezeichnet, nur
daß die Namen der Ortſchaften, Inſeln u. ſ. w. in willkürliche verwandelt wären. Der Fürſt räumte die Seltſamkeit
ein, meinte jedoch, wenigſtens ihm ſei der Plan nur allzu-
gut bekannt geweſen, und er habe ihn, als er verwundet den
Kanonendonner der Schlacht gehört, auf dem Tiſche vor ſich
liegen gehabt, mit heftiger Unruhe den Gang verfolgend, den
die Dinge nahmen und nehmen konnten. Erörterungen dieſer
Art wurden für mich ungemein lehrreich und förderlich.
Außer meinem Eifer, der ſich entſchieden darlegte, mußten,
ich geſtehe es, auch die Geſichtspunkte, die ich hatte, mich
bei ſolchen Gelegenheiten höher ſtellen, als meinem Dienſt-
verhältniſſe irgend zukam, und ich weiß nicht, ob anderswo,
als in Oeſterreich, ein junger Offizier mit Generalen ſo
hätte ſtreiten und auf ſeinen Meinungen beharren dürfen.
Den Vortheil einer großartigen Unbefangenheit grade bei den
höchſten Ständen in Oeſterreich habe ich noch oft auch in
andern Zeiten und Beziehungen anerkennen müſſen. Daß
aber die Vertraulichkeit der Höheren nicht immer Gewinn
oder Genuß bringt, mußte ich augenblicklich miterfahren, denn
ein alter Feldmarſchalllieutenant, Freiherr von Ulm, der mich
ſo gut angeſchrieben ſah, wollte auch ſeine Gnade mir nicht
fehlen laſſen, und hielt mich ſtundenlang an ſeiner Seite
feſt, mir ſeine Anſichten vorzutragen, mich von dem Werthe
ſeines alten Adels zu unterrichten, Titel und Würden der

Andern in scharfe Prüfung zu nehmen, und mehr dergleichen, was mir alles völlig schmacklos war. Dabei mußte ich mich sehr in Acht nehmen, ihn nicht Erzellenz zu nennen, denn wenn mir dies Wort entschlüpfte, so erfolgte jedesmal eine große Strafpredigt und Auseinandersetzung, wie in Oesterreich einem Feldmarschalllieutenant solch Prädikat nicht gebühre, und es eben so eine Beleidigung sei, jemanden zu hoch, als ihn zu niedrig zu betiteln, die Ehre gebiete, genau nur das zu geben und zu empfangen, was der Person zukomme. Die Andern beschuldigten ihn, mit dieser wiederholten und sehr lästigen Ablehnung nur zu bezwecken, daß man höhern Orts erinnert würde, ihm jenes Prädikat vermittelst der Würde eines Wirklichen Geheimen Rathes rechtmäßig beizulegen, woran aber niemand zu denken schien. Auch wurde ich wegen dieser großen Zuneigung, die ich zu tragen hatte, genug verspottet, indem jederman frei und scharf über den Alten urtheilte; was mir doch wenig half, denn immer blieb er für mich der Feldmarschalllieutenant, und wenn er mich faßte, konnte ich so leicht nicht loskommen, und in diesem Falle waren auch die Generale und Obersten nicht besser daran; ihnen wie mir war das einzige Heil, sich nicht fangen zu lassen.

Meine Damen hatten die Bekanntschaft einer liebenswürdigen Baronin von Heer gemacht, gebornen Prinzessin von Hohenzollern-Hechingen, deren Schwiegervater, gewesener Hofmarschall am Hofe zu Hechingen, mir von Tübingen her bekannt war. Bald erschien auch deren Schwester, Gräfin von Waldburg-Truchseß, die als Oberhofmeisterin am westphällschen Hofe zu Kassel gelebt hatte, aber kürzlich aus diesen verworrenen und sich täglich mehr verwirrenden Verhältnissen ausgeschieden war. Sie hatte eine jüngere noch unverheirathete Schwester bei sich, doch sie selbst verdunkelte alles um sich her. In der That, eine glänzende Erscheinung, die man nicht sehen konnte, ohne ihr zu huldigen! Schönheit, Reiz, Gewandtheit, Sicherheit, alles was Natur und Weltleben verleihen kann, hatte sie in hohem Grade. Dabei zeigte sich im Hintergrunde eine Karakterkraft, die über den eitlen Zoll der Anbetung, an welchem so manche Frauenschönheit

schwächlich sich genügen läßt, hinauszublicken und höhere
Zwecke zu fassen und zu verfolgen vermag. Der Herzog von
Weimar fühlte lebhaft die Anziehung dieser ausgezeichneten
Eigenschaften, die bald in dem größeren Kreise walteten, der
sich vorzugsweise um Frau von Crayen her bildete. Für
uns zu keinem Gewinn! Denn die Keime von Mißhelligkeit,
die ich auf dem Wege von Berlin nach Dresden bemerkt
hatte, waren indeß auf dem heißen Boden des Badeorts
schon aufgegangen, und daraus eine Kälte entstanden, die auch
mich ihre Wirkung empfinden ließ. Ich sah mich zu jenem
Kreise bald in eine Stellung gebracht, von der mir die ent=
gegengesetzte natürlicher und anmuthiger gewesen wäre. Doch
war die Trennung wenigstens zwischen Rahel und Frau von
Crayen weder feindlich noch schroff, sondern behielt mehr das
Ansehn einer Zufälligkeit, wobei man noch oft genug zusam=
mentraf, und so that und sprach, als wenn alles in schönster
Ordnung wäre.

Auf dem Clary'schen Schlosse fand ohnehin die höhere
Gesellschaft ihre ungestörte Vermittlung und Vereinigung.
Man brachte die behaglichsten Abende dort in größter Frei=
heit und bestem Anstande hin. Ich hatte meine Sache am
meisten mit des Fürsten ältestem Sohne, dem Grafen Karl
— nach österreichischer Weise gewöhnlich nur Lolo genannt —,
der mit einer edlen, wohlwollenden Gemüthsart die feinste
Weltbildung und einen ausgezeichneten litterarischen Geschmack
vereinigte. Alles Neuste aus der deutschen, französischen und
englischen Litteratur war bei ihm zu finden. Er urtheilte
mit Feinheit, und in seiner Sphäre mit Sicherheit. Er
hatte Sinn für Naturgenuß, für Landschaft und Gegend,
die er mit Künstlerblick auffaßte, seine Zeichnungen, oft nur
leicht mit der Feder entworfen, verriethen ein schönes Talent.
Alles Menschliche stand ihm nah, das Interessante, das
Eigenthümliche und Sonderbare war ihm meist nur dafür
eine Form. Ueber manche seiner Reisen hatte er Tagebücher
ausgearbeitet, leichte, den Gegenständen und der Stimmung
des Tages angehörige Schilderungen, durch rasche Federspiele
und andre Bildchen versinnlicht, von natürlicher Anmuth und
frischer Eleganz, in dem reizendsten Französisch. Er ver=

traute mir viele dieser Hefte, und ich las sie mit großem
Vergnügen, schon damals von der Wahrnehmung durchdrungen, die sich so oft bestätigt, daß nicht immer die
Schriftsteller es sind, die am besten schreiben. Der Graf
von Clary war aus französischer Bildung hervorgegangen,
er hatte in seiner Herkunft und Stellung kaum rechten Grund
ein Deutscher zu sein; um so angenehmer war es, ihn doch
wirklich als solchen zu finden; seine Denkart und Gesinnung
waren ganz deutsch, nur sein Witz hing nach Frankreich
hinüber, sein Gefühl aber nach Italien, dessen weiche, genuß-
volle Muße ihm als das schönste Glück vorschwebte. Sage
man was man wolle, solche Menschen sanften Sinnes und
stiller Muße sind der Welt eben so nöthig und wohlthätig,
als die Männer rastloser Thätigkeit. Gewährt nicht Frau
von Sevigné noch heutiges Tages vielen Tausenden heitern
Genuß und erhebenden Trost, und leistet sie damit nicht
mehr, als wenn sie für ein Dutzend Hausleute genäht und
gekocht hätte? Wer weiß, was einst noch die Clary'schen
Reise- und Tagebücher leisten! So viel weiß ich, hat er
deren über das Jahr 1811 geschrieben, so könnten sie einst
das reichste Hilfsmittel zur Erhellung und Berichtigung meiner Angaben darbieten, und es ist vielleicht verwegen, daß
ich ihrer herausfordernd Meldung thue. Doch thue ich es
unbedenklich. Noch muß ich von ihm sagen, daß er es vermied, über Menschen entschiedene Urtheile auszusprechen, nicht
weil er nicht urtheilte, sondern weil er glaubte, es sei Unrecht, sich und Andern die Unbefangenheit zu nehmen, mit
der man doch jeden, auch den schon verurtheilten, aufnehmen
und behandeln müsse, als sei er ein noch unbekannter, frischer
Mensch; eine Ausdehnung des Prinzips der Höflichkeit und
guten Lebensart, wie nur der menschenfreundlichste Sinn sie
eingeben konnte, und zu der besonders Rahel aus vollem
Herzen einstimmte!

Wir hatten eine Reihe der schönsten Tage. Morgens,
nach Bad und Frühstück, oder schon vom Spazirgange zurückgekehrt, versammelte man sich im Clary'schen Garten,
wo gewöhnlich die fürstliche Familie und ein Theil ihrer
Gesellschaft einem an sich reizlosen Kugelspiel oblag, das

aber als Vereinigungspunkt im Freien angenehm war. Der Graf Karl verlor sich bald mit seinem Buche in einsame Gänge, oft auch schlossen Begleiter sich an, oder Zeichenbrett und Griffel traten an die Stelle des Buches, die vorbehaltenen Theile des Gartens wurden besucht, in Gondeln der schöne Teich beschifft, alles bewegte sich in traulichem Behagen, in zwangsloser Artigkeit. Die Nachmittage waren den größeren Spazirfahrten gewidmet, selten kehrte man zu rechter Zeit zurück, um noch das Schloßtheater einen Augenblick besuchen zu können, wo eine kleine Truppe aus Böhmen tägliche Vorstellungen gab, und der unvergleichliche witz- und launenreiche Swoboda bisweilen die komische Kunst in eigenthümlichster Vollendung zeigte, so daß selbst die große Schauspielerin Madame Bethmann aus Berlin nicht Anstand nahm, ihn den größten Talenten der deutschen Schaubühne beizuzählen. Die Abende waren im Schloßgarten besonders lebhaft und mannigfaltig an Gruppirung und Bewegung. Wenn nicht Ball oder sonstige Verabredung die Gesellschaft in dem großen Gartensaale zusammenhielt, so vereinigte sich ein ausgewählter Kreis gewöhnlich noch zuletzt im Clary'schen Salon. Oft, wenn wir zu spät nach Hause kehrten, war es schwer, das Freie schon zu verlassen, die hellen Sterne am dunkeln Himmel, die mächtigen Baumschatten, die Stille der lauen Luft, alles wirkte wie Zauber auf das Gemüth, und wenn dann bei offnen Fenstern Karoline Longhi, eine schöne Harfenspielerin aus Neapel, ihre Uebungen vornahm, oder unter den Fenstern des Herzogs von Weimar böhmische Musiker meisterhaft spielten, so war es unmöglich, solchem nächtlichen Zauber nicht selbstvergessen zu lauschen. Noch ein besonderer Reiz wirkte hiebei mit. Den Norddeutschen war damals das Jodeln der Tyroler und Steiermärker größtentheils unbekannt, und die eigenthümliche Sangesweise machte den wunderbarsten Eindruck. Ein junger böhmischer Offizier hatte darin die größte Meisterschaft erlangt, und wenn er, allein, oder von einigen Kammeraden unterstützt, vor der Wohnung des Herzogs die seltsamen Liedertöne erschallen ließ, öffneten sich alsbald die Fenster der ganzen Nachbarschaft, und der gesellige Herzog spann neue muntre Gespräche an, und Einmal, verwundert, von Rahel zu hören, daß sie so spät noch Kaffee trinke, begehrte er diese interessante Neuigkeit, die sich der des Jobelns so trefflich gesellte, auf der Stelle durch eigne Erfahrung mit zu erproben.

Die Badegäste mehrten sich täglich, außer den Oesterreichern waren besonders die Preußen und Sachsen zahlreich, man sah wenige Russen und Polen, nur ein paar Franzosen und keinen Engländer, wie denn das ganze Festland keinen aufwies, außer gefangene in Frankreich, und kämpfende in Spanien und Portugal; ein schon lange in Prag einheimischer englischer Sprachmeister, der mit dem Grafen von Bentheim nach Töplitz gekommen war, mußte hier wie dort, der Sicherheit wegen, für einen Bürger der Vereinigten Staaten von Nordamerika gelten. Im Allgemeinen waltete großes Vertrauen unter den Leuten, es genügte, daß man sich unter Deutschen wußte, um ohne Hehl politische Gesinnungen zu äußern, die, am schlimmen Orte angezeigt, die schwerste Ahndung erwarten konnten. Wenn es Schlechtgesinnte und selbst Verräther unter den Deutschen gab, so hielten auch diese noch einige Mäßigung, und scheuten sich die Fäden anzutasten, die nicht gefahrlos zu verfolgen waren, denn sie umstrickten mit den Niedern auch die Hohen, und verloren sich bisweilen sogar in den innersten Kern der Fremdherrschaft. Der Franzosenhaß verknüpfte die verschiedensten Stände, irgend ein Handelsdiener wurde der Vertraute und Briefbesorger einer Fürstin, eines hohen Beamten; der Schauspieler Bethmann theilte die mehr schmeichelhaften als zuverlässigen Neuigkeiten, an denen er nie Mangel hatte, täglich der hohen Aristokratie mit, die ihn dafür mit lächelnder Gunst beehrte, und wer sein Ankläger geworden wäre, der hätte noch viele andre Namen nennen müssen, von denen arge Rückschläge zu befürchten waren.

Als der Jahrestag des Todes der schönen Königin Luise von Preußen zum erstenmal wiederkehrte, waren alle Preußen beeifert, diesen Trauertag mit würdiger Feier zu begehen, und auch die Nichtpreußen verhehlten den Antheil nicht, den sie dem Gedächtnisse der herrlichen Fürstin aufrichtig

widmeten. Doch die heftigsten der Eiferer wollten aus dem
Feste vor allem eine Darlegung ihres Franzosenhasses und
ihrer Deutschgesinnung machen, und, wie es zu geschehen
pflegt, die Unberufensten waren hiebei die Thätigsten. Die
Gemäßigten und Besonnenen zogen sich von dem Unter=
nehmen, das ungeschickt anhob und geschmacklos ausging,
allmählich zurück, und es war in der That schwer zu sagen,
wer dabei eigentlich befriedigt sein sollte, daß es hieß, Ber=
liner Juden hätten für die reformirte Königin ein katho=
lisches Hochamt halten lassen! Doch war derselbe Eifer,
der sich in dieses Unternehmen verirrt hatte, gar nicht ab=
geneigt, diejenigen Preußen, welche der ungeschickten Auf=
forderung nicht gefolgt waren, wenigstens lauer Gesinnungen
zu beschuldigen.

Von der preußischen Seite her kam inzwischen immer
neuer Zuschuß. Als Durchreisender von Berlin nach Prag
besuchte mich Clemens Brentano, der mir von allen meinen
Freunden die genauesten und unterhaltendsten Nachrichten
brachte. Ich sah ihn zum erstenmal, und war ganz be=
zaubert von seiner geistreichen Laune, seinen überraschenden,
oft das Tiefste aufschließenden, immer feuerwerkartigen Be=
merkungen. Doch weil er den Boden sicher und empfänglich
fand, fing er bald die ihm willig zugestandene Freiheit zu
mißbrauchen an, und alle meine Freunde der Reihe nach zu
lächerlichen und widrigen Gestalten zu verzerren, wogegen
ich solche Einsprache thun mußte, die unsrer Bekanntschaft
ein schnelles Ende gebracht hätte, wenn er nicht ohnehin
gleich am nächsten Tage weitergezogen wäre. Willkommen
und lernhaft stärkend war mir das Erscheinen Fichte's, so
wie Friedrich August Wolf's, deren Gegenwart mich in die
glücklichsten Studienzeiten zurück versetzte. Mit Wolf ent=
spannen sich sogleich prosodische Erörterungen, er hatte schon
seine erobernden Uebersetzerzüge begonnen, und glücklich wie
niemand vor ihm die halsbrechenden Schwierigkeiten des
Aristophanes überwunden; man mußte gestehen, daß er die
Kunst der Silbenmessung und des Versbaues auf den Gipfel
geführt habe. Doch indem ich meine Bewunderung nicht
verschwieg, erhob ich leise Zweifel, ob die Dichtkunst auf

dieser philosophischen Höhe sich erhalten könne, ob nicht für den ächten Dichter die Lässigkeit des Goethe'schen und Schiller'schen Hexameters vorzuziehen bleibe, wovon aber Wolf nichts hören wollte, im Gegentheil meinte er, jene Dichter seien in Gefahr, bei fortschreitender Ausbildung der deutschen Prosodie, durch grammatische Meisterhand in die Formen späterer Anforderung umgesetzt zu werden! Doch das Beispiel schon der Homerischen Gesänge war ihm entgegen, die mit allen Mängeln der Form richtig auf die Nachwelt gekommen sind. — Wolf war nicht eigentlich krank, sondern lebensfroh und gesellig, wie er denn an allen Fahrten und sonstigen Verabredungen gern Theil nahm. Bei Fichte, der an rheumatischer Lähmung litt, war dies ganz anders; er blieb auch hier der einsame Denker, der strenge Waller, unbekümmert um Gesellschaft und Welt. Der Druck, unter dem Deutschland seufzte, beschäftigte ihn sehr, und da er alles in die Tiefe führte, so suchte er auch den geheimen Vereinen, welche für die deutsche Sache thätig waren, eine Gestalt und Bedeutung zu finden, wobei die Philosophie mit der Politik zusammen gehen könnte. Wir kamen von diesen Vereinen natürlich auf die Freimaurerei, welche als schon fertiges und sicheres Werkzeug sehr brauchbar schien, manche Ansichten und Gesinnungen im Stillen auszubreiten. Sie wurde französischerseits auf diese Weise schon gebraucht, in manchen Logen höherer Grade zu Paris gelobte man, für Napoleon und seine Dynastie Gut und Blut einzusetzen, warum sollte nicht auch deutscherseits versucht werden, unsre politische Zwecke vermittelst der Logen zu fördern? Fichte hielt die Maurerei ihrem Wesen nach sehr hoch, und ließ das Ganze nicht entgelten, daß ihn die Berliner Logen mit seinen Vorschlägen zur Erneuung und Erhöhung ihrer Grundlagen schnöd abgewiesen hatten. Er rühmte, daß die Maurerei für viele Menschen, denen sonst keine allgemeine Bildung zugekommen wäre, eine Schule edler Menschheit geworden sei, und in der Zeit nach dem siebenjährigen Kriege hätten Hunderte von preußischen Offizieren ihre geistige Erhellung einzig aus der Loge geschöpft. Er deutete an, daß in der Geschichte der geistigen Entwickelung nebst dem exoterischen Zusammenhange der Wissenschaft — „Ich habe es nie geläugnet", sagte er, „daß ich durch Kant angeregt worden, wie Kant es von Hume gewesen, und so weiter zurück" — auch ein esoterischer Zusammenhang denkbar sei, dessen Vermittelung und Erhaltung sehr wohl das Geschäft und der Beruf einer geheimen Gesellschaft sein könne; wiefern dies der Maurerei wirklich obgelegen oder durch sie geschehen, wolle er jetzt nicht untersuchen, es genüge, die Möglichkeit anzunehmen, daß sie eines solchen Gehaltes fähig sei. Er wollte überhaupt nur geistige Stärkung und Erhebung, aus der die kühne That dann von selbst hervorgehen würde, und verwarf die äußerliche Festsetzung einer solchen, zu der man sich verschwören und deren besonderem Zwecke man alles opfern solle. Fichte's Einsichten in die Maurerei waren offenbar nicht aus ihr selbst, sondern aus seinem philosophischen Standpunkte genommen, auch hatte er es im Orden nie weiter gebracht, als zu der Lehrlingsstufe, wiewohl Friedrich von Schlegel und Franz von Baader ihm gern die höchsten Grade beimaßen, und sogar behaupteten, er habe aus den ihm eröffneten geheimsten Lehren vieles für seine Philosophie geschöpft. Ganz im Gegentheil hatte Fichte, nachdem er in Jena Freimaurer geworden, und von dem neuen Wesen einigermaßen ergriffen war, gleich darauf gesonnen, ob er nicht etwas erfinden könne, das, wie die Analysis für das Rechnen, ein untrügliches Werkzeug für das Denken wäre, eine Waffe des Geistes, die jeden, dem man sie gäbe, stark machte; wenn ihm dergleichen gelungen wäre, so würde er die Maurerei dann gern zur Bewahrerin und Verwalterin seiner Erfindung gemacht haben, wie er es späterhin versucht hatte, die Wissenschaftslehre in die Logen einzuführen, und darüber mit ihnen zerfallen war.

Der Dichter Tiedge, welcher mit der Gräfin von der Recke kam, war in politischer Hinsicht unser eifriger Bundesgenosse, wie auch die Gräfin selber, während wir das ästhetische Treiben Beider in keiner Weise gelten ließen. Dieselbe Uebereinstimmung fand sich mit der Gräfin Karoline von Schlabrendorf, die aus Schlesien eintraf; aber alle

Uebereinstimmung im Franzosenhasse konnte nicht den weit größeren Gegensatz tilgen, in welchem die Schroffheit ihres Gemüths und die Schärfe ihres Urtheils mit jedem gerieth, der ihr zu widersprechen wagte.

Ich wurde in dieser Zeit sehr beunruhigt durch Nachrichten, die ich sowohl aus Hamburg als aus Berlin empfing. An beiden Orten war durch Leichtsinn und Unklugheit mancherlei ruchtbar geworden und zu des Feindes Kenntniß gekommen, was streng hätte verschwiegen bleiben sollen; die Ungewißheit, ob nicht auch Verrath im Spiele sei, gab nicht nur großen Besorgnissen Raum, sondern weckte auch Mißtrauen und Scheu im Kreise des bisherigen Vertrauens. Die Polizei der Franzosen, des Marschall Davoust insonderheit, wurde wachsamer und thätiger, und erstreckte ihre Wirkung auf alle Staaten des Rheinbundes; im Königreich Westphalen geschahen Verhaftungen, von denen die westphälische Behörde nichts wußte, man sprach von französischen Anforderungen an Preußen, daß die dem Kaiser Napoleon mißfälligen Personen nicht geduldet, einzelne hartbeschuldigte sogar ausgeliefert werden sollten. Für den gegen Rußland zu unternehmenden Feldzug, hieß es, wolle man den Rücken frei, die Länder der Bundesgenossen von Uebelgesinnten gereinigt hinter sich haben. Die Freunde in Norddeutschland waren in großer Bewegung, es wurden Papiere vernichtet, Aufenthaltsorte gewechselt, alte Verbindungen abgebrochen, neue geheimere angeknüpft; es schien, als könnten sich die bisherigen Betreibungen nicht länger in den vom Feinde besetzten oder seinem Einflusse Preis gegebenen Ländern halten, als müsste diesem das Feld für den Augenblick überlassen werden; es geschahen Anträge, die Leitung der deutschen Sachen aus dem Norden nach Böhmen herüberzutragen, wo der Boden noch frisch, noch unerkundschaftet sei, und wo außerdem, bei der Anwesenheit des Kurfürsten von Hessen und des Freiherrn vom Stein, reiche Hülfsmittel und fester Anhang nicht fehlen würden. In der That hatte Oesterreich bisher noch mit vielem Glücke sich gegen den französischen Einfluß abgeschlossen, man lebte besonders in Böhmen von dieser Seite in Sicherheit und Ruhe, die fran-

zösischen Behörden mußten wenig von dem Innern des
Landes, und scheuten einigermaßen hier störend einzubringen.
Allein die Zuflucht, welche hier gewährt war, wurde durch
den Preis der Unthätigkeit erkauft, zu welcher alles, was
hieher flüchtete, sich verurtheilt sah. Die Menschen wurden
geduldet und geschützt, aber ihre Betreibungen mußten erlöschen, theils von selbst in dem fremdartigen Boden, theils
durch Maßregeln, die allen Verkehr beaufsichtigten, und einen
raschen, sichern mit dem Auslande unmöglich machten. Die
Verlegenheit war daher nicht gering, als die Anfrage gestellt wurde, wiefern Freunde, die bisher im Norden gewirkt
hatten, sich mit Erfolg in Böhmen festsetzen könnten, ja ob
man wohl im Stande wäre, einem oder zweien, im Fall
sie allzu heftig verfolgt würden, einen Versteck in Böhmen
zu vermitteln. Unter den vorhandenen Umständen mußte
die Frage durchaus verneint werden, schon deßhalb, weil
es zweifelhaft war, ob sie nicht schon durch unvertraute
Hände gegangen. Der kaiserliche Rath Eichler, vertraut
mit diesen und vielen andern Geheimnissen, war kein sichrer
Mittelsmann mehr, seit er der eignen Regierung verdächtigt
und deßhalb auch aus seinem früheren Amte eines Bade-
kommissair in Töplitz entfernt worden war. Im unmittelbar
vorhandenen Drange der Noth wäre mein Oberst alles zu
thun bereit gewesen, aus angebornem Edelmuth, aus hoch-
herziger Erwiederung jedes Zutrauens; aber gegen den allgemeinen problematischen Fall war das Gefühl seines eignen
Dienstverhältnisses zu stark, und er konnte die Gränzen
desselben nicht überschreiten wollen. Doch war es unmöglich,
den Gegenstand einer so großen Unruhe und Bekümmerniß
völlig abzuwerfen, man lebte in täglich erneuter Sorge,
welche nicht nur die besten Freunde und Kammeraden,
sondern auch die nächsten Blutsverwandten umfaßte. Es
gab Tage, wo die Ungewißheit über das Schicksal des Erbgrafen Alexis in Steinfurt, von dessen Gesinnungen sich
das Stärkste erwarten ließ, und dessen Verbindungen die
schlimmsten sein konnten, die qualvollsten Besorgnisse einflößte.

Ein unglücklicher Zufall verdüsterte für unsern nächsten

Kreis die Stimmung noch mehr. Ein preußischer Rittmeister von Tornau, der im Feldzuge von 1807 mit Auszeichnung gefochten haben mußte, denn er war noch jung und hatte den Verdienstorden, war auf dem Balle aus Unkunde der angeordneten Folge der Tänze mit österreichischen Offizieren in Streit gerathen, sie nahmen seine Unkunde für Trotz und er ihre rasche Anrede für Beleidigung; die Folge war ein Zweikampf, der am nächsten Tage in einem nahen Wäldchen vor sich ging. Der Preuße schlug sich mit zwei Klenau'schen Offizieren, dem Grafen Ottolini und dem Grafen von Nostitz, auf den Degen, er verwundete den einen tödtlich in die Brust, den andern fällte er durch einen Hieb in den Schädel, und er selbst flüchtete mit drei Wunden über die Gränze nach Sachsen. Der Vorfall hinterließ auf beiden Seiten starke Erbitterung, und zeigte auf's neue, wie leicht die deutschen Kräfte, anstatt sich einander anzuschließen, in Streit und Kampf geriethen; für einige Zeit schien die alte Eifersucht, die man längst erloschen glaubte, wieder aufzuwachen, und von beiden Seiten regte sich noch mancher jugendliche Muth zur Fortsetzung jener unseligen Fehde, die schon allzu blutig geworden war.

Es war Zeit, daß ein neues und freundliches Element auf die Gesellschaft einwirkte, und andre Lebensrichtungen weckte. Der Fürst von Ligne brachte, wie immer, Heiterkeit und gute Laune in seine nähere Umgebung, und auch die entferntere mußte daran einigen Antheil nehmen. Seine Witzworte, treffend immer und faßlich, wurden mit Lust wiedererzählt, und jeder Tag, jede Stunde lieferte neuen Zuschuß. Den Damen, welchen er seine Huldigungen widmete, sandte er schon frühmorgens geistreiche Billete und Verse, die er mit unglaublicher Leichtigkeit auf das erste beste Papier hinwarf. Ueberhaupt befliß er sich im Aeußerlichen nicht eben großer Achtsamkeit, sein Anzug war oft seltsam vernachlässigt und stach gegen die Vornehmheit seiner Haltung und Manieren wunderlich ab. Er machte, wenigstens in seinen Ausdrücken, noch stets den Anspruch, verliebt zu sein, und sogar den, geliebt zu werden, und da er wohl wußte, wie diese Ansprüche durch sein Alter bedingt seien,

so machte er auch in dem der Frauen kaum noch einen
Unterschied, sondern richtete mit gleichem Eifer seine Be-
werbung an eine Sechszehnjährige und an eine Fünfzig-
jährige. Nicht alle nahmen seine Beeiferung als Scherz,
wenigstens Ehrgeiz und Eitelkeit fanden noch reichlich ihre
Rechnung dabei. Er bekam von mancher Seite zärtliche
Antworten, mit denen er nicht eben geheimnißvoll that;
wenn aber das Unglück wollte, daß er die Rückseite eines
solchen Blattes zu Versen an eine Andre benutzte, so konnte
Lachen und Spott auf der einen, und Verdruß und Bitterkeit auf der andern Seite nicht ausbleiben. Einst geschah
ihm, als er zu Regina Frohberg, die er besonders anbetete,
und deren Theestunde er nicht versäumen wollte, eilig durch
die Straßen stolperte, daß diese Dame, ebenfalls verspätet,
aus dem Schloßgarten nach Hause eilend und ihn einholend,
an seine Seite trat, und ihn eben anreden wollte, als der
Alte, in seinen Rocé-Dichtungen befangen, plötzlich ein
verliebtes Abentheuer möglich glaubte, und der Dame, die
er mit seinen geschwächten Sinnen im Abendlichte nicht erkannte, eine feurige Liebeserklärung hersagte. Da sie, um
sich und ihm die Beschämung dieses Verkennens zu ersparen, eiligst entschlüpfte, so setzte auch er seinen Weg fort,
fand seine liebenswürdige Wirthin schon am Theetisch, und
sagte ihr alle Artigkeiten, die er soeben an sie verschwendet
hatte, zum zweitenmale; als zuletzt seine Untreue denn doch
offenbart wurde und nicht ungerügt blieb, konnte er sie noch
immer, da nur seine Meinung irrig, die Person aber doch
die ächte gewesen, für eine wirkliche Treue ausgeben!

Mit dem Herzoge von Weimar war der Fürst durch
das schönste Verhältniß wechselseitiger Anerkennung schon
längst verbunden; als tapfere Kriegsleute, als freisinnige
Lebemänner, als edle Schätzer des Geistes, fanden sie sich
auf gleichem Boden, die Sphären ihres Erfahrens und
Wirkens aber waren doch sehr verschieden, und es gehörte
frischer Sinn und guter Wille dazu, daß der Herzog die
Blüthe der Galanterie und des Scherzes von Versailles,
vom Oeil-de-Boeuf, und der Fürst die Macht Goethe's
und den Glanz Schiller's so treulich würdigten. Als Frau

von Heggendorf auf einige Tage Töplitz besuchte, war dies für den Fürsten ein neuer Anlaß, der Schönheit und dem Liebreize begeistert zu huldigen, und er machte unbedenklich den Nebenbuhler des Herzogs, indem er hiedurch freilich nur dessen Geschmack und Sinn schmeichelhaft bestätigte.

Hier ist der Ort, nun auch eines Franzosen zu gedenken, der schon mehrere Wochen in Töplitz umherhinkte, und dem das Bad, wie er angab, seiner Wunden wegen verordnet war. Er nannte sich Graf b'Estourmel, und war sehr beflissen nach Bekanntschaften, wußte sich ungemein in die Umstände zu fügen und Anmaßung und Eitelkeit im Zügel zu halten. Dennoch gelang es ihm nicht, sich beliebt zu machen, er stand in der deutschen und deutschgesinnten Gesellschaft sehr allein, man hielt ihn allgemein für einen ausgesandten Späher, und wirklich hat späterhin der Herzog von Rovigo in seinen Denkwürdigkeiten erwähnt, daß er im Sommer jenes Jahres seine Kundschafter in den böhmischen Bädern gehabt, und wir können hinzusetzen, daß er schlecht genug bedient worden, falls jener einer von ihnen war! Clary's hatten ihn ablaufen lassen, der Herzog von Weimar sich ihn vom Halse zu halten gewußt, Frau von Crayen wollte ihn nicht annehmen. Die österreichischen Offiziere, denen er sich anschließen wollte, trieben ihren Spott mit ihm; einer derselben, ein Jägerhauptmann, Freiherr von Knorr, ausgerüstet mit Humor und Tapferkeit, und in beiden gleicherweise schlagfertig, hatte es sich zur Aufgabe gemacht, den Andringling zu necken, und führte wahre Possenspiele mit ihm auf, die man mit hohem Eintrittsgeld hätte bezahlen mögen, hätte man sie nicht umsonst gehabt. Einmal machte er dem Franzosen ernstliche Vorstellungen; es zieme sich nicht, daß er bald mit dem rechten und bald mit dem linken Fuße hinke, er solle sich jetzt gleich entscheiden, an welchem Fuße er verwundet sein wolle, und mit diesem nur dürfe er fortan hinken, sie Alle würden genau darauf sehen und keinen Wechsel mehr dulden. Der Franzose war klug genug, zum bösen Spiel gute Miene zu machen, und betheuerte, es sei ein Vorurtheil, daß die Deutschen nicht den Scherz zu handhaben verständen, sie

scherzten meisterhaft! Als der Fürst von Ligne gekommen
war, gewann der Mann doch etwas mehr Boden, der Fürst
war zu gutmüthig, ihn ganz abzuweisen, und ein Franzose
hatte nebenher immer etwas Reiz für ihn. Er führte ihn
bei Regina Frohberg ein, und dort fiel die schon anderwärts erzählte Anekdote vor, wo jener versprochen hatte,
den Fürsten geschickt auf die Kaiserin Katharina zu bringen,
und dies doch gar nicht zu bewerkstelligen wußte, bis Rahel
es plötzlich durch die geradeste Frage that. Der Mann
war übrigens weder abgeschmackt noch ununterrichtet, und
am wenigsten boshaft, nur seine Rolle machte ihn ungeschickt, und thöricht war es, daß er sie übernommen.
Ich glaube wirklich nicht, daß er irgend jemanden Schaden
gethan, aber freilich auch nicht, daß er bei seinem Herrn
und Meister durch seine Sendung viel Ehre eingelegt
habe.

In aller seiner leichten Anmuth und Scherzhaftigkeit
war der Fürst dennoch ein Mann von Grundsätzen, und
wich von der Bahn, die er einmal gewählt, durchaus nicht
ab. Ihm war freilich vermöge seines Witzes leicht, über
Schwierigkeiten und Widersprüche, in welchen Andere sich
verstrickten, mit guter Art hinwegzukommen; allein er selbst
auch übte manchen Widerspruch, und seine beflügelten Worte,
die niemals zu Boden fielen, waren oft Kritik und Strafe
für solche Männer, an welche Anderer Tadel nicht hinauf-
reichte. Er mißbilligte damals mit mehr Bitterkeit, als
seinen Scherzen gewöhnlich war, die Verbindung Oesterreichs
mit Frankreich, und die Gegensätze, welche dieses Verhältniß
lieferte, boten freilich, und nicht ihm allein, den unerschöpf-
lichsten Stoff schreiender Verknüpfungen. Die Vorgänge in
Spanien erregten seinen wärmsten Antheil, und brachten ihn
fast aus dem Geleise seines Scherzes, er konnte nicht vergessen, daß er selbst ein spanischer Grande war. Demnach
war der Fürst in den damaligen Stimmungen und Be-
drängnissen kein gleichgültiger Bestandtheil, seine großen Verbindungen und leichten Formen dienten in zahllosen Gelegenheiten zur Förderung der deutschen Sache, er empfing
vielseitiges Vertrauen, und bewahrte dasselbe heilig, vielleicht

weniger aus politischer Tugend, als aus edler Sitte der guten Gesellschaft, die am rechten Orte so wie zu reden auch zu schweigen lehrt.

Im Verlaufe der Badezeit mehrte sich die Gesellschaft aus Norddeutschland. Der Erbprinz Georg von Mecklenburg-Strelitz, ausgezeichnet durch hohe Geistesbildung und enthusiastische Kunstliebe; seine durch Anmuth wie durch Schönheit bezaubernde Schwester, die Prinzessin von Solms, begleitet von ihrer liebenswürdigen, im schönsten Jugendglanze heranblühenden Nichte, der Prinzessin Therese von Thurn und Taris; der tapfere Prinz August Ferdinand von Preußen, Bruder des bei Saalfeld gebliebenen Prinzen Louis; alle diese willkommenen Erscheinungen erregten Antheil und Zuneigung. Einen neuen Mittelpunkt bildete die gräflich Golzische Familie; galt der preußische Staatsminister Graf von der Golz nicht gerade im höchsten Sinne als politischer Karakter, so war dagegen seine lebhafte Gattin, geborne von Schack, desto entschiedener ein gesellschaftlicher, und durch sie fanden bald Landsleute und Fremde hier den schönsten und muntersten Kreis, den das bewegliche, oft witzige, immer anregende Talent der Gräfin gut in Athem hielt, und in welchem die Tochter des Hauses, die liebliche Gräfin Augustine, nebst ihren anmuthigen Gespielinnen, Fräulein Natalie von Alopeus und Adelaide von Reebe, als schönster Jugendschmuck glänzten. Auch der Bruder Achim's von Arnim, nach seiner auffallenden Aehnlichkeit mit dem englischen Minister William Pitt meistens nur Pitt-Arnim genannt, verstärkte die preußische Ansiedelung durch seine heitre, stets in gleichmäßiger Stimmung und freier Weltbildung sich bewegende Geselligkeit.

Durch Rahel wurde ich mit der Golzischen Familie bekannt, und ich selbst hatte bald meinen Obersten dort einzuführen, so wie auch seinen jüngern Bruder, Grafen Eugen zu Bentheim, einen jungen Menschen von blühender, kraftvoller Schönheit und unverwüstlicher Muthwillslaune, die oft Störung und Mißvergnügen verursachte, und der man doch nie dauernd gram sein konnte. Wir machten mit der Golzischen Familie herrliche Spazirfahrten, nach Graupen,

Mariaschein, Dux, Ossegg; der Prinz August nahm einigemal Theil, der Graf Eugen zu Bentheim, der Freiherr von Dalwigk. Letzterer war Adjutant des Kurprinzen von Hessen, pflegte beständig hin und her zu reisen, zwischen Prag und Berlin, und auch wohl weiter in Norddeutschland, unter mancherlei Gefahren und Geschäften; in alle geheime Betreibungen eingeweiht, erschien er den Verblindeten immer willkommen, er brachte nachdrückliche Ermunterung und Hülfe von dem Kurfürsten, der mit seinem geretteten Schatze, auch ohne viel davon aufzuwenden, doch die Zuversicht stärkte und den Willen erfrischte. In der freien schönen Natur, bei munterer Geselligkeit, schlossen sich auch die politischen Meinungen bald ohne Rückhalt auf, und wir — die Gräfin nicht die letzte — äußerten Ansichten und Hoffnungen, denen der preußische Minister der auswärtigen Angelegenheiten kaum das Ohr leihen durfte. Er that mir aber die Ehre an, mich genau zu befragen, wie ich den Zustand von Frankreich ansähe, und welche Eindrücke mir Paris und der Hof Napoleon's gegeben; da er eine schriftliche Mittheilung wünschte, so gab ich ihm meine in Steinfurt abgefaßten Denkblätter, so weit ich sie noch besaß, und erst nach seinem Tode, wie schon erwähnt, drei und zwanzig Jahre später, empfing ich sie aus seinem Nachlasse zurück. Der Graf hatte keine Energie des Willens, aber neben guter Kenntniß der Geschäfte und viel Takt in ihrer Behandlung ein gesundes Urtheil; er billigte nicht die politischen Betreibungen in Norddeutschland, weil er ihnen, so lange nicht die Franzosen entscheidende Unfälle erlitten hätten, keinerlei Erfolg zutraute und in den Theilnehmern nur nutzlose Opfer einer Verwegenheit sah, die sich für günstigere Zeit aufsparen sollte. Er gestand uns, die preußischen Verhältnisse seien so unsicher gestellt, daß man nie vorher wissen könne, ob nicht binnen vierzehn Tagen zu den Waffen gegriffen werden müsse, weil kein anderes Heil mehr übrig sei; wobei er denn nicht verhehlte, daß dieser Fall, ohne Oesterreichs Hinzutreten und ohne rasches Vordringen der Russen, für Preußen ein wahrhaft verzweifelter sein würde. Die Gefahr, die er uns zeigte, wurde für uns nur ein so größerer Anreiz, den Blick dahin zu wenden, wo die Hülfe nah und gewiß wäre, auf das eigne Volk, dessen allgemeiner Aufstand gegen die Franzosenherrschaft uns der beste Bundesgenosse Preußens dünkte.

Unter den persönlichen Geschicken, die aus jenen großen Spannungen der politischen Welt auf einzelne Häupter niederfielen, erregte das des Herrn Bathurst lebhaften, und durch das Geheimniß, welches dabei waltete, schaudervollen Antheil. Er war als englischer Bevollmächtigter während des Krieges 1809 am österreichischen Hoflager thätig gewesen, und hatte nach dem Wiener Frieden, als seinen Zwecken keine Hoffnung mehr übrig und längeres Verweilen gefahrvoll wurde, die Rückreise nach England nördlich versuchen wollen, da der südliche Weg über Malta viel weiter und fast eben so unsicher war. Seine Besorgniß, den Franzosen in die Hände zu fallen, war übergroß, und schon bei der Abreise aus Oesterreich seinen dortigen Freunden von übler Vorbedeutung; doch trösteten sie sich, ihn von besonnenen, gewandten Leuten begleitet zu sehen. Herr Bathurst kam den 25. November 1809 Nachmittags in Kletzke, der Station vor Perleberg, in einem stattlichen Reisewagen an, begleitet von einem Sekretair und einem Bedienten. Sein Paß nannte ihn Kaufmann Koch. Er stieg aus, und verlangte schleunigst Pferde, indem er die größte Eile zu haben vorgab. Im Passagierzimmer fragte er genau und ängstlich nach den Wegen, ob und wo er auf französische Truppen stoßen würde, zog dann zwei Pistolen aus der Tasche, besah sie unaufhörlich, spannte den Hahn, setzte ihn wieder in Ruhe, und als die Pferde längst angespannt waren, trieb er diese Beschäftigung noch lange fort, bis man ihn endlich benachrichtigte, er werde das Warten der Pferde tarifmäßig bezahlen müssen, aber auch dieser Erinnerung achtete er nicht, bezahlte die Gebühr, und erst geraume Zeit nachher stieg er in den Wagen und fuhr ab. Abends bei völliger Dunkelheit in Perleberg angelangt, verließ er auch hier sogleich den Wagen, fragte nach dem Kommandanten, Herrn von Klitzing, trat in dessen wegen einiger anwesenden Gäste hell erleuchtetes Haus, begehrte ihn allein zu sprechen, und

nachdem er sich versichert, daß niemand lauschen könne und
daß er mit einem Ehrenmanne zu thun habe, entdeckte er
ihm, wer er sei, und fragte, ob er auf dieser Straße sicher
nach Hamburg gelangen könne? Herr von Klitzing bejahte
dies, und gab ihm alle dienliche Auskunft und Anleitung,
bemerkte aber, daß der Reisende in einer an Verwirrung
gränzenden Aufregung sei; er schwebe in größter Gefahr,
sagte dieser, zweimal schon habe man ihn vergiften wollen,
aber mit Gift richte man bei ihm nichts aus, denn er führe
Gegengift! um so mehr aber fürchte er die französischen
Polizeispäher, die Zollsoldaten und Küstenwächter, durch
deren Linie er sich schleichen müsse. Durch die Angaben des
Kommandanten einigermaßen beruhigt, verließ er das Haus,
indem er die besten Wünsche mitnahm, und ging, so schien
es, zur Post zurück; vor den Fenstern eines nahen Hauses,
wo die Töchter des vorigen Postmeisters wohnten, war er
noch gesehen worden, dann aber nicht mehr, und blieb seitdem verschwunden. Ob er zu Fuß die Stadt verlassen, um
auf der Landstraße in den Wagen zu steigen, ob er sich
von diesem und seinen Leuten habe trennen wollen, um
allein sicherer durchzukommen, ob er nah oder fern von
Perleberg erschlagen und verscharrt, oder aufgehoben und
fortgeschleppt worden, ob er die mecklenburgische Küste erreicht und sich dort eingeschifft und dann in den Wellen sein
Grab gefunden — niemand weiß es. Seinen Hut fand
man zwar nahe bei Perleberg am Ufer der Stepnitz, aber
diese einzige Spur berechtigte zu keinem sichern Schlusse,
der kleine Fluß wurde später abgelassen und das Bett bis
zur Elbe trocken gelegt, doch ohne daß sich irgend ein
näheres Anzeichen ergeben hätte. Als das seltsame Verschwinden auch in England ruchtbar geworden war, wandte
sich die Gattin des Vermißten an den Kaiser Napoleon,
der ihr auch die besondere Erlaubniß ertheilen ließ, an Ort
und Stelle persönlich alle Nachforschungen zu veranlassen.
Ich sah im Jahre 1810 zu Paris bei Schlabrendorf diese
Dame, die in Begleitung des bekannten Reisenden Röntgen
eben aus der Priegnitz wiederkehrte, wo alle mit dem Beistande
der Behörden und mit dem größten Geldaufwande, aber

freilich gerade hiedurch in weitläuftige Verwickelungen ge‍zogenen, eifrigsten Untersuchungen durchaus erfolglos ge‍blieben waren. Aber auch in allen folgenden Jahren brachten alle ersinnlichen Bemühungen kein Licht in den räthselhaften Vorgang, und noch heute, nach Verlauf von mehr als dreißig Jahren, ist die Sache so dunkel, wie am ersten Tage. Die sich am meisten aufdringende Vermuthung war doch immer, der Unglückliche sei verrathen worden, und als ein Opfer französischer Schergen gefallen, denen man die Mittel, einzelne Menschen verschwinden zu lassen, nicht fremd wußte. Führte man doch deutscherseits auch bis‍weilen, aus Noth, um sich gegen Verrath zu schützen, solche furchtbare Schläge! Und wie nahe uns dergleichen Gräuel vorüberzog, wie fast unter unsern Augen und Händen er sich durchwand, sollte ich sogleich erfahren! Der österreichische Ge‍neral Graf Murray kam von Prag auf einige Tage nach Töplitz, und vertraute mir, was ihm vor kurzem begegnet war. Ein Engländer, der unter angenommenem Namen als Hand‍lungsdiener reiste, hatte sich einem französischen Kourier an‍geschlossen, um mit ihm nach Konstantinopel zu fahren; er bezahlte demselben einen Theil der Reisekosten, bewirthete ihn, und hatte sich dadurch sehr in Gunst gesetzt; doch in Prag fürchtete er, nicht Geld genug zu haben, und ging deßhalb den General um einen Vorschuß an aus solchen Geldern, die er bezeichnete. Sein Wissen um diese Gelder war dem General hinreichende Beglaubigung der Richtigkeit des Anspruchs, er gab daher das verlangte Geld, und fragte nur noch, was jener denn eigentlich vorhabe? Der Engländer antwortete ganz trocken, er wolle die Depeschen des Kouriers haben, und werde diesen der Sicherheit wegen todtschlagen, in Böhmen gehe es nicht wohl an, das sehe er wohl, in Ungarn vielleicht auch noch nicht, in der Türkei aber werde die Gelegenheit nicht fehlen. Der Ge‍neral erkannte auf den ersten Blick, daß der Mann solcher That fähig sei, er stutzte und schauderte, wußte aber nichts bei der Sache zu thun, und fand, daß hier Vorstellungen nicht angebracht wären. Welche Zeiten sind das, wo die edelste Sache, die des Vaterlandes und der Freiheit, sich mit unmenschlicher Treulosigkeit so verwickelt, daß man sie von dieser nicht mehr zu scheiden vermag! Mögen wir sie in Deutschland unter keiner Gestalt wiederkehren sehen!

Mehr und mehr neigte sich der Sommer zum Herbst, und die schon längeren Abende gaben der Geselligkeit, die sich zuletzt ganz in den Clary'schen Kreis zusammenzog, festeren Umriß und Halt. Die Geistesart der preußischen Gäste stimmte besser zu der Ligne'schen, als bei der sonstigen großen Verschiedenheit zu vermuthen war; der alte Fürst war innig erfreut, jedes seiner Worte so gut und schnell gefaßt, keines verloren zu sehen, und äußerte dankbar, nach wirklichen Franzosen seien die Preußen schon seit Friedrich dem Großen sein bestes Publikum. Dagegen fand auch die rasche Lebhaftigkeit der Gräfin von der Golz den fröhlichsten Anklang und die billigste Würdigung. Um so gutes Zusammensein noch mehr zu erhöhen, wurde beschlossen, einige kleine Theaterstücke aufzuführen; diese waren bald ausgewählt, die Rollen vertheilt, und im Anfange des Septembers wurde die aus früherer Zeit noch fertig stehende Bühne eröffnet. Einem dramatischen Sprichwort, in welchem der Fürst von Ligne einen alten langweiligen Schwätzer in aller Meisterschaft der französischen Schule gab, folgte das Lustspiel „Le mari intrigué", worin neben dem Grafen von Clary und der Gräfin von Chonnel die preußischen Talente glänzten; Gräfin Augustine von der Golz, welche ihren ersten Versuch dieser Art mit bewundernswürdiger Freiheit und Geschicklichkeit ausführte, und Pitt-Arnim, der als ein schon eingeilbter Liebhaber sein Bestes that; den Preis aber gewann doch der wirkliche Franzose, Graf von Trogoff, den man scherzend beglückwünschte, daß er, wenn er nach Frankreich zurückkehre, dort sogleich eine große Rolle spielen könnte, was denn auch in der Folge wirklich nicht ganz ausgeblieben ist! Andre nicht minder ansprechende Unterhaltung gab die Musik; der Kapellmeister Himmel, dieser wüste Sonderling, der fast nur noch behaglichem Champagnerrausch und trostloser Nüchternheit lebte, ließ uns im Golzischen Hause und bei Clary's, wie auch später in einem Konzert, sein Fortepianospiel hören, das auch heute noch, nach dem Urtheil der Kenner, in den neueren großen Fortschritten dieser Kunstübung keineswegs verdunkelt sein würde; Karoline Longhi gewann in demselben Konzert durch ihre Harfe großen Beifall.

Doch in derselben Zeit war ich mit einem Musiker bekannt geworden, gegen welchen mir jene ganz in den Schatten traten. Es war Beethoven, dessen Anwesenheit wir schon lange wußten, aber niemand hatte ihn noch gesehen. Seine Harthörigkeit machte ihn menschenscheu, und seine Eigenheiten, die sich in der Absonderung nur immer schroffer ausbildeten, erschwerten und kürzten bald wieder den wenigen Umgang, auf den ihn der Zufall etwa stoßen ließ. Er hatte aber im Schloßgarten auf seinen einsamen Streifereien einigemal Rahel gesehen, und ihr Gesichtsausdruck, der ihm an ähnliche, ihm werthe Züge erinnerte, war ihm aufgefallen. Ein liebenswürdiger junger Mann, Namens Oliva, der ihn als treuer Freund begleitete, vermittelte leicht die Bekanntschaft. Was Beethoven den dringendsten Bitten hartnäckig versagte, was in einem schrecklichen Falle, als in Wien ein Fürst ihn zwingen, körperlich zwingen wollte, seinen Gästen vorzuspielen, ihm keine Gewalt abtrotzen gekonnt, das gewährte er jetzt gern und reichlich, er setzte sich zum Fortepiano und spielte seine noch unbekannten neuesten Sachen oder erging sich in freien Phantasieen. Mich sprach der Mensch in ihm noch weit stärker an, als der Künstler, und da zwischen Oliva und mir bald enge Freundschaft entstand, so war ich auch mit Beethoven täglich zusammen, und gewann zu ihm noch nähere Beziehung durch die von ihm begierig aufgefaßte Aussicht, daß ich ihm Texte zur dramatischen Komposition liefern oder verbessern könnte. Daß Beethoven ein heftiger Franzosenfresser und Deutschgesinnter war, ist bekannt, und auch in dieser Richtung standen wir uns gut zusammen.

Die Badejahrszeit ging inzwischen sichtbar ihrem Ende zu. Auch das Hauptereigniß, von dem es hieß, es dürfe nie ausbleiben, eine Heirathsverbindung, war schon eingetroffen, und zwar eine sehr ansehnliche, die Prinzessin von Hohenzollern-Hechingen war die Braut des jungen Grafen

Festetics geworden. Nach und nach reisten die fremden Herrschaften ab, der Herzog von Weimar zu weiteren Ausflügen, der Prinz August von Preußen nach der Schweiz zum Besuche der Frau von Staël; auch die Golzische Familie kehrte nach Berlin zurück, wo die kriegerischen Aussichten immer drohender wurden. Die Herzogin von Sagan, spät gekommen, zeigte sich wenig, sie war meistens leidend, und hielt sich deßhalb vor allem zurück, doch nahm sie die Besuche einiger Auserwählten an, und das Lob ihrer Liebenswürdigkeit wurde oft vernommen. Zuletzt war nur ein Kern von hauptsächlich österreichischer Gesellschaft noch täglich beisammen, und vergnügte sich deßhalb um nichts schlechter. Der Fürst von Ligne hatte nahe bei Töplitz einen kleinen Bergkegel sich angeeignet, oben ein Schirmdach aufstellen lassen, und gab auf diesem sogenannten Mout-Ligne nun bisweilen allerliebste Theegesellschaft. Eines Abends war diese besonders zahlreich. Der Aufgang war beschwerlich, inmitten des Abhanges finden wir die Fürstin Jablonowska, die Gräfin Esterhazy, den Herzog von Würtemberg, und noch andre Damen und alte Herren, die wegen steiler Steine und Geröll nicht vorwärts können. Meine Kletterkunst war nie groß, doch gelingt mir das halsbrechende Unternehmen, und ich bringe Rahel glücklich hinauf, muß aber sogleich zurück, um eine Dame nach der andern zu holen, auch sogar den Herzog, der über ein steifes Bein klagte, und zuletzt noch die Gräfin von der Recke und ihren Begleiter Tiedge, der mit seinen Klumpfüßen wirklich nicht fort konnte. Daß ich, selber der Hilfe bedürftig, den Andern half, war mir um so lächerlicher, als ich wirklich die Sache für unmöglich gehalten hatte, und gar nicht begriff, daß ich nicht zwanzigmal in die Tiefe glitt; doch merkte ich endlich, daß ich im Grunde weniger die Andern hielt, als mich auf sie stützte, welche Entdeckung denn das schönste Thema zum Lobe der Vereinbarung und Gemeinschaft gab, die sogar aus lauter Mängeln und Schwächen Sicherheit und Kraft hervorzurufen im Stande sei. Oben war es sehr schön und belebt, das Wetter herrlich, der Untergang der Sonne prachtvoll anzusehen, die Berge verflossen mit der Landschaft in Claube-

15*

Lorrain'schen Düften. Eine ernste Stimmung verdrängte
den anfänglichen Scherz, auch der Fürst von Ligne verhehlte
nicht, daß er mit Sorgen auf Preußen blicke, welches den
Kampf der Verzweiflung gegen Napoleon unternehmen müsse.
Tiedge war ein Franzosenfeind wie irgend einer; noch am
Tage vorher hatte er zu mir und Beethoven das kräftige
Wort über Napoleon gesagt: „Sie können ja den Menschen
gar nicht sehen, wegen des Glückes, das vor ihm steht!"
Jetzt benutzte er den Anlaß, uns den dichterischen Kriegs-
aufruf „Germania an ihre Kinder" von Heinrich von Kleist
mitzutheilen, eines Dichters, den er sonst wenig zu lieben
bekannte, aber in diesem Liede Tyrtäisch fand. Wir dachten
nicht, daß wir seinen Schwanengesang hörten, und daß wir
zwei Monate später durch die Nachricht seines gewaltsamen
Todes erschüttert werden sollten, den er sich gab, weil er
überhaupt am Leben verzweifelte, und seine letzten Hoffnungen
auf den nahen Krieg in dem wieder peinlich fortgesetzten
Frieden schmählich erloschen waren.

Der Fürst von Ligne, der öfters mit mir über militai-
rische sowohl als litterarische Gegenstände gesprochen hatte,
und mir schon als dem Freunde Rahel's gewogen war,
setzte mich zuletzt noch in Verlegenheit durch überraschende
Anerbietungen, die er mir eröffnen ließ. Er wünschte mich
zu seinem Regimente versetzt zu sehen, wollte mich dann als
Adjutanten zu sich nach Wien nehmen, und mir zugleich —
er meinte, der Kaiser würde es ihm wohl nicht abschlagen —
Hauptmannsrang verschaffen. Wie schmeichelhaft auch und
außerordentlich diese Versprechungen waren, und wie große
Annehmlichkeit und Förderung mir aus einem solchen Verhältniß erwachsen konnte, so hielt doch bereits eine andere
Richtung meinen Sinn gefesselt, und in mir hatte der Entschluß sich befestigt, den Kriegsdienst, der schon überall die
Gefahr brachte, mit den Franzosen als Verbündeter ziehen
zu müssen, bei erster Gelegenheit zu verlassen, und wo
möglich eine andre Laufbahn in Preußen zu beginnen. Bis
zum Eintritt dieses Zeitpunkts aber konnte ich nichts Besseres
wünschen, als in Prag und bei meinem Obersten zu bleiben.
Ich dankte dem Fürsten daher für seine gute Absicht, und

erklärte ihm, wie die Bahn des Kriegsdienstes mir kein ausschließlicher Beruf sei, dem ich unter allen Umständen zu folgen gedächte, sondern daß ich diesen Stand nur gewählt, um gegen die Franzosen zu streiten; wenn das Gegentheil dieses Zweckes einträte, so bliebe mir nichts übrig, als auszuscheiden, und überdies dürfe ich ihm wohl vertrauen, daß mein höchstes und theuerstes Ziel sei, mit Rahel verbunden zu leben, was in Berlin, wenigstens in preußischen Verhältnissen, am nächsten erreichbar scheine. Der Fürst ließ meine Gründe vollkommen gelten, und ich konnte leicht erkennen, daß ich durch sie in seiner Meinung nicht verloren hatte.

Auch Rahel dachte nun an die Rückkehr nach Berlin. Sie hatte von den Bädern nicht den gehofften Erfolg, die scheinbar günstigen Lebensverhältnisse waren nicht ohne mannigfache Widrigkeiten und herbe Verdrüsse, Sorgen der Zukunft und des Augenblickes ließen sich nicht abweisen, der so lange ersehnte, so schwer errungene Aufenthalt in Töplitz war im Grunde ein mißglückter. Ihre Stimmung konnte die Gefühle solchen stillen Bekenntnisses nicht ganz verhehlen, allein sie vermochten weder ihrem Geiste die Frische noch ihrem Herzen die Wärme zu rauben, deren Ausströmung ihr Lebensthätigkeit war. Am fremden Ort, unter Leuten, die keinerlei Anspruch an sie haben konnten, die nie in den Fall kamen, auch nur ihren Namen zu nennen, bei äußerst beschränkten Mitteln und in der Aussicht naher eigner Bedrängniß, hatte Rahel hier im Stillen das menschenfreundlichste Wohlthun geübt, in so besondrer Weise, daß die Liebe dabei unendlich mehr als die Gaben war, auch in der äußern Wirkung mehr, denn die Gaben hätten fehlen können, und die Theilnahme des Herzens allein wäre schon als rettende Wohlthat erschienen! Vielleicht kann ich späterhin dies ausführlicher darlegen; für jetzt genüge die bloße Andeutung, welche ich nicht ohne Scheu, so geweihte Stätte des Herzens zu berühren, hier niederschreibe, aber mir doch nicht versagen darf, weil es mir Bedürfniß ist, den Ausdruck damit zu verknüpfen, daß meine Verehrung und Liebe für Rahel durch solches Zeugniß ihres tiefsten Wesens mit jedem Tage erneut und erhöht wurden, und ich mein Leben ihr zu widmen als das schönste Glück erkannte!

Gegen die Mitte des Septembers reiste Rahel nach Dresden, wo Marwitz sie erwartete, und bald darauf nach Berlin zurück. Ich begleitete sie bis Mariaschein. Der Abschied brach mir das Herz, nur die gewisse Zuversicht, alles zu einem dauernden Wiedersehen zu lenken, gab mir den Muth, diese Trennung zu ertragen. Die Theilnahme des guten Oliva, des braven Beethoven half mir über die nächsten Tage hinweg, dann war auch meine Zeit um, und ich kehrte zu dem Regimente nach Prag zurück. Der ganze Badeaufenthalt ließ mir den Eindruck eines muntren Festes, das den Ernst und die Mühsale düstrer Kriegszeiten durch heitern Schimmer zurückdrängt, und doch selber von kriegerischen Mahnungen und Nachrichten nicht ungestört bleibt.

## Achtundzwanzigster Abschnitt.
### Prag.
#### 1812.

In Prag erwarteten mich viele Arbeiten. Der Umgang mit Stein erneuerte sich, und beförderte wie früher meine Studien und Vorsätze. Allein ich hatte mancherlei Hindernisse zu bekämpfen, und blieb von vielen Zufälligkeiten abhängig. Die seltsamsten Nebendinge drängten sich in meine ernsten Beschäftigungen. Ich hatte Beethoven einen Operntext versprochen, einen andern, den er schon bearbeitete, sollte ich verbessern; äußerer Rücksichten wegen übersetzte ich den Britannicus von Racine in deutsche Jamben, und obwohl ich in acht Tagen damit fertig war, und mehr Gewinn davon zog, als von irgend einer andern litterarischen Arbeit, so reute mich doch die schöne Zeit, die ich lieber anders hätte verwenden mögen. Zu Hormayr's Archiv, zu Fouqué's und Neumann's Musen gab ich litterarische Beiträge, die mich ebenfalls zwar nicht viele, doch immer einige Zeit kosteten. Eine kleine Sammlung von Stellen aus Rahel's Briefen, welche, da sie größtentheils Goethe'n betreffen, Cotta nicht ohne dessen Erlaubniß drucken wollte, gab Anlaß, in Weimar anzufragen, woraus mir die erste unmittelbare Berührung mit Goethe entsprang, dessen Wahrheit und Dichtung eben erschienen war, und mich neu mit ihm erfüllt hatte. Den Zerstreuungen der Geselligkeit, des Theaterbesuchs, der Spazirfahrten konnte ich nicht entgehen, und mußte mich damit trösten, auch diese Vergnügungen manchen ernsten Gewinn tragen zu sehen.

Beethoven, der von Töplitz in Begleitung seines und meines Freundes Oliva nach Wien zurückreiste, hielt sich nicht lange in Prag auf; dagegen kam Clemens Brentano in der Absicht, den ganzen Winter hier zu verleben, und gönnte mir täglich seine zwar überaus erfreuende, aber, wie ich zu meinem Schaden erfahren sollte, auch gefährliche Gesellschaft; gefährlich, insofern sie das tiefste Vertrauen hervorlockte, ohne diesem doch Sicherheit zu gewähren. Ich machte Bekanntschaft mit der Gräfin von Pachta, der Jugendfreundin Rahel's, und mit dem Professor Meinert. Auch den berühmten Altmeister der slavischen Sprachforschung, Abbé Dobrowsky, lernte ich näher kennen. Dagegen hatte es wenig Anreiz, die böhmischen Großen in ihren Häusern aufzusuchen, weit belohnender war es, sie in dem gastfreien Hause des Schauspieldirektors Liebich zu treffen, um außer der Blüthe der eigentlichen Theaterwelt, in welcher besonders die Damen Auguste Brede und Julie Löwe, beide durch Schönheit und Talent und die erstere auch durch eine seltene Geistesbildung hervorragend, zu bemerken waren, auch die ausgezeichnetsten Personen aus der höhern Gesellschaft sich einfanden, und wo überhaupt ein eben so anständiger als ungezwungener Ton herrschte.

Ich übergehe hier eine Menge von Erscheinungen, Wirren und Entwickelungen, welche zum Theil den reichsten Stoff romantischer Lebensbilder darböten, und eile zunächst nur die Züge flüchtig zu erfassen, welche mit der Wendung der politischen Angelegenheit in Zusammenhang stehen.

Der Winter war mir trotz aller Zerstreuungen doch größtentheils in Stille und Fleiß vergangen. Mit dem Frühjahr wurden die Aussichten zum Kriege zwischen Rußland und Frankreich immer deutlicher, und setzten alles in unruhige Bewegung. Die Uebungen frischer Thätigkeit wurden vorgenommen: die Reitbahn, der Fechtboden, die von dem Grafen von Bentheim mit thätigster Beihülfe Pfuel's errichtete Schwimmschule wurden fleißig besucht. Die größten

Zweifel und Ueberlegungen aber kämpften in den Gemüthern, welchen Antheil bei den bevorstehenden Ereignissen der Einzelne in den jetzigen Verhältnissen hoffen könne, welche neue er wählen dürfe? In Prag hatten sich die stärksten Mächte und Antriebe zum Hasse gegen Napoleon zusammengehäuft. Der Kurfürst von Hessen-Kassel lebte dort als Vertriebener, mit vielem Anhang und seinem größtentheils geretteten Schatze, voll Trotz und Vertrauen auf einen Umschwung der Dinge, und stets bereit, zu einem solchen aus allen Kräften mitzuwirken. Von Stein ist schon gesprochen. Karl von Nostitz, Pfuel, und noch andre Norddeutsche, die sich hier zusammenfanden, waren nur zum Kriege gegen die Franzosen in österreichischen Dienst getreten, und keineswegs geneigt, nun an der Seite der bisherigen Feinde zu fechten. Französische Emigrirte der beharrlichsten Art, und meist in österreichischem Kriegsdienst, unter ihnen der Fürst von Rohan, der Major von Trogoff, der Marquis von Fabras, Sohn des im Anfange der Revolution hingerichteten Vertrauten Monsieur's nachherigen Königs Ludwig's des Achtzehnten, hatten hier ihren Aufenthalt; beßgleichen ein Korse, der Hauptmann Pozzo di Borgo, Neffe des berühmten Diplomaten und wie dieser voll bittern Hasses gegen den allgewalt'gen Landsmann. Die Zahl solcher Unzufriedenen mehrte sich mit jedem Tage. Aus Sachsen traf der Major von Bose ein, dann der Oberst Rühle von Lilienstern. Von Berlin nahm der bisherige Polizeipräsident Justus Gruner hieher seine Zuflucht; aus Hamburg kam als Flüchtling unter fremdem Namen der Buchhändler und Schriftsteller Bran, welchen der Marschall Davoust wegen Uebersetzung und Bekanntmachung der spanischen Aktenstücke des Ceballos wollte erschießen lassen; er dankte seine Rettung nur dem Umstande, daß die Leipziger Polizei, kopfschüttelnd über den unglaublichen Namen Bran, den das französische Verfolgungsschreiben angab, sich fest einbildete, der Mann müsse Brand heißen, und daher einen Mann dieses Namens festnehmen ließ, wodurch der nur allzu richtige Bran gewarnt wurde, und ehe der Irrthum aufgeklärt war, nach Böhmen entwich.

Daß Preußen in seiner Lage nur mit Frankreich sich verbünden könne, war längst ausgemacht. Bald wußte man auch mit Sicherheit, daß eine österreichische Hülfsmacht mit den Franzosen vereint sein würde. Eine allgemeine Besorgniß zeigte sich, welche Regimenter dies Loos treffen würde, dem entgehen zu können als das größte Glück erschien. Selbst als man vernahm, der tapfre und hochverehrte Fürst Karl von Schwarzenberg bringe den Umständen das Opfer, und werde den Oberbefehl über diese Truppen annehmen, sah man weniger auf dieses Beispiel, als auf das entgegengesetzte des Generals von Winzingerode, des Majors von Tettenborn, des Generals Grafen von Wallmoden, welche den Abschied schon genommen hatten oder nehmen wollten, um in russische Dienste zu treten.

Mittlerweile hatte der französische Kaiser von allen Seiten seine und seiner Verbündeten Schaaren zusammengezogen, und der ungeheure Heereszug wälzte sich unaufhaltsam durch Preußen und Polen gegen Rußland hin. Napoleon selbst kam mit seiner Gemahlin nach Dresden, wohin der Kaiser und die Kaiserin von Oesterreich, welche seit kurzem in Prag eingetroffen waren, sich nun ebenfalls verfügten. Während dieser Zusammenkunft, auf welche die Augen der Welt gerichtet waren, hatte Prag eine nicht geringe Bedeutung, als ein so naher Sammelort entgegengesetzter Strebungen, als Beobachtungsposten englischer und russischer Agenten, und, bei solcher Nähe, gleich wohl nicht im Bereich der Macht und Willkür Napoleon's. Dies letztere werde in einem Vorgange, der unter unsern Augen geschah, so auffallend als tröstlich offenbar.

Durch die wachsenden Anstalten zum russischen Kriege, die Größe und Wichtigkeit des Kampfes, der sich ankündigte, war das Gemüth Stein's in heftige Bewegung gesetzt, die Ankunft und Gegenwart Gruner's, der öfters heimlich zu ihm kam, hatten ihn noch mehr aufgeregt, und wo und wann man ihn nun sehen mochte, immer fand man seine Stimmung auf gleicher Höhe gereizt und leidenschaftlich. An ein ruhiges Gespräch war nicht mehr zu denken. Von

Arndt, der sich nach Rußland geflüchtet hatte, war der zweite
Theil seines Geistes der Zeit erschienen, und Stein, wahrscheinlich der Einzige in Prag, war im Besitz der Druck-
bogen. Aus diesen las er mit gesteigertem Ausdruck die
heftigsten Stellen laut vor, doch selten brachte er eine ganze
Seite zu Ende, so stark ergriffen ihn Zorn und Freude,
und so heftig fühlte er den Drang, selber dazwischen zu
reden. „Seit Burke", rief er aus, „ist nichts von so ächter
politischer Beredtsamkeit erschienen, von so eindringlicher
Wahrheit!" Diese Schreibart empfahl er mir zur Nachahmung: „Auf diesem Wege", schrie er mich an, „mögen
Sie sich versuchen, thatsächliche Wahrheit, nicht metaphy-
sische Phrasen! Verstehen Sie mich, Herr Metaphysikus?"
Durch was ich diesen Titel mir verdient haben mochte,
weiß ich nicht, aber Stein bezeichnete mich noch in der Folge
mehrmals so, und ich behielt davon lange Zeit eine Art
Kriegsnamen, der freilich nicht eben kriegerisch lautete. Doch
meinte er es keineswegs übel mit mir. Er hielt mich un-
verbrüchlich der guten Sache zugethan, und sprach Erwartungen aus, zu deren Erfüllung er mich nur stärker an-
spornen wollte. Schließlich meinte er, in einer Zeit, wo so
viele Hunderttausende sich einander die Hälse zu brechen
eben im Begriff wären, sei es besser, gar nicht zu schreiben,
sondern selber mit loszuschlagen.

Während der Zusammenkunft der beiden Kaiser in
Dresden war Stein doch besorgt, die Franzosen möchten
seine Auslieferung fordern, oder die österreichische Behörde,
vielleicht um jenes zu vermeiden, ihn den Augen des Feindes in größere Ferne entrücken wollen. Diese Besorgniß
mußte auf's höchste steigen, als er unerwartet von Seiten
des russischen Kaisers die Einladung empfing, ohne Säumniß
nach Rußland zu kommen, und dort eine bedeutende, zunächst auch für die deutschen Verhältnisse wichtige Wirksamkeit zu übernehmen. Stein war ohne viel Besinnen sogleich
entschlossen, seine Familie sollte in Prag bleiben, er selbst
machte sich reisefertig; aber die Sache hatte nicht ganz geheim bleiben können, und einige Tage gingen jedenfalls noch
in unerläßlichen Anordnungen hin. Aengstlich blickten wir

während dieser Tage nach Dresden hin, jeder Augenblick brachte Gefahr, das Vorhaben Stein's konnte angezeigt werden, der Befehl, ihn zu verhaften, seiner Abreise zuvorkommen. Einmal in der Gewalt des Feindes, war sein Leben schwerlich zu retten. Stein selbst bestand diese Krisis mit voller Kenntniß der Gefahr, doch in unerschütterter Seelenstärke. Dabei verhehlte er sich nicht, welch zweifelhaften Schicksalen er entgegenging. Wurden die Russen überwunden, so war er für immer auch der letzten Zuflucht, die ihm in Deutschland noch geblieben war, beraubt, für immer von den heimathlichen Verhältnissen, Besitzungen, Hülfsmitteln, ja sogar von seiner Familie getrennt, und selbst Rußland vielleicht gewährte keine Freistätte mehr für ihn. Doch nichts änderte seinen Entschluß. „Wundern Sie sich nicht", sagte er zu einem Bekannten, der im Vertrauen war, „daß ich auf gut Glück, wie ein junger Mensch, eine neue ungewisse Bahn antrete! Wer sein Vaterland verloren hat, der ist nothwendig ein Abentheurer. Ich habe keine Wahl; ich muß Freiheit und Vaterland am Ende der Welt suchen!" Um die Mitte des Mai reiste er ab: Als wir nach einiger Zeit hörten, er sei durch Mähren und Galizien glücklich nach Rußland gelangt, athmeten wir auf, denn noch immer hatten wir gefürchtet, noch unterweges möchte ein Unglück ihn anhalten. Seine Abreise machte einen ungeheuern Eindruck; daß man in Rußland an ihn gedacht hatte, gab einen hohen Begriff von der dortigen Einsicht und Umfassung, man sah in der russischen Sache nun auch die deutsche, sie war in Stein gleichsam anerkannt und einverleibt.

Die österreichischen Behörden hatten die Sache ruhig geschehen lassen; als in Dresden das Geschehene ruchbar wurde, ließ der französische Kaiser mehr Verwunderung als Verdruß darüber aus, und that verächtlich, als sei im Grunde nichts daran gelegen. Ein großer und verhängnißvoller Irrthum, der schwer zu büßen war! Stein's Anwesenheit in St. Petersburg war ein außerordentliches Gewicht auf der russischen Seite; sein Ansehn und Einfluß wirkten auf die Beschlüsse des Kaisers, auf die Stimmung

der höchsten Kreise, und überhaupt auf die Maßregeln und
Anstalten des Krieges mit unwiderstehlicher Gewalt. In
den schlimmsten Augenblicken, als die Franzosen in Moskau
eingezogen waren, wankte sein Muth und seine Stärke
nicht. Sein beredter Haß fachte zum Widerstande, zur
Ausdauer an. Unter den Mächten, durch welche Napoleon
gestürzt worden, wird Stein immer in erster Reihe zu
nennen sein.

Inzwischen erreichte die Zusammenkunft in Dresden ihr
Ende, Napoleon eilte seinem schon an die Grenzen Ruß-
lands vorgerückten Heere nach, und der Kaiser und die Kaiserin von Oesterreich nebst der Kaiserin der Franzosen kamen
nach Prag, wo zu Ehren der geliebten Herrscher und des
fremden hohen Gastes alles ein festliches Ansehen gewann,
und der Krieg und alle politische Sorge und Befangenheit
eine Zeit lang vergessen schien. Der Graf von Metternich
strahlte in allen Vorzügen seiner Persönlichkeit, und während
er mit hellem Blicke die großen Möglichkeiten, die sich für
ganz Europa nunmehr aufschlössen, erfaßte und erwog, die
Verbindungsfäden sorgsam in der Hand hielt und zurecht
legte, schien er nur mit heitern und angenehmen Dingen beschäftigt, nur bedacht, die Vorkommenheiten des Tages mit
Würde und Anmuth gelassen abzuthun. Ich hatte das
Glück, ihn fast jeden Tag zu sehen, und nie werd' ich besonders die herrlichen Abende bei ihm auf dem Hradschin
im Palaste des Fürsten von Loblowitz vergessen, wo eine
kleine Gesellschaft in völliger Unbefangenheit und Gleichheit,
die selbst durch die Gegenwart des Großherzogs von Würzburg kaum gestört wurde, sich bis in späte Nacht der an-
muthigsten Unterhaltung erfreute, und geistreiches Gespräch
mit vortrefflicher Musik abwechselte. Der Kapellmeister Pär,
zum Gefolge der Kaiserin Marie Luise gehörig, setzte sich
zum Fortepiano und phantasirte; mit ihm wetteiferte der
Freiherr von Kruft, aus der österreichischen Staatskanzlei,
der gleichfalls ein Meister war; bisweilen spielten sie beide
zugleich, und suchten durch zwiefaches Improvisiren ein
Ganzes hervorzubringen, eine geniale Uebung, wobei sie einander die Gedanken an den Augen absahen, aus ersten An-

deutungen ganze Richtungen errathen mußten, und durch Begegnen, Meiden, Einlenken, Wiederfinden, Loslassen und Zusammenstimmen eine gespannte Theilnahme und oft die außerordentlichste Wirkung hervorbrachten.

Die Theilnahme an solchen Vergnügungen hemmte jedoch den Fortgang der Entwürfe nicht, zu denen die Zeitumstände immer dringender aufriefen. Ich war entschlossen, den österreichischen Dienst zu verlassen, von Pfuel und Willisen wußte ich dasselbe, und wenn meine Lage und Verhältnisse mir den Weg nach Rußland für jetzt versperrten, so war auch Norddeutschland ein weites Feld, auf welchem, in möglichen Fällen, mancherlei zu unternehmen sein konnte. Hierin bestärkte mich Gruner, der nach Stein's Abreise etwas thätiger hervortrat, aber nun auch schon mehr Aufmerksamkeit weckte, und sich beobachtet und gefährdet wußte. Er war in Berlin der Mittelpunkt weitverzweigter Verbindungen, und als Leiter der hohen Polizei im Besitz großer Mittel und Kundschaften gewesen. Die gefährlichsten französischen Späher waren in seine Schlingen gerathen und spurlos verschwunden; seine List wie seine Verwegenheit brachten den Franzosen großen Schaden, aber diese erkannten ihn längst für ihren Feind, und als, in Folge des Anschlusses von Preußen an Frankreich, französische Truppen auf Berlin marschirten, durfte er deren Eintreffen nicht abwarten, legte sein Amt nieder und entwich nach Böhmen. Er stand mit den russischen Behörden in thätigem Vernehmen, und hielt in ganz Deutschland seine gleichgesinnten Verbündeten rege. Sein großer, klug angelegter und bei seinen Hülfsmitteln gar nicht unausführbarer Plan war, im Rücken der französischen Heere, sobald diese weit genug in Rußland vorgedrungen wären, überall ihre Kriegsvorräthe in Brand zu stecken, jede Nachfuhr zu hemmen, besonders aber die Pulverwagen auffliegen zu lassen. Daß er in Prag ungestört bleiben durfte, die gelungene Ueberkunft Stein's und die günstige Stimmung, die er überall antraf, machten ihn aber allzu sicher, er prüfte nicht genug, wem er sein Vertrauen schenken dürfe, und besonders unvorsichtig war sein Briefwechsel. Das Beispiel Stein's hätte ihn warnen sollen, allein er

ging in Leichtsinn nur weiter. Er hielt seine Briefe noch
für ganz sicher und ihre Geheimschrift für unentdeckt, als
schon längst fremde Augen ,sie durchliefen, den Inhalt er-
forschten, und den ganzen Zusammenhang einsahen. Vergeblich wurde er gewarnt, er glaubte seinen Beobachtern
überlegen zu sein, und ihnen, wie er sich ausdrückte, eine
Nase gedreht zu haben. Eine Unterredung mit dem Grafen
von Metternich, mehrere vertrauliche Besprechungen mit dem
General Freiherrn von Koller, anstatt ihn zur Besonnenheit
zurückzurufen, regten nur seinen Uebermuth an. Die österreichische Regierung sah den Zeitpunkt kommen, wo sie ihn
nicht mehr würde schützen können; die französischen Behörden in Berlin, in Hamburg hatten gegen ihn die schärfsten
Angaben in Händen, jeden Augenblick mußte man erwarten,
seine Auslieferung begehrt zu sehen, und mit so triftigen
Gründen und gebieterischem Drange, daß man nicht würde
widerstehen können. Um ihn zu retten und größeres Unglück zu verhüten, kam man den Franzosen zuvor, Gruner
wurde unerwartet von österreichischer Seite verhaftet und
als Staatsgefangener nach Peterwardein abgeführt; seine
Papiere und Gelder entgingen auf diese Weise den Franzosen ebenfalls. Er selber hat in der Folge dies Begegniß
als eine Wohlthat anerkennen müssen, behielt aber doch eine
bittre Erinnerung dabei, welche der erste Eindruck in ihm
hinterlassen hatte.

Uns Andern, die wir gleich ihm des Schlüssels noch
entbehrten, verursachte dies Verfahren große Betroffenheit
und Sorge. Wir hielten unsre Absichten mehr verschwiegen,
und suchten jeder seinen Weg für sich allein. Der Graf
von Metternich kannte meine Wünsche, in Preußen angestellt
zu werden, und wiewohl er verbindlichst äußerte, mich lieber
in Oesterreich behalten zu wollen, bot er mir doch von
freien Stücken seine wirksamste Empfehlung bei dem preußischen Staatskanzler an. Auch empfing ich diese von ihm,
noch bevor er Prag verließ, wo er auch nach der Abreise
des Hofes noch einige Zeit verblieben war. Seltsam genug
hatte ich auch schon von Gruner ein solches Empfehlungs-
schreiben an Hardenberg, und ein drittes sollte mir auf die

günstigste Weise durch Wilhelm von Humboldt zu Theil werden. Diesen nämlich hatte ein höchst erfreuliches und erwünschtes Ereigniß, die Ankunft des Königs von Preußen in Prag, von Wien hierher gerufen, und dasselbe rückte mich plötzlich allen preußischen Verhältnissen näher, als es Briefe und Empfehlungen vermocht hätten. Mein Oberst erhielt den angenehmen Auftrag, den König bei Besichtigung der Stadt und Umgegend zu begleiten. Willisen, der vor kurzem von Wien angekommen war, und bei mir wohnte, war hiebei mitthätig, und als das Schlachtfeld, wo Schwerin gefallen war, beritten wurde, zeigte er so klare Kenntniß und sichern Ueberblick, daß ihm die größten Lobeserhebungen zu Theil wurden. Ich vernahm für mich gnädige Aeußerungen, die meinen Wünschen die beste Hoffnung gewährten.

Nachdem der König zum Gebrauch des Bades nach Töplitz abgegangen war, gedachten Willisen und ich nun auch ernstlich unsrer Abreise nach Berlin. Dabei stieg indeß nunmehr manches Bedenken auf, an welches früher nicht gedacht worden war. Die Franzosen und ihre dienstbaren Helfer, deren es damals unter den Deutschen leider viele gab, waren endlich auf die Personen und Betreibungen, welche von Prag ausgingen, aufmerksam geworden, besonders beunruhigte sie der Kurfürst von Hessen-Kassel, der alles zu unterstützen bereit schien, was im nördlichen Deutschland gegen die Franzosen unternommen werden mochte. Die französische Heeresmacht verlor sich in immer größere Ferne, im Rücken lagen große Landstriche fast entblößt, der Einbruch einer kleinen feindlichen Schaar konnte die größte Verwirrung anrichten. Man hatte die kühnen Züge Schill's, des Herzogs von Braunschweig-Oels, den Streifzug des Lieutenants von Katt, den Aufruhrversuch des westphälischen Obersten von Dörnberg noch in gutem Andenken. Unter diesen Umständen wurden die französischen Gesandtschaften, die Polizei- und Kriegsbeamten zu größter Wachsamkeit und Strenge angewiesen; der Mittelpunkt aber aller polizeilichen Aufsicht für das ganze nördliche Deutschland war der Graf d'Aubignosc in Hamburg, mit welchem die Behörden in Dresden und Berlin fleißige Verbindung unterhielten. Pfuel hatte sich zuerst aufgemacht und Prag verlassen. Sein Ziel war Rußland, aber der Weg, den Stein noch hatte nehmen können, war jetzt verschlossen, und ihm blieb nur der größere Umweg über Dänemark und Schweden. Ernst und schweigsam, hatte er sein Vorhaben nicht unnöthig mitgetheilt, und suchte dasselbe mit größter Klugheit auszuführen. Aber schon war er jenen Behörden verkundschaftet. Durch kluge List entkam er in Hamburg den Nachstellungen des Grafen d'Aubignosc, der ihn aber um so sicherer in Kopenhagen zu fangen meinte, und deßhalb einen Befehl dorthin ergehen ließ. Pfuel fand in Kopenhagen den ihm von Dresden her innig befreundeten österreichischen Geschäftsträger Baron von Buol, der ihn weiterbefördern sollte. Die Unterschrift des Passes war nicht sogleich zu erlangen, die beiden Freunde gingen am Hafen spaziren und verabredeten ihre Maßregeln, wobei Buol eine ungewöhnlich weiche Stimmung verrieth und zuletzt über einiges Unbehagen klagte. Als Pfuel in seinem Gasthofe wieder angekommen war, hörte er von polizeilicher Nachfrage, die ihm Verdacht erweckte; er packte sogleich seine Sachen zusammen, und der Morgen graute kaum, so eilte er zu Buol, trat in dessen Schlafzimmer und wollte ihn wecken. Allein Buol war todt, in der Nacht still entschlafen! In Verzweiflung rannte Pfuel fort, und erhielt nun durch den russischen Gesandten seinen Paß zur Weiterreise. Zwischen Kopenhagen und Helsingör hielt der Postillon, da kein Pferdewechsel stattfand, zum Futtern an, und Pfuel brachte anderthalb Stunden in grausamer Pein hin, stets den Kopenhagener Weg scharf beobachtend, fest entschlossen, im Fall er Verfolger herankommen sähe, den nahen Meeresstrand zu gewinnen und nach Schweden hinüber zu schwimmen. Doch gelangte er glücklich nach Helsingör, und nachdem er auch hier einige Schwierigkeiten bei dem Hafenmeister überwunden, bestieg er ein Boot mit zwei Leuten, die ihn nach der schwedischen Küste ruderten, nicht ahnend, daß er zwei Pistolen unter dem Mantel gespannt hielt, um die Ueberfahrt, falls ein Zeichen vom Lande das

Boot plötzlich zurückriefe, mit Gewalt zu erzwingen. Doch der nacheilende Verhaftbefehl kam erst in Helsingör an, als Pfuel schon in Sicherheit war. Dieser Vorgang, welcher uns in der Hauptsache sogleich bekannt wurde, gab uns viel zu denken, besonders weil wir befürchten mußten, daß derselbe Verrath, der ihn betroffen, auch uns nicht verschonen werde. Dieser Verrath, falls eine spätere Vermuthung sich bestätigt fände, wäre, den begleitenden Umständen nach, einer der schändlichsten, die je verübt worden, und ich unterlasse daher, einen so argen Verdacht näher anzudeuten. Jedoch reisten wir nach der Mitte des August endlich getrost ab.

In Töplitz, wo wir uns dem König von Preußen auf's neue vorstellten, und deßhalb ein paar Tage verweilten, widerfuhr mir eines der wunderbarsten und wichtigsten Begegnisse. Willisen und ich versäumten nicht, uns im Schloßgarten dem Könige zu zeigen, der uns kaum erblickt hatte, als er uns freundlich antrat und eine ganze Zeit mit uns im Gespräch verweilte, während sein Begleiter etwas abseits mit andern Leuten sprach. Nachdem wir entlassen waren, setzte der König seinen Weg mit seinem Begleiter fort, in welchem wir den Oberkammerherrn Fürsten von Wittgenstein vermutheten. Ich wandte mich zurück, um nach ihm zu sehen, bemerkte aber, daß auch er, im Gespräch mit dem Könige, sich in demselben Augenblicke nach mir umsah. Ich war ihm durch den Major Karl von Nostitz dringend empfohlen, und war gesonnen, mich unverzüglich bei ihm anmelden zu lassen. Doch als wir nach einigem Umherstreifen in unsrem Gasthof ankamen, fand ich schon eine Botschaft von ihm, die mich ohne Zögern zu ihm beschied.

Ich ging zu dem Fürsten, und begann einige Redensarten, die mir dem Anlasse gemäß dünkten, allein er ließ mich nicht ausreden, nahm mich bei der Hand und führte mich zum Sopha, setzte sich mir gegenüber, und sagte mit zutraulichem Ernst: „Sie sind mir durch Herrn von Nostitz angelegentlich empfohlen, ich schätze den Herrn von Nostitz, und weiß, daß er seine Empfehlungen nicht verschwendet, zudem interessirt sich der König für Sie, und ich habe von Seiner Majestät eben gehört, daß Sie nach Berlin reisen wollen. Da muß ich Ihnen denn gleich etwas anvertrauen, was Ihnen bei diesem Vorhaben von größter Wichtigkeit sein muß, ja Sie ohne Zweifel abhalten wird, Ihre Reise fortzusetzen. Hören Sie mir ruhig zu! Ehe wir von Berlin abreisten, vertraute mir der französische Gesandte Graf von Saint-Marsan, er sei vom Grafen d'Aubignosc in Hamburg angewiesen, sobald ein gewisser Pfuel und Varnhagen und ein Dritter, — ohne Zweifel war Willisen gemeint, — nach Berlin kämen, ihm schleunigst diese Ankunft zu melden, diese Männer auch in keinem Falle weiter reisen, sondern sie verhaften zu lassen, denn sie seien beschuldigt Aufstände gegen die Franzosen anstiften zu wollen; Pfuel sei zwar glücklich entkommen, desto schärfer aber werde man nun mit den Andern verfahren." Ich bestätigte Pfuel's Entkommen, versicherte aber, daß wir von seinen Zwecken und Wegen nichts Näheres wüßten, und daß jene Beschuldigungen in Betreff unsrer ganz grundlos wären, unsre Gesinnung sei wider die Franzosen, und wir würden mit Freuden auf's neue gegen sie fechten, doch Aufstände gegen sie anzustiften das läge außerhalb unsres Gesichtskreises und unsrer Fähigkeit. Der Fürst wollte sich auf diese Erörterung nicht einlassen. „Genug", sagte er, „ich mußte Sie warnen, und Sie wissen nun, woran Sie sind. Sehen Sie Ihre Papiere durch, und nehmen Sie nichts mit, was übel ausgelegt werden könnte! Seien Sie auch in Ihren Reden vorsichtig; die Franzosen sind gut bedient! Ein Unglück ist leicht geschehen, und nachher fragt kein Mensch mehr darnach. Ich muß Ihnen auch sagen, ich bin überzeugt, der Graf von Saint-Marsan, der ein guter und redlicher Mann ist, hat mir die Sache grade zu dem Zwecke vertraut, um Unglück zu verhüten, und ihm selbst würde es sehr leid sein, wenn er durch Ausübung seiner Pflicht, Sie in's Unglück bringen müßte." Der Fürst hatte mich die ganze Zeit, während er mild und herzlich sprach, mit durchdringendem Ernst angesehen, und fügte, gleichsam als Ergebniß seines prüfenden Forschens gelassen hinzu: „Uebrigens geb' ich mich durch das, was ich Ihnen vertraut habe, ganz und gar in Ihre Hände; wenn Sie von meiner Warnung etwas verlauten lassen, so ist es mit mir und mit dem Grafen von Saint-Marsan vorbei. Doch ich weiß, bei Ihnen ist mein Zutrauen gut angelegt, und ich bin ganz ruhig deßhalb." Der Fürst wollte keinen Ausdruck des Dankes annehmen, er that als wenn er nur ein ihm obliegendes Geschäft abgethan hätte, und entließ mich mit der Mahnung, die Sache mit meinem Reisegefährten zu überlegen, und auch ihn zur Vorsicht aufzufordern.

Willisen war über meine Mittheilung nicht wenig erstaunt. Die Anklage war wirklich bei dieser Reise völlig grundlos, wir sannen vergeblich, was etwa Thatsächliches uns bloßstellen könnte. Unsre Papiere hatten wir schon zum voraus gesichtet, sie enthielten nichts Verfängliches. Wir kämpften eine Zeit lang, und überlegten Gefahr und Gewinn; da jedoch unsre nächsten Zwecke wirklich harmlos waren und nicht über Berlin hinausgingen, keinerlei Beweis gegen uns möglich sein konnte, und selbst unsre Eigenschaft als österreichische Offiziere uns schützen mußte — wir hatten klüglich nur Urlaub genommen, und gedachten den Abschied nach Umständen einzureichen —, so ließen wir uns nicht abschrecken, sondern beschlossen getrost unsre Reise fortzusetzen.

Wir blieben ein paar Tage in Töplitz, wo es an Bekannten nicht fehlte. Die schöne liebenswürdige Auguste Brede gebrauchte das Bad, sah einen angenehmen Kreis um sich versammelt, und hatte die Genugthuung, daß der gütige König selber sie zu Gastrollen aufforderte. Die ganze vornehme Welt strömte bei Clary's zusammen, wo der König an der edlen Zwanglosigkeit ein ungemeines Behagen fand, und immer der besten Laune war. Ich hatte daselbst ein Gespräch ganz eigner Art mit ihm; von den politischen Dingen konnte nicht die Rede sein, aber von militairischen Einrichtungen durfte man sich wohl unterhalten, und so brachten einige Fragen, das österreichische Heerwesen betreffend, leicht auf das russische. Ich erwähnte einer Anordnung in Betreff der Rekrutenstellung, der König sagte, das sei nicht so, ich bestand auf meiner Angabe, mit bescheidenem Ton, aber doch fest, und auch ein drittesmal setzte ich gegen das Nein des Königs mein Ja. Die Umstehenden wurden verlegen, und der König sagte zwar lachend aber auch etwas ärgerlich: „Muß ich ja besser wissen, bin ja selbst dagewesen, und kenne die Sachen sehr gut!" Ich erlaubte mir zu bemerken, die Einrichtung sei ganz neu, gab meine Quellen an, und während die Andern, wie sie mir nachher gestanden, schon glaubten, der König würde mir unwillig den Rücken kehren, sagte er ganz freundlich: „Das hab' ich nicht gewußt, werde mich doch näher erkundigen." Ich sah, wie leicht es ist, mit den Mächtigen umzugehen, wenn man nur ohne Selbstsucht und Anmaßung ruhig das ausspricht, was man weiß oder meint. Unmittelbar darauf sollt' ich sehen, wie schwer man sich die Sache macht, wenn man sich auf Schmeichelei und Schönthun einläßt. Es war von einem französischen Marschall die Rede, und ein österreichischer Graf, sonst ein Muster von Feinheit, bemerkte mit Hohn, der gefallen sollte: „Der wird wohl auch bald König werden!" Kaum aber war das Wort heraus, so wurde er des Unpassenden inne, und schlug die Augen nieder; doch der König, der ungern Verlegenheit sah, kam dieser zu Hilfe, indem er munter entgegnete: „Da hat er einen guten Platz!" Er fragte mich sodann nach der Prager Bühne, und ich schilderte die Vorzüge derselben, aber auch die Mängel, welche größtentheils in dem einen Uebelstande gegründet waren, daß zu viele Personen sich in die Leitung einmischten. Derselbe Graf, der früher so unglücklich gewesen, hatte auch diesmal kein besseres Glück, und warf in die erste kleine Pause die Bemerkung ein: „Ja, ja! Es muß schwer sein zu regieren!" Auch diesmal folgte der Unbesonnenheit die Besinnung auf dem Fuße, wollte schnell die Sache gut machen, und stürzte mit dem eiligst hinzugefügten, höflichen Einschränkungsworte: „Wenigstens beim Theater!" nur um so tiefer. Das Lachen war schwer zu verbeißen, und auch der König wandte sich ab, um das seinige schonend zu verbergen. Daß bei dieser nachsichtigen Güte doch nicht

jede Dreistigkeit gerathen sei, sollte ich noch am selbigen
Abend zu meiner Warnung erfahren. Ueber die Kunstlieb-
haberei einer hohen Person war ein Ausdruck gebraucht
worden, der den Spott enthielt, daß nicht so sehr die Kunst
geliebt werde, als die Künstlerinnen; diese Anspielung mißfiel dem Könige, er fragte mit Ernst, was man meine? und
drängte die Erklärung aus einer Ausflucht in die andre, so
daß eine wahre Angst entstand, und es immer unmöglicher
wurde, den Scherz einzugestehen, bis zuletzt der König die
diesmal mit strafender Absicht erhöhte Verlegenheit großmüthig endete. Diese Züge, in welchen die Milde und
Strenge eines verehrten Fürsten sich abspiegeln, durfte ich
hier, da ich sie selbst erlebt, nicht füglich weglassen.

Wir reisten durch Sachsen ohne uns aufzuhalten; der
bekannte Weg war durch die Trägheit der Postillone doppelt
langweilig. Ein kleines Abentheuer in der Gegend von
Großenhain ermunterte uns einen Augenblick. Im Abend-
sonnenscheine begegneten wir einem leichten Wagen mit vier
hübschen Fräulein, ihr Geplauder und Gekicher weckte uns
aus dem Schlaf; unser Aussehen mochte nicht das hellste
sein, dies und der Wurstwagen, auf dem wir saßen, reizte
die Fröhlichkeit der Mädchen, sie verspotteten uns im Vor-
überfahren, und sahen uns rückwärts noch lange nach, indem
jeden Augenblick ein Kopf über das zurückgeschlagene Halb-
verdeck aufschnellte, und lachend wieder versank, um einem
andern Platz zu machen. Uns gefiel die Lustbarkeit, obwohl auf unsre Kosten verübt, und wir bedauerten nur, sie
nicht ein wenig strafen zu können. Der Postillon sagte, die
Fräuleins seien Töchter eines in der Nachbarschaft begüterten
Edelmanns, dessen Namen er nannte. Sie waren uns bald
aus den Augen, und wir schleppten uns auf's neue langweilig den schlechten Waldweg weiter. In der bald eingetretenen Dämmerung gesellte sich ein Reiter zu uns, der
erst mit dem Postillon, dann mit uns ein Gespräch an-
knüpfte. Mir fuhr plötzlich eine Vermuthung durch den
Sinn, und ich fragte den Herrn, ob nicht ein Edelmann so
und so hier in der Nähe wohne? Ich sah sogleich, daß
meine Vermuthung richtig war. „Kennen Sie den Edel-

mann?" fragte der Reiter. „Nein", war die Antwort, „aber seine Töchter." Nun stutzte er noch mehr, und schien weitere Erklärung eben so zu fürchten als zu begehren. Sie wurde ihm heiter gegeben, und nun mit dem Vater — denn der Reiter war kein andrer — ein förmliches Komplot geschmiedet, die guten Kinder für ihren Muthwillen gehörig zu necken und zu ängstigen; wir schieden in bester Eintracht und Laune; sogar der Postillon fühlte sich von letzterer etwas angesteckt, und fuhr uns eine Zeit lang rascher. Wie das fast vergessene Begegniß nach vielen Jahren unvermuthet nochmals auftauchte, wird seiner Zeit erwähnt werden. — Wir gelangten ohne weiteres Ereigniß nach Potsdam, wo wir bei Alexander von der Marwitz einsprachen, und fuhren dann vollends nach Berlin.

Die preußische Hauptstadt war von französischen Truppen besetzt, und wir meldeten uns herkömmlich bei dem Marschall Augereau und bei dem Kommandanten General Durutte, gleicherweise bei der preußischen Behörde. Ungeachtet des guten Anscheins, mit dem wir aufgenommen wurden, bemerkten wir bald, daß man uns beobachtete, welches wir uns indeß nicht besonders anfechten ließen. Nach einigen Wochen wollte Willisen seine Eltern bei Magdeburg besuchen, hatte aber kaum das westphälische Gebiet betreten, als er verhaftet und auf das Kastell nach Kassel abgeführt wurde. Nur dies erfuhr man über ihn, und weiter nichts. Durch diesen Vorfall wurde natürlich auch meine Lage gespannter und bedenklicher, ich durfte nicht wagen, den Umkreis der Stadt zu überschreiten. Von den Kämpfen und Mißgeschicken, die ich hier zu bestehen hatte, den Hoffnungen und Aussichten, die sich abwechselnd erhellten und verdunkelten, werd' ich vielleicht künftig eine Schilderung versuchen, die durch das Eigne einer solchen Uebergangszeit wohl anziehend werden könnte. Ich erwähne hier nur, daß ich an dem Hause des österreichischen Gesandten Grafen Stephan von Zichy den sichersten Anhalt fand, bei dem Staatskanzler Freiherrn von Hardenberg die günstigste Aufnahme genoß, ja sogar von dem Grafen von Saint-

Marsan durch Einladungen ausgezeichnet wurde. Doch ungeachtet alles guten Anscheins blieb ich in der schwierigsten und bedenklichsten Lage, gehemmt bei jedem Schritt, in jeder Thätigkeit. Obgleich in glanzvoller Geselligkeit, verlebte ich einen traurigen Winter. Mein Trost war Rahel, in deren Nähe zu sein mir alle Widrigkeiten überwog. Ein andrer Trost erschien, und bildete sich zu immer helleren Hoffnungen aus, da der Brand von Moskau kund wurde, die Siegesrufe der Franzosen verstummten, die Nachricht von ihrem Rückzug und Verderben erscholl, und dieses endlich vor Augen erschien in den jammervollen Trümmern des großen Heeres. Die Russen rückten siegreich heran, überschritten die Oder und standen schnell vor Berlin, wo der Oberst von Tettenborn mit seinen Kosacken im ersten Anlaufe den Feind einige Stunden durch die Straßen jagte, nach wenigen Tagen aber die verstärkten russischen Truppen entschieden einrückten.

Aus peinlichem Zwang aufathmend, im vollen Gefühl der Freiheit und neuen Lebens eilte ich zu Tettenborn. Ich fand hier Pfuel als Major vom Generalstabe angestellt. Wir Alle freuten uns des Wiedersehens. Mein Verhältniß war schnell entschieden, Tettenborn nahm mich sogleich als Hauptmann für den russischen Dienst in Anspruch, und vertraute mir seine auf Hamburg gerichtete Unternehmung. Ich war zu allem bereit, aber ich war auch schon in preußischen Kriegsdienst berufen, und hatte zunächst Depeschen der preußischen Behörde als Kourier nach Breslau zu überbringen, wo der König, der Staatskanzler und die übrigen Häupter der Geschäftsführung sich schon seit einiger Zeit aufhielten. Da die Sache der Russen und Preußen hier schon für ein- und dieselbe erklärt war, so hatte mein Anliegen keine Schwierigkeit. Breslau war zum Kriegsheerd geworden, alles flammte von Eifer, Waffen und Kampf war das allgemeine Verlangen. Auch von diesen Tagen wird künftig noch einiges Nähere zu berichten sein. Ich sah auch Stein hier wieder, zwar auf dem Krankenbette, aber auch krank noch in voller Kraft!

Ich eilte nach Berlin zurück und von da nach Hamburg, welches Tettenborn mittlerweile schon glücklich erreicht und besetzt hatte. Bevor ich nun zur Schilderung der Kriegsereignisse übergehe, denen ich in den Jahren 1813 und 1814 beigewohnt, möge mir erlaubt sein, von dem tapfern Anführer, dem ich das Glück gehabt als einer seiner Adjutanten anzugehören, etwas ausführlicher zu reden, und dessen frühere Lebensverhältnisse und Thaten kürzlich hier einzuschalten.

# Neunundzwanzigster Abschnitt.

## Tettenborn.

### 1812. 1813.

---

Das Leben der Kriegsmänner hat den eignen Reiz, daß neben dem Talente hier hauptsächlich der Karakter wirkt, der so frei und schnell nirgends hervortritt, als im Aufruf aller Kräfte des innern und äußern Menschen, im Kriege; nirgends erscheint entschiedener der Vorzug einer starkausgeprägten und schnellgiltigen Persönlichkeit, von der zuletzt doch fast alles in den Ereignissen des Lebens abhängt, indem sogar das, was man Glück zu nennen pflegt, meist nur der Inbegriff der Wirkung ist, die aus dem dunkleren Zusammenhange der Eigenschaften aufsteigen. Ein Beispiel solcher Betrachtung bietet auch der Lebenslauf des tapfern Generals, von dem wir jetzt und fernerhin zu reden haben, und der unter den Befehlführern in den denkwürdigen Kriegen der Jahre 1813 und 1814 als einer der eigenthümlichsten und bedeutendsten anzuerkennen ist.

Friedrich Karl Freiherr von Tettenborn wurde am 19. Februar 1778 geboren. Sein Vater war früher dem österreichischen Kriegsdienste gefolgt, wo der Name Tettenborn schon aus älterer Zeit in gutem Andenken stand, hatte dann diese Laufbahn verlassen und als Markgräflich badischer Jägermeister in der Grafschaft Sponheim eine seinen Wünschen gemäße Anstellung erhalten. Als in der Folge Napoleon mit gewaltsamer Willkür die Forderung durchsetzte, alle in dem Umfange seiner Herrschaft auch vor derselben Gebornen dürften nur ihm dienen, wurde statt dieses Geburtsorts ein anderer vorgeschoben, nämlich das Stammgut Tettenborn in der Grafschaft Hohenstein, und diese Angabe pflanzte sich irrthümlich fort, nachdem ihr Zweck längst aufgehört hatte. Nur bis in sein sechstes Jahr blieb der junge Tettenborn auf dem linken Rheinufer und kam dann nach Rastatt, wohin sein Vater als Oberjägermeister war befördert worden. Er empfing im väterlichen Hause sorgfältigen und nach damaliger Weise gründlichen Unterricht, der sogar zu gelehrter Bildung führen sollte, wiewohl bald sichtbar wurde, daß dies nicht die Richtung sei, zu welcher die unläugbar guten Anlagen sich neigten. Aber auch in der späteren, frei gewählten Bahn, unter ganz veränderten Lebensumständen, bewährte sich die Wirkung dieses ersten Unterrichts als guter Gewinn. Dasselbe gilt von dem Einflusse frommen Sinnes und Beispiels, welche durch die Mutter auf den Knaben wirkten; sie war eine geborne Gräfin von Arz, eigentlich Arzio, eines Geschlechts im südlichen Tyrol. Günstig war dem Jugendleben auch das Amt und Streben des Vaters, denn das badische Land die größten Anlagen und Pflanzungen baut, wo denn die Gelegenheit und Aufforderung sich ununterbrochen darbot, in freier Natur zu verweilen und umherzustreifen.

In seinem dreizehnten Jahre, als er groß und wohlgebildet herangewachsen war, wurde der Knabe an den Kurfürstlichen Hof nach Mainz geschickt, und daselbst unter die Pagen des Kurfürsten aufgenommen. Noch lebt in mancher Erinnerung die Pracht, Festlichkeit und gesellschaftliche Bewegung, welche damals den Mainzer Hof auszeichneten und die Stadt erfüllten; in heitrer Sorglosigkeit lebte man den täglich wechselnden Vergnügungen, ungestört von dem Geiste der Prüfung und des Widerspruchs, der gegen die alten Zustände schon allgemein erweckt war, hier aber höchstens als ein neuer Reiz der Unterhaltung eingelassen wurde. Auch die drohende Nachbarschaft der weiter und weiter schreitenden französischen Revolution, und der schon ausgebrochene Krieg machten auf die leichtsinnige Ueppigkeit wenig Eindruck, als plötzlich um so furchtbarer im Herbste 1792 die unerwartete Annäherung der Franzosen alles aus dem Taumel aufschreckte. Bei dem Erscheinen des Generals Custine flüchtete der Kurfürst mit seiner Geliebten und seinen Günstlingen eilig nach Aschaffenburg, der übrige Hof stob aus einander, und hat sich größtentheils nie wieder zusammengefunden. Tettenborn sah noch die französischen Truppen in Mainz einziehen, und kehrte wenige Tage darauf in das väterliche Haus nach Rastatt zurück.

Die Wendung der Ereignisse schien auf weit hinaus die bisherigen Verhältnisse zu verwirren, auf deren Herstellung zu warten dem Vater thöricht schien; und um den Sohn seine Zeit gleich wieder zweckmäßig anwenden zu sehen, sandte er ihn schon im nächsten Jahre nach Waltershausen, um sich unter der Leitung des berühmten Bergraths Bechstein den Forstwissenschaften zu widmen. Hier blieb er jedoch nicht lange, sondern bezog noch im nämlichen Jahre die Universität Göttingen, welche er in Folge einer jugendlichen Uebereilung bald wieder mit Jena vertauschen mußte. Von hier rief ihn unvermuthet die Nachricht nach Hause, daß sein Vater erkrankt sei, den er auch nicht mehr am Leben fand. Seine unbezwingliche Neigung zum Kriegsdienste, bisher nur mühsam unterdrückt aus Rücksicht für den Vater, der in seinem angesehenen und einträglichen Amte den Sohn zum Nachfolger zu haben wünschte, brach nun, da kein Einspruch mehr ihn hindern konnte, indem auch seine Mutter schon früher verstorben war, mit aller Heftigkeit aus; er verließ die angefangenen Studien, und trat gleich im Jahre 1794 als Kadet bei dem Joseph Kinsky'schen, späterhin Klenau'schen, Chevauxlegersregiment in das österreichische Heer.

Hier begann für den sechszehnjährigen Tettenborn eine Laufbahn, die seinen militairischen Eigenschaften alle Gelegenheit zur Entwicklung bot, und für ihn reich an persönlicher Auszeichnung wurde. Das österreichische Heer, welches den Karakter eines durch mehrere Jahrhunderte ohne Unterbrechung fortbestandenen Kriegswesens bis auf den heutigen Tag bewahrt, vereinigt mit den daraus fließenden, besonders nach innen höchst bezugreichen Vortheilen zugleich die einer stets

frischen, durch neue, und nach der Lage der Gränzen sehr
verschiedene Kriege, unaufhörlich geübten Erfahrung. Seine
Zusammensetzung aus den mannigfachen Elementen, welche
die österreichischen Erblande in glücklichem Verhältnisse dazu
lieferten, empfing noch einen erwünschten, und besonders
geistig unschätzbaren Zusatz durch den Umstand, daß so ge-
geraumte Zeit hindurch dieses Heer für alle Deutschen zugleich
als das Heer ihres Kaisers, und sonach als ihre eigentlich
vaterländische Kriegsmacht bastand, welcher die besten Kräfte
des sogenannten Reichs in jeder Weise zuströmten. Der
eigenthümliche Geist, der sich aus dieser Mischung erhoben,
beurkundet sich in vielen Zeichen, die wohl unläugbar als
deutsche anzuerkennen sind. Die unzerstörbare Selbstständigkeit innerer Ordnung, die große Kraft der Wiederherstellung,
die Vernachlässigung des bloßen Scheins, die Sparsamkeit
äußerer Belohnungen, und die daher in den untern Graden
angehäufte Thatfülle und Verdienstlichkeit, dies alles bildet
eine breite und feste Grundlage, auf welcher die dennoch durch-
gebrungene Auszeichnung nur um so glänzender sich erhebt.

Das Regiment, in welches Tettenborn getreten war,
stand in den Niederlanden gegen die Franzosen, und nahm
ruhmvollen Antheil an den Kriegsthaten, durch welche die
Oesterreicher und Preußen damals für sich selbst wohl Ehre
genug erfochten, für die Sache ihrer Herrscher aber, bei dem
Mangel an gehörigem Zusammenwirken, keine bleibenden Erfolge gewinnen konnten. Einzelne Kompagnieen Fußvolk, eine
Schwadron Reiter, ja bloße Patrouillen, kämpften sehr häufig
einer zehnfachen Uebermacht entgegen, hielten sie auf, warfen
sie zurück, oder wagten wohl selbst den Angriff; den Ruf,
den manche Regimenter in solchen Vorfällen erwarben, und die
Ansprüche, welche die eigne und die öffentliche Meinung an sie
machten, gränzten oft an die romantischen Erzählungen früherer Zeit. Die Feldzüge im Ganzen waren darum nicht
weniger unglücklich, und die Hauptvortheile meist auf der
Seite des Feindes; aber eine bessere Schule des Kriegs, eine
an persönlichen Aufgaben und Erfahrungen reichere, als das
österreichische Heer in jener Zeit darbot, konnte schwerlich
nochmals zu finden sein.

Nach wenigen Monaten zum Lieutenant befördert, fand Tettenborn häufige Gelegenheit, seinen Muth zu bewähren und vielfache Kunde des Feldbienstes einzusammeln. Die Reiter zogen gern mit ihm aus, der als Führer entschlossen und gewandt, und als Kämpfer jedem Gemeinen ein Muster war. Die Wagstücke und Erfolge des kleinen Kriegs, von denen die Geschichte nichts zu melden pflegt, haben für die betheiligten Truppen oft mehr Werth, als manches größere Ereigniß; in ihnen begründet sich am sichersten die persönliche Schätzung, der Ruf des Mannes und der Waffe.

Der Gang der damaligen Feldzüge in den Niederlanden und am Rhein ist bekannt. Tettenborn folgte dem Wechsel derselben in den Bewegungen seines Regiments, dem wenig Ruhe gegönnt war, und das wir, nach manchen Begegnissen, im Jahre 1799 bei dem Heere des tapfern Erzherzogs Karl wiederfinden. Von den zahlreichen Vorfällen, welchen Tettenborn hier mit Auszeichnung beiwohnte, heben wir nachfolgende Züge aus, welche ihn insbesondere angehen.

In dem Treffen bei Frauenfeld hatte das Regiment Kinsky einen harten Stand, und bewies gegen den überlegenen Feind auf ungünstigem Boden die ausdauerndste Unerschrockenheit. Viele seiner trefflichsten Offiziere wurden getödtet oder verwundet. Die Franzosen hatten das österreichische Fußvolk aus einem vorliegenden Walde verdrängt, und dadurch die auf der Straße vorgerückten Truppen in die Flanke genommen, der Augenblick war dringend, und forderte schleunigst Hülfe; da ließ Tettenborn eine halbe Schwadron absitzen, und stürmte zu Fuß mit dieser Mannschaft den Wald, aus welchem der Feind, bestürzt durch den unerwarteten raschen Angriff, eiligst hinausgetrieben wurde, so daß die kleinere Schaar den Raum wieder einnahm, den die größere nicht behaupten gekonnt! Drei Tage darauf, bei dem Gefechte von Winterthur, machte die Schwadron Tettenborn's den Vortrab, und wurde von den Franzosen, die vor der Stadt sechs Stücke Geschütz aufgepflanzt hatten, mit heftigem Kartätschenfeuer empfangen, das sogleich mehrere Leute niederstreckte; er aber besann sich keinen Augenblick, und sprengte an der Spitze seines Zuges geradezu auf die feindlichen Kanonen an; schon waren die Artilleristen, welche ihr Geschütz wacker vertheidigten, im Handgemenge größtentheils niedergemacht, als die Franzosen zur Unterstützung derselben mit zahlreicher Reiterei ungestüm hervorbrachen, und die österreichische wieder zurückwarfen; Tettenborn's Pferd, von einem Kanonier durch Säbelstiche verwundet, stürzte in diesem Augenblicke zwischen die Kanonenpferde nieder, er selbst lag zu Boden und schien verloren, umgeben von feindlichen Husaren, die nach ihm hieben und schossen, und ihn wenigstens gefangen nehmen wollten, als die Tapferkeit seines Rittmeisters, des nachherigen Generals von Meyer, ihn noch eben zu rechter Zeit aus dieser großen Gefahr wieder befreite. Nach Beendigung des Feldzuges in der Schweiz rückte der Erzherzog Karl rasch an den Oberrhein, und nahm die damals noch wohl befestigte Stadt Mannheim mit Sturm. Der Feind hatte sich mit einem Theile seiner Truppen noch außerhalb der Festung behaupten wollen, und mußte erst in diese zurückgetrieben werden; dies geschah durch eine Reihe hitziger Angriffe, in welcher die Reiterei die besten Dienste leistete, und besonders in einem scharfen Gefecht am Neckarauer Wald das französische Fußvolk völlig zersprengte und großentheils niedermachte, wobei Tettenborn sich so sehr hervorthat, daß er öffentlich dafür belobt wurde. Bei dem Sturme, der sodann auf die Stadt geschah, war er einer der Ersten, die durch die aufgehauenen Thore in die Stadt eindrangen, und machte in den Straßen noch eine Menge Gefangene, während die Hauptmasse der Franzosen fechtend die Rheinbrücke gewann, und sich aus der Stadt auf das jenseitige Ufer zog.

Als der General von Kray den Oberbefehl des österreichischen Heeres übernommen hatte, und dieses zum Rückzuge vom Rhein gegen Ulm genöthigt wurde, zeigte Tettenborn beim Nachtrab in häufigen Gefechten seinen Muth wie seine Geschicklichkeit. Bei Biberach hielt er so standhaft gegen den andringenden Feind, daß er in zwei Stunden drei Pferde unter dem Leibe verlor. Nicht minder zeichnete er sich in dem Gefechte bei Ried-Eschingen aus, am Tage der Schlacht von Engen. Nach dem Treffen von Neuburg aber empfing er von dem General Grafen von Giulay den besondern Auftrag, mit einer eigends hiezu auserwählten Abtheilung Chevaurlegers und Husaren die Truppenschaar, welche gegen Landshut ging, seitwärts zu begleiten, und die Brücken der Isar zu zerstören. Indem er diesen Auftrag bestens vollzog, hatte er Gelegenheit, noch einen andern wichtigen Dienst zu leisten, der den Bewegungen des Heeres wohl zu Statten kam; er hielt sich neun Tage zu Freisingen gegen den sehr überlegenen Feind, der seine Angriffe oft erneuerte, aber durch das muthige und geschickte Benehmen Tettenborn's getäuscht, ihn für stärker hielt, als er war, und nicht das Aeußerste wagen wollte. Endlich, nach hartnäckiger Gegenwehr, dennoch gezwungen, Freisingen zu verlassen, nahm Tettenborn seine Richtung gegen München, wo gleich eine neue Ausführung seiner wartete; denn, kaum in dortiger Gegend angekommen, erblickte er jenseits der Isar eine beträchtliche Anzahl französischer Packpferde einherziehen, — es waren die des Generals Lecourbe, — sogleich suchte er fünf seiner entschlossensten Reiter aus, schwamm mit diesem kleinen Häuflein durch die reißende Isar, und stürzte mit solchem Ungestüm auf die stärkere Bedeckung, daß diese ihr Heil in der Flucht suchte, und ihm alles zur Beute ließ, mit welcher und mehreren Gefangenen er ungestört auf das andere Ufer zurückkehrte.

Bei großen Unglücksfällen, durch welche ein ganzes Heer zerrüttet oder vernichtet wird, und deren Ursache fast immer nur in den höchsten Anordnungen liegt, ist man nur wenig geneigt, auch bei den Besiegten tapfre Auszeichnung anzuerkennen, und die Vorgänge, in welchen diese sich zeigt, werden kaum beachtet. Aber gerade in solchen Unglücksfällen treten Muth und Tapferkeit einzelner Schaaren und Anführer meist am entschiedensten auf, und ohne dem Ganzen eine andere Wendung geben zu können, setzen sie dem Unheil Schranken, und bringen im Kleinen zum Theil wieder ein, was im Großen verloren worden. Auch in dem unglücklichen Feldzuge, der zur Schlacht von Hohenlinden führte, traten solche Auszeichnungen und Leistungen zahlreich und mannigfach her-

Schlacht von Hohenlinden. Tettenborn's persönliche Gaben. 257

vor, hauptsächlich durch die leichten Truppen, welche in kleinen Gefechten fast immer die Oberhand hatten. Tettenborn war in solchen Gelegenheiten besonders thätig und erfolgreich. Bei der genannten Schlacht, deren Ergebnisse die französischen Berichte noch immer mit den übertriebensten Zahlen ausschmücken, war Tettenborn einer der Letzten, die am späten Abend das Schlachtfeld verließen; er kämpfte in der tapfern Nachhut, welche den Rückzug des linken Flügels deckte, warf den andringenden Feind mehrmals zurück, und leistete überhaupt so gute Dienste, daß ihm darüber die besondere Zufriedenheit der höchsten Befehlshaber bezeigt wurde.

Er war inzwischen zum Rittmeister und Schwadronskommandanten vorgerückt, und kehrte aus dem Felde mit dem Ruf eines tapfern und kühnen Offiziers in die Friedensstation nach Böhmen zurück. Er hatte seinen Namen so vortheilhaft bekannt gemacht, daß man die größten Erwartungen von ihm hegte. Auch im Frieden wußten seine persönlichen Eigenschaften die günstige Aufmerksamkeit eines großen Kreises zu fesseln, während er in dem engeren des Regiments die Zuneigung und das Wohlwollen aller Kammeraden im höchsten Grade genoß. Der freie Jugendmuth, der überall das Beste ausspricht, die rege Kraft, welche dem Genuß überlegen bleibt, die heitre Unbefangenheit, welche ihr Vertrauen auf Glück und Gelingen selten betrogen sieht, und selbst dann jeder Sorge und Zagheit widersteht; dazu eine großmüthige Hingebung für Andre, ein erfreulicher, heitrer Umgang, eine bei starkem persönlichen Auftreten desto einnehmendere Leutseligkeit, eine glänzende Erscheinung, und eine Freigebigkeit ohne Gränze und Rücksicht: dieser Verein von wirksamen Eigenschaften konnte nicht ohne die größten Erfolge bleiben, für welche die glänzende Geselligkeit von Prag und Wien, das reiche Landleben der böhmischen Großen, dann auch Dresden, und selbst Berlin, den abwechselnden Schauplatz boten. Frauengunst, Spiel, jugendlicher Ehrgeiz, alles, was Ernst und Freude des Militairlebens gewähren, mußte hier vielfache Abentheuer werden, welche, in der Weise französischer Denkwürdigkeiten behandelt, den Stoff der anziehendsten Erzählungen geben könnten! Auch an neuen Proben eines Muthes, den viele

Kenner von dem Muthe auf dem Schlachtfelde für sehr verschieden halten, fehlte es in solchem Lebensgewirre nicht, und auch in diesem Betreff wurde Tettenborn's Namen mit größter Auszeichnung genannt. Unter den angesehenen Befreundungen, die ihm zu Theil wurden, war auch die mit dem Prinzen Louis Ferdinand von Preußen, der sich bei einem Besuche in Böhmen überall große Zuneigung erwarb, mit den österreichischen Offizieren als Kamerad lebte, und in Tettenborn eben so sehr den tüchtigen Krieger würdigte, als er in ihm den heitern Lebensgenossen liebte.

Diese Befreundung wurde noch inniger, als Tettenborn im Jahre 1804 mit einem Auftrag an den österreichischen Gesandten Grafen von Metternich nach Berlin geschickt wurde, und hier mit dem Prinzen, den er auch schon auf dessen Landsitze besucht hatte, in täglichem vertrauten Umgang lebte, den die Zeitumstände durch die Kriegsgesinnung, welche sich in Preußen, wie Oesterreich regte, nur noch stärker beseelten. Von diesem Aufenthalte Tettenborn's in Berlin wird ein besondrer Zug erzählt, den wir unverbürgt wiedergeben, wie wir ihn gehört, indem er auch als Sage bezeichnet ist. Tettenborn hatte nämlich in Berlin die nicht unbeträchtliche Erbschaft eines im Preußischen verstorbenen Verwandten erhoben, und sollte, bevor er wieder abreise, von dem außer Landes gehenden Vermögen das übliche Abzugsgeld bezahlen; er aber, verwundert über eine solche Forderung, fand dieselbe um so ungereimter, als er keineswegs mehr im Falle war, sie erfüllen zu können, er bewies, daß er von der ganzen Erbschaft nicht das geringste mitnehme, sondern während seines kurzen Aufenthalts den vollen Betrag, man sagte zwanzig tausend Thaler, sofort verbraucht und ausgegeben, und also das Geld im Lande gelassen habe!

Im Jahre 1805 erhob sich Oesterreich aufs neue zum Kriege gegen die Franzosen, und sah bekanntlich durch wiederholte Unfälle seine Hoffnungen abermals getäuscht. Tettenborn war mit einem Theile des vormals Kinsky'schen, jetzt Klenau'schen Regiments, bei welchem er stand, in Ulm geblieben, während der andre Theil unter dem Obersten sich nach Bregenz gezogen hatte. Mehrere Streifzüge und Rekognoszirungen, die ihm aufgetragen wurden, führte er zur größten Zufriedenheit aus. Als aber der Oberbefehlshaber des Heeres, General von Mack, in unbegreiflicher Verblendung befangen, und dann plötzlicher Muthlosigkeit hingegeben, zuletzt in Ulm kein andres Heil mehr sah, als in der Uebergabe, da wußte sich ein Theil des Heeres dieser Schmach glücklich zu entziehen. Der Erzherzog Ferdinand faßte den kühnen Entschluß, mit dem Theile der Reiterei, der unter solchen Umständen noch in der Eile zusammenzuraffen war, durch den Feind durchzubrechen und nach Böhmen zu entkommen. Tettenborn genoß bereits eines solchen Vertrauens, daß zur Führung des Vortrabs niemand fähiger schien als er, und der entscheidende Schlag, der Durchbruch der französischen Umzingelung, wurde von ihm geführt. Mit außerordentlicher Geschicklichkeit und heldenmüthiger Anstrengung gelang das ganze Unternehmen, welches im Rücken der französischen Heere von steter Gefahr begleitet war, bis endlich, nach mehreren Gewaltmärschen und hitzigen Nachtrabsgefechten die böhmische Gränze erreicht wurde. Tettenborn hatte das Glück, auf diesem Zuge die vollkommene Zufriedenheit des Erzherzogs, sowie des die Reiterei befehligenden Fürsten Karl von Schwarzenberg zu erwerben. Ihm wurde sogleich ein neuer Auftrag ertheilt, die Deckung der Straße, die über Waldmünchen nach Böhmen führt. Mit der ihm anvertrauten Truppenschaar, größtentheils Reiterei, wußte er sich in der Oberpfalz durch geschickte Bewegungen und einzelne glückliche Gefechte mehrere Wochen zu behaupten, und zwischen Amberg und Waldmünchen die französischen Streifpartheien mehrmals zurückzuwerfen, bis der General Baraguay d'Hilliers über 8000 Mann gegen ihn heranführte, ihn zum Rückzug nach Böhmen nöthigte, und darauf selbst in Böhmen einzubringen suchte. Tettenborn verzweifelte nicht, im eignen Lande auch dieser Uebermacht die Spitze bieten zu können. Er rief zwischen Pilsen und Kleutsch alles Landvolk zu den Waffen, ließ in allen Dörfern die Sturmglocke läuten, und wagte zum den ihm sechsmal überlegenen Feind anzugreifen, der, durch diese Kühnheit und den gutgeleiteten Aufstand geschreckt, sich zuerst nach Klattau zurückzog, und bald darauf Böhmen völlig verließ.

Nach erfolgtem Frieden wurde Tettenborn durch die Nachricht überrascht, daß die unter seinem Befehl gestandenen Offiziere der Regimenter Kleuau und Rosenberg für ihn das Theresienkreuz verlangt hätten, eine Auszeichnung, welche in Oesterreich von den höchsten Personen als das köstlichste Kleinod militairischer Ehre erstrebt, und nur dem anerkanntesten Verdienst ertheilt zu werden pflegt, auch noch jetzt eben so selten, als werth gehalten. Besondere Bedingungen beschränken die Verleihung dieses Ordens, auf den nur derjenigen Tapferkeit Anspruch gestattet ist, welche vor dem Feinde sich durch Thaten ausgezeichnet, die weder durch ausdrücklichen Befehl noch durch unerläßliche Pflicht geboten waren. Das zur Prüfung der Ansprüche und Zeugnisse versammelte Ordenskapitel erkannte die Forderung der Offiziere für Tettenborn als völlig begründet an, und sprach ihm einstimmig den Orden zu.

Mit neuem Ruhm und neuen Vortheilen kehrte er wieder zu den Beschäftigungen des Friedensdienstes und in den Glanz der Hauptstädte Prag und Wien zurück, wo er in den angesehensten Kreisen nur immer günstiger bemerkt wurde. Im Jahre 1808 geschah ihm der Antrag, den Fürsten von Schwarzenberg, der als österreichischer Botschafter nach St. Petersburg ging, als erster Adjutant und Botschaftskavalier zu begleiten. Tettenborn sah hier eine neue Laufbahn eröffnet, für die er schon vielfach vorbereitet war, und die ihn mächtig anziehen mußte; er willigte ein, empfing noch vor der Reise den kaiserlichen Kammerherrnschlüssel, holte den Fürsten, der schon voraus war, in Wilna ein, und kam mit ihm gegen Ende des Jahres in St. Petersburg an. Der dortige Aufenthalt war durch die politischen Verhältnisse mit sehr schwierigen Rücksichten verknüpft, und forderte große Kunst des Benehmens; wenn dem Fürsten von Schwarzenberg unbestritten der Ruhm gebührt, bloß durch sein persönliches Verdienst alles bewirkt zu haben, was damals am russischen Hofe für Oesterreich noch zu erlangen war, so darf seine in derselben Hinsicht für Tettenborn vielfach aus-

gesprochene Zufriedenheit ein um so bewährteres Zeugniß auch
für diesen sein. Als im Mai 1809 die Nachricht von dem
Ausbruche des neuen Krieges zwischen Oesterreich und Frankreich in St. Petersburg eingetroffen war, wurde Tettenborn
von dem Fürsten mit besondern Aufträgen als Kourier zu
dem Hauptheere gesandt, welches unter dem Erzherzog Karl
inzwischen den glorreichen Sieg bei Aspern erkämpft hatte,
und einer neuen Schlacht auf dem Marchfelde entgegensah.
Diese erfolgte nach mehreren Wochen, die Schlacht von
Deutsch-Wagram. Wir haben schon anderwärts erwähnt,
daß Tettenborn für seine Tapferkeit und Auszeichnung in dieser Schlacht durch den Erzherzog Karl auf dem Schlachtfelde
zum Major befördert, sein Name in dem amtlichen Bericht
rühmlichst genannt, und ihm die Deckung des Rückzuges,
den die Oesterreicher in bester Ordnung gegen Znaym nahmen, übertragen wurde. Nach wenigen Tagen wurde bei
diesem Orte schon wieder eine zweitägige Schlacht geliefert,
welche aber durch den inzwischen abgeschlossenen Waffenstillstand unterbrochen wurde. Auch in dieser Schlacht ärntete
Tettenborn die ausgezeichnetsten Lobsprüche sowohl des Erzherzogs Karl als auch des Generals Grafen von Bellegarde,
welcher den ersten Heertheil der Oesterreicher befehligte, zu
dem das Regiment Klenau gehörte. Bei der Unterhandlung
des Waffenstillstandes wurde Tettenborn von dem Erzherzoge,
der großes Vertrauen in seine persönlichen Gaben setzte, mehrmals an den Fürsten von Neuchatel und an Napoleon selbst
gesendet, wodurch der Abschluß auf vortheilhafte Bedingungen
sehr gefördert wurde.

Nach dem Wiener Frieden ging der Fürst von Schwarzenberg als österreichischer Botschafter nach Paris, und Tettenborn begleitete denselben in gleicher Eigenschaft wie früher
nach St. Petersburg. In neueren Zeiten ist wohl selten
eine Botschaft von solchem Glanze, solch reicher Zurüstung
und bedeutendem Ansehn, und zugleich von so ruhiger Würde
und großartiger Einfachheit gesehen worden. Alle Deutschen
fanden in dem Schwarzenbergischen Hause ihren sichern Anhalt, ihr vertrautestes Zusammensein, während zugleich das
ausgesuchteste Prachtleben hier den Preis vor allen franzö-

fischen und fremden Häusern behauptete. Mit welcher Welt-
kunde, Klugheit und Anmuth sich Tettenborn in diesen Verhältnissen bewegte, kann schon aus dem bisher Mitgetheilten
ermessen werden; er war in dem tiefsten Vertrauen des Fürsten, und wurde zu den innersten Geschäften zugezogen, außerdem aber lag ihm ein großer Theil der äußern Darstellung
und des mannigfachen persönlichen Hervortretens ob, zu
welchem diese großen Verhältnisse unaufhörlich Anlaß gaben.
Mit Gewandtheit löste er die schwierige Aufgabe des fortgesetzten Umgangs mit den Franzosen; er hatte äußerlich
das beste Vernehmen mit den Großen des Hofes, den an-
spruchsvollen Frauen und eitlen Günstlingen, ohne daß er
jemals zu Schmeicheleien seine Zuflucht genommen, oder die
deutschen Gesinnungen, die ihn beseelten, durch Verläugnung
beleidigt hätte. Diesen Leuten durch trotzige Festigkeit Achtung und Scheu einzuflößen, war die einzige Art mit ihnen
fertig zu werden. Sie versuchten einigemal, die schroffe
Selbstständigkeit zu beugen, doch da dies nicht gelingen
wollte, wie manche zu ihrem Schaden erfahren mußten,
so beeiferten sie sich nun um so mehr, dieselbe anzuerkennen.
Napoleon selbst, der gegen Tettenborn immer Abneigung
empfand, und dies wenig verhehlte, ließ ihn am Ende
gelten.

In diese Zeit fällt das durch seinen Ausgang unglücklich
berühmte Fest des Fürsten von Schwarzenberg, wo mehrere
der angesehensten Personen verbrannten, und viele durch die
Flammen schwer beschädigt wurden. In der ersten Bestürzung
konnte manchem der Anwesenden wohl der Gedanke von Verrath aufsteigen; ein französischer General, von solchem Argwohn ergriffen, wandte sich heftig an Tettenborn mit einer
unziemlichen Frage; doch dieser, empört durch den Verdacht
und erfüllt vom Drange des Augenblicks, faßte statt aller
Antwort den dreisten Frager an beiden Schultern, und schleu-
derte mit zürnender Kraft ihn rücklings zu Boden. Napoleon, Zeuge des Ursprungs und der Ausbreitung des Feuers,
war von jedem Mißtrauen entfernt, und glaubte vielmehr
die Anstrengung und Beeiferung, welche mehrere Mitglieder
der Botschaft bei dieser Gelegenheit auch für seine und der

Kaiserin Sicherheit bewiesen hatten, besonders belohnen zu müssen. So empfing denn auch Tettenborn den Orden der Ehrenlegion.

Napoleon's persönliche Stimmung aber wurde damit nicht günstiger. Im Gegentheil ging er öfters darauf aus, auch an Tettenborn, wie an so viele Andere, die ihm nicht gefielen, unangenehme und verwirrende Fragen zu richten, die ihm aber auch öfters unangenehm erwiedert wurden, und dies im Augenblicke meist ungestraft, weil Napoleon wohl schreckende Worte, aber nicht den Witz zurückspielende führte. Als er den Befehl gegeben hatte, daß an seinem Hofe auch die Militairpersonen, welche bisher in ihrer dienstmäßigen Uniform erschienen waren, nur in französischer Hofkleidung erscheinen dürften, und dies auch die fremden Gesandtschaften traf, wollte Tettenborn, der von dem Regimente Klenau zu den Husaren von Radetzky versetzt worden war, mit der Uniform doch nicht zugleich den unersetzlichen Schnurrbart aufopfern, und erschien mit diesem in der neu vorgeschriebenen Hofkleidung; Napoleon ärgerte sich darüber, und redete ihn höhnisch mit den Worten an: „Ein Schnurrbart ist doch recht lächerlich bei diesem Rock!" worauf Tettenborn rasch und trotzig versetzte: „Vielmehr dieser Rock bei einem Schnurrbart!" Eine Antwort, die doch nicht jedem und nicht jedesmal so folgenlos hingegangen sein möchte!

Tettenborn reiste einigemal bei wichtigen Anlässen von Paris nach Wien. Niemals aber wurde diese Reise schneller ausgeführt, als da er die Nachricht von der Niederkunft der Kaiserin Marie Louise zu überbringen hatte, und die hundert und zwanzig Stunden von Paris nach Straßburg reitend zurücklegte, und dann zu Wagen in solcher Eile weiter, daß er die ganze Reise binnen vier Tagen und zehn Stunden vollendete. Man sprach allgemein von diesem Reiterstück, und gedachte dabei ähnlicher, die dem Herzoge von Alba und Karl dem Zwölften von Schweden nachgerühmt werden.

Doch die Zeit nahte schon, in welcher solchen Kräften und Anstrengungen das ernstere Kriegsfeld sich wieder eröffnen sollte. Längst schon erkannte man, daß ein Krieg zwischen Frankreich und Rußland unvermeidlich sei, und Tettenborn

konnte früher als Andre voraussehen, daß Oesterreich diesmal nicht als Feind gegen Napoleon auftreten werde. Er
aber wollte nicht in den Fall kommen, mit den Franzosen
zu dienen, sondern gegen sie fechten. Er fand sich demnach
im Frühjahr 1812 bewogen, ungeachtet seiner glänzenden
Stellung und seiner versprechenden Aussichten, seinen Abschied einzureichen, und begab sich nach kurzem Aufenthalte in Wien, wo er unter Kammeraden und Höheren
mehr Billigung und Zustimmung fand, als sich öffentlich
zeigen durfte, über Ungarn nach Rußland, wo er schon
rühmlichst bekannt war, und mit offnen Armen empfangen
wurde.

Tettenborn trat in das russische Heer als Oberstlieutenant
ein, und wurde zu dem General Freiherrn von Winzingerode gesandt, der mit ansehnlicher Truppenstärke die Straße
von Twer zu decken hatte. Bei diesem General, als einem
ebenfalls im österreichischen Dienste gewesenen Waffenfreunde,
durfte er die günstigsten Verhältnisse erwarten, allein unglücklicherweise war derselbe kurz vorher in französische Gefangen-
schaft gerathen, aus der erst später die Kosaken ihn wieder
befreiten, und der General Kutusoff, Neffe des Feldmarschalls,
hatte den Befehl über jene Truppen übernommen. Dieser
General galt allgemein als ein starker Widersacher aller
Fremden im russischen Dienst, aber sonst als ein rechtschaff-
ner, wohldenkender Mann und als ein ausgezeichneter tapfrer
Krieger. Seine Abneigung gegen die Fremden schien anfangs auch gegen Tettenborn zu walten, nach einiger Zeit
aber, als mehrere Gefechte vorgefallen waren, nahm er schon
eine günstigere Gesinnung an, und wurde zuletzt, im Verfolge des Feldzugs, der theilnehmendste und thätigste Aner-
kenner eines Verdienstes, das sich unter seinen Augen so
trefflich bewährte, und dem er Gerechtigkeit zu versagen nicht
fähig war.

Nach dem Abzuge der Franzosen von Moskau rückte
Tettenborn mit dem Vortrabe der Kutusoff'schen Truppen
zuerst wieder daselbst ein, wo unter rauchenden Trümmern
alle Gräuel der Verwüstung und Auflösung fortdauerten,
denen nicht ohne Kampf Einhalt zu thun war. Unmittelbar

darauf erhielt er die Befehlführung eines abgesonderten Truppentheils, und den allgemeinen Auftrag, dem Feind auf seinem Rückzuge allen möglichen Abbruch zu thun. Er that dies mit solchem Erfolg, lieferte so glückliche Gefechte, und nahm dem Feinde so viele Gefangene, daß ihm der Oberbefehlshaber, um diese Vortheile zu vergrößern, die unterhabenden Truppen ansehnlich mehrte. Hiedurch war Tettenborn in den Stand gesetzt, die wichtigsten Dienste zu leisten, da die Umstände jenes ewig denkwürdigen Rückzugs dem entschlossenen Anführer einer fliegenden Truppe solche Unternehmungen möglich machten, deren Schwierigkeiten, in gewöhnlichen Kriegsverhältnissen, für ganze Heeresabtheilungen unübersteigbar sein konnten. Wir sahen Tettenborn früher durch abgesessne Reiter einen Wald angreifen und einnehmen; Bei dem Bach Plisse lieferte er das Gegenstück dazu, indem er den Uebergang, den ein französisches Bataillon hartnäckig vertheidigte und dadurch das Vorrücken der Russen hemmte, an der Spitze einer Schwadron Husaren mit dem Säbel in der Faust erzwang, und das feindliche Fußvolk sämmtlich gefangen nahm. Tag für Tag griff er den Feind auf dem weiteren Rückzuge bis zur Beresina unermüdlich an, brängte dessen Flucht, und nahm ihm Kanonen, Pulverwagen, Gepäck und besonders viele Gefangne. Er wurde sodann nach Lepel entsandt, um die dort aufgestellten baierischen Truppen zu überfallen, die er aber schon abgezogen fand. Zu Kobilnidi und in der Umgegend machte er alle noch zurückgebliebenen feindlichen Truppentheile gefangen, und setzte darauf mit angestrengter Eile seinen Marsch nach Wilna fort, wo er spät am Abend mit ermüdeten Reitern anlangte, aber dennoch sogleich die Vorstadt wegnahm, und daselbst über 3000 Franzosen gefangen nahm.

Wilna war der Hauptort für die Franzosen geworden, wohin die ganze Rückzugsmasse des Heeres sich drängte, und daselbst, in Hoffnung vorhandener Hülfstruppen und großer Vertheidigungsanstalten, das ersehnte Ziel zu finden wähnte, wo dem schrecklichen, durch Kälte, Hunger und Schwert rastlos andringenden Verderben endlich Einhalt geschehen würde. Doch diese Hoffnung war eitel; auch hier war keine

Rettung bereitet, und an dauernden Widerstand gegen die verfolgenden Russen nicht zu denken; der Rückzug mußte, unter fast eben so verzweiflungsvollen Umständen wie bisher, immer fortgesetzt werden, und kaum, daß die Weichsel noch eine Schutzwehr scheinen konnte. Aber wenn auch auf keine Weise Wilna gegen russisches Fußvolk lange haltbar war, so fanden sich doch für den Augenblick so zahlreiche französische Truppen, wenn gleich in Unordnung, dort zusammen, so große Hülfsmittel und Vorräthe dort angehäuft, daß der Feind, bis das russische Fußvolk herankam, leicht Zeit gewinnen konnte, sich in bessern Stand zu setzen, die nicht zu rettenden Vorräthe zu zerstören, und besonders die Truppenmenge, jetzt fast nur aufgelöste Haufen, aber doch immer herstellbar in geordnete Kriegerschaaren, an die Weichsel zurückzuschaffen. Daher war es für den ganzen Feldzug von äußerster Wichtigkeit, hier dem Feinde keinen Augenblick zur Besinnung zu lassen. Tettenborn, nur die Nachtheile des Verzuges im Auge habend, ließ sich durch keine Schwierigkeiten abschrecken, sondern trotz des fast allgemeinen Zweifelns und Abrathens beschloß er ungesäumten Angriff, und noch vor Anbruch des Tages stürmte eine Kompagnie Fußjäger, die er auf Schlitten hatte nachkommen lassen, die nächsten Thorposten, nach deren Bewältigung er von zweien Seiten mit drei Kosakenregimentern und vier Schwadronen Isum'scher Husaren in die Hauptstraßen eindrang, wo einige noch zusammenhaltende französische Bataillone anfangs ihm herzhaft entgegenrückten, bald aber, umgangen und von allen Seiten angegriffen, theils das Gewehr streckten, theils im Fliehen niedergemacht wurden. Der Angriff hatte den Feind dergestalt überrascht, daß die Gegenwehr ohne Plan und Umsicht nur nach Zufall geschah, und die Stadt binnen kurzer Zeit in den Händen der Russen war. Zum Theil hatten die Juden, welche überall in Polen gegen die Franzosen heftig entbrannt waren, diese während des Gefechts im Rücken angegriffen und entwaffnet, so daß sie ganze Schaaren als ihre Gefangne ablieferten.

Der Verlust, den die Franzosen durch diesen unerwarteten Schlag erlitten, war ungeheuer. Sie verloren in Wilna

48 Kanonen, 7 Fahnen, 6000 Gefangne, ungerechnet 24000 Kranke, die in den Spitälern lagen, ferner außerordentliche Vorräthe von Kriegsbedürfnissen aller Art. Der letzte Anhalt des zerrütteten Heeres auf dieser Seite war verloren. „Von diesem Zeitpunkte hauptsächlich", sagt Napoleon in seinen dem General Montholon diktirten Bemerkungen, „begannen die großen Verluste dieses Feldzuges, und nichts konnte unvorhergesehener sein, als dieses Ereigniß von Wilna."

Tettenborn übergab die Stadt dem General Tschaplitz, der mit dem Vortrabe des Admirals Tschitschakoff herangeeilt war, und rückte gleich am folgenden Tage gegen den Niemen vor, um die Verbindung des Marschalls Macdonald, der noch bei Mitau stand, mit dem Könige Murat, der in Königsberg die zerstreuten Truppen sammelte, zu unterbrechen. In dieser Gegend stieß Tettenborn auf preußische Truppen, mit welchen es aber, da man sich gegenseitig gute Gesinnung zutraute, zu keinem ernstlichen Gefechte kam; nach einigen Scharmützeln erhielten sie Befehl, sich über den Niemen zurückzuziehen, und Tettenborn ging ungehindert nach Tilsit vor, wo die Einwohner ihn mit begeistertem Jubel empfingen. Nach einigen weiteren leichten Gefechten zwischen Tilsit und Ragnit hob der inzwischen von dem General von York mit den russischen Befehlshabern eingegangne Waffenstillstand auch diesen Anschein von Feindseligkeit zwischen den Russen und Preußen auf, diese letztern trennten sich von den Franzosen, und Tettenborn konnte nun den Marschall Macdonald, der seinen Rückzug über Königsberg ohne Aufenthalt fortsetzte, mit größtem Nachdruck verfolgen.

In Königsberg aber wurde Tettenborn durch eine Rose am Fuß, die als Folge der überstandenen Beschwerden und der strengen Kälte dieses außerordentlichen Winterfeldzugs ihn befallen hatte, mehrere Tage im Bette gehalten. Zugleich waren auch wegen Weiterverfolgung der Franzosen allerlei Bedenken eingetreten. Schon am Niemen hatten die Russen Halt machen wollen, dann sollte die Weichsel das unüberschreitbare Ziel sein, indem die Besorgniß waltete, man möchte die Stärke und Ueberlegenheit, die sich gegen den eingedrungenen Feind gezeigt hatte, mit jeder zunehmenden Entfernung von den russischen Gränzen wieder einbüßen. Allerdings waren die Truppen, welche unmittelbar hinter dem Feinde her waren, ihn drängten und jagten, nur gering an Zahl, und auch die übrigen, in weiten Abständen nachfolgenden, hatten durch Gefechte, Märsche, Entsendungen vielfache Schwächung erlitten. Die Franzosen hingegen waren nun ihren unermeßlichen Hülfsquellen wieder näher, geboten über ganz Deutschland, und der Besitz aller festen Plätze von der Weichsel bis zum Rhein gewährte ihnen überall Sicherheit, ihre geretteten Heerestrümmer zu sammeln und mit neuen Zuschüssen aus dem Innern Frankreichs und seiner Bundesländer zu verstärken. Alle diese Betrachtungen jedoch konnten gegen die Macht der Thatsachen nicht bestehen; das Verderben des Feindes offenbarte sich mit jedem Augenblicke vollständiger und verzweifelter, Furcht und Schrecken gaben willig auf, was die Waffen vielleicht nur schwer errungen hätten, an Widerstand im offnen Felde war nicht zu denken, die Flucht ging unaufhaltsam fort, die Verfolgung stürzte fast gezwungen in den leeren Raum. Unter solchen Umständen, zu welchen sich die lautwerdende Stimme des deutschen Volksgeistes und die guten Aussichten diplomatischer Thätigkeit gesellten, empfingen die russischen Truppen neuen Befehl vorzugehen, und den Ereignissen blieb überlassen, wie und wo sie ihr Ziel finden möchten.

In Folge dieser veränderten Ansicht erhielt nun Tettenborn, der inzwischen Oberst geworden war, von dem General Grafen von Wittgenstein den Befehl, mit den ihm anvertrauten Truppen über die Weichsel zu gehen und so weit vorzubringen, als es die Umstände zuließen. Tettenborn empfand hierüber so große Freude, und fühlte sich so glücklich, der erste zu sein, der seinen deutschen Landsleuten als Verkündiger der Befreiung von der Franzosenherrschaft erscheinen sollte, daß er ungeachtet seines Fußübels unverzüglich von Königsberg aufbrach, und seinen Marsch über Konitz und Solbin bis zur Oder fortsetzte. Noch hielten zwar ansehnliche französische Truppenschaaren sich auf dem rechten

Ufer der Oder, die Festungen waren alle stark besetzt, und die Hauptstärke der Russen noch weit zurück; allein Tetten=
born beschloß dennoch, auf das linke Ufer der Oder vor=
zurücken, um dem Feinde hier keine Zeit zu neuen Maß=
regeln zu lassen und die bereits angeordneten zu hinter=
treiben.

In Wriezen, wo der Uebergang geschah, traf der Oberst=
lieutenant Konstantin von Benkendorf, welcher den Vortrab Tettenborn's befehligte, ein westphälisches Bataillon, nahm dasselbe nach geringem Widerstande gefangen, und Tettenborn empfing gerade bei'm Uebergehen über den Fluß als gutes Vorzeichen zwei eroberte Fahnen. Er rückte nun rasch gegen Berlin vor, welches der Marschall Augereau noch mit 10000 Franzosen und zahlreichem Geschütz besetzt hielt. Dieser sandte den General Poinsot mit etwa 2000 Mann bis Werneuchen, drei Meilen von Berlin, den Russen ent=
gegen, um sie von der schon durch mancherlei Gährung be=
wegten Hauptstadt noch abzuhalten. Die Franzosen hatten keine Reiterei, die Russen kein Fußvolk, und so mußten beide Theile mit großen Schwierigkeiten kämpfen, indem jene das freie Feld nicht behaupten, diese hingegen den Angriff der Ortschaften und festen Stellungen nicht unternehmen konnten. Tettenborn wollte jedoch nicht vergeblich so weit vorgedrungen sein; noch jenseits der Oder, doch schon in der Nähe, streifte mit einer fliegenden Schaar der General Tschernyscheff, die=
sen forderte Tettenborn auf, sich mit ihm zu einer gemein=
schaftlichen Unternehmung zu vereinigen, und fand bereit=
williges Gehör. Tschernyscheff ging mit seinen Kosaken und Husaren über die Oder, vereinigte sich mit Tettenborn bei Landsberg, indem dieser den General Poinsot bei Werneuchen durch einige zurückgelassene Posten über seinen Abmarsch noch einige Zeit getäuscht erhielt, und beide Anführer rückten nun vor Berlin.

Die beabsichtigte Ueberrumpelung dieser Stadt wurde jedoch durch ungünstige Umstände verzögert, und dann brachte der Zu=
fall sie nur theilweise zur Ausführung. Die Russen waren nicht lange in Pankow angekommen, als eine starke französische Rekognoszirung vorrückte, welche zurückzutreiben Tettenborn

sogleich einige Kosakenregimenter vorführte. Der Feind gerieth in Unordnung, und suchte schnell das Thor von Berlin wieder zu erreichen; Tettenborn aber drang in rascher Verfolgung dahin nach, überwältigte die Thorwache, und sprengte mit seinen Reitern rasch in die Stadt, die alsbald nach allen Richtungen von Kosaken umschwärmt und unerwartet der Schauplatz kriegerischer Auftritte war. Tettenborn selbst rückte bis auf den Alexanderplatz, wo sich einiges französische Fußvolk wieder gesammelt hatte, und einen geordneten Widerstand lebhaft unterhielt. Inzwischen hatten die Kosaken schon im ersten Augenblick gegen 500 Gefangene und viele Beutepferde fortgeführt, jagten zum Schrecken der überraschten Franzosen und zum Jubel der Einwohner durch die Straßen sogar der Friedrichsstadt, und obgleich die Franzosen in Berlin noch gegen 8000 Mann stark waren, einzelne Truppenabtheilungen schon vorher unter dem Gewehr, und auf mehreren Plätzen und Brücken Kanonen aufgepflanzt standen, so war doch die Bestürzung des Feindes so groß, daß diese Anstalten nutzlos blieben; ganze Salven aus dem Kleingewehr gingen in die Luft und wenn das Geschütz losgebrannt wurde, war gewiß kein Kosak mehr in der Richtung desselben. Die Unruhe des Volks brach auf mehreren Punkten unverhohlen aus, und konnte jeden Augenblick den Franzosen verderblich werden; jedoch fehlte ein entschlossener Anführer, der die Gesinnung zur That gemacht hätte. Weil nun den eingedrungenen Kosaken von den russischen Truppen, die vor der Stadt geblieben waren, keine Unterstützung kam, so gewann der Marschall Augerau die nöthige Zeit, seine Truppen in der Wilhelmsstraße zusammenzuziehen, und rückte mit zahlreichem Fußvolk und Geschütz heran, wodurch Tettenborn, nachdem er drei Stunden sich in der Stadt behauptet hatte, endlich zum Weichen gezwungen wurde. Er zog fast ohne Verlust wieder auf das freie Feld, wohin der Feind, ungeachtet seiner Uebermacht, nicht zu folgen wagte.

Der kühne Haubtstreich war in der Hauptsache zwar nicht gelungen, machte aber für die russischen Waffen den vortheilhaftesten Eindruck, und zeigte, welchen Erfolg man hätte hoffen dürfen, wenn von allen Seiten mit gleicher Entschlossenheit, wie von der einen, wäre eingewirkt worden. Allgemein galt das Unternehmen für einen der glänzendsten Reiterzüge, wie denn auch der Kaiser Alexander zum Zeichen seiner Zufriedenheit den St. Wladimirorden zweiter Klasse mit schmeichelhaften Ausdrücken an Tettenborn senden ließ. Der ganze Ueberfall kostete wenige Kosaken, die einzeln in den Straßen verirrt, sich zuletzt abgeschnitten fanden; ein tapferer und liebenswürdiger Offizier, Wilhelm von Blomberg, der auch schöne dichterische Gaben hatte, war gleich im ersten Anreiten durch eine Kugel getödtet worden. Die Franzosen verschwiegen ihren Verlust, allein die Gefangenen konnte man in Pankow angehäuft sehen, wohin die Berliner, trotz der französischen Wachsamkeit, in den nächsten Tagen schaarenweise strömten.

Nachdem der Marschall Augereau den General Poinsot von Werneuchen wieder an sich gezogen hatte, hielt er Berlin und das linke Ufer der Spree noch mehrere Tage besetzt, um die Trümmer aufzunehmen, welche der Vicekönig Eugen von der Oder zurückbrachte, wodurch die französische Macht in und um Berlin auf 16000 Mann stieg. So verstärkt und wieder mit einiger Reiterei versehen, wagten die Franzosen nun öftere Ausfälle, und vor den Thoren fielen täglich blutige Gefechte vor, in welchen die letzten Ueberbleibsel französischer Garderreiterei von den Kosaken übel zugerichtet wurden. Dieser Zustand dauerte fort, bis das russische Fußvolk über die Oder gegangen war und gegen Berlin heranrückte, auf welche Nachricht die Franzosen theils nach Magdeburg, theils nach Wittenberg abzogen. Tettenborn rückte an der Spitze seiner Truppen in die Stadt, wo die Einwohner ihn mit größten Freudenbezeigungen empfingen; die Kosaken warfen sich sogleich auf den abziehenden Feind, dessen letzte Züge sie noch innerhalb der Stadt erreichten, und blieben in beständiger Verfolgung hart auf seinen Fersen. Der General Graf von Wittgenstein langte mit russischem Fußvolk an, und traf die kräftigsten Anstalten zur weitern Kriegsführung.

In Berlin mußte Tettenborn abermals das Bette hüten,

weil die Rose bei der schonungslosen Anstrengung wieder
schlimmer geworden war. Dies hinderte ihn jedoch nicht,
mit rastlosem Eifer neuen Unternehmungen nachzuhängen.
Schon früh hatte sich das Augenmerk der Russen auf Hamburg gelenkt; außer den militairischen Gründen, die einen
Zug dorthin anriethen, waren auch politische Absichten vorhanden, unter welchen die nahe Einwirkung auf Dänemark,
die Eröffnung der unmittelbaren Verbindung mit England,
und selbst der Eindruck, welchen die Befreiung der wichtigen
Handelsstadt in St. Petersburg machen mußte, sehr in Betracht kamen. Die unzufriedene Stimmung der Hamburger
war bekannt, so wie auch der schwache Zustand der französischen Macht in jenen Gegenden, wo man einen äußeren
Angriff noch gar nicht erwartete. Jedoch würde dieser Zug
nach Hamburg, so zweckmäßig und günstig er auch erschien,
wohl nicht zur Ausführung gekommen sein, wäre nicht in
Tettenborn zugleich der tüchtigste und bereitwilligste Führer
vor Augen gewesen, der kein Bedenken trug, sich mit einer
kleinen Schaar auf vierzig Meilen weit von der Hauptstärke
zu entfernen, und sich in eine Verwicklung von Ereignissen
einzulassen, deren Wendung niemand absehen konnte. Er
legte seine Entwürfe vor, erörterte die Aufgaben, die sich
darbieten konnten, zeigte die Maßregeln, die er auszuführen
dachte, und alles wurde gutgeheißen und angenommen. Er
empfing die nöthigen Befehle und Vorschriften, und an der
Spitze von 4 Kosakenregimentern, 2 Schwadronen Isum'-
scher Husaren, 2 Schwadronen Kasan'scher Dragoner, und
2 Stücken leichtes Geschütz, verließ er am 12. März Berlin, und rückte rasch gegen Mecklenburg vor. Ein schrecken-
der Ruf, der die Zahl der Truppen ungeheuer vergrößerte,
ging vor ihm her und erhöhte eben so den Muth der Freunde,
als er den des Feindes niederschlug.

Wir gehen jetzt zu der näheren Betrachtung derjenigen
Ereignisse über, welche diesen Zug und seine Folgen darstellen, und bemerken nur noch, daß die Erzählung, sowohl
der hamburgischen Sache als auch der ferneren Kriegszüge
Tettenborn's nicht erst neuerlich aufgesetzt, sondern größtentheils noch im Laufe der Begebenheiten selbst niedergeschrieben,

und schon in den Jahren 1813 und 1814 gedruckt worden ist. Im Wesentlichen diese frühere Auffassung beizubehalten, schien um so nöthiger, als eine vollständige Ueberarbeitung schwerlich Statt finden könnte, ohne zugleich die Ursprünglichkeit zu gefährden, welche vielleicht den ganzen Werth unserer Darstellung ausmacht.

## Dreißigster Abschnitt.

## Hamburg.

### Frühjahr 1813.

---

Die Geschichte der Tage, in welche wir jetzt eintreten, schien anfangs in dem Aufstehen anderer Städte und Länder Deutschlands, wozu damals Hoffnung und Aussicht war, sich wiederholen zu müssen, und Hamburg keinen Anspruch zu haben, in der allgemeinen Erhebung mehr zu bedeuten, als ihm nach Verhältniß der Lage und Kräfte zukam. Nachdem aber das Beispiel dieser Stadt ohne Nachahmung geblieben, und ihr allein das Loos geworden, für ihre kühne Entschlossenheit die schweren Geschicke zu erdulden, welche wie ein großes Trauerspiel die Theilnahme der Zeitgenossen heftig aufregten, so steht auch ihre Geschichte während dieser Zeit als ein eignes, abgeschlossenes Ganzes da, und gewinnt einen höheren von den allgemeinen Ereignissen fast unabhängigen Werth.

Der Verfasser konnte nicht ohne die heftige Bewegung des Geistes und Herzens diese Entwicklungen betrachten, die unter seinen Augen vorgingen, und ihm die wesentlichen Momente aller Volkserschütterungen vorführten; er faßte früh den Gedanken, sich einen Antheil an diesen Vorgängen, da zur eingreifenden That das bloße Wollen nicht genügt, wenigstens durch Ueberlieferung und Ausbreitung zu erwerben. Von diesem Vorsatz konnte der Schmerz über den unerwarteten Ausgang ihn eine kurze Zeit ablenken; die obige Betrachtung aber, wie viel wichtiger nun diese Ereignisse geworden, und die verworrnen und falschen Ansichten, welche sich verbreiteten, mußten ihn darauf zurückführen.

Denn das Urtheil der Menge wie der hervorragenden Einzelnen schwankte in entgegengesetzten Irrthümern, und die Unwissenheit entstellte wie die Lüge mit verläumberischen Zügen das edle Bild dieser vaterländischen Thatsachen. Auch konnte nicht so leicht die Wahrheit inmitten so vieler Leidenschaften und Meinungen durchbrechen, denen insgesammt das Licht der klaren Einsicht fehlen mußte. Denn alles, was den Staat betrifft, verweilt bei uns Deutschen größtentheils in der Heimlichkeit stiller Verhandlungen, und ihrem Wesen nach können die Gründe und Triebfedern dessen, was sichtbar wird, nur wenig Eingeweihten bekannt sein; die Vorgänge in und bei Hamburg machten hievon keine Ausnahme, sie erfuhren überdies einen Zusammenfluß der ungewöhnlichsten Verwicklungen, wie in so kurzer Frist und so engem Raume sich selten vereinigt finden. Der Verfasser aber war so glücklich, einen Standpunkt zu haben, der ihm in das Innere und Aeußere einen gleich freien Blick gewährte, und die Erforschung des Einzelnen wie die Uebersicht des Ganzen erleichterte; und wenn er auch die wärmste Theilnahme bekannte, so durfte er sich doch von allen Vorurtheilen frei fühlen, welche grade hier den Sinn so vielfältig befangen hielten. Wer selbst eingeweiht ist in den ganzen Zusammenhang, wird leicht erkennen, wiefern der Verfasser es ist; wer aber bloß Augenzeuge der Erscheinungen war, der möge von der Wahrheit ihrer Darstellung einen günstigen Schluß auf die Wahrheit der andern Angaben machen, welche der Prüfung minder offen stehen.

---

Die Spannung, in welcher der Anfang des Jahres 1813 die Gemüther durch das ganze nördliche Deutschland fand, hatte in rascher Stufenfolge sich auf's höchste gesteigert, aus der dumpfen Erwartung mußten heftige Bewegungen hervorbrechen. Der Haß gegen die französische Herrschaft war durch alle ersinnliche Maßregeln der Strenge, der Be-

schränkung, der Arglist und Verführung, mehr genährt als
zurückgedrängt worden, und zeigte sich offner und unruhiger,
je näher die jammervollen Reste des in Rußland unterge-
gangnen Heeres den Anblick einer Niederlage brachten, für
welche weder Erfahrung noch Einbildungskraft einen Maßstab
hatten; die Berichtigung, anstatt, wie sonst, auf geringere
Angaben zurückzuführen, fand nur immer zu steigern und
hinzuzuthun: ein weit größeres Verderben hatte Napoleon
seinem eignen Heere gebracht, als jemals einem fremden.
Jetzt fühlte jedermann, daß auch für Deutschland der Augenblick der Freiheit gekommen sei; nur wie er zu ergreifen
wäre, lag noch in dunkler Ungewißheit. Besonders hatten
diejenigen Landschaften, welche in französische oder westphälische Departements verwandelt waren, den größten Anreiz,
ihre Bande abzuwerfen, doch, ihrer Fürsten beraubt, ohne
Zusammenhang und Vertrauen, fühlten sie zu sehr ihre Vereinzelung und Schwäche, um selbstständig die Waffen zu ergreifen. Desto sehnsüchtiger blickten sie auf die Annäherung
der siegreichen Russen.

Gleichwohl eilte der ungeduldige Eifer der Unterdrückten
diesem Zeitpunkt auch zuvor. Im französischen Gebiete selbst,
in einer Stadt, welcher die russische Hülfe damals noch sehr
entfernt war, in Hamburg, wo die französische Herrschaft
recht im Gegensatze mit dem vorigen Freiheitsglück die uner-
träglichste Qual und Lebenshemmung geworden war, brach
am 24. Februar, bei einem unbedeutenden Anlaß am Altona'er Thor, der langverhaltene Grimm furchtbar aus.
Eine große Menschenmasse, die sich wegen aufreizender, von
den französischen Douaniers mit barscher Strenge ausgeführ-
ter Durchsuchungen angehäuft hatte, drang endlich im Gefühl
ihrer Kraft, auf diese verhaßten Diener der fremden Gewalt
kühn und entschlossen ein, überwältigte und entwaffnete sie,
zertrümmerte das Wachthaus, und riß eine lange Reihe starker Pallisaden, welche zur Absperrung dienten, in einem
Augenblicke nieder. Der siegesfrohe Haufen tobte sodann
wüthend durch die Straßen der Stadt, rief den Franzosen
Tod und Verderben, suchte die französischen Beamten auf,
die schon größtentheils geflohen oder versteckt waren, stürmte

deren Wohnungen, zerschlug besonders die Zeichen der Kaiserschaft, und rief Schmähungen und Flüche gegen Napoleon und seine Helfer aus. Weil jedoch in der bewegten Menge weder Einheit und Plan war, noch ein Anführer auftrat, der ihr beides hätte geben können, so verlor sich der Tumult nach und nach in dem Dunkel der Nacht. Gleich am folgenden Tage gingen Gewerb und Handel, als wäre nichts vorgefallen, in gewohnter Ordnung ruhig wieder ihren Gang. Einige dänische Husaren, die auf dringendes Ansuchen der vom ersten Schrecken aufathmenden Franzosen in die Stadt gerückt waren, wirkten zur Beruhigung mit, indem sie den Behörden zum Schutz dienten, ohne sich dem Volke feindlich zu bezeigen. Dieses erkannte auch sogleich ihre Gesinnung, benahm sich friedlich gegen sie, und zeigte ausdrücklich, daß es sie von der Sache der Franzosen trenne. Die letztern durften sich nicht allzu dreist hervorwagen, oder liefen Gefahr, beleidigt und angefallen zu werden. Daß auch im untersten Volke bei dieser Feindseligkeit noch ein anderer Trieb walte, als rohe Widersetzlichkeit und Plünderungslust, mußten selbst die französischen Beamten zugestehn, und dies verdroß und beschämte sie am meisten; ein allgemeiner Haß machte sich Luft, dies war nicht zu verhehlen noch zu beschönigen. Keine Verletzung des Eigenthums, keine Mißhandlung, keine Ausschweifung hatte der Pöbel begangen, die nicht lediglich gegen die Franzosenherrschaft gerichtet gewesen wäre, ja beim Plündern einiger Kassen hatten Leute von zerlumptem Ansehn die vollen Beutel jubelnd auf die Straße unter die Menge ausgeworfen, und das Geld wurde in den folgenden Tagen größtentheils wieder eingeliefert.

Im Vortheil bestehender Einrichtung und geordneter Wirksamkeit, mußten sich die Franzosen mit kluger Vorsicht doch noch im Besitze der Macht zu erhalten, und bald wieder die Oberhand zu nehmen. Sie zogen die angesehensten Bürger zu Rath, übertrugen diesen manche Maßregeln und Anstalten, und vertrauten theilweise der Bürgerschaft sogar die Waffen wieder, die man ihr früher mit sorgsamer Strenge abgenommen hatte. Die Bürger fügten sich zwar ungern in soldatische Ordnung, zumal sie wohl fühlten, daß ihre

Bewaffnung weniger ihre eigne Sicherheit, als die der französischen Gewalt bezwecke, doch nahmen sie die aufgedrungenen Waffen meist in der Hoffnung an, sie bald auch nach eignem Sinne und wider den nicht zweifelhaften wahren Feind zu gebrauchen. Einstweilen aber mußten sie dessen Macht und Ansehn verstärken helfen; dies geschah in solchem Maße, und Mißtrauen und Zweifel hatten so zugenommen, daß die Franzosen sogar wagen durften, eine Anzahl von Schlachtopfern, welche als Rädelsführer des Aufruhrs gelten mußten, aus der untersten Volksklasse herauszugreifen, und nach kurzem Verfahren sogleich erschießen zu lassen. Hierdurch aber wurde das Volk aus der Betäubung, in die es verfallen war, wieder aufgeschreckt, und einen Tag später hätte keine Hinrichtung wiederholt werden können. Eine furchtbare Gährung brauf'te nun immerfort, bald lauter, bald dumpfer; die Lage der Franzosen wurde täglich bedrängter und angstvoller, sie fühlten, daß sie weder auf die dänischen Hülfstruppen, noch auf die hamburgische Bürgerbewaffnung sonderlich rechnen durften; französische Truppen waren nirgends in der Nähe, und aus der Ferne nicht zu hoffen. Ueberzeugt, dem Kaiser diesen wichtigen Platz nicht erhalten zu können, und doch wieder voll Furcht, ihn zu früh aufzugeben, schwankten sie in wechselnden Eindrücken des Schreckens, des Grimms, der Hoffnung und des Zagens, und durften zuletzt nicht einmal Fortsendungen wagen, die dem Volke das Bild eines nahen Abzugs zu sehr vergegenwärtigt hätten. Die Lösung dieses gespannten Zustandes rückte indeß von außen mit beschleunigten Schritten jeden Tag näher.

Schon am 14. Mai war Tettenborn an der Spitze einer vorausgeeilten Kosakenschaar in Ludwigslust eingetroffen, und hatte durch sein kluges, rücksichtsvolles, aber auch entschlossenes Betragen den Herzog von Mecklenburg-Schwerin sogleich bestimmt, das französische Bundesverhältniß augenblicklich aufzugeben und sich für die Russen und Preußen zu erklären. Dies erste Beispiel eines deutschen Fürsten, der die aufgedrungene Fremdherrschaft abzuwerfen wagte, und für die Freiheit und Ehre des Vaterlandes sich jeder Gefahr unterzog, zeigte dem ganzen nördlichen Deutschland, was zu thun sei, und wirkte besonders auch in Hamburg auf die Gemüther, welche den Tag nicht fern sahen, der auch ihre Entscheidung fordern würde.

Nach diesem erlangten Gewinne zog Tettenborn sogleich weiter, und war mit seinem Vortrab am 15. März eben in Lauenburg eingerückt, als ihn dort eine Meldung traf, welche für den Augenblick die ganze Bewegung stocken machte, ja sogar zweifeln ließ, ob nicht der ganze Zug auf Hamburg schon als gescheitert anzusehen sei.

Während nämlich Tettenborn durch Medlenburg gegen Hamburg vordrang, war gleichzeitig der französische General Morand auf dem Marsche durch dieses Land gegen die Elbe hin, und beide Marschlinien mußten hier zusammentreffen. Morand kam mit 2500 Mann Fußvolk einiger aus Douaniers bestehender Reiterei nebst 16 Stücken Geschütz, aus Schwedisch-Pommern, welches er auf erhaltenen Befehl geräumt hatte, und seine Stärke war hinreichend, den Marsch der Russen völlig aufzuhalten. In Mölln angekommen, und durch den Anblick einiger hier nicht vermutheten Kosaken stutzig geworden, ließ er seine Truppen plötzlich Halt machen. Ihn im Rücken stehen zu lassen, durfte Tettenborn nicht wagen, ihn anzugreifen war der einzige Rath, doch die Ausführung jedenfalls mißlich, da nur Reiterei ihm zu Gebote stand. Morand indeß wartete dies nicht ab, sondern wandte sich, in der Ungewißheit über die Stärke und Absicht der Russen, noch während der Nacht mit allen seinen Truppen nach Bergedorf, wo sich die französischen Beamten aus Hamburg mit den Douaniers und sonstigem Anhang, welche in der gährenden Stadt den Eingebungen der Furcht nicht länger widerstanden hatten, mit ihm vereinigten. Die Franzosen standen demnach zwischen die Russen und Hamburg vortheilhaft eingeschoben. Ihnen aber wollten die Vortheile ihrer Stellung keineswegs einleuchten. Morand glaubte sich stark genug, die von jenen schon ganz aufgegebene Stadt noch als guten Zufluchtsort behaupten zu können, und wollte dorthin marschiren; allein die Dänen, besorgt, daß Holstein nicht der Schauplatz der Feindseligkeiten würde, hatten bereits mit 300 Mann und vielem Geschütz ihre Gränzen besetzt, und

weigerten den Durchzug durch ihr Gebiet, über welches die
Hauptstraße führte; die Nebenstraße hingegen durch die hamburgischen Niederungen des Billwärders schien den Franzosen
unrathsam.

Unter diesen Umständen mußte Morand sich wenigstens
in Bergedorf und den Vierlanden behaupten, und da er inzwischen auch erkundet, daß die Russen nur Reiterei hätten,
so sandte er am nächsten Morgen 500 Mann mit 8 Kanonen
nach Escheburg, den von Lauenburg heranrückenden Russen
entgegen. Tettenborn ließ durch den Oberstlieutenant Konstantin von Benkendorf sogleich den Feind angreifen und den
ganzen Tag bis zur Nacht unaufhörlich beunruhigen. Die
Gegend war den Russen sehr unvortheilhaft; von Escheburg
bis Bergedorf ist ein einziger Engweg, den der Feind besetzt
hielt, und dessen linke Seite nach dem Elbufer, des niedrigen
und zerschnittenen Bodens wegen, für Reiterei unzugänglich,
die rechte Seite aber nur in weitem Bogen zu umgehen war.
Der Eifer und die Gewandtheit der Kosaken ersetzte bald den
Nachtheil dieser Umstände. Tettenborn ließ eine Anzahl absitzen und zu Fuß mit dem Feinde plänkeln, sie schlichen
durch das Gebüsch ganz nah zu den feindlichen Kanonen,
deren Kartätschenschüsse sie geschickt vermieden, und dann
mit Hurrahgeschrei verhöhnten, sie selbst aber nahmen die
französischen Kanoniere zum Ziel und tödteten deren viele.

Während diese Kosaken den Feind in der Fronte beschäftigten, sandte Tettenborn eine andere Abtheilung auf Um-
wegen nach Bergedorf, wo Morand seine Haupttruppe beisammen hielt; die Feldwachen, keines Angriffs gewärtig,
wurden überfallen, und flohen in Unordnung bis in die
Stadt, wo sie alles mit Schrecken und Bestürzung erfüllten;
die Franzosen mußten ihre nach Escheburg vorgerückte Mannschaft vernichtet glauben. Als nun gar noch Kosakenzüge
sich in der rechten Flanke zeigten, welche den Weg nach der
Elbe hin zu sperren drohten, meinte Morand dies nicht abwarten zu dürfen; er hatte schon in der Nacht sein Gepäck
beim Zollenspieker über die Elbe geschickt, am 17. März
ganz in der Frühe brach er selbst mit allen Truppen in
derselben Richtung auf, um sich auf das linke Elbufer zu-

rückzuziehen. Tettenborn folgte ihm auf dem Fuße nach, und brängte ihn dergestalt, daß eine Viertelstunde von Zollenspieker die Franzosen Halt machen mußten, und auf einem querlaufenden Deich eine Batterie von 6 Kanonen aufpflanzten, welche den einzigen Deich, auf welchem die Russen nachrücken könnten, durch lebhaftes Feuer bestrichen. Aber auch hier saßen viele Kosaken ab, nahmen die Büchse zur Hand, und unterhielten das Gefecht, bis Tettenborn seine beiden Kanonen auf dem Deiche trotz des feindlichen Feuers vorfahren ließ, von denen jedoch nur die eine zum Feuern kam, denn der Feind, nun gar Geschütz bei den Russen wahrnehmend, verlor die Lust weitern Widerstandes, suchte eiligst die Boote zu erreichen, die zur Ueberfahrt bereit standen, verlor aber durch die nun um so hitziger ansprengenden Kosaken noch viele Leute, und mußte ihnen auch die 6 Kanonen überlassen, welche schon eingeschifft waren, doch nicht mehr abfahren konnten.

Der Weg nach Hamburg war nun frei, und auf dem rechten Elbufer kein Franzose mehr. Die Einwohner dieser Stadt und der umliegenden Gegend hatten die zwei Tage fortdauernden Kampfes in freudigbanger Erwartung und ungeduldiger Hoffnung zugebracht. Einzelne Reiter aus der Stadt hatten schon in der Gegend von Escheburg sich bei den Russen eingefunden, waren Zeugen der glücklichen Gefechte gewesen, und hatten zurückkehrend durch ihre Erzählungen die ganze Bevölkerung zu den Ausbrüchen der leidenschaftlichsten Freude aufgeregt, welche durch die kurze Anwesenheit einer schon am 17. in die Stadt gedrungenen Streifparthei Kosaken noch stärker entflammt wurde. Der Maire und seine Beistände aus der Bürgerschaft sandten nun dem russischen Befehlshaber Abgeordnete entgegen, ihn zur Besetzung der Stadt einzuladen und ihm deren Wohl zu empfehlen. Tettenborn empfing diese Abgeordneten Nachmittags in Bergedorf, als er eben nach Beendigung des Gefechts gegen Morand dahin vorgerückt war. Sie legten dringend ihre und ihrer Mitbürger Wünsche vor, durch ihn das Joch der französischen Herrschaft von ihnen genommen zu sehn. Hier war es, wo Tettenborn durch Einsicht und Karakter den für Hamburgs

Freiheit und Selbstständigkeit entscheidendsten Ansprüchen die Bahn eröffnete, und für die deutsche Sache überhaupt das nachahmenswürdigste Beispiel hervorrief, indem er den Abgeordneten erklärte, die Russen könnten allerdings das Begehrte thun, sie könnten es aber auch unterlassen, und Hamburg als eine dem Feinde abgenommene Stadt behandeln; das Letztere sei vielleicht für die russischen Waffen vortheilhafter, allein dergleichen Erwägungen dürften hier nicht gelten; die russische Sache sei mit der deutschen verschwistert, und diese fordre, daß die Hamburger selbst ihre Freiheit herstellten; sie möchten daher unverzüglich die französischen Behörden abschaffen, ihre ehemaligen eignen wieder einsetzen; er werde die Stadt nicht eher als Freund betreten, bis dies geschehen wäre. Mit dieser Antwort sandte er die Abgesandten, unter denen einige vormalige Rathsherren waren, nach der Stadt zurück. Kaum war hier Tettenborn's Erklärung kund geworden, als ihr auch schon geeilgt war. Die Mairie, und was noch sonst von französischen Formen bestand, wurde abgeschafft, die alte Verfassung wieder eingesetzt, Rath und Bürgerschaft zusammenberufen und die Freiheit der Stadt öffentlich verkündigt. Neue Abgeordnete wurden an Tettenborn gesandt, um ihn von dem Geschehenen zu benachrichtigen; diese erst erkannte er als wahre Hamburger an, und versprach ihnen seines Kaisers Schutz und Beistand.

Am Mittage des 18. März hielt Tettenborn seinen Einzug in die Stadt. Nie gab es ein größeres Fest; das ganze Dasein einer ungeheuern Bevölkerung verlor sich in das Eine Gefühl der wiederkehrenden Freiheit, und alles Gewicht der Erinnerung vieljährigen Unglücks und Leidens fiel an diesem Tage von den aufgerichteten Gemüthern ab. Aus allen Tiefen, wohin er sich hatte verbergen müssen, drang der Ausdruck der wahren, langverhaltenen Empfindungen mächtig hervor, und wurde zum lauten Ruf der Begeisterung. Solche Leidenschaft und Herzensgewalt, wie in diesem Volksjubel sich offenbarte, hatte keiner der Anwesenden je gesehn, noch den Deutschen als möglich zugetraut. Jeder auch minder bedeutende Umstand dieses Tages wurde durch die unaussprechliche Innigkeit und Liebe, welche alles durchdrang, rührend und groß. Bis zwei Meilen von Hamburg waren dreißig Bürger zu Pferde den russischen Truppen entgegengekommen, und zogen sodann mit lautem Jubel vor ihnen her, um sie in ihre Stadt einzuführen. Je näher man dieser kam, desto ansehnlicher wurde die Schaar dieser Begleiter, desto lauter und begeisterter tönte ihr unaufhörlich erneuertes Hurrahrufen, das in der bei jedem Schritt zahlreicher versammelten Volksmenge wiederhallte. Eine Ehrengarde zu Pferde stand an dem sogenannten Letzten-Heller, wo der Nebenweg, den die russischen Truppen von Bergedorf herkamen, wieder in die durch das dänische Gebiet abgeschnittene Hauptstraße fällt, in Parade aufmarschirt, und setzte sich an die Spitze des voranreitenden Zuges, dem sich weiterhin die Schützengilde anschloß. Gärten, Landhäuser und Alleen, die sich weit vor die Stadt hinaus erstrecken, waren von einer ungeheuern Menge Menschen besetzt, ein unabsehbares Gewimmel breitete sich, wohin die Augen blickten, verwirrend aus. Immer neue Wogen von Hurrah und Lebehoch kamen dem annähernden Zuge entgegen, während zu beiden Seiten und weit im Rücken das Geschrei mit Heftigkeit fortdauerte. Zwischendurch vernahm man den Gesang der Kosaken, die ihre vaterländischen Lieder angestimmt hatten. Vor dem Thore empfing Tettenborn von den Abgeordneten des Raths und der Bürgerschaft die Schlüssel der Stadt. Im Thore selbst bekränzten ihn weißgekleidete Mädchen mit Blumen, indem sie ihn als Retter und Befreier willkommen hießen, unter lautem Beifallrufen des Volks. Jetzt stieg der Jubel und die Begeisterung auf den höchsten Gipfel. Das Gedränge in der Stadt nahm überhand. Die Fülle der Menschen war nur Eine große Fluth, die wie ein langsamer Strom in seinen Ufern, durch die Straßen fortrückte, und jeden Augenblick schwellend stockte. Alle Glocken läuteten, Freudenschüsse aus Flinten und Pistolen dauerten ununterbrochen fort, alles war trunken und außer sich vor Entzücken. „Vivat Kaiser Alexander, unser Erretter, unser Erlöser!" und „Hurrah" und „Vivat Tettenborn! Vivat Wittgenstein!" und „Heil den Russen, den Kosaken", und „Heil" und „Lebehoch" ohne Zahl schallte durch die Lüfte, daß alles davon erzitterte.

Aus den Fenstern wehten Fahnen und Flaggen; Frauen und Mädchen schwangen weiße Tücher; Hüte mit grünen Zweigen sah man auf Degenspitzen und hohen Stangen getragen, oder jauchzend durch die Lüfte geschleudert. Man drängte sich, mit Gefahr zertreten zu werden, zwischen die Pferde, bekränzte sie mit grünen Zweigen und Blumen, die zum Theil aus den Lüften geflogen kamen, ja man küßte selbst die Pferde im Uebermaße des Glücks. Man sah weinen und lachen vor Freude, Alt und Jung die Hände zum Himmel erheben, Bekannte und Unbekannte einander umarmen und beglückwünschen, mit seinem Todfeinde wollte sich jeder versöhnen um dieses Tages willen, eine allgemeine Bruderliebe hatte die Menschen ergriffen. In mehreren Straßen waren Brustbilder des Kaisers Alexander aufgestellt und mit Lorbeern bekränzt; vor jedem derselben hielt Tettenborn still, senkte den Degen, und brachte seinem Kaiser ein Hurrah, das jauchzend von dem Volke wiederholt wurde. Unter tausend verschiedenen Ausbrüchen berauschten Entzückens gelangte er bis zu seiner Wohnung, wo der Jubel ununterbrochen fortwährte. Ungemein erhöhte den Eindruck, daß keine große Kriegsmacht, sondern eine kleine Schaar, kein fremder Fürst oder Feldherr, sondern ein Deutscher, ein ritterlicher Anführer wunderbarlicher, niegesehener Reiter, die mehr seinem Heldenmuth als seinem Befehle anzugehören schienen, diesen Strom des überwogenden, unerschöpflichen Willkommens empfing; es schien die Zeit wiedergekehrt, wo von Wenigen, wo von Einem die größten Dinge vollbracht wurden. Die Stadt war Abends erleuchtet; auch hier erfand der Eifer des begeisterten Volks alle nur ersinnlichen Mannigfaltigkeiten, um den Antheil an dem allgemeinen Entzücken, jeder auf besondere Art, darzuthun. Im Schauspiel wiederholte sich das rauschende Getümmel des Beifalls, sobald Tettenborn mit seinen Offizieren in der ihm bereiteten Loge erschien; alle Zuschauer, auch die Frauen, standen auf und sangen feierlichst das Lied: „Auf Hamburgs Wohlergehn", worauf nun erst das Schauspiel beginnen konnte; es war ein Gelegenheitsstück, das unzähligemal bei jeder leisen Anspielung durch ungeheuern Beifall unterbrochen wurde. Die berühmte, und in Hamburg besonders beliebte Schauspielerin Sophie Schröder trat mit der russischen Kokarde auf und wurde stürmisch beklatscht. Als Tettenborn das Schauspiel verließ, spannten ihm die Bürger die Pferde aus, und zogen ihn mit Jubelgeschrei nach Hause, wo sie ihn auf ihren Schultern aus dem Wagen trugen. Er hatte seinen schönsten Tag erlebt; er war der Held des Balls geworden, sein Name schallte weit im Land umher und über die See hinüber.

Am folgenden Tage erschienen sogleich zwei Bekanntmachungen, durch welche Tettenborn auf höhern Befehl den Hamburgern freie Schifffahrt und Handlung ankündigte, dagegen alles französische Eigenthum anzugeben und einzuziehen befahl. Die gefüllten Douanenspeicher, welche für mehr als 400,000 Thaler eingezogener Waaren enthielten, übergab er der Stadt, damit das nachzuweisende Eigenthum den ehemaligen Besitzern unentgeltlich zurückgegeben würde. Die alte Regierung der Stadt, die nun als eine freie und selbstständige Macht angesehen wurde, erhielt den Auftrag, dieses Geschäft, so wie alle andern, ihr Inneres betreffenden Einrichtungen, zu übernehmen. Durch dieses uneigennützige Verfahren erwarb Tettenborn auf die Dankbarkeit der Hamburger neue Ansprüche, und überall wurde sein Name gepriesen und sein Ruhm verherrlicht. Daß es seine Nachtheile hat, dem Volke als ein zu großer Wohlthäter zu erscheinen, haben viele alte und neue Beispiele dargethan, allein wir rühmen doch immer die, deren edler Trieb solche Klugheit verachtete.

Unmittelbar nach diesen Anordnungen wandte Tettenborn sogleich die ganze Kraft seiner Thätigkeit auf die Werke des Krieges und die neuen Streitkräfte, die hier geschafft werden sollten. Die Rücksicht auf den Feind durfte keinen Augenblick vernachlässigt werden, die Mittel ihn zu bekämpfen und die Völker zum bewaffneten Aufstande gegen ihn zu bringen, blieben das Wichtigste und Erste, was vor allem andern nöthig war. In Hamburg konnte man, durch den Schein der Gegenwart verführt, sich leicht der Täuschung hingeben, daß von den Franzosen gar nicht mehr die Rede zu sein brauche, und ein großer Theil der Einwohner folgte nur allzusehr diesem Wahne, der überhaupt in Deutschland großen

Raum gewonnen hatte, und an die Stelle des frühern Glaubens an die Unüberwindlichkeit der Franzosen getreten war. Worauf es aber in diesen Zeiten ankomme, und wohin zunächst die vereinigte Kraft aller Gutgesinnten sich zu wenden habe, eröffnete Tettenborn gleich am 29. März durch folgenden Aufruf! „Hamburger! Ihr löset die unter der französischen Regierung bestandenen Behörden auf, noch ehe die russischen Truppen euer Gebiet betraten, und setztet die alten herkömmlichen Behörden wieder ein. Diese männliche und würdige That, womit ihr das Werk eurer Rettung begonnen, und euch dem ganzen Deutschland als Beispiel aufgestellt habt, macht euch der Zufriedenheit meines erhabenen Kaisers und der Achtung der russischen Nation werth. Nicht in eine neufranzösische, sondern in eine altdeutsche Stadt führtet ihr uns ein, und so nur durften wir euch als Brüder begrüßen. Euer Jubel bei unserm Einzuge in eure Stadt hat jeden unter uns tief bewegt; doch, ihr deutschen Männer und Brüder! eure Freude wird nur alsdann die wahre Bedeutung gewinnen, wenn ihr Hand mit anlegt an das große Werk der Befreiung Deutschlands. Zu den Waffen demnach, wenn die Unterdrückung eine Schmach war; zu den Waffen für Vaterland und Recht! Noch ist das Werk der Rettung nicht vollbracht, und darum denke keiner bis dahin an Erholung und Genuß. Das ehrenvollste Geschäft ist jetzt, das Schwert zu ziehen und die Fremdlinge vom deutschen Boden zu verjagen, die bereits dreihundert Meilen weit von den siegreichen russischen Heeren verfolgt werden. Schande und Schmach für jeden, der in dieser verhängnißvollen Zeit, wo um die höchsten Güter der Menschen gefochten wird, die Hände in den Schooß legt. Noch Einmal also: zu den Waffen! zu den Waffen! Unter dem Schutze meines erhabenen Kaisers werdet ihr euch unter eignen Panieren versammeln; und ich freue mich, daß mir das Loos beschieden, euch zuerst gegen den Feind zu führen, und Zeuge eurer Tapferkeit zu sein. Tettenborn."

Er kündigte hierauf dem Rath und der Bürgerschaft an, daß er, dem Auftrage seines Kaisers zufolge, eine hanseatische Legion aus freiwilligen Jägern zu Fuß und zu Pferde errich-

Hanseatische Legion. Ausrüstung.

ten werde, die als Bundestruppen der Hansestädte für die Dauer des Krieges mit den Russen und Preußen vereinigt fechten sollten. Die Aufforderung, sich zu dieser Legion zu melden, erging unter dem 20. März, und zugleich wurde ein ähnlicher Aufruf an die Stadt Lübeck erlassen, wo unterdessen der Oberlieutenant von Benkendorf mit einigen russischen Truppen eingezogen, und mit gleicher Begeisterung und Freude, wie in Hamburg, aufgenommen worden war.

Der Zulauf, um sich unter die Freiwilligen einschreiben zu lassen, war außerordentlich. Nach wenigen Tagen schon betrug die Zahl der eingeschriebenen mehrere Tausend, doch mußten von diesen manche, weil Kräfte und Alter nicht immer dem Eifer entsprachen, abgewiesen werden. Viele angesehene junge Leute, die der sorgfältigsten Erziehung genossen hatten, und in üppiger Lebensweise aufgewachsen waren, sah man hier als Gemeine eintreten. Manche, die kurz vorher durch große Summen sich von der französischen Konskription losgemacht, und Stellvertreter gekauft hatten, eilten mit Freuden, sich jetzt selbst unter die Waffen zu stellen.

Tettenborn hatte gleich anfangs den Herren des Raths erklärt, daß er mit allen Geldverhältnissen, die bei Errichtung der Legion vorkommen würden, nichts zu thun haben wolle, sondern bloß anzeigen werde, was zur Ausrüstung der Truppen nöthig sei, die Anschaffung selbst aber der Stadt überlasse. Es wurden daher durch Raths- und Bürgerschluß 200,000 Thaler als vorläufige Summe für die Kosten der Einrichtung bewilligt, und einer eigends dazu bestellten Kommission die Verwendung übertragen. Wer irgend von den Summen, welche Hamburg von jeher zu politischen Ausgaben verwendet hat, unterrichtet ist, und da weiß, mit welch äußerster Leichtigkeit Millionen aufgebracht, und in den schon unglücklichen Zeiten noch Hunderttausende hingegeben wurden, die man zu ersparen nicht einmal den Versuch machte, der wird über die Geringheit jener angewiesenen Summe erstaunen, zumal wenn man bedenkt, welchen Zweck und welchen Gewinn für Hamburg es hier galt. Es ist bemerkenswerth, daß der Rath sogar nur die Hälfte jener Summe anfänglich in Anregung brachte, und grade die Bürgerschaft, welche sie zahlen sollte, die vorgeschlagene Summe verdoppelte. Aber freilich zeigte sich schon hier, noch mehr aber in der Folge, ein Unterschied der Gesinnung, der die nachtheiligsten Wirkungen äußerte, und wohl eingesehn, aber nicht abgeändert werden konnte. Die Anordnungen aller Art wurden von den alten Behörden so unzulänglich und langsam betrieben, daß ganze Tage der kostbarsten Zeit verloren gingen, und nichts zu Stande kommen wollte. Hindernisse wurden angeführt, Schwierigkeiten erörtert, Besorgnisse gezeigt, Sicherungen verlangt und Anstöße genommen, wo, am rechten Ende gefaßt, und mit klarem Sinne angesehn, die Sache von selbst gehen mußte. Tettenborn hatte mit unsäglicher Mühe und Anstrengung überall selbst anzuordnen und zu befehlen, mußte in die kleinsten Einzelnheiten der Ausrüstungen eingehen, und am Ende aller Arbeit doch durch das Ansehn der Gewalt bei jenen Behörden durchbringen. Die entschiedene Sprache, die bei diesen Gelegenheiten geführt wurde, half auf einige Zeit und brachte regsamere Thätigkeit hervor. Die folgenden Worte über die inneren Verhältnisse Hamburgs werden darthun, wie sowohl jene Unannehmlichkeiten, als auch manches andere Uebel, das sich später entwickelte, tief in der Sache begründet waren.

Die Hamburger waren ein wirklich freies Volk, der Obrigkeit aus Wahl und mit Bewußtsein untergeben, und durch einen kräftigen Gesetzeszustand bei der glücklichsten Verfassung erhalten. Die Unabhängigkeit konnte jedem Einzelnen, sobald er es wollte, das Gefühl des persönlichen Geltens erhöhen, sie mußte ihn auf sich selbst, auf sein eignes Wirken und Wollen, vorzüglich anweisen, und dadurch seinen Karakter kräftigen. Die Hamburger sind daher auch von allen Zeiten her, vor andern Großstädtern, beherzt und kühn gewesen, zum Raufen aufgelegt, und auch der Geringste, weit entfernt sich etwas bieten zu lassen oder ohne Noth zu dulden, ist zu dreisten Rückwirkungen stets bereit, wie denn im Auslande allgemein der Hamburger als grob verschrieen ist. Die starken Arbeiten, der Matrosenverkehr, und die Wohlhabenheit, trugen sämmtlich dazu bei, diesen Sinn zu nähren. Diese Unterlage bildete sich bei dem Mittelstande in eine

große bürgerliche Tüchtigkeit aus, die sich auf mannigfache
Art offenbarte, in gewöhnlichen Zeiten durch strenge Ehr-
barkeit des Lebens, und durch musterhafte bis zum Eigensinn
getriebene Rechtschaffenheit im Handel, in bedrängten Umständen durch große Aufopferung, in diesen letzten Zeiten
durch den außerordentlichen Eifer, mit welchem man Hand
anlegte, und die Sache des Vaterlands führen half.

Ueberhaupt waren die Gedanken der Hamburger von jeher
auf den Staat gerichtet, und zwar weniger auf die äußern
Verhältnisse desselben, als vielmehr auf dessen innere, stille
Einrichtungen, die nirgends so eigenthümlich, reichlich, zweckmäßig waren, als in dieser nur durch künstliche Vereinigung
rastloser Thätigkeiten bestehenden, an sich landarmen, zum
Theil auf morastigen Inseln unter vielem Ungemach zusammen
gedrängten Stadt. England mit den vielen anlockenden Bewegungen seines politischen Lebens lag hier den Blicken nah;
Frankreichs Veränderungen fanden hier vorurtheilsfreiere Beurtheilung; die Kraft altdeutscher Staatseinrichtungen war
hier länger lebendig geblieben, und mit Einem Worte, was
unsre Zeit gerade am meisten bedurfte, politischer Sinn, fand
sich vielfach vorbereitet und angesammelt. So hatte auch
Hamburg immer eine große Menge praktischer Männer und
edler Patrioten, deren erfolgreiche Thätigkeit das Gemein-
wesen herrlich förderte, und ein unendlich nützliches Wirken
im stillen Leben des vaterstädtischen Kreises verbarg; das
Andenken der Reimarus, Sieveking, Kirchhof, Büsch, und
vieler Andern, die diesen ähnlich waren, lebte selbst in diesen
Zeiten der Zerstörung und des Leichtsinnes noch fort. So
viel Vortreffliches fand sich in Hamburg vor, so viel Großes war möglich durch die nun zum Ausbruch freier That-
kraft wieder berufene Gesinnung, wäre nicht dies alles großentheils gelähmt, ja wohl gar zerstreut und vernichtet worden
durch einen Umstand, der nicht unglücklicher hätte sein können!
Die Sache verhielt sich, wie folgt. Als noch vor dem Einzuge der russischen Truppen die freie Verfassung hergestellt
wurde, war es wohl bei klugen und einsichtsvollen Männern
zur Sprache gekommen, ob denn so unbedingt die alte Verfassung wieder anzunehmen, und die Leitung der Dinge gerade

denselben Händen, die sie ehemals geführt hatten, zu übergeben sei. Es galt hier die folgenreiche Entscheidung zwischen der Wahl eines ganz neuen Senats und der Wiedereinsetzung des alten, dessen Mitglieder zum Theil auch unter den Franzosen dieselben Aemter, wie vorher, nur mit dem Unterschiede, daß sie französische Formen hatten, verwalteten. Das Ansehn und Herkommen sprach für letzteres, die Erwägung dessen, was zu leisten sei, für jenes, die Furcht, im ersten Augenblick solcher lebhaften Bewegung das Gewicht früherer Ansehns und Gewohnheiten nicht entbehren, und die Hoffnung nach und nach die gewünschten Aenderungen dennoch herbeiführen zu können, entschieden zuletzt für die unbedingte Einführung der alten Verfassung mit allen noch vorhandenen ehemaligen Mitgliedern derselben. Der größte Theil der Senatoren war alt und schwach, der Geschäfte entwöhnt, und ohne Neigung, sich auf's neue damit zu befassen. Die wenigen Bessern hatten nicht Kraft genug, die gesammte Last der Arbeiten zu tragen, und waren ohnedies auf ihre neue politische Rolle kaum vorbereitet; so kam es denn, daß alles, was die ausübende Gewalt betraf, wie aus einer andern Zeit herbeigeholt, ohne Sinn für die Bedürfnisse der Gegenwart, ohne Geist für ihre Leitung blieb. Ebendasselbe galt von dem Kollegium der Oberalten und den andern Ausschüssen der Stadt, so wie von den Anführern der Bürgerwachen; nirgends fand sich unter den wirklich in der alten Verfassung Angestellten ein Mann, der, kraft seiner Stelle und seines Amtes, mit überwiegendem Nachdruck gehandelt und gewirkt hätte. In der Bürgerschaft war Frische, Lebendigkeit und Eifer, in den Behörden Nichtigkeit, Besorgniß und Unfähigkeit. Alle Versuche, dies zu verbessern, mußten vergeblich sein, so lange nicht der Senat erneuert wurde, eine Maßregel, die niemand vorzuschlagen eilte, und deren Ausführung allerdings viel Mißliches haben mochte. Es war also eine Regierung vorhanden, die wenig von dem erfüllte, was man von ihr erwartete. Der russische Befehlshaber mußte sie anerkennen, sich an sie wenden, mit ihr verhandeln, mittlerweile selbst alles befehlen und einrichten, was von ihr hätte ausgehen sollen. Wenn bei manchen Dingen hinreichend ist, daß man sie geschehen mache, gleichviel, ob gern oder ungern, so giebt es dagegen unendlich viele, bei denen ohne den persönlichen guten Willen und Eifer des Ausübenden nichts erreicht wird. Es ist unmöglich, den Menschen das Innere zu befehlen, und grade das Innere nur konnte hier wirken, grade die freie Neigung und Kraft mußte die hier obliegenden Arbeiten verrichten helfen, um ihr Gelingen möglich zu machen. Statt dessen ergab sich, so oft mit den Behörden zu unterhandeln war, Beschwerde, Verdruß, Unordnung und Unzulänglichkeit, ja selbst hin und wieder, doch zur Ehre der Stadt sei es gesagt, selten, ausdrücklich und unverkennbar übler Wille. Diese Mühseligkeiten und Hindernisse erfuhren nicht allein die fremden Militairpersonen, sondern auch die trefflichen Bürger, die mit lebhafterem Eifer sich das Wohl des Ganzen angelegen sein ließen, und hiebei nicht ohne Gesetzmäßigkeit wirken wollten. So geschah es, daß die ganze Stadt, ohne ihr Verschulden, oft unvortheilhafter erschien, als die Gesinnung und Bereitwilligkeit der Einwohner verdiente, und daß die Möglichkeit großer Kraftwirkungen in der Ungunst solcher Umstände fast erlöschen mußte. Statt im Bewußtsein ihrer wiedergekehrten, und von den Russen anerkannten Selbstständigkeit frei und kräftig zu handeln, wagte der Senat kaum, die Verantwortlichkeit dafür zu übernehmen, daß er das Befohlene ausgeführt hatte; statt mit Dänemark, mit England und Preußen unverzüglich eigne, zur Befestigung der vaterstädtischen Sache nothwendige Verbindungen anzuknüpfen, brachte er nach langem Zaudern kaum die Abgeordneten an den Kaiser Alexander auf den Weg. Man könnte noch vieles anführen, was eben so versäumt worden ist, wenn nicht an diesem schon genug wäre. Der Senat war und blieb in allen Stücken hinter den Forderungen zurück, welche der Drang der Zeit ihm auferlegte, und daher fanden die mannigfachen, schönen Kräfte nirgends Einheit und Zusammenhang. Eine Frist von sechs Monaten hätte in lebendiger Entwickelung das Zerstreute sammeln und ordnen, das Verwahrloste aufnehmen können, und nach und nach wäre die gewünschte Einheit entstanden; diese Zeit wurde den Hamburgern nicht gewährt. Hierin lag etwas Verhängnißvolles. Nach der großen Schuld, die hier auf die Umstände fällt, kann man nur die geringere Schuld noch den Menschen zurechnen.

Wir kehren zu den Arbeiten zurück, die jetzt in Hamburg alle Thätigkeit in Anspruch nahmen. Aller Schwierigkeiten ungeachtet, ging die Errichtung der hanseatischen Legion rasch vorwärts. Die theils dem Feinde abgenommenen, theils als altes Eigenthum der Stadt vorgefundenen Kanonen gaben Veranlassung auch eine Abtheilung Artillerie zu errichten und der Legion einzuverleiben. Man verschrieb die fehlenden Waffen aus England, man erbaute Lavetten und Pulverwagen, errichtete ein Laboratorium, sorgte für die Bespannung, ließ Waffen aller Art verfertigen und ausbessern, schaffte die übrigen Rüstungsstücke so gut als möglich herbei. Die sonst an Hülfsmitteln so reiche Stadt bot deren für die militairischen Bedürfnisse unglaublich wenige dar; manche Gegenstände mußten unter großen Schwierigkeiten aus dem Dänischen herbeigeschafft werden; die Unbekanntschaft mit allen kriegerischen Anordnungen und Beziehungen setzte jedem Schritte unausweichliche Hindernisse entgegen, die nur durch unermüdete Aufsicht und unverdrossene Selbstbemühung endlich weggeräumt werden konnten. Es fehlte sehr an gedienten Offizieren, gänzlich an Unteroffizieren für die neuen Truppen, Vorschriften und Anleitungen zum Dienst und zur Uebung wurden daher um so nöthiger, und man eilte dieselben abzufassen. Außer den Hanseaten bildete sich nach Tettenborn's Befehl und Anleitung ein Bataillon Lauenburger in Ratzeburg unter dem hannöverschen Major von Berger, auch diese waren aber größtentheils ohne Waffen. Ein anderes Bataillon aus den Herzogthümern Bremen und Verden wurde auf gleiche Weise in Stade zusammengebracht. Der Oberst Graf von Kielmannsegge warb hannöversche Jäger. Der Graf August von Rantzau, dessen muthiger Eifer alles Vertrauen des Herzogs von Oldenburg rechtfertigte, stand an der Spitze der holstein-oldenburgischen Bewaffnungen.

Inzwischen hatte sich in Haarburg, Lüneburg, Stade, und in dem ganzen Striche Landes längs der Elbe bis Bremen, ein Aufstand gebildet, der Befehle, Waffen, Unterricht und Hülfe von Tettenborn forderte, und so viel möglich erhielt. Verlaufne französische Soldaten, Douaniers, ja sogar Gendarmen und Offiziere wurden von diesen Leuten täglich als Gefangene nach Hamburg eingebracht, wobei es jedesmal die größte Mühe kostete, die Wuth des erbitterten Pöbels zu bändigen, der besonders den Douaniers mit Koth und Steinen arg zusetzte. Von Zollenspieker, aus dem Billwärder, Ochsenwärder und den Vierlanden kamen wackre Männer, die sich erboten, den Landsturm in ihrer Gegend einzurichten und anzuführen; sie erhielten Befugniß und Unterweisung. Auch in diesen Landschaften gab es oft mit der Schwäche und Besorglichkeit der Behörden zu kämpfen, und Schwierigkeiten zu behandeln, die nicht immer ohne Strenge zu beseitigen waren. Ueberall traten die alten Beamten wieder in Wirksamkeit, die meisten hatten auch bei der französischen Regierung ihre Dienste fortgesetzt, und veränderten mit dem neuen Eintausch ihrer alten Titel nicht immer die inzwischen eingesogenen fremden Gesinnungen; in einem kleinen Umkreise waren die Behörden verschiedener Länder, die Rechte mannigfacher Oberherren zu berücksichtigen. Die Gegenstände der Schifffahrt und des Handels, obgleich übrigens ganz den Verfügungen der hamburgischen Regierung anheimgestellt, mußten doch in vielem Betracht die Einwirkung des russischen Befehlshabers ansprechen, der die Ausrüstung zweier Kaper, und anderer, theils bewaffneter, theils zum Transport von Pferden eingerichteter Schiffe betreiben ließ.

Eine andre Beschäftigung gab die anbefohlene und mit aller Strenge ausgeführte Einziehung des französischen Eigenthums, und die sorgfältige Aufmerksamkeit, welche auf die zahlreichen Franzosen gewendet werden mußte, die sich, zum Theil von älterer Zeit her in Hamburg und der Umgegend aufhielten, und denen viel Gesindel aus allerlei Nationen beizurechnen war, das während der französischen Herrschaft und in ihrem Dienste sich hier eingenistet hatte. Dieses alles auszukehren, hätte eine längere Zeit erfordert, da besonders die Bevölkerung von Hamburg eben so gemischt, als die Oertlichkeit in und außer der Stadt überaus verworren und schwer zu beaufsichtigen ist. Hiezu kommt noch, daß die hamburgische Regierung, nach der großartigen Weise freier Staaten, die Fremdenpolizei von jeher läſſig betrieben hatte, und die Ruſſen dies Fach ganz allein verſehen mußten, ohne Mitwirkung und Hülfleiſtung dazu beſtimmter Beamten. Der nichtswürdigſten Verräther, die das öffentliche Urtheil einſtimmig als ſolche bezeichnete, waren eine große Anzahl vorhanden, vornehme und geringe, arme und reiche; gefährlicher noch mußten die verſteckten ſein, deren Treiben weniger bekannt geworden war. Die Unterſuchung der auf mancherlei Angebungen verhafteten Perſonen nahm viele Zeit weg, war mühſam und blieb doch meiſtentheils ungenügend. Die entſchiednen Schelme, Kundſchafter und Knechte der Franzoſen, die ſchändlichen Werkzeuge ihrer Erpreſſungen, wurden, höherem Befehl gemäß, auf deſſen ſtrenge Ausführung beſonders der Miniſter von Stein im Hauptquartier des ruſſiſchen Kaiſers unerbittlich beſtand, zur Ausſetzung an der franzöſiſchen Küſte beſtimmt. Manche gaben zwar vor, dort ihren gewiſſen Tod zu finden, weil auch die franzöſiſche Regierung ſie als Feinde verfolge; andre wollten ihren Haß gegen Napoleon jetzt durch die größten Schmähungen darthun; franzöſiſche Emigranten, die ſich den Gewalthabern Napoleon's zu den niedrigſten Dienſten verkauft hatten, meinten eiligſt ihre adelige Geburt und royaliſtiſche Geſinnung wieder geltend zu machen; Stein aber wollte von keinen Rückſichten hören, keine Unterſchiede, ja kaum eine genaue Prüfung geſtatten. Ungefähr dreißig Perſonen wurden wirklich eingeſchifft und an der holländiſchen Küſte gelandet. Allein ſchon die zweite Sendung unterblieb, und nach dem erſten Schrecken regte ſich der franzöſiſche Anhang nur um ſo thätiger, wie denn bald der Feind von allem, was vorging, die ſchnellſte Kundſchaft empfing. Die größte Strenge, der furchtbarſte Schrecken wäre hier vonnöthen geweſen, um das Uebel auszurotten, und ſelbſt blutige Schauſpiele hätte man nicht tadeln können. Aber man fing ſchon an, eine mögliche Umkehr der Dinge zu berückſichtigen; man wollte nicht künftige Rache herausfordern, berief ſich auf Menſchlichkeit und Großmuth, und verlangte von dem Kaiſer Alexander die Zurücknahme der anbefohlnen Strenge. Nicht zu berechnen iſt, wieviel die Gelindigkeit, welche darauf in allen Maßregeln eintrat, der hamburgischen Sache geschadet hat. Nachdrückliches Verfahren versichert die Gemüther und beruhigt den Geist; und um der Guten willen mehr, als wegen der Schlechten, ist in Staatsachen beharrliche Strenge nützlich. Die Sache Hamburgs aber erforderte unnachlassende Kraft, geschlossene, unerbringliche Festigkeit; jede Lücke, jede Weichheit öffnete dem Feinde den Eintritt. So geschah es auch hier. Der Eifer der Untergeordneten ward irr und erschlaffte, sobald er von obenher geringern Ernst zu sehen meinte. Viele sonst wohlgesinnte Männer, den Zustand des Kriegs und der Empörung, in dem sie sich befanden, verkennend, wollten schon überall den Maßstab ruhigen Friedens anlegen, und mußten aus ihrem Wahn bisweilen hart aufgerüttelt werden.

Inzwischen hatte der englische Major von Kenzinger von Helgoland aus mit einigen hundert Mann Kuxhaven besetzt, und den Aufstand der Bauern bei Bremerlehe, so viel in seinen Kräften stand, unterstützt. Tettenborn setzte sich sogleich mit ihm in Verbindung, und erfuhr zu seinem Leidwesen, daß von Helgoland vor einiger Zeit alle vorräthig gewesenen Gewehre wieder nach England abgeführt worden, ein beklagenswerther Zufall, dessen Nachtheil durch nichts ersetzt werden konnte. Jedoch eilte Tettenborn, die mit England aufgeschlossene Verbindung möglichst zu benutzen, und schickte einen russischen Offizier, den Rittmeister von Bock, dem er einen donischen Kosaken zur Begleitung gab, mit Briefen an den Prinzen-Regenten und an den russischen Botschafter nach London, wo die Erscheinung eines Kosaken, des ersten, den man je dort gesehen, die außerordentlichste Aufregung machte.

Der nahen Nachbarschaft wegen mußten die Dänen die ganz besondere Aufmerksamkeit der Hamburger sowohl als der Russen auf sich ziehen. Das Verhältniß zu Dänemark behielt, ungeachtet der bezeigten Annäherung des Kabinets zu der russisch-preußischen Sache, zwei schwierige Seiten, die so viel als möglich umgangen werden mußten. Die Russen nämlich waren Verbündete der Engländer und der Schweden; von denen die ersteren wegen der alten Beleidigungen, die

letzteren wegen der Absichten auf Norwegen, den Dänen gleich
verhaßt waren. Die Schifffahrt auf der Elbe konnte ohne
die Einwilligung der Dänen nicht Statt finden, die Verbindung
mit den englischen Schiffen mußten sie wenigstens nicht zu
hindern versprechen. Die verschlungenen Gränzen zwischen
dem hamburgischen und dänischen Gebiete trennten beide längst
nur dem Namen nach, der mächtige Lebensverkehr ging darüber hin, und diesen zu erhalten, waren Vergünstigungen
und stillschweigende Uebereinkünfte unentbehrlich. Der Kom-
mandant von Altona, Oberstlieutenant von Haffner, bot hiezu
bereitwillig die Hand. Nur im Betreff der verlangten Entfernung vieler von Hamburg nach Altona gezogenen Franzosen, die dort frei das Geschäft des Ausspähens trieben,
waren alle Vorstellungen und Beschwerden lange fruchtlos,
und das nachtheilige Treiben dauerte, ungeachtet des von
dänischer Seite endlich ertheilten und oft wiederholten Ver-
sprechens, bis zu Ende fort. Die überwiesenen Kundschafter,
die in Hamburg seitdem noch oft ergriffen wurden, waren
sämmtlich von Altona hereingekommen.

Die thätige Mitwirkung der Schweden zu dem Kriege
gegen Napoleon war längst erwartet; sie schien nun bald er-
folgen zu müssen, und es war wichtig, von allem, was in
diesem Betreff vorging, frühzeitig unterrichtet zu sein, um
davon zum Besten der hamburgischen Angelegenheiten jeden
Vortheil schnell wahrzunehmen. Tettenborn knüpfte deßhalb
die nöthigen Verbindungen an und widmete diesen Verhältnissen die größte Aufmerksamkeit.

Eine dringende Verhandlung wurde gleichzeitig mit dem
Herzog von Mecklenburg-Schwerin gepflogen. Tettenborn
stellte dem Herzog lebhaft vor, wie wichtig es für ihn sei,
daß Hamburg gehörig behauptet würde, und weil der fast
gänzliche Mangel an Fußvolk hiebei sehr bedenklich war, so
ersuchte er ihn, das Bataillon Grenadiere, welche in Ludwigslust ihm zur Leibwache dienten, nach Hamburg rücken
zu lassen. Der Herzog willfahrte, und stellte das 500 Mann
starke Bataillon, die einzige Truppe, die ihm seit den Ver-
lusten im russischen Feldzuge noch geblieben war, unter der
Anführung des Obersten von Both zu Tettenborn's Verfügung.

Alle diese zahlreichen und mannigfachen Geschäfte, die in unendliche Verwickelungen und Einzelnheiten übergingen, lasteten mit vielen andern ganz auf Tettenborn, der seine militairischen, unmittelbar den Feind betreffenden Aufgaben mit diplomatischen Maßregeln, mit den Geschäften so verschiedener Errichtungen, mit den Rücksichten für mannigfache Regierungen und Völker, mit der Entscheidung politischer und sogar kaufmännischer Fälle, mit dem bald schonenden, bald strafenden Anregen lässiger Behörden, mit Verhören, Verabredungen und Berichten, in unaufhörlichem Wechsel und Drang der Arbeit verbinden mußte. In seinem Hauptquartier arbeitete vom frühen Morgen bis in die späte Nacht die rastloseste Thätigkeit, und er selbst war stets das Vorbild unermüdlichen Eifers und angestrengter Hingebung. Er entzog sich den Huldigungen, die ihm von allen Seiten entgegenkamen, den begeisterten Ehrenbezeigungen des dankbaren Volkes, das auf den Wegen, wo man ihn zu sehen hoffte, ungeduldig und meist vergebens harrte; ihn beschäftigten ausschließlich die ernsten Aufgaben, welche sich hier überreich zusammendrängten. Mit treffender Urtheilskraft und schneller Findung wußte er das Nothwendige einzusehen und herbeizuführen, die Umstände zu benutzen, Hindernisse zu entfernen, das Unerwartete zu verarbeiten. Die reifste Ueberlegung konnte selten Treffenderes liefern, als die erste Eingebung des Augenblicks gewöhnlich schon dargeboten hatte.

Eine große Anzahl ausgezeichneter Offiziere hatten sich bei Tettenborn eingefunden, theils durch seine Persönlichkeit und den Ruf seines Namens angezogen, theils durch die Sache selbst, welche er unternommen hatte, ihm zugeführt. Sein Kriegsgefolge vergegenwärtigte die ältesten deutschen Zeiten, wo freiwillige Anschließung mehr als verpflichteter Dienst die Truppen ihrem Anführer verband. Außer den russischen Offizieren, welche seiner Truppenschaar und seinem Stabe unmittelbar angehörten, dem Rittmeister von Lachmann, den Majors von Gunderstrup, von Paschlareff, und Andern, gab es deren viele, welche von ihren Vorgesetzten die Erlaubniß erhalten hatten, den Krieg in seinem Gefolge mitzumachen, junge Russen aus den angesehensten Familien, ein Graf von

Gurieff, ein Fürst Gagarin, ein Graf von Pahlen, der Graf Friedrich von Nesselrode, zwei Freiherrn von Schilling, der Marquis de la Maisonfort, ein Graf Orurk, ein Freiherr von Berg; aus Oesterreich kamen die ehemaligen Regimentskameraden Tettenborn's, Freiherr von Droste-Vischering und Freiherr von Herbert, beide seinethalben in russische Dienste tretend; aus Oldenburg der Graf von Münnich, aus Hannover ein Graf von Hardenberg, Rittmeister von Wendtstern aus Hoya, aus Hessen der Graf Karl von Hessenstein, aus Mecklenburg der Graf Christian von Bothmer, ein Herr von Blücher, und viele Andre noch aus den benachbarten Ländern. Besonders zahlreich waren die Preußen, unter ihnen stand obenan der Freiherr von Canitz, Adjutant des Generals von Yorck, ein ausgezeichnet kriegskundiger und tapfrer Offizier, der in höherem Auftrage diesen Kriegszug begleitete, der Rittmeister von Bismarck aus Schönhausen; ein Rittmeister von Hobe; Herr von Arnim aus Kröwen in der Uckermark; ein Herr von Klitzing aus der Priegnitz; Herr von Hochwächter aus Pommern, und noch Viele, deren Namen zum Theil später zu nennen sein werden. Der schwedische Husarenlieutenant Albert von Stael, Sohn der berühmten Schriftstellerin, von seinem General mit einem Auftrage nach Hamburg gesandt, erlangte die Erlaubniß, einstweilen bei Tettenborn bleiben zu können. Manche dieser Offiziere fanden Anstellung bei den neuen Truppen; der Graf Joseph von Westphalen, schon längere Zeit in diesen Gegenden auf solche Gelegenheit harrend, half die hanseatische Reiterei errichten, zu deren Anführer er bestimmt wurde; sein Bruder Rudolph, der als Domherr seine Aussichten zu katholischen Kirchenwürden aufgab, trat ebenfalls bei dieser Truppe als Offizier ein. Die Hanseaten mußten doch immer noch den größten Theil ihrer Offiziere aus ihrer eignen Mitte nehmen, und es fehlte nicht an wackren jungen Männern, die sich hiezu eigneten. Mehrere derselben traten in den Stab und das Gefolge Tettenborn's: Eduard Siebeking, ein trefflicher junger Mann, so gebildet als tapfer; Noodt, aus einem Kandidaten der evangelischen Kirche zum thätigen Kriegsmann umgewandelt; Adolph von Philippsborn, schon mit dem Geschutzdienste vertraut, und ausgezeichnet durch Muth und scharfen Blick; Behrens aus Lübeck, mit kriegstechnischen Kenntnissen ausgerüstet; Reblich und Böhm, junge wackre Reiter voll Eifer und Thätigkeit. Diese zahlreiche und glänzende Gesellschaft vermehrte sich ab und zu durch den Besuch von Offizieren, welche, andern Truppenschaaren angehörend, hier zeitweise sich aufhielten, und an den Unternehmungen und Gefechten Theil nahmen; der russische Major von Grabbe, ein heldenmüthiger hoher Kriegsgeist; die Hauptleute von Kiel und Alexander von Rennenkampff, beide ausgezeichnet im Kriege, wie in Litteratur und Kunst; dann der aus österreichischem in russischen Dienst herübergekommene Major Karl von Rostiz, welcher auch hier den schon erworbenen Ruhm bewährte; der Prinz Adolph von Mecklenburg=Schwerin; ferner Alexander von der Marwitz; der Graf von der Gröben, und noch Andre, welche theils aus dem Wallmodenschen, theils aus dem Dörnbergschen Hauptquartier sich einfanden.

Für die Mannigfaltigkeit und den Drang der Fürsorgen und Geschäfte, welche hier zusammenkamen, waren jedoch der Gehülfen immer noch zu wenige, besonders da die Mehrheit derselben auf persönliche Leistung vor dem Feinde angewiesen war; hierin aber ließen die Kosaken wenig zu thun übrig, und die neuen Truppen mußten erst ausgebildet werden. Für die schwierigeren Aufgaben des Anordnens, Einrichtens, der Verwaltung, der stets erneuerten Unterhandlungen und Rücksprachen, der Ermittlung von Hilfsquellen, des Wahrnehmens der Vortheile und Rücksichten, welche sich aus den täglich wechselnden Umständen ergaben, für alle diese Geschäfte und Arbeiten blieb nur eine geringe Anzahl von Personen übrig; Canitz und Droste hatten in dieser Hinsicht großes Verdienst; hauptsächlich aber stand der Major Ernst von Pfuel in aller Kraft und Tüchtigkeit an Tettenborn's Seite, und griff mit den ihm eignen großen Fähigkeiten in das Ganze dieses bewegten Treibens fördernd ein. Ihm lag besonders die Errichtung des hanseatischen Fußvolks ob, für welches er auch eine gedrängte Exerzier= und Dienstvorschrift zu entwerfen unternahm. Leider mußten manche Geschäfte, welche höherer Leitung und Aufsicht bedurft hätten, dem guten Willen der damit Beauftragten überlassen bleiben, und wo dieser nicht ausreichte oder gar fehlte, traten Uebelstände ein, welche nicht sogleich sichtbar und auch dann nicht immer abzustellen waren. Tettenborn hatte in diesem Betreff, wie jeder Leitende in solchen Umständen, die schlimmsten Erfahrungen zu machen, und manche Nachlässigkeit und Ungebühr kam erst dann zu seiner Kenntniß, wenn es zur Abhülfe zu spät war. Dies war besonders der Fall hinsichtlich der freiwilligen Beiträge für die hanseatische Legion, deren Kasse einem ehemaligen preußischen Kriegsrath Oswald sehr zweckmäßig anvertraut schien, aber von diesem auf die frechste Weise veruntreut wurde. Aller Vorsicht und aller Strenge konnte es nicht gelingen, in einem solchen Gewirr von Menschen immer die Guten auszuwählen und die Schlechten zu entfernen.

Ermuthigend für Tettenborn und allem Begonnenen förderlich war die aus dem großen Hauptquartier eingehende Nachricht, daß der Kaiser Alexander ihn mit den schmeichelhaftesten Lobsprüchen zum Generalmajor ernannt habe, und alles bisher Angeordnete und Eingeleitete unbedingt gut heiße. Die bei den neu errichteten Truppen angestellten Offiziere wurden unbedingt in dem ihnen verliehenen Range bestätigt, und den russischen Offizieren, deren Ehren- und Feldzeichen ihnen zu tragen erlaubt wurde, völlig gleichgestellt.

In der hamburgischen Bürgerschaft zeichneten sich Ludwig von Heß und Friedrich Perthes durch ihren Vaterlandseifer aus. Ersterer, als patriotischer Schriftsteller vortheilhaft bekannt, war früher in schwedischen Diensten Offizier gewesen, lebte aber seit vielen Jahren in Hamburg eingebürgert. Früheren, schon in Berlin empfangenen Anregungen gemäß, trug ihm Tettenborn die Errichtung und Führung einer Bürgergarde auf, die, durch Rath- und Bürgerschluß bestätigt, endlich nicht ohne Widerstand der ehemaligen Bürgerwachen, wobei die gänzliche Spaltung nur durch nachdrückliche Maßregeln verhindert wurde, zu Stande kam. Sie wurde in 6 Bataillons, jedes zu 1200 Mann, abgetheilt; eine Aufzahl wohlhabender Bürger dienten zu Pferde; späterhin wurde, außer dem hanseatischen, auch städtisches Geschütz errichtet, dessen Dienst von Bürgern, welche sich demselben freiwillig widmeten, versehen wurde. Jeder Bürger vom achtzehnten bis zum fünfundvierzigsten Jahre sollte zu dieser Garde gehören, die von Offizieren aus ihrer Mitte befehligt, und zunächst zur Vertheidigung der Stadt bestimmt wurde. Als ein eigenthümlicher Kopf wußte Heß die Gemüther, auch ohne äußerliche Beredtsamkeit, durch glückliche Gedanken kräftig zu fassen, und füllte eine geraume Zeit die Lücken, welche die Neuheit der Sache überall übrig ließ, durch geistigen Antrieb aus, bis späterhin leider das Sinken seiner persönlichen Kraft dem allgemeinen Sinken der Meinung weniger nachfolgte als voranging. Ihm kräftig zur Seite stand Friedrich Perthes, ein edler deutscher Mann, voll beweglichen Geistes, der in einem lautern und empfindungsreichen Gemüth wurzelt. Seine unermüdliche Thätigkeit im Anregen, Berathen, Ausgleichen und Zurechtsprechen wirkten mehr, als äußerlich in die Augen fiel. Die anerkannte untadelige Rechtschaffenheit des Mannes, und die ihm eigne Mäßigung im Handeln, hatte schon früher seinem stillen Thun großen Einfluß bei den Mitbürgern, seiner Person Zuneigung und Vertrauen bei den Wohlgesinnten und Edlen verschafft. Als einen wackern Förderer der deutschen Sache müssen wir auch hier den geschäfts- und staatskundigen Banquier Dehn aus Altona nennen, dessen vielfache Kenntnisse und einflußreiche Verbindungen großen Vortheil brachten. Nicht vergessen dürfen wir hier des Eifers, womit fast alle hamburgischen Prediger in ihren Kanzelreden die Sache des Vaterlandes zu fördern suchten; ihr Wirken konnte in Hamburg um so kräftiger enregen, als hier die Religion und ihre Diener von jeher in großem Ansehn standen. Auch einige andre öffentliche Bemühungen sind dankbar anzuerkennen. Ein Rechtsgelehrter, Doktor Beneke, gab eine kleine Schrift unter dem guten Titel „Heergeräthe für die hanseatische Legion" heraus, geschichtliche äußerst zweckmäßige Nachrichten, verbunden mit edlen Ermahnungen; die Grundsätze und Abfassung sind gleich musterhaft, und wir tragen kein Bedenken, diese Schrift für

eine der besten zu erklären, welche diese Zeitbegebenheiten
hervorgerufen haben. Der Verfasser einer andern Schrift,
„Patriotische Beherzigungen" betitelt, ist nicht bekannt geworden; auch sie enthält viel Vorzügliches. Ein Liederbuch
für die hanseatische Legion, aus alter und neuer Zeit gesammelt, lieferte Runge, der Bruder des gleichnamigen
Künstlers, durch dessen frühen Tod die Kunst wie seine
Freunde einen schmerzlichen Verlust erlitten. Der unzähligen
Flugschriften, Tageblätter und Lieder von unterm Range
erwähnen wir nicht. Alle Zeitungen lebten wieder auf; den
„Unpartheiischen Korrespondenten" mit dem hergestellten
hamburgischen Wappen begrüßte der Dichter Leopold Graf
zu Stolberg durch eine feurige Ode. Neue Blätter traten
hervor. Unter diesen war der „Deutsche Beobachter" besonders heftig, und hatte unter allen deutschen Blättern wohl
die meiste Kühnheit. Pfuel und Canitz gaben Beiträge.
Man hielt sich schadlos für den erlittenen Zwang, und las
eifrig die dargebotenen Schriften.

In Lübeck wiederholte sich beinahe jedes, was in Hamburg geschah; die geringere und weniger zusammengesetzte
Volksmenge gestattete dort ruhigere Uebersicht, und der Ord-
nungsgeist und die Tüchtigkeit der Einwohner zeigte ihre
vortheilhafte Wirkung auch in den jungen Kriegesschaaren,
welche die Stadt zur hanseatischen Legion beitrug, und welche
sich an Haltung und Auswahl sogar vor den Hamburgern
auszeichneten. Den dortigen Zustand im Allgemeinen giebt
folgendes Schreiben des Oberstlieutenants Konstantin von
Benkendorf an Tettenborn zu erkennen: „Mein Herr General! Indem ich die Ehre habe, Ihnen die noch offenen
Listen über den Fortgang der hiesigen Rüstungen einzusenden,
kann ich mir das Vergnügen nicht versagen, Ihnen auch
im Allgemeinen die erfreulichsten Berichte über die Stimmung und den Eifer der hiesigen Einwohner mitzutheilen.
Die Zahl derjenigen, welche sich freiwillig zu den Waffen
gestellt haben, und die hoffentlich in kurzem über tausend
begreifen wird, könnte zwar schon allein den guten Geist
beweisen, der in Lübeck herrscht, und so kräftige Anstrengungen
hervorbringt; allein auch auf jede andre Art, öffentlich und

im Stillen, hat sich die Vaterlandsliebe und der Sinn für edle Hingebung bewährt, welche man von einem braven und der Freiheit noch nicht allzu lange entwöhnten Volke erwarten konnte. Die schöne Begeisterung für die gute Sache hat sich nicht minder wirksam in der Summe sowohl, als in der Art der freiwilligen Gaben bezeigt, die noch täglich für die neuen Bewaffnungen zuströmen, und zu welchem besonders die Frauen mit ausgezeichnetem Eifer beigetragen haben, indem sie ihren letzten Schmuck darbrachten, dessen äußerliche Zierde sie freilich nie so schmücken konnte, wie die edle Gesinnung, die sie demselben entsagen hieß. Ich bekenne mit Freuden, daß ich alle Ursache habe, mit dem, was gegenwärtig geschieht, zufrieden zu sein, und daß ich das feste Vertrauen hege, die genommenen Maßregeln und die eifrige Thätigkeit der Bürger immer wirksamer werden zu sehen. Ich sage Ihnen, mein Herr General, den lebhaftesten Dank für den glücklichen Auftrag, den Sie mir ertheilt haben, die ersten Schritte dieser frohen Bewegungen einzuleiten. Ich habe die Ehre u. s. w.

Benkendorf."

Mittlerweile hatte Tettenborn die Hälfte seiner Reiterei über die Elbe auf der Straße nach Bremen vorgesandt. Der französische General Morand, der ohne Noth sich mit seinen Truppen bis zur Weser zurückgezogen hatte, schien seinen Fehler wieder gut machen zu sollen, und rückte, vermuthlich auf ausdrücklichen höheren Befehl, wieder gegen die Elbe vor, indem er sogar die Absicht äußerte, auch Hamburg wieder zu besetzen. Die Kosaken schwärmten um das geschlossene Fußvolk herum, und neckten und beunruhigten dasselbe, ohne jedoch seinen Marsch hindern zu können. Sie zogen sich nach Maßgabe des feindlichen Anmarsches zurück, und der Feind kam wieder in die Gegenden, welche gegen ihn die Waffen ergriffen hatten. Die Nachricht von der Annäherung der Franzosen erregte in Hamburg Bestürzung und Sorgen. Geflüchtete vom linken Elbufer verbreiteten Angst und Schrecken; man hatte sich zu sehr dem Taumel des Glücks überlassen, um nicht auf solche Wechsel, wie jetzt plötzlich als möglich erschienen, gänzlich unvorbereitet zu sein. Diese niederschlagenden Eindrücke wirkten zu heftig und zu allgemein, als daß man nicht hätte versuchen sollen, ihnen den Trost, den man mit Wahrheit geben konnte, in wenigen beruhigenden Worten zu sagen. Tettenborn ließ am 27. März folgenden Aufruf anschlagen: „Hamburger! Einige unter euch scheinen beunruhigt über das Anrücken der Franzosen von Bremen her, ich finde daher nöthig, mit euch zu reden, damit ihr wißt, um was es sich handelt. Der Feind, der sich ohne Grund vom linken Elbufer bis Bremen zurückgezogen hatte, rückt wieder, wie vorauszusehen war, auf der Straße von Bremen vor, um die Bewegungen auf dem platten Lande zu dämpfen. Doch er wird die Bewegungen auf dem platten Lande nicht dämpfen, sondern nur noch mehr zu seinem Verderben aufregen! Die Sturmglocke geht im ganzen Lande; von allen Seiten ziehen die Bauern, von Offizieren geleitet und von 600 Kosaken unterstützt, heran gegen den Feind. Es ist dieselbe Abtheilung, die ich vor zehn Tagen über die Elbe geworfen habe, und auch jetzt bin ich allein hinreichend, um allen ihren Unternehmungen die Spitze zu bieten. Hamburger! ihr werdet 20,000 Feinde nicht zu fürchten haben, wenn ihr muthvoll seid, und bereit, das Eurige zu thun. Die wenigen Hunderte, ohne Reiterei, und bald von allen Seiten umringt und geängstigt, dürfen euch nicht beunruhigen. Der Feind ist nicht im Stande, etwas zu unternehmen. Um so weniger, da die Generale Tschernyscheff, Benkendorf und Dörnberg bereits am 25. dieses Monats über die Elbe gegangen sind, alle dießseits gestandenen feindlichen Vorposten aufgehoben, und ihre Vorposten bereits bis Salzwedel vorgeschoben haben."

Niemals hat sich eine Versicherung dieser Art glänzender bewährt. Man vertraute zwar den gegebenen Hoffnungen gern, niemand aber konnte eine solche Erfüllung erwarten, wie die war, welche alsbald erfolgte! Da man erfuhr, daß bei den Truppen des Generals Morand viele Sachsen befindlich, so erließ Tettenborn einen Aufruf an sie, der sie zum Uebergehn aufforderte, und also lautete: „Sachsen! Hört, was ich euch sagen werde: ihr seid betrogen und verrathen! Die Franzosen schleppen euch im Lande herum, hierhin, dorthin, um das Landvolk zu schrecken, das in gerechter Wuth über die von den Franzosen erlittenen Mißhandlungen überall die Waffen ergreift; sie schleppen euch herum, um unter euerm Schutze sich selbst vom Untergange zu retten. Ihr seid von tausend Kosaken und Jägern umringt, und schon läutet die Sturmglocke im ganzen Lande. Alles, was deutsch ist, steht auf; und ihr nur wollt noch fechten für eure Unterdrücker, und gegen die, welche euch befreien wollen? Ihr wißt nicht, was vorgeht; die russischen und preußischen Heere rücken bereits unaufhaltsam in eurem Vaterlande vor; in Dresden sprengte Davoust eure schöne Brücke aus Muthwillen, um sich an den Einwohnern zu rächen, die dem General Reynier die Fenster eingeworfen und einige drohende Reden gegen übermüthige Franzosen ausgestoßen hatten. Ueberall flieht der Feind aus eurem Vaterlande, alle Gegenden verheerend, durch welche er zieht. Jetzt bedenkt und erwägt! Wollt ihr noch fechten gegen uns, so ist Untergang, schmählicher Untergang euer Loos; denn jeder Deutsche, so hat der Kaiser, mein Herr, befohlen, der mit den Waffen in der Hand gefangen wird, soll nach Sibirien geschickt werden. Wollt ihr dagegen nicht fechten für eure Feinde, so werdet ihr an uns eure Brüder finden."

Der Zeitpunkt schien günstig, um die zwar schon eingeleitete, aber noch auf Schwierigkeiten stoßende Errichtung der Bürgergarde rasch durchzusetzen, und in dieser Absicht erschien am 29. März abermals eine Bekanntmachung an die Einwohner Hamburgs, deren unruhige Besorgniß schon wieder einigermaßen in thätigen Eifer erloschen war und nur durch wenige Uebelgesinnte noch genährt wurde; sie lautete: „Gerüchte, wie die, welche gestern in Umlauf waren, liefern einen untrüglichen Probestein des Muthes und der Festigkeit des Volks. Hamburger! ich habe den eurigen bewährt gefunden, und ich lobe das Vertrauen, welches ihr in die Maßregeln setzet, die von mir zur Sicherheit der Stadt genommen waren. Eure Selbstvertheidigung darf sich jedoch nicht auf ein augenblickliches Aufgebot, das nur im Momente der Gefahr stattfindet, gründen, sondern muß

gehörig vorbereitet und geordnet sein. Damit ihr Vertrauen
zu euch selbst gewinnt, soll die Bürgergarde unverzüglich
organisirt werden. Eilet, euch einschreiben zu lassen, eilet,
ein mächtiges Bollwerk gegen jeden vorrückenden Feind auf=
zustellen! Heß ist euch zum Anführer gesetzt, vertraut ihm,
wie er euch vertraut. Das große Ziel der Befreiung im
Auge, muß jeder mit seiner ganzen Kraft es zu erreichen
beitragen, und Hamburg müsse unter allen Städten des sich
befreienden Teutschlands groß, würdig und kraftvoll ge=
rüstet dastehn."

Bevor jedoch der Erfolg dieser Anordnungen gegen den
Feind wirksam werden konnte, übereilte diesen, unter welchem
leider die Sachsen mitbegriffen blieben, ein rasches Verderben. Der englisch=hannöversche General von Dörnberg,
eine aus Russen und Preußen gemischte Schaar von etwa
2000 Mann befehligend, war schon am 14. März bei
Werben über die Elbe gegangen, hatte sich aber vor der
feindlichen Uebermacht, die sich von Magdeburg aus gegen
ihn wandte, wieder auf das rechte Elbufer zurückziehen
müssen. Inzwischen war General Morand mit 3000 Mann
und 11 Kanonen über Tostädt nach Lüneburg vorgerückt,
wo die Einwohner kurz vorher unter dem Beistand von 50
Kosaken eine französische Schwadron, welche die Stadt besetzen wollte, mit den Waffen in der Hand zurückgetrieben
hatten. Ein hartes Schicksal schien deßhalb die unglückliche
Stadt zu erwarten, und keine Hülfe sie retten zu können.
Die Franzosen waren kaum eingerückt, als sie auch schon
die Schlachtopfer aussuchten, die ihrer Rache fallen und am
2. April Vormittags erschossen werden sollten. General von
Dörnberg hatte sich aber mit Tschernyscheff und Alexander
von Benkendorf vereinigt, war auf's neue über die Elbe
gegangen, und gegen Lüneburg stracks im Anzuge. Sie
trafen eben zu rechter Zeit ein, um die Sache des Feindes
zu hindern, und griffen ihn mit Ungestüm an. Die Fran=
zosen wehrten sich tapfer, doch als General Morand tödtlich
verwundet worden, und nirgends ein Ausweg zu ersehen
war, streckten die übrigen das Gewehr. Tettenborn hatte
dem Feinde 600 Kosaken in den Rücken geschickt, und ihm

dadurch jedes Entkommen unmöglich gemacht. Ein vollständigerer Sieg und ein glänzenderes Gefecht können wohl schwerlich gefunden werden. Die Truppen hatten die größte Tapferkeit bewiesen, und den durch Zahl und Stellung stärkern Feind nicht nur geschlagen, sondern vernichtet. Die Einwohner selbst hatten abermals an dem Gefechte Theil genommen, und mehrere Franzosen niedergemacht. Man rühmte auch die Unerschrockenheit eines Lüneburger Mädchens, Johanna Stegen genannt, die im heftigsten Feuer den preußischen Jägern Pulver und Blei zugetragen hatte.

Der Sieg Dörnberg's bei Lüneburg verbreitete in Hamburg die außerordentlichste Freude, die zaghaftesten Gemüther wurden wieder beruhigt, man faßte wieder Vertrauen und neuen Eifer für die Sache des Vaterlandes. Dieser Ausgang brachte alles schnell wieder in Bewegung, was in der Erwartung und Ungewißheit desselben gestockt hatte. Jetzt erst glaubten sich endlich auch die an den Kaiser abgeordneten beiden Rathsherren mit Sicherheit auf die Reise begeben zu können.

Indeß mußte der diesmal gescheiterte Versuch der Franzosen, sich wieder an der Niederelbe festzusetzen, die Besorgniß begründen, daß ein solcher sich günstiger wiederholen könnte; überhaupt aber gewährte der Gang der Kriegsereignisse in Sachsen nicht mehr die glänzenden Hoffnungen, welche man vor einiger Zeit gehegt hatte, Deutschland baldigst bis an den Rhein befreit zu sehen. Unter solchen Umständen konnte auch Hamburg noch große Gefahr zu bestehen haben, und wurde es nöthig, die rasche Eroberung der Kosaken durch gediegene Vertheidigungsmittel zu behaupten. Da die Hauptstärke der Russen und Preußen in Sachsen keine Truppen mehr abgeben konnte, so blieb Tettenborn auf die Mittel angewiesen, die er selber noch erst hervorrufen sollte. Außer den 500 mecklenburgischen Grenadieren, die sein persönliches Uebergewicht ihm geschafft hatte, erlangte er noch mit Mühe, daß ihm der preußische Hauptmann von Lucadou mit 200 Mann zugeschickt wurde. Die hannöverschen Truppen, die sich unter Tettenborn's Schutz und Beistand eiligst zu bilden angefangen hatten, waren entweder noch nicht fertig, oder die schon fertigen die Elbe weiter hinauf gezogen, wo sich unter dem Oberbefehl des Generals Grafen von Wallmoden ein besonderer Heertheil des künftigen Nordheeres bilden sollte. Unter diesen Umständen verdoppelte Tettenborn seinen Eifer, die hanseatischen Truppen baldigst in's Feld zu stellen. Hamburg lieferte 2 Bataillons und 6 Schwadronen, Lübeck 2 Schwadronen und 600 Mann zu Fuß. Das erste Bataillon wurde dem Hauptmann von Stelling anvertraut, das zweite dem Hauptmann von Glöden, die 600 Lübecker bildeten mit den 200 Preußen des Hauptmanns Lucadou unter dessen Anführung das dritte hanseatische Bataillon. Die Reiterei der Hanseaten betrug gegen 1000 Pferde; die erste Schwadron, von ihrem Rittmeister Godefroy befehligt, übte der Rittmeister von Herbert ein, und führte sie auch zuerst gegen den Feind in einem glücklichen Streifzug jenseits der Elbe. Ein Bürger von Hamburg, Namens Hanfft, hatte auf eigne Kosten eine ganze Schwadron ausgerüstet, meistens Schlächtergesellen, weil er selbst ehemals Schlächtermeister gewesen war; weil er jedoch zur Befehlführung nicht taugte, so wurde er nur als Stabsrittmeister angestellt, und dadurch sein Ehrgeiz mehr gekränkt als befriedigt. Auch an Geschütz wurde gedacht, und es gelang, zwei Batterieen zu errichten, eine von 6 Stücken zu Fuß, welche dem Hauptmann Wertheim, und eine reitende von gleicher Anzahl, welche dem Hauptmann Spooreman übertragen wurde; außer diesen beiden Offizieren, die sich willig angeboten, wäre kein Bitter dieses Fachs zu finden gewesen! Eben so hielt es schwer, die nöthigen Artilleristen zur Bedienung der Kanonen zusammenzubringen, da hier unmöglich, wie bei andern Waffen, bloße Neulinge eintreten durften. Beinahe alle Gegenstände der Bewaffnung und Ausrüstung fehlten, und waren nur mit unsäglicher Mühe und großen Kosten zusammenzubringen. Nicht allein, daß es an Gewehren mangelte, auch sogar Pistolen und Säbel waren nicht in hinreichender Anzahl aufzutreiben; in der Eile wurden fürerst Piken für das Fußvolk ausgetheilt; auch einige Schwadronen empfingen statt

Bürgergarbe. Heß. General Montbrun. 309

der Säbel nur Lanzen, welche sie nachher ans Wahl beibehielten.

Die Bürgergarde, gleichfalls zuerst nur mit wenigen Gewehren, und größtentheils nur mit Piken versehen, wurde fleißig geübt, und fing nach und nach an, sich in das ungewohnte Neue zu finden, und der Ernst der Sache drängte schnell alle die Spielereien und Lächerlichkeiten zurück, welche bei solchen erst im Entstehen begriffenen Anstalten kaum zu vermeiden sind. Herr von Heß griff die Sachen entschieden und tüchtig an, und leistete Außerordentliches. Wären unter allen diesen Bewaffneten nur 1000 Mann Preußen oder andre deutsche Soldaten von einiger Dienstkenntniß und Kriegserfahrung gewesen, so hätte sich das Neue, dem es nur an Unterricht und Muster fehlte, bald an dem Alten erziehen und ihm gleichartig werden können. Allein die Mannschaft, welche den Hanseaten und der Bürgergarde zum Vorbild und Anhalt dienen konnte, war der Zahl nach zu gering, und überdies auch selber schon größtentheils anderweitig gebraucht.

Die Bewegung des General Morand, die mit der Niederlage bei Lüneburg geendigt hatte, war in der That nicht so ganz planlos gewesen, als sie beim ersten Anblick scheinen mochte. Es zeigte sich gleich darauf, daß sein Vorrücken gemeinschaftlich mit andern Truppen, welche von der Elbe kamen, angeordnet und Lüneburg zum Vereinigungspunkte bestimmt gewesen war. General Montbrun rückte mit 4000 Mann, denen der Marschall Davoust an der Spitze der Haupttruppe folgen sollte, am 4. April in Lüneburg ein, wo er aber statt des Generals Morand nur die Spuren seiner Niederlage fand. Dörnberg hatte sich nämlich nach Boitzenburg zurückgezogen, um den dortigen Uebergang über die Elbe, den der Feind wohl hätte mit seiner Macht versuchen können, zu vertheidigen. Hamburg sah sich auf's neue bedroht, die Stadt war offen, zwar mit Wällen umgeben, aber die Brustwehren und Thore waren abgetragen, und die Brücken überall untergedämmt; es fehlte an Geschütz, die Besatzung bestand fast nur aus Reiterei. Die Einwohner kamen in große Bewegung; man hatte durch die frühere Unruhe schon gelernt, daß Hamburg der Schauplatz kriegerischer Ereignisse werden könne, und daß man auf ernsthafte Prüfung gefaßt sein müsse. Der Muth und Eifer der Bessern war mit diesem Gedanken vertraut, und zweifelte nicht, sich gegen den verhaßten Feind durch eigne Kraft zu behaupten. Tettenborn verfäumte keinen Augenblick, die Maßregeln zu treffen, welche die Umstände erforderten und zuließen. Die Truppen wurden in Bereitschaft gesetzt, die gefahrvollsten Punkte bewacht, und wo Ueberschwemmungen möglich waren, diese so weit vorbereitet, daß sie auf den ersten Wink eintreten konnten. Glücklicherweise waren in diesen Tagen einige tausend Gewehre aus England angekommen, und konnten sogleich vertheilt werden. Die drei hanseatischen Bataillone wurden nun völlig bewaffnet; auch 3000 Mann der Bürgergarde empfingen Flinten, die übrigen mußten sich noch ferner mit Piken behelfen. Der Major von Berger, der mit seinem Bataillon in Ratzeburg nur auf Waffen gewartet hatte, setzte sich sogleich nach deren Empfang in Marsch gegen die Elbe. Das erste hanseatische Bataillon marschirte nach Bergedorf, das dritte nach dem Zollenspieker, während das zweite noch in Hamburg blieb. Auch einige hanseatische Reiterei rückte schon aus; die erste Schwadron unter der Leitung des Rittmeisters von Herbert. Beim Zollenspieker kamen am 6. April die ersten hanseatischen Truppen mit den Franzosen in's Gefecht. Eine Abtheilung von 20 lübeckischen Schützen nebst 10 Dragonern zu Fuß war über die Elbe gegangen, um Nachricht von dem Feinde einzuziehen. Sie stießen beim ersten Dorfe auf etwa 80 Mann französischen Fußvolks, mit welchen sie ein lebhaftes Geplänkel anfingen, worin die Franzosen einige Leute verloren und zwei Lübecker verwundet wurden. Der Feind wagte sich trotz seiner Ueberlegenheit fast gar nicht hervor, und die Hanseaten giengen unverfolgt und ohne weitern Verlust über die Elbe zurück. Die Kosaken hatten ebenfalls fortdauernd glückliche Scharmützel, und täglich sah man in Hamburg Gefangene und Ueberläufer, bald in größerer, bald in geringerer Zahl, einbringen. Der Feind fand nicht rathsam, an der Elbe zu verweilen, wo zahlreiche

**Vertheidigungsmaßregeln.**

Streifparteien in seinem Rücken jeden Augenblick seine Verbindungen unterbrachen, und ihm bei jedem unerwarteten Angriff das Beispiel des Generals Morand schreckend vorschweben mußte. Er zog sich von dem Ufer zurück. General Montbrun räumte am 9. April Lüneburg, und der Marschall Davoust ging mit allen seinen Truppen hinter die Aller zurück, deren Brücken er sorgfältig hinter sich abbrach. Den größten Theil der russischen Reiterei nebst 2 hanseatischen Schwadronen und 2 russischen Kanonen sandte hierauf Tettenborn unter Anführung des Oberstlieutenants von Benkendorf gegen die Weser und bis vor die Thore von Bremen. Viele einzelne Unternehmungen und Plänkeleien, die immer glücklich ausfielen, übten die neuen Truppen, die mit den Kosaken vereint den Dienst versahen, und hielten den Feind in Unruhe.

Man hatte jedoch bei dieser Gelegenheit eingesehen, wie nothwendig es sei, Hamburg vor einem ersten Anfall zu schützen, und war bedacht, die Stadt in ordentlichen Vertheidigungsstand zu setzen. Diese Aufgabe war nicht klein. Tettenborn ließ durch den Major von Pfuel die Oertlichkeit genau in Augenschein nehmen, und die Punkte bestimmen, wo Schanzen angelegt werden sollten. Die erste Vertheidigungslinie war die Elbe selbst, mit ihren vielen Inseln, vom Zollenspicker bis Haarburg; allein bei einer Ausdehnung von vier Meilen blieb es schwer, jeden Punkt derselben mit so wenigen Truppen zu besetzen, und es war zu vermuthen, daß es dem Feinde bei wiederholten Angriffen gelingen müsse, irgendwo durchzubrechen. Die ganze Gegend besteht aus Niederungen, die durch Deiche gegen Ueberschwemmungen geschützt, und mit unzähligen Gräben durchschnitten sind. Der ganze Billwärder konnte unter Wasser gesetzt werden, und die zweite Vertheidigungslinie bilden, in welcher die Stellung am Eichbaum von besonderer Wichtigkeit war. Die Hauptsache blieb aber immer die nächste Vertheidigung der Stadt durch ihre Wälle und durch einige vorliegende Werke, die theils aus alter Zeit übrig waren, theils erst errichtet wurden. Der Hammer Brook, der ganz überschwemmt wurde, machte von dieser Seite Hamburg unangreifbar, so lange die Brücken über die Bille vertheidigt wurden, und hier waren die besten Vorkehrungen getroffen. Ueberall an den bedrohten Stellen wurden Schanzen aufgeworfen und einiges Geschütz aufgestellt, das, so unzulänglich es auch war, doch der Vertheidigung ein gutes Aussehn gab; der Hauptwall erhielt seine Brustwehr wieder, so wie auch die Außenwerke an dem Steinthore; die Eingänge wurden durch Schanzen gedeckt, die unterbauumten Thorbrücken wieder in ihren ehemaligen Zustand gebracht, indem man die Erde in tiefen Einschnitten wegnahm, und so den Graben herstellte. Auch auf der sogenannten Feddel, einer Insel jenseits des Grasbrooks, stiegen Schanzen empor.

Alle diese Arbeiten wurden mit Eifer betrieben und bis zu Ende thätig fortgesetzt, so daß man über das, was in der kurzen Zeit fertig oder doch der Vollendung nahe war, nicht genug erstaunen konnte. Die Franzosen selbst, so gern sie die Anstalten der Russen verkleinert und geschimpft hätten, konnten nicht umhin, das Geleistete öffentlich zu loben. Außer dem Major von Pfuel hatte der Hauptmann Schäffer, ein vorzüglicher Genieoffizier, das größte Verdienst um diese Sache; in dem weiten Bereich dieser Befestigungen orderte er alles selbst an, führte die beständige Aufsicht, und leitete alles mit eben so großem Eifer, als bewährter Geschicklichkeit; ohne sich seiner Leistungen zu überheben, wirkte er im Stillen mit unermüdeter Anstrengung fort, und war nicht allein geschäftig, die Schanzen gegen den Feind anzulegen, sondern auch sie zu vertheidigen, wie er denn auf der Insel Wilhelmsburg, auch außer seinem Beruf, freiwillig unter die vordersten Plänkler in's heftigste Feuer ging.

In gleicher Zeit war auch die Unzulänglichkeit der Bürgergarde vielfach zur Sprache gekommen, und die wohlgesinnteren Bürger selbst wünschten nichts eifriger, als sie geregelt und in strengerem Dienst unterrichtet zu sehen, um sie aus dem ungewissen Schwanken zu reißen, in welches die Unwissenheit über das, was zu thun sei, und wie man sich in eintretenden Fällen zu benehmen habe, sie immer auf's neue versetzen mußte. Friedrich Perthes war hiezu besonders thätig, und indem er kräftig zur Einigkeit rieth und wirkte, und seinen Freund Heß auf alle Weise unterstützte, war er zugleich bedacht, von einer andern Seite zu ersetzen, was diesem fehlte. Man bedurfte eines einsichtsvollen, kriegserfahrenen und dienstkundigen Offiziers, der mit Heß gemeinschaftlich an der Spitze stehen, und die Formen, die zu militairischer Brauchbarkeit unentbehrlich sind, nach und nach einführen sollte. Tettenborn konnte keinen seiner Offiziere diesem Geschäft ganz hingeben, denn nur wenige im Stande waren vorzustehen, und das auch niemanden anlocken konnte, der schon an seinem militairischen Platze stand. Um so glücklicher war es, daß gerade derjenige, welcher durch Herz und Geist und Kenntniß dazu am meisten erwünscht sein mußte, wenigstens zum Theil diesen Auftrag erhielt. Der Hauptmann von Canitz wurde bestimmt, Heß mit Rath und That an die Hand zu gehen. Dies geschah mit dem besten Erfolg, und es wurde geleistet, was nur immer in der kurzen Zeit und unter diesen Umständen möglich war. Freilich wäre zu wünschen gewesen, daß er ganz und gar den Oberbefehl über diese Bürgergarde übernommen hätte; allein eben so sehr schien der Geist dieser Anstalt einen Hamburger, und einen Bürger, zum Anführer zu erheischen, als das Verhältniß eines preußischen Offiziers nicht wohl auffordern konnte, sich einer solchen Aufgabe zu unterziehen. Canitz verfaßte jedoch, außer dem wohlthätigen Einfluß, den er im Allgemeinen ausübte, für die Bürgergarde eine schriftliche Anweisung, wie sie sowohl vor dem Feinde als auch in jedem andern Dienste sich zu verhalten habe, und legte so den Grund zu einer Anordnung und Brauchbarkeit, die leider nicht Zeit behielt, sich völlig zu entwickeln.

War in diesem Zweige der hamburgischen Angelegenheiten vieles, was den treuen Freund der vaterländischen Sache bekümmerte, und nach Mitteln aussehen ließ, das Gehemmte zu fördern, das in falscher Richtung Schreitende zu berathen, so mußte in andern Zweigen, die nicht so unmittelbar mit der russischen Behörde zusammenhingen, und durch deren Antrieb gekräftigt werden konnten, der Mangel an lebhafter Regsamkeit und geordnetem Eingreifen zu wahrer Verwirrung werden, für welche man vergebens sich nach Hülfe umsah. Es wurde bei dieser Gelegenheit zum Erstaunen offenbar, wie karg unter die Menschen die Gabe staatsordnender Einrichtungen und die Fähigkeit zu gesetzgeberischer Wirksamkeit vertheilt sind. Jeder weiß, was Noth thut, jeder erkennt den Fehler, wo es gebricht, jeder fühlt sich willig, zum Guten zu helfen; aber öffentliches Auftreten, entschlossenes Anfangen und Fortreißen der Genossen wird durch tausend Umstände des bürgerlichen und geselligen Lebens gehindert, so daß es dann immer an dem Ersten fehlt, ohne welchen die zahlreichen Zweiten und Dritten sich in ungenutzter Anlage verlieren. Der Mangel an sittlichem Halt in den Begriffen und die Abwesenheit fester Grundzüge in den Gemüthern des Volks hindern jede durchgreifende Maßregel Einzelner, die nicht von Gewalt, ja von Schrecken begleitet ist.

Eine Hoffnung jedoch, diesem Uebel in der Folge abgeholfen zu sehen, zeigte sich auch für Hamburg in der gemeinsamen Verwaltungsbehörde, welche der Kaiser von Rußland und der König von Preußen für das nördliche Deutschland einsetzten, und der Leitung des Ministers Freiherrn vom Stein übertrugen. Die Lage forderte laut einen solchen Mann, in dessen starker Seele der Eifer für die vaterländische Sache zu heftiger Leidenschaft geworden war. Sein untadeliger Wandel und die Reinheit seiner Gesinnung gaben ihm das Recht furchtloser Strenge und Wahrheit gegen jedermann. Als seine Gehülfen nannte man die trefflichsten Männer. In Hamburg hegten mehrere angesehene Einwohner den Wunsch, es möchte der preußische Geheime Staatsrath Niebuhr als Beauftragter der Mächte dort erscheinen; in seiner frühern Stellung als Baukdirektor zu Kopenhagen hatte er den Ruf großer Geschäftskenntniß und strenger Rechtschaffenheit erworben, und wiewohl er seitdem in Preußen aus aller Staatsthätigkeit zurückgetreten war, um sich ganz seinen gelehrten Arbeiten zu widmen, so hatte er doch diese bei dem ersten Schimmer der bessern Hoffnungen wieder verlassen, in Berlin ein neues Tageblatt, den preußischen Korrespondenten, gegründet, und suchte kräftigst im vaterländischen Sinn einzuwirken. Mit Perthes, Heß, mit Dehn in Altona, und vielen Andern, stand er in freundschaftlichen Beziehungen; es war die Rede davon, aus eignem Antrieb ihn zu berufen, da er denn, an der Spitze solchen Zutrauens, leicht die Bestätigung abseiten der Mächte würde empfangen haben. Das Gerücht nannte bald auch andre preußische Staatsbeamte, denen die Verwaltung der Hansestädte abseiten Stein's zugedacht sein sollte, und mit Wohlgefallen wurde der Name Stägemann vernommen; allein die Ernennung verzögerte sich, und fiel endlich auf keinen der Genannten, sondern auf den russischen Geheimen Rath von Alopeus, den ältern der beiden Brüder, einen Mann von starkem Karakter und von großem Rufe in der Diplomatik, der aber selbst bekannte, sich in seiner neuen Bestimmung noch ziemlich fremd zu fühlen: Er war zum Kommissarius für die deutschen Länder nördlich der Elbe bestellt, traf aber in einer Zeit ein, wo Hamburg schon täglich in Gefahr schwebte, und er blieb daher in Mecklenburg, wo er späterhin sich der hamburgischen Sachen zwar annehmen wollte, jedoch ohne Frucht und fast schon ohne Gegenstand. Für Hamburg fiel also diese wichtige Hülfe, welche sich aus der Stein'schen Verwaltungsbehörde hätte ergeben können, durch die anfängliche Säumniß und die nachherigen Umstände gänzlich aus.

Inzwischen hatte Tettenborn von Seiten der Dänen immer größere Annäherung erfahren, sie bewarben sich fortdauernd um die Freundschaft der Russen, und suchten dieselben durch zuvorkommende Gefälligkeit zu verdienen. Nicht nur die Russen und Hamburger, sondern auch die Engländer selbst, fanden die Elbschifffahrt vollkommen frei, sogar von Altona segelten Schiffe nach England ab, das Kriegsverhältniß zwischen Dänemark und England schien vergessen; auch späterhin, als die Elbe wegen der französischen bewaffneten Fahrzeuge nicht mehr sicher war, ging der Postenlauf nach England durch Holstein bis zum Ausfluß der Elbe ohne irgend ein Hinderniß. So war auch an die dänischen Behörden in Holstein der Befehl von Kopenhagen ergangen, die von den Russen wieder eingesetzten hanseatischen Obrigkeiten anzuerkennen, und mit ihnen als solchen in Verkehr zu treten. Noch entschiedener bezeigte sich die freundschaftliche Gesinnung der Dänen durch die vertrauliche Eröffnung, welche Tettenborn abseiten der dänischen Befehlshaber empfing, daß sie angewiesen seien, alle ihre Truppen, sobald der General es verlange, ihm zur Besetzung von Hamburg und Lübeck anzubieten.

Was mit dieser letztern Zuvorkommenheit gemeint sei, erklärte sich bald durch ein Schreiben des Fürsten Sergius Dolgorukii, der am 23. März mit besondern Aufträgen des Kaisers Alexander in Kopenhagen angekommen, und mit dem dänischen Kabinet in rasche Verhandlung getreten war. Der Kaiser, wohlgesinnt für Dänemark, hatte wie überall so auch hier den Weg der Güte und Ausgleichung versuchen wollen, und seinen Abgesandten beauftragt, dem dänischen Hofe für den Verlust von Norwegen, der durch die früheren mit Schweden geschlossenen Verträge wider Dänemark ausgesprochen war, reichliche Entschädigung zu verheißen, im Falle Dänemark gleich auf der Stelle dem französischen Bund entsagen und seine Waffen mit denen der Russen und Preußen vereinigen wollte. Der dänische Hof war auf diese Eröffnung eingegangen, und wünschte sich in der Aussicht auf jene Entschädigung zunächst der Hansestädte zu versichern. Der Fürst Dolgorukii, erfreut über das schnelle Gelingen seiner Unterhandlung, und voll Eifer, der Sache der Verbündeten einen im Augenblicke so bedeutenden Zuwachs von Streitkräften zuzuwenden, sagte den Dänen die einstweilige Besetzung von Hamburg und Lübeck zu, und forderte demgemäß Tettenborn auf, ungesäumt die beiden Städte den dänischen Truppen zu überlassen, und dagegen deren unmittelbare Mitwirkung gegen die Franzosen zu gewärtigen. Tettenborn, höchst betroffen über eine Zumuthung, welche den Fortgang des so glücklich begonnenen Werkes der Befreiung plötzlich zu hemmen, das Beispiel des Aufstandes gegen den Feind für das übrige Deutschland zu vernichten, und alle Hülfsquellen dieser Gegenden für den Augenblick in fremde Hände zu liefern drohte, war weit entfernt, hierauf so schnell einzugehen. Er mußte, daß des Kaisers Absicht nicht sei, die kaum hergestellte Freiheit und Selbstständigkeit der Hansestädte gefährden zu lassen, er durchschaute die Sache. in allen ihren Beziehungen, sowohl politischen als militairischen, und versagte einen Schritt, welchen auszuführen er sich nicht einmal für befugt halten durfte. Er antwortete dem Fürsten Dolgoruki, daß er eine Sache von solcher Wichtigkeit nicht ohne unmittelbaren Befehl seiner Kriegsobern entscheiden könne, und überdies das Geforderte dem Vortheile des Kaisers und seiner Verbündeten keineswegs gemäß halte. Er beförderte sogleich einen Eilboten in das große Hauptquartir, um über diesen Vorgang zu berichten, und die wahre Lage der Dinge dort würdigen zu lassen. Was er vorausgesehen hatte, geschah; der Kaiser Alexander belobte Tettenborn's richtige Ansicht und kluge Zurückhaltung, und empfahl ihm die fernere Behauptung der beiden Städte; der Fürst Dolgoruki, so wurde hinzugefügt, sei in seinem Eifer, wenn auch in bester Absicht, zu weit gegangen, und seine mit dem dänischen Kabinet genommene Abrede wurde als ein Ueberschreiten seiner Vollmachten für ungültig erklärt. Den dänischen Befehlshabern, welche nach den von Kopenhagen empfangenen Weisungen nun immer zudringlicher ihren Beistand anboten, und sich bereit erklärten, Hamburg und Lübeck mit ihren Truppen zu besetzen, dankte Tettenborn mit großer Höflichkeit für ihr Anerbieten, von welchem er sich vorbehielt Gebrauch zu machen, sobald die Umstände, die jedoch in diesem Augenblicke noch nicht dringend wären, es erheischen würden. So sahen sich die Dänen, welche gemeint hatten ihre Bereitwilligkeit nur zeigen zu dürfen, um eiligst in den Besitz der beiden wichtigen Städte zu gelangen, jetzt nur auf weiteres Abwarten verwiesen, und durch ihr eignes Wort sich zu denjenigen Leistungen verpflichtet, die abgesondert von dem vorausgesetzten Gewinn ihnen nur eine bedenkliche Last sein konnten!

Das dänische Kabinet verfolgte indeß, ungeachtet das Ausweichen Tettenborn's einige Verstimmung verursachte, seine neue Richtung mit thätigem Eifer Dänemark schien in der That, den Verbündeten angeschlossen, nach eigenem

Willen eine große Rolle übernehmen zu können, sich gewissermaßen die Stelle und das Verdienst, welche für Schweden offen standen, noch vor diesem aneignen, und bei günstiger Wendung des Krieges die größten Vortheile hoffen zu dürfen. In diesem Sinne wurden ungesäumt die nöthigen Schritte gethan. Der Graf Karl von Moltke wurde an den russischen Kaiser, der Graf Joachim von Bernstorff mit umfassenden Vollmachten nach London abgefertigt, um Dänemarks Beitritt zu dem Bunde gegen Frankreich anzubieten, und auf möglichst vortheilhafte Bedingungen abzuschließen. Tettenborn empfing von beiden Unterhändlern auf ihrer Durchreise durch Hamburg die besten Zusicherungen über die Entschiedenheit jenes Beitritts, und über den Nachdruck, mit welchem derselbe ausgeführt werden würde; sie wiederholten eifrigst das Anerbieten dänischer Hülfstruppen, und in gleichem Sinne lauteten die ferneren Briefe des Fürsten Dolgoruki aus Kopenhagen, so wie die Erklärungen des Generals von Wegener und des Oberstlieutenants von Haffner, welche wiederholt versicherten, sie hätten Befehl, ihre Truppen auf das Verlangen Tettenborn's vorrücken zu lassen. Einen unangenehmen Eindruck machten neben diesen Versicherungen einige freilich aus untergeordnetem Betrieb hervorgegangene Versuche, unter den Einwohnern von Hamburg den Wunsch anzuregen, daß die Stadt sich in den Schutz und die Obhut Dänemarks begeben möchte, wobei denn die Gesinnungen und Absichten der Russen mehrfach verdächtigt, und auch die Verhandlungen des Fürsten Dolgoruki in mancherlei Entstellungen absichtlich verbreitet wurden. Es war nicht zu verwundern, wenn allerdings manche Hamburger unter solcherlei Gerüchten und Vorstellungen einiges Bedenkliche aufgriffen, und mit der Zuversicht auch den Eifer sinken ließen. Doch von andrer Seite wurde derselbe wieder um so stärker angefacht.

Während alles dieses vorging, begann es nämlich an der obern Elbe, nach einem langen, damals unbegreiflich dünkenden, und gewiß höchst nachtheiligen Stocken der Kriegsbewegungen, nach und nach lebhaft zu werden, und alles deutete auf ein nachdrückliches Vorrücken der Heere. Die

#### Vorrücken der Heere. Wallmoden.

Schweden, die noch zögerten, die Dänen, die bereit standen, beide schienen kaum noch einigen Theil an dem Feldzuge gewinnen zu können. Das, was geschehen war, schien über das, was bevorstand, zu täuschen. Die nordischen Hilfstruppen konnten der, wie man meinte, anderweitig genugsam verbürgten Sicherheit Hamburgs, ein überflüssiger Zuwachs erscheinen, die Aufstände in den Ländern jenseits der Elbe versprachen einen angehenden Stoff zur Bildung neuer Kriegsvölker, wie damit auch im Mecklenburgischen, in Hamburg und Lübeck thätig fortgeschritten wurde. Diese und ähnliche Betrachtungen mögen wohl Ursache gewesen sein, daß man nicht für nöthig hielt, neue Truppen nach der untern Elbe abzuwenden, indem nur etwa 150 Mann preußischer Dragoner unter dem Major von Schill, einem Bruder des bei Stralsund gebliebenen, als einziger Nachschub ankamen. Dagegen traf am 17. April der Generallieutenant Graf von Wallmoden in Hamburg ein, der den österreichischen Kriegsdienst mit dem großbritannischen vertauscht hatte, aber auch dem russischen angehörte, und die Bestimmung erhalten hatte, einen Heertheil des Nordheers zu befehligen, der aus verschiedenen Bundestruppen zusammengesetzt werden sollte. Der Ruf seiner Auszeichnung in frühern Feldzügen, seines hellen Blicks in die Staatsverhältnisse, seiner tapfern Entschlossenheit vor dem Feind, und der edeln Eigenschaften seines Gemüths, war ihm vorausgegangen, und vielmals wurde sein Name in Deutschland mit großen Erwartungen genannt. Er fand keine andern Truppen vor, als die wenig zahlreichen Abtheilungen Tettenborn's, Dörenberg's und Benkendorff's, und die neu errichteten, kaum völlig ausgerüsteten und jedenfalls ungeprüften Schaaren, welche wenigstens einer Beimischung alter Truppen bedurft hätten, um an diesen einen festen Anhalt zu finden. Da jede jener Abtheilungen in ihrer Weise thätig war, und schon ihre durch den Augenblick gebotene Aufgabe hatte, so war an Zusammenziehen dieser Kräfte nicht zu denken, und eben so wenig an eine strenge Einheit des Oberbefehls, da auf allen Punkten die Umstände schnell wechselten, und rasche Maßregeln forderten. Wallmoden erkannte diese Lage der Dinge und

wollte nicht störend in sie eingreifen; er ließ Tettenborn die
hamburgische Sache in der angefangenen Art fortführen,
und begab sich nach Lauenburg und weiter hinauf an der
Elbe, von wo er später einige glückliche Züge gegen den
General Sebastiani und den Marschall Davoust unternahm.

Tettenborn, der häufig den Uebungen der Fußvölker beiwohnte, und sowohl die Hanseaten und Bürgergarden, als
auch die Arbeiten an den Festungswerken fast täglich in
Augenschein nahm, hatte auch den Feind nicht aus den
Augen verloren, sondern eine starke Schaar Reiterei nebst
zwei russischen Kanonen unter Anführung des Oberstlieutenants Konstantin von Benkendorf gegen die Weser vor-
geschickt. In Bremen war seit dem 27. März mit Napoleon's besondern Aufträgen der General Vandamme angekommen, und sollte in die vom General Carra-Saint-Cyr
nur lässig betriebene Kriegsanstalten größere Thätigkeit
bringen. Das Erscheinen der Russen und Hanseaten so nah
vor den Thoren setzte ihn in Wuth, allein da ihm wenig
Reiterei zu Gebote stand, so konnte er nichts ausrichten.
Die kleinen Gefechte fielen stets zum Vortheil der Russen
aus. Fast täglich wurden aus dortiger Gegend Gefangene
nach Hamburg eingebracht. Mit Ungeduld sah Tettenborn
dem Tage entgegen, an welchem er an der Spitze der neuen
Fußvölker ausmarschiren könnte, um das dem Feind so lang
überlassen gebliebene und unter seinen Mißhandlungen sesz-
zende Bremen ebenfalls zu befreien und als Hansestadt
wieder herzustellen.

Man hatte unabläßig und mit unsäglicher Anstrengung
an der Ausbildung dieser Truppen gearbeitet; in der Erwartung, sie in kurzem so weit gefördert zu sehen, daß sie
dem Feinde entgegengeführt werden könnten, wurde am
21. April in der großen St. Michaelis-Kirche die feierliche
Weihe der Fahnen angeordnet, die von edlen Hamburgerinnen
kunstreich und prächtig gestickt worden waren. Der ehr-
würdige Senior der hamburgischen Prediger, Doktor Ram-
bach, verrichtete die Feierlichkeit in Gegenwart Wallmoden's
und Tettenborn's, des Senats und einer großen auserlesenen

Versammlung, unter Parabirung aller in Hamburg anwesenden Truppen. Die allgemeine Stimmung machte den Tag zu einem rührenden und begeisterten Feste, und die vaterländische Gesinnung wurde hier durch die frommen Eindrücke kirchlicher Gebräuche gesteigert und befestigt. Auch das für die Einwohner der Hansestädte eingeführte Zeichen des rothen Kreuzes im weißen Felde wurde nun immer häufiger am Hut getragen, und bald ohne irgend ein Gesetz so allgemein, daß sich niemand ohne dasselbe zeigen durfte. Als eines besondern Ausdrucks der Gesinnungen der Hamburger für Tettenborn müssen wir hier noch gedenken, daß demselben durch einstimmigen Beschluß des Senats und der Bürgerschaft das Ehrenbürgerrecht ertheilt wurde, eine Auszeichnung, welche seit dem tausendjährigen Bestehen der Stadt auf diese Weise vor ihm niemandem widerfahren war. Der Senator Bartels, dessen Muth und Thätigkeit in diesen drangvollen Tagen vielfach voranstehen mußten, erließ an Tettenborn bei Uebersendung des Bürgerbriefs ein Schreiben, welches ihm später den Grimm der Franzosen und die Achtung von Seiten des Marschalls Davoust zuzog.

Vandamme indessen, da er die russischen Truppen keinen ihrer häufigen Vortheile mit Nachdruck verfolgen sah, urtheilte bald, daß es ihnen noch ganz an Fußvolk mangeln müsse, und wollte daher den Schimpf, von einigen Kosaken und Hanseaten auf Bremen beschränkt zu sein, nicht länger ertragen. Er rückte mit etwa 3000 Mann zu Fuß und 6 Kanonen am 22. April gegen Ottersberg vor, und brängte die ausgestellten Posten bis Rothenburg auf den Haupttrupp zurück, indem die plänkelnden Kosaken wohl wie früher die dichten Massen des Fußvolks umschwärmten, aber nicht durchbrechen, und also deren Marsch nicht aufhalten konnten. Allein kaum hatte Benkendorf bei Rothenburg die Zurückgedrängten aufgenommen, als er sogleich mit seiner ganzen Reiterei, unterstützt von zwei Kanonen, die vorgedrungenen tödtete und verwundete, während die Reiterei ihm über 100 Gefangene und alles Gepäck wegnahm, das derselbe mit sich geführt hatte. Die hanseatische Reiterei hatte an diesem Gefecht rühmlich Theil genommen, und die gute Vorbedeutung, die man daraus für das Betragen des hanseatischen Fußvolks nehmen konnte, wurde eine Aufforderung mehr, dasselbe bald auf die Probe zu stellen, und etwas Ernstliches damit gegen den Feind zu unternehmen. Den Tag darauf ging eine sächsische Abtheilung, 50 Mann stark, mit ihrem Offizier an der Spitze, von den Franzosen zu den Russen über, indem sie erklärten, für die deutsche Sache fechten zu wollen. Die Mannschaft rückte mit Waffen und Zeug unter Anführung ihres Offiziers in Hamburg ein, wo sie alsdann dem zweiten Bataillon der Hanseaten einverleibt wurde. Der früher erlassene Aufruf an die Sachsen war also doch nicht ganz fruchtlos geblieben, wie sehr auch befestigtes Vorurtheil dem Offizier, und vielfache Hindernisse anderer Art dem Soldaten diesen kühnen Schritt des Uebergehens erschweren mochten. Die vielen Deutschen, welche Danbarou unter seinen Truppen hatte, waren eben so gestimmt wie diese Sachsen, und man mußte nur eilen, ihnen die günstige Gelegenheit zu bieten, durch welche die Gesinnung zur That werden konnte. Die kleinen Gefechte dauerten inzwischen fort; ohne Unterlaß wurden Gefangene eingebracht, und eben so oft solche, die von den Landstürmern und bewaffneten Bürgern gegriffen waren, als solche, die sich den Kosaken hatten ergeben müssen. Unter den erstern befanden sich häufig Offiziere, und unter andern ein Adjutant des Marschall Davoust, Namens Lachelle.

Doch konnten diese Vorgänge nicht hindern, daß der Feind, im Bewußtsein des großen Uebergewichts an Fußvolk und Geschütz, eine entscheidende Bewegung unternahm, welche die Russen zwang, das linke Elbufer für jetzt aufzugeben. Glücklicherweise wurden diese frühzeitig von dem feindlichen Vorhaben unterrichtet. Der hannöversche Postmeister zu Soltau hatte einen französischen Kourier, der sich als Ueberbringer wichtiger Befehle ankündigte, todtgeschlagen und die Papiere desselben nach Hamburg an Tettenborn abgeliefert. Aus diesen ergab sich, daß der Feind gesonnen sei, die bei Lüneburg durch Morand's Niederlage vereitelte Bewegung zweier von verschiedenen Seiten auf einen und denselben Punkt vorrückenden Truppenabtheilungen in größerem Maßstabe zu wiederholen. Der Marschall Davoust rückte mit 12,000 Mann von der Weser gegen Lüneburg vor, während der General Sebastiani mit 8000 Mann von der mittlern Elbe her gegen Gifhorn marschirte. Die sämmtlichen verbündeten Truppen in diesen Gegenden waren nicht einer einzelnen dieser feindlichen Abtheilungen gewachsen, um so weniger also den vereinigten, und die vorgerückte Reiterei mußte daher, um nicht abgeschnitten zu werden, ungesäumt von der Weser zurück auf das rechte Elbufer gezogen werden. Der Rittmeister von Herbert war mit 100 hanseatischen Reitern und 250 Kosaken am 27. April noch in Ottersberg, und zog sich, von 4000 Mann und 4 Kanonen angegriffen, auf den Oberstlieutenant von Benkendorf nach Rothenburg zurück, wo abermals ein sehr glänzendes Gefecht Statt hatte, in welchem der Feind mit großem Verlust zurückgetrieben und verfolgt wurde. Allein da die Franzosen indessen schon Lüneburg besetzt hatten, so mußten die Russen von Rothenburg ihren Rückzug gegen die Elbe nehmen. Dieser geschah ohne Verlust in größter Ordnung; nur eine kleine Anzahl zerstreut gewesener Kosaken konnte Haarburg nicht mehr gewinnen, sondern mußte sich zu Stade einschiffen, und gelangte auf diese Art am 30. April nach Hamburg. Damit der Feind nicht versuchte nachzufolgen, wurden die vorhandenen Fahrzeuge so viel als möglich auf das rechte Elbufer herübergezogen oder zerstört, die Inseln und Uebergangspunkte aber durch ausgestellte Posten bewacht, hin und wieder sogar durch aufgefahrenes Geschütz gesichert.

Der Marschall Davoust hatte sich nun wirklich mit dem General Sebastiani vereinigt, und beide blieben einige Zeit in der Gegend von Haarburg und Lüneburg unschlüssig stehen; da sie aber den schwierigen Elbübergang nicht zu unternehmen wagten, und ihre wohlersonnene aber vereitelte Bewegung keinen weitern Zweck haben konnte, so lehrte der

General Sebastiani mit seinen Truppen wieder nach der Gegend von Magdeburg zurück, der Marschall Davoust hingegen behielt mit seiner Hauptmacht Lüneburg und Winsen besetzt, von hieraus die wichtigsten Elbübergänge bewachend und bedrohend, und sandte zugleich abwärts nach Stade und Kurhaven starke Schaaren, um sich dieser Orte zu versichern. Der englische Major von Kenzinger begab sich mit seiner Mannschaft von Kurhaven an Bord der daselbst liegenden Kriegsschiffe.

Von jetzt an trat für Hamburg die verhängnißvolle Zeit ein, da von Tag zu Tag in unaufhaltsamer Entwickelung sein Untergang näher kam, der nun durch den stets mit neuen Mitteln erneuerten Widerstand noch eine Zeit lang aufgehalten wurde, bis die Erschöpfung dieser Mittel mit der Vermehrung derer des Feindes in größtem Mißverhältnisse stand, und längere Gegenwehr zuletzt unmöglich machte. Bei der großen Uebermacht der Franzosen konnte man nicht hoffen, durch Angriffe die Vertheidigung kräftig zu führen, man sah sich auf die trostlose Vertheidigung der bloßen Abwehr beschränkt, und für lange Zeit darauf angewiesen, alle Bewegungen und Anstalten nur nach denen des Feindes abzumessen.

Die Franzosen näherten sich der Elbe mit großer Vorsicht; es vergingen einige Tage, ehe Davoust sein Hauptquartier über Winsen hinaus nach Haarburg zu verlegen wagte. Tettenborn hatte, wie schon erwähnt, mit aller Sorgfalt Schiffe, Kähne und Boote von dem jenseitigen Ufer auf das diesseitige schaffen lassen, um dem Feinde den Uebergang wenigstens zu erschweren, aber freilich konnte die weite Strecke des Ufers von Kurhaven bis Haarburg, mit allen Inseln, Flüssen und Kanälen, nicht so beaufsichtigt werden, daß nicht Schiffe versteckt geblieben, oder von der dänischen Seite wieder hinübergegangen wären; in einer auf den Verkehr zu Wasser seit Jahrhunderten eingerichteten Gegend, wo fast jeder Anwohner des Stroms ein Schiffer ist, und selbst die täglichen Bedürfnisse des Lebens von den Bauern zu Schiffe nach den Märkten geführt werden, ließ sich um so weniger in der kurzen Zeit eine genügende Maßregel verfügen, als man an die meisten Orte nur den Befehl, nicht aber Leute ihn auszuführen, schicken konnte, und ein großer Theil des Ufers, das dänische der ganzen Länge Holsteins nach, der russischen Anordnung nicht Folge zu leisten brauchte. Dessenungeachtet hatten die Franzosen in der ersten Zeit große Mühe, auch nur einige Kähne zu finden, und als sie deren eine geringe Zahl versammelt hatten, sahen sie dieselben gleich darauf durch eine von Tettenborn zu diesem Handstreich ausgesandte Abtheilung Mecklenburger abgeholt. Sie ließen jedoch nicht nach, sich deren neue zu verschaffen, und an dem Eifer, womit sie dieselben zum Theil auf Wagen aus den innern Flüssen herbeiführten, konnte man entnehmen, auf wie ernstliche Unternehmungen es abgesehen war. So hatten sie unter andern auch aus der Este eine Anzahl Schiffe geführt, und Leute aus der umliegenden Gegend gepreßt, um dieselben nach Haarburg zu bringen. In der Nacht des 5. Mai's schifften abermals 100 Mecklenburger unter der Anführung ihres Obersten von Both dahin, stiegen unter dem feindlichen Feuer an's Land und stürzten auf die Franzosen los, die mit Hinterlassung einiger Todten und Verwundeten die Flucht ergriffen. Man setzte die gepreßten Leute in Freiheit, und sie entliefen sogleich voller Freuden in ihre Heimath, die Schiffe aber, einige 20 an der Zahl, wurden weggeführt. Ein Schiffer, der einen Franzosen zur Aufsicht hatte, damit er nach Haarburg schiffte, sperrte ihn, als er seekrank wurde, in die Kajüte ein, und meinte, da doch die Franzosen sagten, sie wollten nach Hamburg gehen, so wäre es wohl am besten, diesen gleich dorthin zu bringen. Unter solchem wiederholten Verdruß und vielfacher Mühe brachte der Feind doch einige Fahrzeuge endlich zusammen, baute aber, da sie nicht hinreichten, zu gleicher Zeit Flöße, die zum Uebersetzen von Truppen dienen sollten. Der Marschall Davoust war inzwischen nach Bremen zurückgekehrt und er hiezu fest entschlossen sei. Sein Entschluß wurde zwar von manchen Seiten getadelt, auch von sonst Kriegskundigen, die nur das Unmilitairische der Stellung in's Auge faßten. Allein die Wichtigkeit des Platzes, die Verpflichtung gegen die Einwohner, und die aus dem großen Hauptquartier empfangenen Weisungen durften kein Zurückweichen erlauben, so lange nur noch die Möglichkeit des Behauptens fortdauerte. Demnach ordnete Tettenborn folgende Maßregeln an. Der größte Theil der Reiterei wurde aus der Stadt, wo sie nur hindern konnte, und im Fall eines Unglücks verloren war, hinausgezogen und auf das Land verlegt. Das Fußvolk, in allem etwa 3300 Mann stark, wurde folgendermaßen vertheilt. Das erste hanseatische Bataillon besetzte die Insel Wilhelmsburg, das zweite die Stellung beim Eichbaum und dem Ochsenwärder, das dritte den Zollenspieker und die Hooper Schanze; jedes dieser drei Bataillone zählte ungefähr 600 Mann. Das Lauenburger Bataillon von 700 Mann war in Bergedorf und beim Zollenspieker vertheilt; ein Bataillon aus Bremen und Verden, nur etwa 300 Mann, rückte ebenfalls nach Bergedorf, welches der einzige Verbindungspunkt war, der mit Wallmoden offen blieb, und für den Fall eines Unglücks gesichert sein mußte. Die hannöverschen Jäger, kaum 100 Mann, verstärkten das Bataillon Hanseaten auf der Insel Wilhelmsburg. Zur Besetzung der Stadt Hamburg selbst blieb nur das Bataillon Mecklenburger, 700 Mann stark, von denen jedoch zwei Kompanieen gleichfalls nach Wilhelmsburg beordert waren, und dann noch ungefähr 3000 Bürgergarden übrig, denn nur so viele hatte man von 7200 eingeschriebenen gehörig bewaffnen können. Von dem schweren Geschütz, das sich auf der hamburgischen Admiralität noch vorräthig gefunden, waren zwei Vierundzwanzigpfünder auf Lavetten gebracht, und einer beim Zollenspieker, der andere auf der Spitze von Wilhelmsburg gegenüber Haarburg, so wie an jedem dieser Punkte noch zwei leichtere Kanonen und eine Haubitze aufgepflanzt worden. Auch Schiffe hatte man eiligst ausgerüstet und bemannt; ein Kutter von 6 kleinen Kanonen lag bei Haarburg, ein anderes Schiff von eben so vielen Kanonen beim

Zollenspieker, die haarburgische Jacht von 8 Kanonen dicht vor dem Hafen. Die Seeleute, welche sich auf diesen Schiffen befanden, waren eben so wenig, wie ihre Anführer, mit dem Kriegsdienste vertraut, und dieser Umstand verminderte sehr den Gebrauch einer Waffe, bei der, mehr als bei jeder andern, Kenntniß und Urtheil den tapfern Muth unterstützen müssen. Die Ueberschwemmungen wurden bereit gehalten, die Schanzarbeiten unabläßig fortgesetzt. Tettenborn säumte nicht, die plötzlich bedrängt gewordene Lage von Hamburg sowohl an Wallmoden und in das Kaiserliche Hauptquartier, als auch nach London und Stralsund zu berichten, an welchem letzteren Orte stündlich der Kronprinz von Schweden erwartet wurde, dessen Truppen schon größtentheils in Mecklenburg standen, und den Franzosen der Zahl nach wohl die Spitze bieten konnten. Aus England erwartete man eine Anzahl Kanonierschaluppen, die zur Beherrschung der Elbe und ihrer Inseln unentbehrlich und von Tettenborn bringend gefordert worden waren; zwar konnte ihre Ankunft durch die Dänen bei deren noch zweifelhaftem Verhältnisse zu England erschwert, aber selbst durch die Kanonen der Festung Glückstadt nicht ganz gehindert werden, und man durfte hoffen, daß die dänischen Befehlshaber in Holstein, welche von der Sendung des Grafen von Bernstorff nach London unterrichtet waren, den Engländern nicht allzu große Schwierigkeiten machen würden.

Von der Höhe des St. Michaelisthurms ließ Tettenborn jede Bewegung der Franzosen genau beobachten; man sah ihren Uebungen und Anstalten zu, und zählte im voraus jedes Stück Geschütz, das sie in ihre Batterieen aufführen wollten. Noch glaubte er sie durch Scheinangriffe hinhalten zu können, und ließ bald ihre Uebungen durch Kanonenschüsse stören, bald mitten in der Nacht vierundzwanzigpfündige Kugeln in ihr Lager senden, und sogar kleine Abtheilungen wieder über die Elbe setzen, und die Gegend beunruhigen. Am 6. Mai früh ging ein Theil des zweiten hanseatischen Bataillons, von dem Ochsenwärder aus, auf das jenseitige Ufer; noch ehe dies völlig erreicht war, sprangen die jungen Leute ungeduldig aus den Kähnen in's

Waſſer, und wateten dem Deiche zu, den der Feind ſehr gut beſetzt hatte; der ungeſtüme Angriff warf ihn aber auf ſeine Unterſtützungspoſten zurück, wo das Gefecht anderthalb Stunden lang mit hartnäckiger Tapferkeit von den Hanſeaten fortgeſetzt ward, die ſich vor dem überlegenen Feind erſt dann zurückzogen, als ſie ſich verſchoſſen hatten. Ihr Verluſt war gering, er beſtand in 2 Todten und 10 Verwundeten, während der Feind durch die Ueberraſchung und anfängliche Flucht viele Leute verloren hatte.

Der Wechſel des Krieges wog aber dieſe kleinen Vortheile bald wieder durch eben ſolche Nachtheile auf, welche durch keine Achtſamkeit und Sorgfalt völlig zu vermeiden ſind. Durch einen unglücklichen Zufall ging ſo der bei Haarburg aufgeſtellte Kutter verloren, indem während der Ebbe, da er auf dem Grund lag, einige Franzoſen herangeſchlichen und hinaufgeklettert waren, wo ſie die ſchlafende Wache niedermachten und die Beſatzung gefangen nahmen. Damit dieſes Schiff den Franzoſen, welche daſſelbe ſogleich ſtark beſetzten und flott zu machen ſuchten, nicht gewonnen bliebe, ſo ſchoß man es durch den auf der Wilhelmsburg aufgepflanzten Vierundzwanzigpfünder völlig zuſammen, und tödtete oder verwundete zu gleicher Zeit einen großen Theil der Beſatzung, deren Klagegeſchrei man vernehmen konnte. Auch das Schloß Haarburg wurde mehrmals beſchoſſen und mit Granaten beworfen, weil man das franzöſiſche Hauptquartier darin vermuthete; der Verſuch, es in Brand zu ſetzen, wollte jedoch nicht gelingen.

Es fand kein Zweifel darüber Statt, daß Hamburg ſich in einer höchſt bedrohten Lage befände; die franzöſiſchen Truppen ſah man mit jedem Tage ſich vermehren, und nach Maßgabe dieſer Vermehrung ſich zu ernſtlicheren Unternehmungen bereiten. Sie waren meiſtens ungeübte neue Soldaten; doch dieſer Umſtand traf leider die Truppen, denen die Vertheidigung Hamburgs oblag, in größerem Maße, und war bei den Franzoſen, die wegen ihrer Zahl und Stellung die Angreifenden ſein mußten, durch die Kräftigung, welche der Angriff gewährt, einigermaßen aufgewogen. Der Fürſt Dolgorukii, der in dieſen Tagen aus Kopenhagen in Hamburg eintraf, versicherte zwar, die Dänen würden niemals zugeben, daß die Franzosen wieder nach Hamburg kämen; allein es war Tettenborn nicht verborgen geblieben, daß die Dünen, verdrießlich über die vereitelte Hoffnung, die Hansestädte an sich zu bringen, noch immer in Ungewißheit schwankten, und manche zweideutige Schritte thaten, indem sie mit den Franzosen neue Verbindungen suchten. Die Einwohner Hamburgs, welche von den Freuden und den Genüssen der Freiheit stärker und stärker auf die Arbeiten und Drangsale derselben hingewiesen wurden, bezeigten noch immer Eifer genug, doch war es natürlich, daß viele derselben, hellsehend und mißtrauisch, an dem Ausgange dieser schwierigen Verhältnisse zweifelten, andere sogar jede Rettung für unmöglich hielten; die späterhin immer zahlreicheren Auswanderungen, besonders der Frauen und Kinder, fingen schon in dieser Zeit an; sie konnten jedoch nicht auffallend sein, weil um Hamburg her das nächste holsteinische Gebiet mit Landhäusern besäet ist, die das Eigenthum von Hamburgern sind, und jetzt eben auch, wie gewöhnlich für den Sommer bezogen wurden. Viele Schiffe, befrachtete und leere, segelten aus dem Hafen, wenn auch nur bis Altona, um dort sicherer zu sein. Der Handel stockte völlig, die meisten Gewerbe ruhten, und alles dachte nur an Waffen und Krieg, vorzüglich in der untersten Volksklasse, die sich besonders thätig und muthvoll zeigte, und keine andere Meinung, als die der hartnäckigsten Gegenwehr, aufkommen ließ. Die Gewalt, womit der Donner des Geschützes unwillkürlich das Gemüth in furchtbare Einbildungen versetzt, übte jedoch auch hier ihre zauberhafte Wirkung häufig aus, und ein hallender Kanonenschuß brachte anfangs die ganze Stadt in Unruhe und Bedenklichkeit; die Behörden dachten wenigstens das Geld zu retten, und stellten jede Auszahlung, oft der dringendsten Bedürfnisse, vorsichtig ein, bis man nach und nach einigermaßen erkannte, wie unwirksam und nichtsbedeutend oft die heftigsten Kanonaden sind.

Das Vertrauen der Einsichtigern sank noch mehr, als die Nachrichten aus Sachsen nur ein langsames Vorrücken der verbündeten Heere, und bald eine blutige Schlacht melbeten, die zwar als ein Sieg verkündet wurde, aber doch das Zurückgehen der Sieger zur Folge hatte. Verbunden mit diesen Nachrichten wirkte die Thatsache, daß der schon bis Bremen zurückgedrängt gewesene Feind wieder im Angesichte von Hamburg stand, verwirrend und niederschlagend. Man wußte, daß Rußland und Preußen thätig mit Oesterreich unterhandelten, und alle Hoffnung hatten, das Bündniß gegen Napoleon durch diese Macht verstärkt zu sehen. Allein bis zur Ungeduld ermüdete das Zögern, welches inzwischen alle Unternehmungen traf; man begriff die Nachsicht und Schonung nicht, welche hinsichtlich des Beitritts von Sachsen Statt fand, und man klagte laut, daß selbst die Aufrufe und Anreden an Volk und Truppen, früher so reichlich ausgetheilt, jetzt verstummten. Die Unterhandlungen schienen sich verderblich zu durchkreuzen; die Führung der Heere glaubte man, wenn sie auch in guten Händen sei, doch wieder in allen den Hindernissen befangen, durch welche so oft die gemeinsamen Unternehmungen vereitelt worden. Auch glaubte man keine Bürgschaft der Ausdauer zu erblicken, und fragte sich, was bei einem Frieden, der etwa jetzt geschlossen würde, irgend Günstiges für Hamburg zu erwarten sei? Uebelgesinnte suchten selbst die Absichten der Verbündeten zu verdächtigen, die Unterhandlungen des Fürsten Dolgoruki in Kopenhagen wurden zur Sprache gebracht, und es fehlte nicht an Leuten, welche geradezu behaupteten, Hamburg und Lübeck seien schon Eigenthum der Dänen, und man scheute sich nicht, angesehene Namen zu nennen, um dergleichen zu erhärten. Diese Zweifel und Unsicherheiten wirkten in Hamburg und in der ganzen Umgegend höchst verderblich; an die Stelle des früheren Eifers trat ängstliches Zurückhalten, ja Manche suchten im Stillen mit dem Feinde sich abzufinden, während die Meisten doch zu weit vorgeschritten waren, um solchen Ausweg auch nur versuchen zu können. Die englischen Behörden hielten für nöthig, um bei den hannöverschen Unterthanen nicht alle Lust zur Theilnahme am Kriege ersterben zu sehen, in die Zeitungen eine Bekanntmachung einrücken zu lassen, die aus höherem Auftrag die Zusicherung ertheilte, daß

England niemals in die Abtretung Hannovers willigen würde.

Durch diese allgemeinen Bezüge mußte natürlich auch Tettenborn sich mehr oder minder gehemmt fühlen. Wirklich hatten die verbündeten Mächte, von ernsten Erwägungen geleitet, und besonders auch durch die mit Oesterreich angeknüpften Verhandlungen bewogen, unter sich den Grundsatz festgestellt, daß in Deutschland fernerhin keine Aufstände und Volksbewegungen angestiftet, sondern der Eifer und die Kraft der Völker nur nach Maßgabe des Vorrückens der Heere unter der Obhut geregelter Verwaltung benutzt werden sollten, weßhalb denn auch in den Ländern, welche im Rücken der französischen Heere oft ganz von Truppen entblößt nur eines Anstoßes zum Ergreifen der Waffen bedurften, ein solcher nicht versucht, sondern im Gegentheil die schon entzündeten Flammen eher gedämpft wurden. Aber dieses öffentlich auszusprechen, wäre kaum thunlich gewesen, besonders da für die Franzosen die Volksaufstände das größte Schreckbild blieben, und Hamburg großentheils durch dies nur sich noch erhielt. Nur selten im Falle, den Hamburgern sichre und tröstliche Nachrichten mitzutheilen, nicht befugt, ihren Eifer noch heftiger anzufachen, und nicht willens ihn zu täuschen, sah auch Tettenborn sich genöthigt, in dieser Zeit, wo man Aufrufe und Bekanntmachungen am meisten erwartete, mit solchen keineswegs freigebig zu sein. Wir weisen auf diese Umstände hin, weil Unkundige ihm jene Unterlassung zum Vorwurf gemacht haben.

In dieser Lage der Dinge wurde die Stadt plötzlich durch die Nachricht erschreckt, daß der Feind auf Wilhelmsburg gelandet sei, und indem er die flüchtigen Schaaren vor sich hertreibe, mit Macht gegen Hamburg vorrücke. Die Insel Wilhelmsburg hat einen flachen Marschboden, der überall von Wassergräben durchschnitten ist, so daß man sich mit Truppen und Geschütz nur auf den Deichen bewegen kann, welche rings in mancherlei Bogen die Insel vor der Fluth schützen, und selbst diese sind bei schlechtem Wetter kaum zu befahren. In Betracht dieses Umstandes hatte Tettenborn die südliche Spitze der Insel, wegen ihrer Entlegenheit von aller Unterstützung, als durchaus unhaltbar gegen einen ernsthaften Angriff im voraus Preis gegeben, und weil man doch einmal, um die Elbe und Haarburg zu bestreichen, das Geschütz dorthin hatte bringen müssen, wo es weder zu retten noch zu vertheidigen war, die Vorkehrung getroffen, daß die Kanonen, im Fall sie zurückzulassen wären, auf der Stelle unbrauchbar gemacht werden könnten. Als der günstigste Ort für den Widerstand war der nördliche Theil der Insel und die sogenannte Fedbel angesehn, wo auch an Verschanzungen thätig gearbeitet wurde. Als daher in der Nacht vom 8: zum 9. Mai der General Vandamme, unter Begünstigung der Dunkelheit, mittelst zusammengebrachter Flöße eine starke Truppenmacht, deren 5500 Mann bei Haarburg versammelt standen, übersetzen und auf Wilhelmsburg landen ließ, mußte der Oberst Graf von Kielmannsegge, welcher auf der Insel den Befehl führte, seine vordern Posten auf die Fedbel zurückziehen, und seinen eigentlichen Widerstand dort erst anheben. Allein der Feind hatte unglücklicherweise die äußersten Feldwachen in sträflicher Ruhe überrascht, und war deßhalb schneller herangekommen, als man von seiner Landung benachrichtigt war. Die Unordnung und Verwirrung, welche dadurch unter den jungen und unerfahrnen Truppen entstand, und bald, nach einigem vergeblichen Schießen, in übereilte Flucht überging, konnte den Verlust der ganzen Insel nach sich ziehen, da eine geraume Zeit das Bemühen der wenigen Offiziere, die für solche Fälle Erfahrung und Kenntniß hatten, vergeblich blieb, und in dem wirren Getümmel hätte selbst die Fedbel von dem Feinde genommen werden können. Doch wagten die Franzosen nicht, so rasch vorzugehen. Tettenborn, der sein Hauptquartier auf dem Grasbrook hatte, sandte nach Wilhelmsburg 2 Kompanieen Mecklenburger zur Unterstützung, und den Hauptmann von Cänitz, der die Leitung der Sachen übernahm; dieser sammelte die zerstreute Mannschaft, stellte ihre Reihen her, und flößte ihnen durch seine eigne Festigkeit neues Vertrauen und neuen Muth ein; dann setzte er sich an die Spitze der Mecklenburger, ermahnte sie mit kurzen, scharfen Worten, und führte sie voran zum Angriff, die Hanseaten folgten. Alles rückte im Sturmschritt vor, und ehe man zum Handgemenge kam, warf sich der Feind eiligst in die Flucht, die er durch Anzünden einiger Häuser und einer Mühle zu decken suchte. Während des Verfolgens traf Canitz unerwartet den dänischen Oberstlieutenant von Haffner, der als Parlementair zu den Franzosen gegangen war, angeblich um sie zu benachrichtigen, daß die Dänen ihnen nicht gestatten würden, sich wieder in den Besitz von Hamburg zu setzen. Er war von ungefähr 20 Franzosen umgeben, mit denen er in die Hände der Russen fiel, und dies Zwischenereigniß veranlaßte einen kurzen Waffenstillstand, während dessen man sich wechselseitig erklärte. Der Oberstlieutenant von Haffner wurde sogleich freigegeben, die ihn begleitenden Franzosen aber gefangen genommen, weil auch auf deren Seite einige Hanseaten, die dem Stillstande vertraut hatten, hinterlistig waren festgehalten worden. Der Feind wurde darauf wieder unter das Feuer seiner jenseitigen Kanonen verfolgt, und in weniger Zeit die ganze Insel gereinigt. Dies Gefecht hatte dem Feinde an Todten, Verwundeten und Gefangenen gegen 300 Mann gekostet. Die Hanseaten und Mecklenburger hatten 150 Mann verloren, worunter 13 Offiziere. Die Kanonen, alles hamburgisches Geschütz, waren vernagelt zurückgelassen worden.

Die Franzosen hatten gleichzeitig einen Angriff auf den Ochsenwärder gemacht, und fingen an, hier sich allmählig auszubreiten, indem sie die 600 Hanseaten, welche dort aufgestellt waren, zurückdrängten. Tettenborn beorderte auf diese Meldung das Lauenburgische und das dritte hanseatische Bataillon von Bergedorf und dem Zollenspieker her dem auf Ochsenwärder gelandeten Feind in die rechte Flanke; diese Truppen griffen lebhaft an, und die Franzosen, welche abgeschnitten zu werden fürchteten, widerstanden nicht lange, sondern schifften sich mit einem Verlust von 200 Mann wieder ein, indem ihre Batterieen auf dem jenseitigen Ufer ein heftiges Feuer machten, um den Rückzug zu decken. Die

Hanseaten hatten hier etwa 150 Mann verloren, worunter 7 Offiziere.

Diese beiden Gefechte waren glücklich geendigt worden, allein der gute Erfolg konnte nicht die Einsicht täuschen, die sich aus den beiden Vorgängen für die Hamburger eben so wohl, als für Tettenborn und seine Offiziere in der Schwäche und Mißlichkeit der ganzen Lage eröffnet hatte. Dem Feinde konnte diese Lage wenigstens nicht ganz verborgen geblieben sein, er durfte ohne bedeutenden Nachtheil denselben Versuch hundertmal wiederholen, der ihm nur Leute, woran er Ueberfluß hatte, kostete, während auf der russischen Seite auch der Sieg die schon so geringe Truppenzahl vermindern, und ein einziger Unfall beim Zollenspieker, Ochsenwärder, oder auf Wilhelmsburg, die Stadt auf's Spiel setzen mußte. Tettenborn meldete seine Lage durch Kouriere auf's neue, an allen Orten, wo er glaubte Hülfe und Unterstützung zu erlangen, während er zugleich eifrig daran dachte, die vorhandenen Mittel in sich selbst zu verstärken. So abgeneigt von jeher alle Kriegsleute sind, den Befehl von Landstürmen, Aufgeboten und andern, mehr durch Willen und Eifer, als Zucht und Uebung bestehenden Bewaffnungen zu übernehmen, so gab doch Tettenborn sich der Nothwendigkeit des Augenblicks willig hin, und versuchte, sich auf die Bürgergarden zu stützen, die seinem Wunsche allerdings begierig entgegenkamen, und laut begehrten, an der Vertheidigung der Stadt Theil zu nehmen, ja gegen den Feind auszumarschiren. Heß hatte in der kurzen Zeit dennoch eine gewisse Ordnung und Haltung eingeführt; der Ernst und das Gewicht der Ueberlegung ihres Zustandes entfernten jeden Uebermuth, und machten Gesetzmäßigkeit und Eintracht wünschen und fördern. Sie mußten dem Feinde furchtbar sein, da dem einzelnen Soldaten der Volksaufstand schrecklicher und verderblicher ist, als geregelte Truppen, und da jedem bekannt war, daß diese Bürger genug gegen ihren ehemaligen Herrscher verbrochen hatten, um wohl zu fühlen, welche Strafen sie abzuwehren hätten.

Die neuen Vorkehrungen fanden schnell Gelegenheit sich zu bewähren. Nachdem es nämlich den Vormittag des 10. Mai's ruhig geblieben war, entstand plötzlich gegen Mittag ein großer Allarm, es hieß, die Franzosen wären 7000 Mann stark in Billwärder eingedrungen, und rückten gegen das Steinthor. Die Trommeln gingen in allen Straßen, die Sturmglocken wurden geläutet, Reiter sprengten hin und her, alles eilte zu den Waffen, Schaaren von Flüchtlingen, mit Weibern, Kindern und Gepäck zogen zu den Thoren hinaus, und schlugen größtentheils den Weg nach Altona ein, wo man sich einstweilen am sichersten glaubte. Die Bürgergarden eilten auf ihre Waffenplätze, und fanden sich jetzt zum Ernste zahlreicher ein, als jemals zuvor zu den Uebungen. Es war ein herzerhebender Anblick, diese wackern Bürger mit Muth im Blick, das Gewehr oder die Pike in der Hand, aus ihren Häusern hervorstürzen, durch die Straßen eilen, und bei ihren Bataillons eintreten zu sehen. Das friedliche, gewerbfleißige, üppige Hamburg schien statt des Goldes jetzt nur Eisen zu haben! Wie alles bereit stand, und gegen den Feind zu marschiren dachte, ergab sich, daß der Lärm bloß durch einen unbedeutenden Scharmützel, bei dem einige Schüsse gefallen, veranlaßt worden, und kein Franzose mehr dießeits der Elbe sei. Tettenborn war unterdessen nach dem sogenannten Letzten Heller hinausgeritten, wo der bedrohte Punkt zu sein schien, und hatte persönlich alle Maßregeln angeordnet, um der etwanigen Gefahr zu begegnen. Ein Bataillon Bürgergarden wurde nach dem Grasbrook, ein anderes bis zur blauen Brücke beordert, wo sie gleich alten Truppen unter freiem Himmel biwakirten. Jedoch blieb alles ganz ruhig. Die Dänen, ungeachtet sie bei diesen Ereignissen lauer geworden waren, und eine Veränderung in den Absichten ihres Hofes voraussehen konnten, hatten gleichwohl noch keinen Gegenbefehl erhalten, und sollten ihrem Versprechen gemäß zur Vertheidigung Hamburgs beitragen; Tettenborn, durchdrungen von der Einsicht in die Unzulänglichkeit seiner eignen Mittel, und ohne Hoffnung deren größere noch zu rechter Zeit von anderer Seite zu bekommen, nahm von dem entstandenen Tumult Anlaß, die

Dänen zur Hülfeleistung aufzufordern, die er freilich nur in der äußersten Noth begehren wollte, weil zu befürchten stand, daß die hereingezogenen Truppen nicht wieder herauszubringen sein würden; aus gleichem Grunde, um nicht ganz in ihre Hände zu gerathen, wurde auch nur eine mäßige Truppenzahl gefordert, da schon der Eindruck dänischer Uniform gut auf die Bürger und unangenehm auf die Franzosen wirken mußte. Tettenborn hatte die Unterhandlungen darüber mit dem Oberstlieutenant von Haffner in Altona, und mit dem General von Wegener, der in der Gegend von Schiffbeck etwa 3900 Mann befehligte, angefangen, und trotz dem, daß nicht wenige Schwierigkeiten gemacht wurden, so weit geführt, daß der General von Wegener endlich Abends auf dem Letzten Heller persönlich erschien und alles Verlangte zu leisten versprach.

Am folgenden Tage, den 11. Mai, blieb alles ruhig. Es kam ein französischer Parlementair, der Oberstlieutenant Revest, vom Generalstabe des Generals Vandamme, auf der Elbe am Eingange des Hafens an, und wurde von dort unter Begleitung zweier Offiziere nach dem Baumhause gebracht. Sein Verlangen, den General Tettenborn zu sprechen, wurde rund abgeschlagen, daher er sich bequemen mußte, ein Schreiben des General Vandamme abzugeben, und seinen mündlichen Auftrag den beiden Offizieren zu sagen. Er begann mit der prahlerischen Erwähnung des Sieges, welchen Napoleon bei Lützen erfochten habe, und schloß mit der Aufforderung, daß die Russen Hamburg, um diese wichtige Stadt nicht der Verwüstung auszusetzen, durch Vertrag übergeben sollten. Einige zurechtweisende Antworten brachten ihn bald außer Fassung, und er wußte nun in seinem Aerger bloß über die lange Zeit zu klagen, die er auf Antwort warten mußte, da man sein Schreiben nach dem Letzten Heller hatte schicken müssen, wo Tettenborn dasselbe erst bei seiner Wiederkehr von einer Besichtigung vorfand, und dann sogleich beantwortete. Gegen Abend fuhr der Parlementair ab, nicht ohne Schauder über den Anblick des zahllos am Hafen wimmelnden Volkes, das in seiner Wuth kaum zu zügeln war. Als es dunkel geworden, kam er unvermuthet zurück, unter Betheurungen, daß die Franzosen ihn jetzt nicht mehr erkennen, und vom Ufer aus das Boot in Grund schießen würden, worauf man ihm denn bewilligte, auf dem Blockhause zu bleiben, von wo er am andern Tage nach vielem ungebärdigen Betragen über Wilhelmsburg nach Haarburg zurückkehrte. Das Volk bezeigte ein großes Vergnügen darüber, daß ihn Tettenborn nicht hatte sprechen wollen, und obgleich über seine Sendung nichts bekannt gemacht wurde, so war es doch bald ruchtbar, daß seine Aufforderung schnöd' abgewiesen worden.

Den 11. Abends rückten nun wirklich die Dänen in Hamburg ein, zur unbeschreiblichen Freude der Einwohner, die sich nun schon für ganz gerettet und für immer gesichert glaubten; ein Bataillon nebst 10 Kanonen zog auf den Grasbroof, ein anderes wurde auf dem Hamburgerberg aufgestellt, ebenfalls von einer Batterie unterstützt, während andere Truppen sich bei Bergedorf versammeln sollten, um den Zollenspieker im Auge zu behalten. Mit unglaublichem Eifer wurde für die Dänen von den Bürgern gesorgt; nur daß sie im Biwak lagen, sonst konnten sie Gäste scheinen, die man eingeladen, um sie zu bewirthen, so reichlich wurde ihnen an Speise und Getränken das Beste dargereicht. Sie erschienen als gute Nachbarn, die in der Noth hülfreich bei der Hand sind, und die brave Mannschaft hatte in der That keinen andern Wunsch, als nun wirklich einmal auf die Franzosen loszuschlagen, mit welchen sie durch einen verabscheuten Bund, der ihren Groll eben so heimlich genährt, als öffentlich zurückgehalten hatte, so lange Zeit vereinigt geschienen.

Um die Dänen gleich in die Sache thätig einzuführen, und ihre Anwesenheit bestens zu benutzen, wollte Tettenborn am folgenden Tage einen allgemeinen Angriff auf die Wilhelmsburg machen, wozu auch einige Kompanieen Bürgergarden sich freiwillig erboten. Hier aber zeigten sich gleich die Bedenklichkeiten der dänischen Anführer; sie hatten bei Bewilligung der Hülfe nach den früher erhaltenen Befehlen gehandelt, die sie jetzt, bei so veränderten Umständen, gegen-über den wieder zum Angriff herangerückten Franzosen, nicht mehr in ganzem Umfang auszuführen und doch auch nicht ganz zu unterlassen wagten; sie sahen wohl, daß Tettenborn ernstlich vorhabe, sie mit in den Krieg hinein zu verwickeln, und zu Maßregeln zu treiben, die in Kopenhagen gemißbilligt werden könnten; doch wollten und durften sie auch nicht unnütz dastehen, während selbst die Bürger in's Feuer gingen, und so stellten sie denn, nach vielem Verhandeln, die Bedingungen fest, daß ihre Truppen, ihr Geschütz und ihre Kanonenboote vertheidigungsweise aus ihren jetzigen Stellungen dem Feinde wehren würden, nach Hamburg vorzudringen; daß aber nur zwei Kompanieen auf Wilhelmsburg hinübergeschifft werden sollten, um die dortige Besatzung zu verstärken. Die letztere Beschränkung blieb wenigstens noch geheim, und ließ denn doch für Freund und Feind die Thatsache sichtbar werden, daß die Dänen gegen die Franzosen kämpften, und schon um deßwillen befahl Tettenborn, sobald die zwei Kompanieen übergesetzt waren, rasch zum Angriff vorzurücken. Dies geschah von der Feddel her mit großem Ungestüm; Dänen, Mecklenburger, Hanseaten, Bürgergarden, alles wetteiferte an Tapferkeit, und eine französische Brigade leichter Truppen unter dem General Gengould wurde in die Flucht geschlagen. General Vandamme eilte hierauf selbst herbei, und stürzte mit der Division Dufour auf die Verbündeten, die in zu lebhaftem Verfolgen ihre Ordnung nicht genug bewahrt hatten, und nun, von der großen Uebermacht gedrängt, so schnell nicht wiederfinden konnten. Das Gewehrfeuer war sehr heftig, kaum eine Viertelstunde hielten die kleinen Schaaren den Andrang der großen Massen zurück, dann aber mußten sie den Rückzug nach der Feddel nehmen. Hier war eine Kanone auf dem Deiche aufgepflanzt, die aber den Feind nicht beschießen konnte, weil die eignen zurückkommenden Truppen den Weg versperrten. Eine Schanze lag seitwärts des Deiches, um die Rückkehrenden aufzunehmen, die von hieraus dem Feinde, der auf dem Deiche marschiren mußte, jedes weitere Vordringen untersagen, und sich gegen eine viel größere Uebermacht halten konnten. Unglücklicherweise ergriff der Schrecken des plötzlich herangenaheten Gefechtes eine Anzahl von einigen hundert Schanzarbeitern, die aus der Schanze auf den Deich und eiligst rückwärts nach dem Ueberschiffungsplatze flohen, ihr Hinausbringen hinderte die Truppen sich in die Schanze zu werfen, vermehrte die Verwirrung, und riß endlich alles in übereilte Flucht fort; die Truppen, anstatt die Schanze zu besetzen und von dort aus den Feind zu hemmen, suchten nur die Schiffe zu erreichen, um nach dem Grasbrook zurück zu gelangen. Man machte den Dänen den Vorwurf, die Flucht begonnen zu haben, wenigstens hatte Tettenborn sie mit Absicht an die Spitze des Angriffs geordnet; die Hanseaten waren die letzten, welche das Feld räumten, und verloren am meisten, unter andern ihren Bataillonsführer, der mit einer Anzahl seiner Leute in die Schiffe nicht mehr aufgenommen werden konnte und gefangen wurde. Auch die Dänen und die Bürger hatten einige Mannschaft verloren; einige Dänen aber, die von den Franzosen gefangen worden, schickte der General Vandamme zurück, indem er behauptete, Frankreich sei mit Dänemark nicht im Kriege. Das verlorne Geschütz war von geringem Werthe.

Unterdessen hatte auch das zweite hanseatische Bataillon von dem Ochsenwärder wieder nach Wilhelmsburg übergesetzt und gleichfalls die Franzosen angegriffen, suchte besonders nach dem Ueberschiffungspunkt der Franzosen zwischen Haarburg und Wilhelmsburg vorzudringen, um sie abzuschneiden und sie den andern, von der Feddel anbringenden Truppen entgegen, zwischen zwei Feuer zu bringen. Der Anfang war ungemein glücklich; bald aber drang auch hier der Feind, der inzwischen durch eine ganze Brigade, deren Anführer ein in französische Dienste getretener Fürst von Reuß war, mit großer Uebermacht auf die Hanseaten ein, die eine Stunde weit bis zu ihrem Landungsplatze in guter Ordnung und unter beständigem Feuern zurückwichen; hier

22*

aber konnten die Schiffe die ganze Mannschaft nicht auf Einmal übersetzen, sie fuhren mehrmals hin und her, und holten immer mehrere Leute ab, die noch auf dem Waſſer fleißig feuerten, während die Zurückbleibenden entschloſſen gegen den Feind Stand hielten, der sie von allen Seiten umgab, und ihnen zurief, sich zu ergeben. Mit dem Rücken gegen das Waſſer, im Angesicht und zu beiden Seiten die feindliche Uebermacht, blieb ihnen, als sie sich verschoſſen hatten, kein Ausweg übrig. So fiel auch der Anführer dieses Bataillons mit etwa 300 Mann in feindliche Hände.

Der traurige Ausgang dieser Gefechte ist nicht zu verwundern, wenn man die Uebermacht der Franzosen, die selbst aus den Berichten des Generals Vandamme, wo nur von Brigaden und Divisionen die Rede ist, hervorgeht, und gegen welche auf unsrer Seite, alles mitgerechnet, höchstens 2000 Mann gefochten, in Anschlag bringt, und doch lag es nur an einigen Zufällen, die oft im Kriege so bedeutend werden, und sich nicht beherrschen laſſen, daß nicht der Tag zum Nachtheil der Franzosen endigte.

Da der Feind jetzt Meister der ganzen Insel Wilhelmsburg und der daran stoßenden Feddel war, so konnte er aus dieser Nähe die Stadt mit Granaten und Bomben bewerfen, und es war vorauszusehen, daß dies eine große Bestürzung hervorbringen würde. Die beiden hanseatischen Bataillons waren größtentheils aufgerieben, der Ueberrest erschöpft und zerstreut. Der üble Erfolg verbreitete allgemeinen Mißmuth; die Bürger hatten Augenblicke der Entflammung, wo sie begehrten die Feddel und Wilhelmsburg wieder zu nehmen, allein, in ihrer Unkunde des Kriegs quälten sie sich neben diesem Muthe auch wieder mit tausend Meinungen und Besorgniſſen unnütz ab. Ueberall waren gefahrvolle Posten, viele darunter von höchster Wichtigkeit, und keiner konnte hinreichend mit Truppen besetzt werden, auf deren kriegsgeübte Festigkeit wäre zu rechnen gewesen. Die geringste Unternehmung des Feindes, die jetzt

gelang, konnte entscheidend werden. Zwar legten einige
dänische Kanonenboote sich zwischen die Inseln und die Stadt,
allein der Wechsel der Ebbe und Fluth hinderte sie zu den
günstigen Stellen hinzubringen, und sie konnten nur einen
Theil der vielen Uebergangspunkte bestreichen. Tettenborn
behielt sein Hauptquartier auf dem Grasbrook, und ließ,
hier, der Fedbel gegenüber, einige Batterieen errichten; ungefähr 1000 Bürgergarden und eine Abtheilung Medlen-
burger nebst den Dänen bivakirten rückwärts davon. Als
Befehlshaber auf dieser Seite wurde der Oberst von Both
bestellt. Auf dem Hamburgerberge standen Bürger mit
ihrem Geschütz, und die Dänen mit dem ihrigen; der
Oberstlieutenant von Gunberstrupp vom Isumschen Husaren-
regiment führte hier den Befehl. Das Bataillon von
Bremen und Verden, unter Anführung des Majors von
Busch, wurde nach dem Stadtdeiche gezogen, und ihm ebenfalls Bürger zugegeben, von denen auch eine starke Abtheilung zur blauen Brücke geschickt wurde. Den Hafen,
die Thore, das ganze Innere der Stadt hatten die Bürger
besetzt. So war die Lage der Dinge nach dem unglücklichen
Verluste der Insel, nicht eben tröstlich, doch nicht ganz ohne
Hoffnung.

Allein sie sollte nicht lange mehr so verbleiben, und
gleich an demselben 12. Mai, wo das zwiefache Gefecht
Statt gefunden hatte, erhielt Tettenborn eine Nachricht, die
nicht unheilbringender hätte sein können. Der dänische Abgesandte Graf Joachim von Bernstorff war in England
gar nicht angenommen, sondern schnöde zurückgewiesen worden, indem das englische Kabinet erklärte, mit Dänemark
nur im Einverständnisse Schwedens unterhandeln zu wollen.
Die Wirkung einer solchen Abweisung war leicht zu berechnen, es stand zu erwarten, daß Dänemark nun auf's
neue sich an Frankreich anschließen, oder, wenn nicht dies,
doch auf jeden Fall seine Truppen zurückziehen würde; in
fünf bis sechs Tagen konnte der Befehl dazu eintreffen,
denn der Graf von Bernstorff war bereits zu Glückstadt
an's Land gestiegen und auf dem Wege nach Kopenhagen.
Diese schreckliche Voraussicht so lange als möglich geheim

zu halten, um bis auf die letzte Stunde der dänischen Truppen noch versichert zu bleiben und die Bürger nicht allen Muth verlieren zu lassen, mußte des Generals erste Sorge sein, die zweite auf Mittel zu sinnen, den unabwendbaren nahen Verlust durch irgend eine neue Hülfe zu ersetzen. Die dringendsten Berichte sandte er an Wallmoden und in das große Hauptquartier; allein in letzterem mußte die entlegene hamburgische Sache gegen dringend nahe Angelegenheiten zurückstehen, und Wallmoden hatte den gemessenen Befehl, seine ganze Aufmerksamkeit auf die mittlere Elbe und die Gegend von Magdeburg zu wenden. Der Kronprinz von Schweden war noch nicht angekommen, Briefe und abgesandte Boten erwarteten ihn in Stralsund. Unter diesen Umständen blieb nichts anderes übrig, als zu versuchen, ob nicht die schwedischen Truppen, die in Mecklenburg, den Kronprinzen abwartend, stillstanden, zur Rettung Hamburgs herbeizuziehen wären. Tettenborn wandte sich an den General Döbeln, der mit einer schwedischen Division am nächsten stand, und schilderte demselben die bedrängte Lage Hamburgs mit der Aufforderung, in dieser Noth Hülfe zu leisten; allein die Unterhandlung zog sich in die Länge und blieb noch unentschieden.

Die Franzosen säumten indeß nicht, ihre Fortschritte zu benutzen und neue zu versuchen. Nachdem sie sich auf der Wilhelmsburg festgesetzt und von dieser Seite der Stadt nahe gekommen waren, trachteten sie auch den Uebergang bei'm Zollenspieker zu erzwingen, wodurch Bergedorf und die einzige Verbindung zwischen Tettenborn und Wallmoden bedroht worden wäre. In der Nacht des 13. Mai's, nachdem die Hooper Schanze auf dem jenseitigen Ufer von den Hanseaten schon früher hatte geräumt werden müssen, landeten etwa 220 Franzosen unter einem heftigen Kanonenfeuer auf einer kleinen Elbinsel bei'm Zollenspieker, um zum weitern Uebergang vorläufig festen Fuß zu fassen. Der tapfre Major von Berger hatte aber nicht sobald ihren Landungsplatz in der Dunkelheit entdeckt, als er Bretter über einige Boote werfen und 200 Mann Hanseaten und

Lauenburger unter dem Hauptmann von Lucadou dahin übersetzen ließ. Die Kähne des Feindes waren grade zurückgekehrt, wahrscheinlich um andere Truppen nachzuholen. In dieser Lage war ihm kein Rückzug möglich, und gezwungen unterhielt er anderthalb Stunden das heftigste Gewehrfeuer, dann aber stürmten die Hanseaten und Lauenburger, von ihrem tapfern Anführer ermuntert, mit gefälltem Bajonnet hervor, worauf die Franzosen die Waffen wegwarfen und sich gefangen gaben. Mehrere, die sich durch Schwimmen retten wollten, ertranken, über 70 waren getödtet, die Übrigen, worunter 40 Verwundete, gefangen. Der Verlust der Unsern betrug 24 Mann, worunter 2 Offiziere. Diesem verunglückten Versuche ließen die Franzosen hier keinen zweiten folgen; man begnügte sich gegenseitig, von Zeit zu Zeit das Geschütz auf einander spielen zu lassen, wo unsre vierundzwanzigpfündigen Kugeln dem Feinde großen Schaden verursachten, und unter andern ein paar Schiffe voll Franzosen, die sich vom Ufer in die Mitte des Stroms gewagt hatten, in Grund bohrten.

Der Wechsel von Bestürzung und Freude, den diese Vorfälle erregten, erhielt alles in unruhiger Spannung; die nahe Bedrängniß führte aber, bei allen Stürmen der Gedanken und Gemüther, immer auf's neue zu der ungewöhnlichsten Thätigkeit. Die Zahl der Arbeiter an den Wällen wurde verdoppelt und verdreifacht. Die Bürgergarde raffte die Leute von den Straßen dazu weg; ohne Waffen durfte sich kein Mensch mehr blicken lassen; die Thore wurden genau bewacht, Pferde und Wagen zum Dienste der der Stadt zurückgehalten, kein Mann hinausgelassen, damit sich niemand der Schanzarbeit und den Waffen entzöge; wer im geringsten verdächtig schien, wurde angehalten und auf die Hauptwache geführt, die bald mit Verhafteten angefüllt war. Alles dies thaten die Bürger aus eigner Bewegung mit dem größten Eifer, der freilich oft genug sich in unnöthiger und verkehrter Thätigkeit abmühte; zum Verwundern ist es, wie bei dieser Masse von Bewaffneten, die zum Theil ohne Befehl und Aufsicht blieben, und aus

allen Volksklassen zusammengetreten waren, während so
vieler heftigen Anlässe nichts Ausschweifendes noch Un-
würdiges, keine Beleidigung noch Unordnung vorfiel. Der
General mit dem größten Theil seiner Offiziere, alle
Truppen und die meisten Bürgergarden, befanden sich außerhalb der Stadt, der Senat und die übrigen Behörden
hielten sich zurückgezogen, keine Regung ging in dieser Zeit
von ihnen aus, keine Absicht oder Gesinnung wurde von
ihnen in diesen stürmischen Tagen kund gegeben. Das,
was sie nothgedrungen besorgen mußten, die Verpflegung
der Truppen unter andern, geschah mit der größten Unordnung, auf manchen Posten litt die Mannschaft über vierundzwanzig Stunden lang Mangel, in einer Stadt, wo
alles in Fülle und die Zahl der Truppen höchst gering
war; sogar die eignen Mitbürger, die unter tausend Ungemach auf entlegnen Posten standen, wurden häufig vergessen. Außerdem waren die Sendungen von Lebensmitteln bei'm Abgehen meist größer, als bei'm Ankommen.
Unter solchen Umständen mag die Stadt das Vierfache
dessen bezahlt haben, was wirklich verbraucht worden ist.
Eine allgemeine Unzufriedenheit äußerte sich laut und heftig
gegen diese Unordnung. Gegen einzelne Personen wurden
Beschuldigungen ausgesprochen, welche zwar grundlos, aber
darum nicht minder gefahrvoll waren. Besonders verdächtigte
man die wieder eingetretenen Mitglieder des Senats, welche
auch unter den Franzosen Aemter geführt hatten. Für
Tettenborn's Verhältniß und Lage war dies alles höchst beschwerlich und nachtheilig.

Am 14. Mai glaubten die Vorposten bei anbrechendem
Tage durch den Nebel große Massen französischen Fußvolks
auf der Feddel zu sehen, die gegen das Ufer marschirten,
um sich einzuschiffen, sogar Kanonen meinte man zu erkennen,
und als diese Meldung sich in der Stadt rasch verbreitete,
hielten die Einwohner jetzt den nachdrücklichsten Angriff auf
den Grasbrook, der kaum noch zu vertheidigen schien, für
gewiß, ja die Wälle der Stadt selbst sah man schon in den
Händen des Feindes. Die Sturmglocken und Trommeln
riefen die Einwohner zu den Waffen, während das Flüchten

der Wehrlosen nach Altona und auf das Land das Getümmel vermehrte. Die Batterieen der Bürger auf dem Grasbrook donnerten unaufhörlich, und grausenvolle Ungewißheit, ob der Feind schon gelandet sei, ob er vordringe, machte den Zustand der Einwohner verzweiflungsvoll. Die Alarmplätze waren jedoch mehr als jemals von Bewaffneten erfüllt, indem auch solche, die sonst den Dienst meiden mochten, sich jetzt einfanden. Als der Nebel verging, sah man keinen Feind auf der Feddel, die Franzosen lagen ruhig hinter den Deichen, und von Batterieen fand sich keine Spur. Indeß wurde auch in den folgenden Tagen, da alles still blieb, und der Feind sich begnügte, seine künftigen Angriffe vorzubereiten, niemand der Ruhe froh, sondern alles lebte in angstvoller Erwartung, die von dem kleinsten Anlaß in heftige Bewegung gesetzt wurde. Das Unglück, das sich näherte, kündigte sich den gespannten Gemüthern in finsterer Schrecklichkeit an, die Mittel, es abzuwehren, lagen zu sehr vor Augen, als daß jetzt nicht ihr Mißverhältniß unwidersprechlich eingeleuchtet hätte, und die ruhigen Dänen erschienen eben durch dieses Ruhigbleiben schon als eine unzulängliche, unzuverlässige Hülfe; daß Tettenborn, bei seinem kühnen und kriegsmuntern Geiste, mit den Dänen keinen Angriff unternehmen sollte, schien undenkbar, und da dennoch der Angriff auf Wilhelmsburg unterblieb, so konnte man die Ursache nur in dem Nichtwollen der Dänen suchen, welches die Hamburger auf das schlimmste zu deuten alle Ursache hatten. Und doch wußten die Meisten nur halb, wie die Sachen standen, und konnten die Folgen der unerwarteten Rückkehr des Grafen von Bernstorff noch nicht übersehen.

In manchen Augenblicken schmeichelten sie sich wieder mit der Fortdauer der dänischen Hülfe, mit der Annäherung der schwedischen, mit herbeieilender, russischer oder preußischer Verstärkung, mit dem bei Groß-Görschen von den Russen und Preußen erfochtenen Siege und dessen zu hoffender Nachwirkung, auch auf die Verbesserung des Zustandes an der Niederelbe; während der Eingeweihte längst von allem diesen wenig oder nichts hoffen durfte, sondern von allen Seiten nur immer mehr und mehr eine verhängnißvolle Wendung der Dinge herannahen sah. Die unglücklichen Menschen aus ihrer Täuschung, sofern diese noch bestand, zu reißen, verbot die Klugheit, um nicht die letzte geringe Kraft zu lähmen; sie absichtlich darin zu befestigen, wäre ein grausames Spiel gewesen, das doch nicht lange hätte bestehen können. Unter diesen Umständen schien das Beste, ganz zu schweigen, und nur die Thatsachen reden und wirken zu lassen, da die Triebfedern zur verzweifeltsten Gegenwehr nicht erst in den Gemüthern erweckt zu werden brauchten, sondern jedem Bewußtsein glühend eingedrückt waren. Die in den Zeitungen mitgetheilten Nachrichten von dem Vorrücken der schwedischen Truppen an die Elbe, und andre dergleichen Angaben, waren nicht auf die Hamburger, sondern auf die Franzosen berechnet, die über Altona unsre Tagesblätter bekamen, und durch solche Vorspiegelungen allerdings langsamer und vorsichtiger wurden. Es erschien kein Aufruf, kein Tagesbefehl, der Versprechungen gegeben oder gefordert hätte, man konnte nur sagen, was nicht nöthig war zu sagen, denn der Wille und die Gesinnung bedurfte keiner Bearbeitung, sondern nur Vertrauen auf sich selbst und auf nahen Beistand; letzterer mußte fremden Mächten durch kluges und glückliches Unterhandeln gleichsam abgezwungen, ersteres in dem gährenden Volke selbst entwickelt werden, und freilich ist eine Bevölkerung von 150,000 Menschen ein Stoff, aus dem sich unendliche Kräfte entwickeln können; wo ein solcher gegeben ist, darf man nichts für unmöglich halten, man mußte wenigstens abwarten, was für Mittel noch an das Licht treten würden, denn was ein Volk thun wird, läßt sich nicht berechnen noch vorhersehn, und man durfte Hamburg nicht aufgeben, so lange es sich nicht selbst aufgab. Die Bürgergarde war der kleinste Theil des Volks. Sie war durch den anhaltenden Biwak während einer regnigten Zeit, und durch den vielen, von ihr aus großem Eifer sogar übertriebenen Dienst, nach wenigen Tagen erschöpft, und unzufrieden begehrten Viele nach Hause. Es wäre den Meisten recht lieb gewesen, von Tettenborn angeführt, mit ganzer Macht sich in offnen Kampf zu stürzen, und in blutiger, aber kurzer Entscheidung Tod oder Freiheit zu suchen; allein solcherlei Ausführung war weder rathsam noch möglich. Die Oertlichkeit einer überall durchschnittenen Gegend, die an unzähligen Stellen bewacht werden mußte, durch Wasser, Dämme, Schiffe, Häuser überall bedingt, gestattete durchaus keine Anwendung großer Massen, noch selbst deren Vereinigung unter persönlichem Oberbefehl, und so legten die Umstände den Hamburgern grade den härtesten Theil des Kriegs auf, der mehr in standhaftem Ertragen unaufhörlicher Mühsale und Beschwerden, und im willigen Hingeben an die Einzelheit geringfügiger Leistungen, als in den Anstrengungen der Schlacht und den begeisternden Zuständen der Gefahr besteht.

Tettenborn sah nur zu bald erfüllt, was er vorausgesehen hatte; kaum war man in Kopenhagen von der Abweisung, die der Graf von Bernstorff in England erfahren hatte, unterrichtet, als auch sogleich an die dänischen Truppen der Befehl abgesandt wurde, sich zurückzuziehen und Hamburg seinem Schicksale zu überlassen; dieser Befehl traf am 18. Mai in Hamburg ein, und sollte sogleich ausgeführt, so wie den Franzosen dies angezeigt werden. Tettenborn bestürmte den General von Wegener und den Oberstlieutenant von Haffner mit Vorstellungen und Ermahnungen, um sie wenigstens zu einem Aufschub in Vollstreckung jenes Befehls zu bewegen; die Erörterung der Lage Dänemarks gegen die Verbündeten, die von dänischer Seite schon verübten Feindseligkeiten gegen Frankreich, das noch eben erst auf Wilhelmsburg vergossene dänische Blut, die Ehre der dänischen Truppen und ihre eigene Bestürzung über diese schnelle Umkehr, kurz alles, was die persönliche Gesinnung und die Kunst der Ueberredung nur immer darbot, wurde angewandt, um wenigstens vierundzwanzig Stunden zu gewinnen, die denn endlich auch zugestanden wurden, mit dem Versprechen, daß erst nach deren Ablauf die Franzosen dänischerseits von dem Zurückziehen der Truppen benachrichtigt werden sollten. Diese kurze Frist benutzte Tettenborn, um auf's neue Eilboten an den General Döbeln zu senden, so wie an alle die Orte, von denen für Hamburg zwar nicht in diesem Augenblick, aber doch später Hülfe zu erwarten war, und für welche die Nachricht dieser

Brüderung große Wichtigkeit haben mußte. Als endlich am 19. Abends, da es schon dunkel geworden war, die dänischen Truppen wirklich abzogen und von dem Grasbrook und Hamburgerberg ihr Geschütz wegnahmen, verwandelte sich aller noch übrige Muth in trostlose Niedergeschlagenheit. Die Meisten gaben alle Hoffnung auf, die Stadt, die sogar mit der Hülfe der Dänen nicht gegen die große Uebermacht des Feindes sicher gewesen war, nun ohne solchen Beistand noch länger zu behaupten. Zwar verkündigte Tettenborn unmittelbar darauf die Annäherung der Schweden, die der General Döbeln inzwischen wirklich versprochen hatte zu schicken, allein theils hielt man diese noch für entfernt, theils hatte ein durch die lange Gewohnheit entstandenes Gefühl ihrer Lage die Hamburger in dem nachbarlichen Beistand der Dänen eine viel ausdauerndere Sicherheit hoffen lassen, die allerdings, wegen der Nähe von Altona und wegen des ganzen holsteinischen Elbufers, durch Dänemarks eignen Vortheil noch besonders verbürgt schien. Um die Sache auf das äußerste zu bringen, gaben auch sogleich in derselben Nacht die Franzosen ihre Kunde von dem Abzuge der Dänen dadurch zu erkennen, daß sie die Stadt aus Kanonen und Haubitzen heftig beschossen, indem ihre Batterieen auf der Feddel in der Zwischenzeit trotz des hindernden Regens fertig geworden waren. Der Schaden, den sie anrichteten, war nicht beträchtlich, und auf einen kleinen Theil der Stadt beschränkt, während ängstlicher Schrecken, den der nächtliche Donner des Geschützes und der Anblick der hoch in den dunkeln Lüften fliegenden Granaten verursachte, die ganze Stadt erfüllte. Seinen eignen Kräften allein überlassen, schien Hamburg in dieser furchtbaren Nacht einem nachdrücklichen Angriff erliegen zu müssen, dem man jeden Augenblick erwartete. Die Wachsamkeit war überall verdoppelt, die Posten verstärkt, alle Offiziere in Thätigkeit; ohne großen Verlust sollte der Feind nicht eindringen, so gewiß auch seine große Zahl von Truppen ihm dies am Ende sichern mußte; den eingebrungenen konnte man hoffen in den Straßen noch zu bekämpfen, vielleicht zu vertilgen. Allein der Angriff unterblieb, und auch das Beschießen der Stadt, das den Kriegsleuten überhaupt wenig bedeutet, und das aus den Batterien auf dem Grasbrook noch ziemlich erwiedert wurde, hörte gegen Morgen auf. Der Tag fand viele Hamburger schon auf der Flucht, Altona war überfüllt mit Ausgewanderten, die zum Theil ihre besten Habseligkeiten mit sich führten; tief im Holsteinischen, in Kopenhagen sogar und London, suchten viele ihre Zuflucht gegen die Rache des Feindes, der sich, ihrer Meinung nach, diesmal nicht auf Hamburg beschränken, sondern auch nach Altona und den nächsten dänischen Gebietstheilen übergreifen würde.

Den ganzen folgenden Tag, wie auch die Nacht, und wieder den folgenden Tag, blieb alles ruhig. Unbegreiflicherweise versuchten die Franzosen während dieser ganzen Zeit keinen Angriff, ja hielten sogar mit dem Beschießen inne, da doch keine Zeit ihnen gelüstiger sein konnte, als diese, wo die entblößte Stadt ihnen beinahe Preis gegeben stand. Sie müssen aber schlecht unterrichtet gewesen sein, oder vielleicht den Dänen noch nicht getraut haben, die allerdings nicht alle die Gesinnungen ihrer Regierung theilten. So vergingen diese Tage unter ängstlichem Harren, die Besorgniß stieg desto höher, je länger die Hülfe ausblieb, und mit Schrecken dachte man daran, daß der Feind nicht lange über den Zustand der Stadt getäuscht bleiben könne. Endlich erschien der ersehnte Augenblick, und am 21. Abends langten drei schwedische Bataillons, die der General Döbeln abgesandt hatte, unter dem General von Boye bei Hamburg an, zwei davon rückten sogleich durch die Stadt nach dem Grasbrook und dem Hamburgerberge, während das dritte zur Erhaltung der Verbindung in Bergedorf stehen blieb. Tettenborn war ihnen vor das Steinthor entgegengeritten, wo eine Abtheilung der Bürgergarde aufmarschirt stand, und eine große Menge Volks die ankommenden Retter mit Jubelgeschrei empfing. Man athmete wieder freier, und glaubte, nachdem man diese Tage glücklich überstanden, für die Zukunft weniger befürchten zu dürfen.

Auch war es die höchste Zeit, daß diese Truppen ankamen, denn gleichsam als ob der Feind durch irgend einen wunderbaren Einfluß nur eben so lange zurückgehalten worden sei, bis ihm wieder frische Truppen entgegengesetzt werden könnten, erneuerte er grade in dieser Nacht seine Angriffe, und auf so kühne Weise, daß, wenn er gleiches Wagestück in anderer Richtung versucht hätte, die größte Gefahr für die Stadt daraus entstanden wäre. Die hamburgische Jacht lag unfern des Hafens in der Elbe vor Anker, und hatte außer den Seeleuten etwa 30 Mann Hanseaten zur Besatzung. Die Franzosen aber schifften ungefähr 170 Mann in eine Penische und 16 Boote ein, um während der Nacht dieses Schiff wegzunehmen. Sie ließen ihre Fahrzeuge leise stromab treiben und kamen geräuschlos und unbemerkt in der Dunkelheit an das Schiff. Die Hanseaten griffen eiligst zu den Waffen, und vertheidigten sich eine halbe Stunde lang mit heftigem Gewehrfeuer; allein die französischen Seeleute benutzten ihre große Ueberzahl, und während ein Theil von ihnen durch Feuern die Besatzung beschäftigte, erstieg eine andre Abtheilung das Schiff; sie nahmen die Hanseaten gefangen, kappten die Anker, und fuhren mit aufgespannten Segeln davon. Indessen hatte der Tag angefangen zu dämmern, und man sah nun auf der ganzen durch das nächtliche Schießen allarmirten Linie am Ufer, was geschehen war. Der Feind mußte nahe vorbeisegeln, und gerieth in das Feuer von drei Batterieen und zwei Bataillons; welches ihn dergestalt bestürzte, daß er nicht allein der Gegenwehr, sondern auch der Lenkung des Schiffes vergaß, das alsbald auf den Sand lief. Jetzt wurde das Feuer noch mörderischer, da jeder Schuß sein festes Ziel hatte. Die Franzosen warfen sich in die Boote, um ihr Heil in der Flucht zu suchen, allein mehrere dieser Boote wurden in Grund gebohrt, die übrigen, von Todten und Verwundeten erfüllt, entkamen mit genauer Noth. Die Jacht wurde darauf wieder genommen, die Hanseaten befreit, und dagegen viele Franzosen, die sich darauf verspätet hatten, gefangen gemacht. Der Verlust des Feindes betrug 182 Todte und Verwundete, während die Hanseaten nur 13 Mann verloren hatten. Als die Fluth zurückkehrte, brachte man die Jacht in den Hafen. Ein so nahes und heftiges Gefecht hatte wieder die ganze Stadt in Bewegung gebracht, man glaubte den Feind auf dem Hamburgerberge gelandet, und dankte Gott, daß den Abend vorher die Schweden angekommen waren. Der gute Ausgang der Sache konnte nicht ganz für den Schrecken und die Besorgniß, die man ausgestanden hatte, schadlos halten, man sah im Grunde nichts gewonnen, sondern nur einen Verlust abgewendet, vielleicht auf nur kurze Zeit, und erhielt die beunruhigende Einsicht, wie viele Blößen die hamburgische Vertheidigung dem Feinde zu benutzen lasse, die einzeln wohl zu decken seien, aber durchaus nicht alle zugleich.

Die Franzosen begannen auch bald auf's neue, die Stadt zu bombardiren, und beschossen sie die ganze Nacht vom 23. auf den 24. mit der größten Lebhaftigkeit, doch ohne sonderlich Schaden zu thun; das Feuer wurde, noch ehe es recht ausbrach, jedesmal glücklich gelöscht; die Geschützkugeln und Bombenstücke verwundeten einige Bürger in den Straßen, die aufgestellten Truppen erlitten keinen Verlust. Am meisten fürchtete man für das ungeheure Theermagazin auf dem Deiche, allein zum Glück richteten die Franzosen ihr Geschütz nicht dahin, und man gewann Zeit, die Tonnen in die Ebene zu rollen und Haardecken und Erde darüber zu werfen, bei welchem Geschäft ein junger Mann, Namens Flügge, den unerschrockensten Muth und kundigsten Eifer bewies. Tettenborn war bald auf dem Grasbrook, bald auf dem Hamburgerberg, bald in der Stadt, um alles selbst zu leiten und anzuordnen, und die Thätigkeit jeder Art durch seine Gegenwart zu beleben. Er hatte die Truppen der entgegengesetztesten und jetzt gegen einander feindlich gestimmten Völker nach einander zu dem Einen Zweck der Vertheidigung Hamburgs glücklich herangezogen, und er durfte hoffen, jetzt, da das Schlimmste überstanden war, die Stadt fernerhin behaupten zu können, und wenn nur erst Zeit gewonnen, auch größere Unterstützung nach und nach ankommen zu sehen. Dann konnte die Stadt, selbst bei weiterem Rückzuge der Hauptheere, ein fester, in sich geschlossener und mit allen Vortheilen der Seeverbindung ausgestatteter Waffenplatz für die Verbündeten werden, der sogar bald im Stande sein konnte, eine Belagerung auszuhalten. Allein das Betragen der Dänen, die täglich mit den Franzosen eifrige Verhandlungen pflogen, erweckte schon jetzt Bedenklichkeiten, die alle diese Aussichten zu vernichten drohten.

Die nächsten Tage waren zwar wieder ruhig, aber die düstre Erwartung, in der alles schwebte, gönnte niemanden, sich in dem Genusse dieser Ruhe zu erholen. Man mußte beständig in Bereitschaft stehen, die Bürgergarden waren unaufhörlich im Dienst, ein großer Theil des Volks durch Schanzarbeit, die mit Anstrengung fortgesetzt wurde, unablässig beschäftigt. Man sah kein andres Gewerbe mehr, als das Bezug auf den Krieg hatte, niemand ging ohne Waffen, aller Verkehr und Erwerb stockte; da die biwakirenden Bürger von der Stadt verpflegt werden mußten, so wurde der Dienst zuletzt für die ärmeren Einwohner die Quelle des Lebensunterhalts.

Die Dänen hatten inzwischen das Einrücken der Schweden in Hamburg, von wo sie in zehn Minuten nach Altona marschiren konnten, als für sich gefährlich betrachtet, und ihre Truppen mit allem Geschütz aus Altona zurück nach Blankenese gezogen; sie thaten ängstlich, als hätten sie einen feindlichen Ueberfall zu fürchten, und als wären in Gemeinschaft der Schweden ihnen jetzt auch sogar die Russen unsicher. Die Schweden ihrerseits zeigten Besorgniß wegen der Dänen, welche durch Stärke und Stellung allerdings im Vortheil waren. Diese Besorgniß griff auch der Kronprinz von Schweden sogleich auf, der endlich am 17. in Stralsund angekommen war, und meinte, die schwedischen Truppen fänden sich in Hamburg gleichsam in einen Sack eingeschlossen. Er mißbilligte das eigenmächtige Benehmen des Generals Döbeln, und sandte unverzüglich den General Lagerbrinke nach Hamburg, um die Schweden von dort sogleich wieder abzurufen. Seltsame Verwickelung der Verhältnisse, daß hier Dänen und Schweden in feindlicher Entgegensetzung zum Unheil Hamburgs doch nur das Gleiche thaten. Gegen die Mißverhältnisse der beiden nordischen

Mächte, die sich auf diesem Punkte begegneten, mußte das Schicksal der einzelnen Stadt verschwinden, und diese im Widerstreit fremder Politik erliegen. Die schwedischen Truppen marschirten am 25. Mai Abends wirklich von Hamburg ab. Welche Bestürzung unter den Einwohnern, welche Niedergeschlagenheit unter den Truppen dadurch entstand, ist kaum zu beschreiben. Es gehörte der ausdauernde Muth und die beharrliche Gesinnung Tettenborn's dazu, um nach diesem zweiten Fehlschlagen, das er in seinen unternehmenden Anstrengungen erfuhr, nicht ganz zu verzweifeln; aber der Schmerz selbst, von dem sein Inneres bei diesen Vorgängen zerrissen war, wurde ihm zum neuen Anreiz, seine Thätigkeit zu verdoppeln, seine Kraft zu spannen, und gegen alle zum Untergang verschworne Gewalten eines hartnäckigen Geschicks wenigstens eben so hartnäckig zu ringen.

Die dringendsten Vorstellungen gingen an den Kronprinzen von Schweden, dem die Wichtigkeit dieser Stadt, ihre jetzige Lage und ihr bevorstehendes Unglück an's Herz gelegt wurde, um ihn zur Rettung derselben zu bewegen; für ganz Deutschland konnte Hamburg gerettet das beste, verloren das abschreckendste Beispiel werden. Auch die besondere Theilnahme, die der Kronprinz für diese Stadt aus früherer Zeit, da er als Marschall Bernadotte in den angenehmsten Verhältnissen mit den Einwohnern gestanden, noch haben mußte, wurde in Anspruch genommen. Der Senat hatte an den Kronprinzen alsbald nach seiner Landung die Abgeordneten Parish, Gries und Karl Sieveking gesandt; der letztere, damals in noch sehr jungen Jahren, zeigte schon die großen Vorzüge des Geistes und Karakters, welche er seitdem in seiner ehrenvollen Laufbahn staatsmännischen Wirkens zum Wohl und Ruhm seiner Vaterstadt vielfach dargethan. Der Kronprinz hörte die Vorstellungen der Abgeordneten theilnehmend an, vermied aber jede bestimmte Zusicherung. Allein selbst im günstigsten Falle, wenn er alles gewährte, was in seiner Macht stand, mußten viele Tage hingehen, bevor die Hülfe eintreffen konnte, die mit jeder Stunde, welche dieser Zustand fortdauerte, Gefahr lief, zu spät zu kommen. Es blieb daher nichts übrig, um nur einigen Halt in die Sachen zu bringen, als von Wallmoden Verstärkung zu beziehen. Dieser sandte ein preußisches Bataillon, welches zwar nicht sehr stark war, aber aus Kerntruppen bestand, bei Lüneburg das Gefecht ruhmvoll entschieden hatte, und in dem Oberstlieutenant von Borck sich des tapfersten Anführers rühmen konnte. Am 27. Mai traf das Bataillon in Hamburg ein, und brachte einen neuen Schimmer von Hoffnung für die Einwohner mit, welche dieser Truppen endlich glaubten gewiß sein zu können.

Wunderbar genug blieb auch jetzt, nach dem Abzuge der Schweden, wie früher der Dänen, der Feind ganz ruhig, und wagte keinen Angriff, ja ließ sogar im Bombardiren der Stadt nach. Er dachte auf eine leichtere Art zu deren Besitz zu gelangen, als durch einen Angriff, dessen Erfolg doch immer zweifelhaft war, und der auch im Gelingen eine große Menge Leute kosten mußte. Die Dänen waren das Mittel, welches ihnen dies alles ersparen sollte. Die Unterhandlungen zwischen Altona und Haarburg wurden täglich lebhafter; der Präsident von Kaas war aus Kopenhagen angelangt, um in das Hauptquartier Napoleon's zu reisen, und hielt sich unterwegs in Haarburg eine Zeit lang bei dem Marschall Davoust auf; was man von den gepflogenen Unterhandlungen erfuhr, deutete nicht allein auf Annähern, sondern auf ein völliges Anschließen Dänemarks an Frankreich. Bei dem vertrauten Verkehr zwischen den Nachbarstädten, die sich in vieler Hinsicht als Eins betrachteten, und denen die kaufmännischen Verbindungen ein engeres Band blieben, als das, womit jede einer andern Regierung angehörte, waren die geheimsten Verhandlungen der Dänen in Hamburg bekannt; man sprach laut davon, daß letztere mit den Franzosen vereinigt die Stadt angreifen, oder dieselbe auf glimpfliche Weise doch einstweilen besetzen und den Russen nur freien Abzug gestatten würden, und so sahen die unglücklichen Hamburger aus denselben

Truppen, die noch eben ihre Bundesgenossen und Beschützer gewesen, plötzlich drohende Feinde werden, und zwar um so gefährlicher, als man nach dieser Seite die wenigsten Vorkehrungen getroffen hatte, da die Freundschaft der Dänen sich höchstens in Neutralität schien verändern zu können. Gegen die Franzosen waren die an der Elbe aufgeworfenen Befestigungen auch bei noch fortdauernder Arbeit schon haltbar, da der Strom sie deckte; von dem Lande her boten die noch unvollendeten tausend Blößen.' Ein anderer Umstand erweckte noch bedenklichere Sorge. Nach dem großen Verbrauch in der letzten Zeit fing nun das Pulver an zu fehlen; der Vorrath reichte für das Kleingewehr nur noch auf einige Tage hin, für das Geschütz auf den Wällen nur auf wenige Schüsse. Dies alles, und die Erwägung, daß, wie auch der Krieg enden möge, Dänemark für Hamburg immer der nächste Nachbar bleiben würde, von dessen Händen die Stadt fortdauernd Unheil oder Heil schon durch die Beherrschung der Elbe zu gewärtigen habe, machte die Einwohner gänzlich verzagen, auch gegen diesen Feind mit äußerstem Trotze aufzutreten. Heß, als Befehlshaber der Bürgergarde, der schon lange mit abwechselndem Erfolg gegen die mannigfaltigen Stimmungen gekämpft hatte, und zum Theil von ihnen niedergebeugt war, erschien bei dem General, und machte ihm förmlich die Anzeige, daß auf die Bürgergarde ferner nicht zu rechnen sei, und sie namentlich gegen die Dänen nicht fechten würde. Die Hamburger befanden sich allerdings in einer fürchterlichen Lage; ohne alle Möglichkeit der Aussöhnung mit Napoleon, bedrängt und bombardirt von der Uebermacht eines rachesinnenden Feindes, sahen sie eine Stütze nach der andern weichen, eine Hoffnung nach der andern verschwinden, und nirgends einen aufrichtigen Freund erscheinen. Muth und Entschlossenheit sind es meist nur bedingungsweise, daß der Einzelne wisse und vertraue, auch die Andern, und wo nicht Alle, doch die Meisten, seien ihm gleichgesinnt. Diese Ueberzeugung fehlte, und sie zu erregen wären Hülfsmittel nöthig gewesen, vor denen die Besonnenen zurückschauderten.

Ein begeisterter Volksheld aber, der die dunkeln Kräfte der Waffen an's Licht zu rufen und zugleich zu leiten gewußt hätte, erstand nicht. Die Entbrannteren sahen alle auf Tettenborn, und erwarteten seinen Anstoß; allein er konnte heldenmüthige Entschlüsse wohl fördern, aber nicht vorschreiben. Es wäre schön gewesen, dies gutgesinnte, eifrige Volk, dessen Aufstand gegen die Franzosen ein so großes Beispiel gegeben, durch hinlängliche Kriegsmacht, wo möglich vorwärts an der Weser schützen und vertheidigen zu können, und ihm den Wiedergewinn der Freiheit in ungetrübtem Glücke bescheiden zu sehen, die verbündeten Mächte und ganz Deutschland hätten ihm solches Wohlergehen freudig gegönnt; allein das Geschick hatte nun einmal seine härtesten Loose hier ausgeworfen und dem Orte selbst, wo das kühne Wagniß hervorgetreten, waren auch alle Unglücksfolgen desselben zugetheilt. Es war jetzt, gleichviel durch wessen Schuld, mit Hamburg auf das äußerste gekommen, wo es nur noch galt, sich bis zur Verzweiflung zu wehren, und lieber unterzugehen, als sich zu ergeben. Aber obgleich der Reichthum und Wohlstand der Hamburger nicht in ihren Wohnsitzen besteht, die ohne Freiheit wenig werth sind, und die Betriebsamkeit, die Kenntniß und das Vertrauen des Handels, ihr wahrer Reichthum, sie überall hinbegleitet hätten, so schauderten dennoch alle vor dem Gedanken, ihre Stadt den Flammen zu überantworten, und dem Feinde zum Gegenstande seiner Wuth nur als eine rauchende Brandstätte zurückzulassen. Als Tettenborn ihnen nichts mehr zu bieten hatte, als rothe Fahnen und Pechkränze, zogen sich die Unseligen zurück, für die es eine Wohlthat, nicht Grausamkeit, gewesen wäre, wenn man, sogar wider ihren Willen, das Heldenwerk Rastoptschin's wiederholt hätte. Tausende haben es seitdem bereut, nicht diesen Untergang gewählt zu haben; allein es war nöthig, daß erst die Wiederkunft der Franzosen mit allen Gräueln der überlegtesten langsamen Zerstörung ihnen jene schnelle wünschenswerth machte!

Noch einmal erschien für Hamburg ein günstiger Sonnen-

blick, um dann ganz und für lange Zeit von seinem
Himmel zu verschwinden. Der Kronprinz von Schweden
hatte Hamburgs Schicksal zu Herzen genommen, und endlich
den Abgeordneten der Stadt seinen unverzüglichen Beistand
zugesagt; am 27. Mai kam der General von Rosen von
Seiten des Kronprinzen zu Tettenborn, um demselben den
Anmarsch neuer schwedischer Truppen anzukündigen. Ein
Theil derselben sollte in Hamburg selbst einrücken, die
Hauptmasse aber Wallmoden's Heertheil zu einer kräftigen
Unternehmung auf das linke Elbufer und gegen Haarburg
verstärken, um die Franzosen durch diesen Angriff im
Rücken zu nöthigen, von ihrem Angriff auf Hamburg ab-
zulassen. Nichts konnte erwünschter sein, und schon war
alles abgeredet, als noch der General von Boye eintraf,
um wegen der schwedischen Truppen von den Dänen, durch
welche sie in Hamburg jeden Augenblick eingeschlossen werden
konnten, eine Sicherstellung zu verlangen. Er forderte
nur, daß die dänischen Generale sich verpflichteten, jede
Aenderung ihres neutralen Verhaltens gegen die Schweden
achtundvierzig Stunden früher anzuzeigen, ehe sie thätig ein-
schritten.

Mit diesem Auftrage ging der General von Boye am
29. Mai selbst nach Altona, und Tettenborn schlug alle
ihm durch Eifer und Klugheit eröffnete Wege ein, seinen
persönlichen Einfluß auf die Entschließungen der dänischen
Befehlshaber geltend zu machen.

Während dieser Verhandlungen hatten die Franzosen
die mehrtägige Ruhe durch einen unerwarteten raschen Angriff wieder unterbrochen. Sie waren früh vor Tages Anbruch am 29. Mai von Wilhelmsburg aus nach dem Ochsenwärder übergegangen, hatten den schwachen Posten des
lauenburgischen Bataillons daselbst überall zurückgedrängt,
und sich bereits in dieser Insel sehr ausgedehnt und theilweise festgesetzt, ehe die Meldung davon an Tettenborn gelangte. Dieser eilte sogleich dorthin, und führte die zurück-
gewichenen, aber durch sein Erscheinen gleich ermuthigten
Truppen persönlich gegen den Feind vor, und ließ sie eine

günstige Stellung nehmen, wobei er sich lange Zeit dem
heftigen Kugelregen der feindlichen Plänkler aussetzte. Da
jedoch die Franzosen hier mit Macht übergegangen waren,
und weiter vorbringen zu wollen schienen, um die Russen
von dieser Seite abzuschneiden, so ließ er schleunig das
Bataillon Preußen aus der Stadt in die wichtige Stellung beim Eichbaum marschiren, um diese so lange zu behaupten, bis der von Wallmoden auszuführende Angriff
den Feind von selbst hier wieder zum Rückwege nöthigen
würde; er selbst nahm sein Hauptquartier bei der Billkirche.

Die Lage war mißlicher als je; um dem Angriff im
Ochsenwärder zu begegnen war die Stadt entblößt worden;
wurde diese angegriffen, so konnte man nichts dahinschicken,
was nicht anderswo eine Lücke gelassen hätte, und so blieb
nur auf die ungewisse Hoffnung zu rechnen, daß die Franzosen ihren Angriff auf die Stadt selbst noch nicht machen
würden. Mit Ungeduld erwartete man die Ankunft der
Schweden und die verlangte Zusicherung der Dänen; von
beiden Seiten erhielt Tettenborn zugleich Nachricht. Die
Schweden, statt in Bergedorf einzutreffen, hatten sich tiefer
in das Innere des Landes zurückgezogen; die Dänen dagegen waren vorgegangen, und standen schlagfertig in
Altona und in Schiffbeck, so daß ihre Stellung eben so
drohend erschien, als ihre Absicht feindlich zu vermuthen
war, sie brauchten nur noch einen Schritt zu thun, um
Hamburg selbst und alle dortigen Truppen unrettbar ein-
zuschließen.

Auf das Verlangen des Generals von Boye hatte der,
statt des abgerufenen Generals von Wegener in Holstein
jetzt den Befehl führende Generalmajor von der Schulenburg geantwortet, nur zwei Stunden vorher, ehe er zu
Feindseligkeiten überginge, würde er die Anzeige davon
machen. Zugleich erhielt man durch wohlunterrichtete Personen die Gewißheit, daß zwischen den Dänen und Franzosen ein Vertrag abgeschlossen, und die dänische Kriegsmacht in Holstein ganz den Verfügungen des Marschalls

Davoust überlassen sei, daß also jeden Augenblick ein förmlicher Angriff, von ihnen selbst, oder über das dänische Gebiet von den Franzosen, zu erwarten stehe. Der schwedische General erklärte hierauf, in diesem Fall hieße es die schwedischen Truppen, die nach Hamburg kämen, geradezu dem Feinde als Gefangene überliefern, und ihre rückgängige Bewegung, schon durch das Vorgehen der Dänen veranlaßt, könne nur fortzusetzen sein. Unter diesen Umständen, bei der Mißstimmung der Bürgerschaft, dem Mangel an Schießbedarf der geringen Truppenzahl, der Entfernung der Schweden und Feindlichkeit der Dänen, mußte Tettenborn, der noch immer außerhalb der Stadt bei der Billkirche dem stets sich verstärkenden Feinde kämpfend entgegenstand, in der Nacht auf den 30. Mai dem Major von Pfuel nach Hamburg den Befehl senden, die Stadt zu räumen, und mit den wenigen dort noch befindlichen Truppen durch den Billwärder den Rückzug nach Bergedorf anzutreten. Der Senat hatte schon früher aus eignem Antrieb die Uebergabe der Stadt berathschlagt, und sandte jetzt Abgeordnete nach Altona, um die dänische Vermittelung zu erbitten.

Heß löste durch eine schon für solchen unglücklichen Fall im voraus gedruckte Bekanntmachung die Bürgergarde förmlich auf, die der That nach schon nicht mehr beisammen war, und sich in den letzten Tagen nur in sehr geringer Zahl auf den Sammelplätzen eingefunden hatte. Die angesehensten Einwohner, besonders solche, die sich auf irgend eine Weise für die Freiheit Hamburgs hervorgethan hatten, befanden sich zum Theil schon im Dänischen, theils begaben sie sich jetzt dahin. Der Abzug der Truppen, ungefähr 800 Mann, geschah in aller Stille und mit der größten Ordnung, einige Schüsse, welche die Franzosen gegen Morgen von der Veddel gegen die Stadt thaten, wurden noch von den Batterieen auf dem Grasbrook beantwortet.

In Altona wurde der Generalmarsch geschlagen, und die dänischen Truppen setzten sich in Bewegung.

Während des Zuges durch den zwei Meilen langen Engweg des Billwärders sah man der ganzen Länge nach dänische Truppen mit zahlreichem Geschütz aufgestellt, die Kanoniere mit brennenden Lunten bei den Kanonen, die hinter unzugänglichen Verhauen längs der Gränze die Landstraße bestrichen. Eine Stunde später hätten sie vielleicht schon Befehl zum Angriff gehabt, und das kleine Häuflein wäre in den Engen des Billwärders vernichtet oder gefangen worden. Der General von der Schulenburg band sich auch nicht an die zugesagte zweistündige Aufkündigung, sondern fing die Feindseligkeiten sogleich an; die Dänen rückten in Hamburg ein, und verfolgten durch das Steinthor den Nachtrab der Russen, nahmen 4 hanseatische Reiter gefangen, und wechselten noch am Abend mit den Kosaken bei Bergedorf einige Schüsse. Von Bergedorf an machte das preußische Bataillon die Nachhut, und der Tag sollte nicht vergehen, ohne die Franzosen noch daran zu erinnern, daß nicht ihre Tapferkeit Hamburg gewonnen habe. Bei der Nettlenburger Schleuse waren sie in zahlreicher Menge auf Stegen und gelegten Brettern übergegangen, und drängten die preußischen Plänkler zurück. Der Oberstlieutenant von Bord eilte dahin, setzte sich an die Spitze seiner tapfern Leute, redete sie kräftig an, und setzte ein hartes Wort darauf, wenn einer von ihnen einen Schuß thäte; so stürzten sie mit gefälltem Bajonnet auf die Uebermacht des Feindes, und warfen alles nieder, was ihnen auf dem Wege war. Es fiel kein Schuß, der Feind verlor über 400 Mann, von denen ein Theil durch Bajonnet und Kolben, ein Theil im Wasser umkam, nur wenige retteten sich über den Fluß zurück. Von den 80 Preußen, die dieses Heldenstück ausgeführt, wurde nicht einmal einer verwundet, zum Beweise, daß es die Truppen schonen heißt, wenn man sie mit dem Bajonnet angreifen läßt.

Tettenborn kam ohne weiter verfolgt zu werden und ohne irgend einen Verlust am 31. Mai nach Lauenburg, wo er an die Truppen Wallmoden's angelehnt stand, und ehe wieder von der einen oder andern Seite etwas begonnen wurde, die Nachricht des abgeschlossenen Waffenstillstandes erhielt. Wie es der Stadt Hamburg erging, nachdem die Dänen den Franzosen Platz gemacht hatten, möge ein Augenzeuge erzählen, dem zu einer solchen Schilderung der erbitterte Schmerz Kraft giebt, und der nicht scheut die herzzerreißende Wirkung solchen vaterländischen Trauerspiels wie Phrynichos in verwüluschendem Danke zu erfahren.

www.ingramcontent.com/pod-product-compliance
Lightning Source LLC
Chambersburg PA
CBHW032046220426
43664CB00008B/877